ESCH VERLAG
Potsdam

Besuchen Sie uns im Internet:
www.esch-verlag.de

DIE DUNKLE SEITE VON 1001 NACHT
Wolfgang Rinner
Verlag: © ESCH-Potsdam 2012
ISBN: 978-3-943760-11-8

Bibliografische Information der Deutschen Nationalbibliothek: Die Deutsche Nationalbibliothek verzeichnet diese Publikation in der Deutschen Nationalbibliografie; detaillierte bibliografische Daten sind im Internet über http://dnb.dbb.de abrufbar.
Printed in Germany.

DIE DUNKLE SEITE
...VON 1001 NACHT

Wolfgang Rinner

ÜBER DEN AUTOR

 Wolfgang Rinner wurde 1953 in Österreich geboren. Als Lektor einer Fachhochschule erhielt er erstmals Gelegenheit in den Oman zu reisen. Er lernte hochrangige Vertreter verschiedener Ministerien kennen. Mit einigen dieser Persönlichkeiten gründete er ein Unternehmen und verbrachte mehr als sechs Jahre im Sultanat Oman. Er beschäftigte sich nicht nur mit dem Unternehmen, sondern setzte sich auch intensiv mit dem Islam auseinander. Durch enge private Beziehungen zu Einheimischen erhielt er Einblick in die innerste omanisch - islamische Gesellschaft.

Vorbemerkung

Der Autor hat seine langjährigen Erfahrungen in den Text einfließen lassen. Es war unvermeidlich, sich auch sprachlich dem Arabischen anzunähern. Im Gegensatz zum Deutschen, ist Arabisch eine inexakte, umschreibende Sprache.

Das Manuskript wurde in Deutsch verfasst und nicht aus dem Arabischen übersetzt. Der Leser wird sofort erkennen, dass Duktus und Stil fremd (und vielleicht gewöhnungsbedürftig) sind. Doch gerade dieser Umstand ist es, der dem Text etwas Reizvolles, Ungewöhnliches verleiht. Daher wurde darauf verzichtet einzudeutschen. Da nicht jeder Leser des Arabischen mächtig ist, befindet sich am Ende des Buches ein Glossar.

Wolfgang Rinner, im September 2012

DIE DUNKLE SEITE VON 1001 NACHT
DER MANN STEHT EINE STUFE ÜBER DER FRAU

WOLFGANG RINNER

Die Männer stehen den Frauen in Verantwortung vor, weil Allah sie (in der Natur vor diesen) ausgezeichnet hat und auch wegen der Ausgaben, die sie (die Männer) von ihrem Vermögen gemacht haben (Brautgeld, Morgengabe). Und die rechtschaffenen Frauen sind demütig ergeben (Allah) und geben Acht mit Allahs Hilfe auf das, was verborgen ist (vor Außenstehenden). Und wenn ihr fürchtet, dass Frauen sich auflehnen, dann ermahnt sie, meidet sie im Ehebett und schlagt sie! Wenn sie Euch daraufhin wieder gehorchen, dann unternehmt weiter nichts gegen sie.
Allah ist erhaben und groß!

(Koran, Sure 4, Vers 34)

FATIMAH

Fatimah war gerade achtzehn Jahre alt und mit einem Mann verheiratet gewesen, der 32 Jahre älter war als sie. Nicht, dass Fatimah diesen Mann geliebt hätte, das, so meinten damals ihre Mutter und auch ihr ältester Bruder, käme mit der Zeit der Ehejahre von selbst.
Nun, da die Ehe mit diesem Mann zerbrochen war, hatte Fatimah das erste Mal seit ihrer Heirat das Gefühl, glücklich und frei zu sein. Sie saß hinter dem Haus ihres Bruders im Schatten des alten Cedar-Baumes und dachte an die vergangene Zeit und vor allem daran, wie alles begann.

Eines Abends sagte ihre Mutter Noor zu ihr, sie sei jetzt 17 Jahre alt und es wäre an der Zeit, einen Mann für sie zu finden.
    Fatimah hatte gelernt, als brav erzogene und älteste Tochter, das ihr zugewiesene Schicksal anzunehmen, so wie es im Sinne des Islams üblich war. Schritt für Schritt wurde nun Fatimah von der Mutter auf die Heirat vorbereitet. Diese Angelegenheit wurde immer von Müttern und Tanten erledigt. Eine richtiggehende Aufklärung war tabu. Erst kurz vor der Heirat erfuhren die Mädchen, was sie erwarten würde.

Ihr ältester Bruder Ali hatte nach dem Tod des Vaters die Funktion des Familienoberhauptes übernommen. Gemeinsam mit der Mutter suchte und fand er den passenden Ehemann für Fatimah. Er hieß Salim und war ein entfernter Verwandter ihrer weitverzweigten Familie. Er kam aus einer kleinen Ansiedlung, ein paar Dörfer weiter, und aus dem gleichen Stamm. Wie es sich gehörte, hatte Fatimah Ihren künftigen Mann vorher noch nie gesehen oder getroffen. Lediglich ihr Bruder Ali und ihre Mutter Noor hatten sich während der Auswahl mit vielen Verwandten und Bekannten unterhalten, um Näheres über den Kandidaten zu erfahren.

Anfangs war Fatimah nachdenklich und unsicher wegen der bevorstehenden Heirat. Doch schon bald lief sie von Freundin zu Freundin, um diese Wende in ihrem Leben zu verbreiten. Ihre Gedanken schwirrten zwischen Panik und Pflichterfüllung hin und her. Die Freundinnen wollten natürlich Näheres über den Zukünftigen erfahren und ließen gemeinsam mit Fatimah ihren Vorstellungen über diesen Mann freien Lauf.

Bald zauberte sich das Mädchen einen Prinzen nach ihren Wünschen im Kopf zusammen und besaß nach kurzer Zeit ein klares Bild von ihrem zukünftigen Mann - allerdings nur in ihren Träumen!

Es bedrückte sie die Vorstellung, ihr gewohntes Heim und vor allem ihre Liebsten, die Mutter, die vier Schwestern und drei Brüder - vor allem Abdulamir, den Jüngsten - zu verlassen. Sie war jedoch in ihrem Glauben so tief verwurzelt, dass sie davon ausging, es sei Allahs Wille und zu ihrem Besten. »Inshallah!«

Von der beiläufigen Erwähnung einer gewünschten Heirat durch die Mutter, bis zu dem Zeitpunkt, wo dieser Kandidat gefunden wurde, verstrichen keine vier Wochen. Angedient wurde der Bräutigam von einer Freundin aus dem Nachbardorf. Diese wusste zu berichten, dass in Dar Al Akhdar Salim Al Ruzaiqi mit seiner Mutter allein lebe. Salim sei ein guter Mann, etwas reifer zwar, aber überaus wohlhabend. Besitze er doch eine große Ziegenherde, viele Schafe und vier Esel. Hinzu käme ein gut bewirtschafteter Garten mit vierhundert Dattelpalmen, Mangobäumen, Papayas und Bananenstauden. Auf die Frage von Fatimahs Mutter, warum er in seinem Alter noch nicht verheiratet war, teilte die Freundin mit, dass seine erste Frau unter nicht geklärten Umständen bei der Arbeit ums Leben kam. Außerdem sei die kurze Ehe kinderlos geblieben.
»Gepriesen sei die Weisheit Allahs, lobpreiste die Freundin! Der Allerbarmer führe ihm nun Fatimah als Frau zu!«

Fatimahs Leben würde sich nun grundlegend ändern. Einerseits war sie traurig, ihre Familie verlassen zu müssen, andererseits neugierig, wie ihr zukünftiger Mann aussehen würde. Vor allem wollte sie wissen, ob er ihrem Traumbild entsprach. In ihrer Fantasie hatte sie eine klare Vorstellung von ihm.
Ein großer, schlanker, hellhäutiger Mann, unwesentlich älter als sie - vielleicht Anfang zwanzig - mit abgeschlossener Schulausbildung, oder besser, vielleicht studierte er an einer Universität? Ein gescheiter, gebildeter Mann, von dem sie etwas lernen konnte. Ein Mann, der mit seinem hohen Einkommen eine große Familie ernähren und ihr ein Leben im Wohlstand bieten konnte. Langsam freundete sich Fatimah mit dem Gedanken an, zu heiraten und ihre Familie zu verlassen und ihre innere Anspannung löste sich allmählich.

Bald begannen die Hochzeitsvorbereitungen. Ihre Mutter weihte sie in die Geheimnisse der Ehe ein und Fatimah erfuhr Intimes und Unaussprechliches. Zumindest in dem Rahmen der Erfahrung, wie ihre Mutter sie aus ihrer Ehe mit Fatimas Vater und von ihrer Mutter besaß.

»Als besonderes Geschenk gibst du deinem Mann dein Geschlechtsorgan. Dieses gehört in Zukunft ihm und ist sein Besitz. Dein persönliches Geschenk an ihn in der Hochzeitsnacht. Du musst es pflegen und rein halten. Es soll ihm immerwährende Lust schenken und mögen daraus viele Söhne entspringen! Gehe sorgsam mit der Quelle seiner Lust um! Achte darauf, nicht selber der Lust zu verfallen! Du hast noch alle deine Wonnefalten, weil du nicht beschnitten bist. Denke immer daran, dass dieses Organ ausschließlich der Fortpflanzung dient! Allah wird dich prüfen!

Dein Mann ist der Beschützer und Gebieter deiner Familie. Du bist ihm zu Gehorsam verpflichtet! Folge ihm stets und beachte seine Regeln und Befehle, dann wird er keinen Grund finden, dich zu schlagen! Wenn er dich ansieht, so senke deinen Blick! Schenke ihm viele Söhne und er wird zufrieden sein mit dir. Er wird dich lieben und dir reichlich Gold schenken. Bete oftmals zu Allah, damit er dich mit vielen Söhnen segnet! Inshallah!«

»Wichtig ist«, ergänzte die Mutter, »dass du deinem Mann jenen Respekt zollst, der ihm als Mann gebührt. Im Koran steht geschrieben, der Mann steht immer eine Stufe über der Frau!«

Ali hatte ihr versprochen, ein Bild des Zukünftigen zu besorgen. Sie wollte ihre Neugier befriedigen und ihr Traumbild bestätigt sehen. Gleichzeitig sollte Salim ein Bild Fatimahs erhalten.

Ihr Bruder hatte versprochen, vor Maghreb zurück zu sein und das versprochene Bild und kleine Geschenke des Zukünftigen mitzubringen. Als er endlich zurückkehrte, war es lange nach Isha und stockdunkel. Den Segnungen Allahs und der Weisheit des Sultans war es zu verdanken, dass Fatimahs Familie im Haus elektrisches Licht besaß. Daher konnte sie das Bild nach Einbruch der Dunkelheit noch betrachten und ihre Neugier befriedigen.

Was sie sah, ließ ihr Herz für eine Sekunde aussetzten und … erfrieren. Es war nicht der junge, hellhäutige Traumprinz von der Universität. Es war die Fotografie eines stattlichen, älteren Mannes mit dickem Schnurrbart. Er trug eine blütenweiße Disdasha und einen bunten Mussar. An einem breiten Gürtel steckte ein Khandjar. Sein grimmiges Gesicht wurde von hervorstehenden Augen beherrscht.

Fatimah füllte sich taub und willenlos. Das war es nicht, wovon sie wochenlang geträumt hatte.

Ihre Mutter fragte: »Nun, was sagst du zu diesem stattlichen Mann? Viele deiner Freundinnen und Bekanntinnen werden dich beneiden. Dein zukünftiger Ehemann ist sehr wohlhabend!«

Fatimah blieb stumm.

Ali hatte auch noch zwei kleinere Päckchen mitgebracht, von Salim lieblos in buntes Papier gehüllt. Fatimah stand, die Fotografie in der Hand, noch immer stocksteif da. Ihre Mutter schubste sie und forderte sie auf: »So öffne doch die Päckchen!« Langsam kehrte Fatimah aus ihrem Innersten zurück. Träge und wie in Trance zerrte sie an den Bändern.

»Nun mach schon!«, herrschte ihre Mutter sie nochmals an. Sie konnte ihre Neugier kaum bezähmen.

Fatimah öffnete das erste Päckchen und staunte, als ein dünner, steinloser Goldring zum Vorschein kam. Mein erstes eigenes Gold dachte sie!

»Nun probiere doch den Ring, ob er passt! Steck ihn an den Finger! Ja, wunderbar, wie er passt, wie angemessen!«

Fatimah öffnete nun auch das zweite Päckchen. Ein Parfüm, süß riechend. Ihre Mutter hieß sie, die Abaya überzuziehen, sich mit dem Parfüm zu benetzen und mit dem Ring am Finger durch das Dorf zu wandeln. Von allen Seiten kamen die Frauen und Mädchen, um den Ring zu bestaunen und an ihrem Nacken zu riechen. Wunderbar war die übereinstimmende Meinung. Fatima eine Braut, die von Allah mit einem reichen Mann beschenkt wurde. »Allahu Akbar!«, riefen alle.

Rima, Fatimahs beste Freundin, merkte, dass die junge Braut nicht ganz bei der Sache war. Fatimah stand neben sich. Nachdem die weiblichen Dorfbewohner sich langsam wieder entfernt hatten, fragte sie, was los sei mit ihr? Sie habe das Gefühl, dass etwas nicht stimme mit ihr. »Ach!«, seufzte Fatimah, » ich bin enttäuscht. Hast du gesehen, wie er aussieht? So ganz anders, als wir beide uns vorgestellt haben. Er ist ein alter Mann, kugelrund und mit dunkler Haut.«

»Ich weiß«, antwortete Rima, »auch ich war enttäuscht, als ich die Fotografie gesehen habe. Aber vielleicht ist er ein liebevoller Mann und aufgrund seines Alters zumindest erfahren. Du sollst nicht zweifeln an Allahs Willen, Fatimah!« Trotzdem kullerten einige Tränen über Fatimahs Wangen, und sie wusste nicht so recht, ob aus Enttäuschung oder aus Angst vor der Zukunft.

Die Freundinnen verabschiedeten sich vor Fatimahs Haus. Sie wollte sich in den Schlafraum zurückziehen, doch ihre Mutter wartete bereits. Sie teilte ihr mit, dass sie von ihr erwarte, vor dem Schlafen noch ausgiebig den Koran zu lesen und Dankgebete an Allah zu richten. Die Mutter rief: »Allah ist gnädig, der Allgütige beschert uns reines Glück! Wir dürfen seine Liebe für uns spüren! Wir werden alle zu ihm beten und dem Grenzenlosen für seine Zuneigung zu uns danken!«

Alle - die Mutter, die Schwestern und Fatimah - gingen in den Schlafraum und beteten bis weit nach Mitternacht.

Als Fatimah sich endlich hinlegen konnte, war sie todmüde. Trotzdem konnte sie lange Zeit keinen Schlaf finden, da ihre Gedanken ständig um die Zukunft kreisten. Mal dachte sie, dass ihr Los doch nicht so schlecht sei, mal fiel sie in tiefe Trauer, weil dieser Mann so überhaupt nicht ihrem Traumbild entsprach. Dann wieder rasten ihre Gedanken um die vielen Dinge, die für die bevorstehende Hochzeit noch erledigt werden mussten. Als sie gerade in die Traumwelt hinüberfliehen wollte, begann Ihre Mutter, die neben ihr auf dem Teppich lag, laut zu schnarchen. So döste sie im Halbschlaf bis in den frühen Morgen und erst kurz vor dem Frühgebet, fiel sie in einen tiefen Schlaf.

Fatimahs Mutter schüttelte sie und schrie sie an, endlich wach zu werden, da sie sonst das Frühgebet verpasse. Endlich, ganz langsam, kam Fatimah zu sich. Sie stand auf, wusch sich, so wie es die Regeln vorsahen und eilte zum weiblichen Teil Ihrer Familie, um das Frühgebet zu verrichten. Anschließend nahm sie ein paar Datteln, Leban, Humus und etwas Ziegenkäse mit einer Scheibe Fladenbrot zu sich. Nach diesem kleinen Frühstück erlaubte ihr die Mutter, sich wieder hinzulegen, um noch etwas Schlaf zu finden.

Um sieben Uhr weckte sie die Mutter erneut. Sie wollte sich mit der Großmutter und den Tanten zusammensetzen, um über die Vorbereitungen zur Hochzeit zu beraten und was noch wichtiger war, um sich über den Brautpreis und den Inhalt der Manduz einig zu werden. Nachdem alle die Morgentoilette verrichtet und sich erfrischt hatten, lasen sie gemeinsam einige Suren aus dem Koran. Gerade hierin war Fatimahs Großmutter Warda, die Mutter ihrer Mutter, vorbildhaft. Waren es doch, Alhamdullilah, gerade die älteren Frauen, die darauf achteten, dass die Religion und die Traditionen eingehalten wurden.

Keiner und Keine sollte vom rechten Weg abkommen und es durfte sich nichts ändern. Bibi las laut aus dem Heiligen Buch vor und die anderen sprachen die Sure nach. Anschließend diskutierten die Frauen lebhaft über das Gelesene und über die Allerhabenheit Allahs.

Bei Datteln und Kawah für die Besucherinnen ging es um die wichtigste Frage: Wie hoch sollte der Brautpreis sein?
Eine der Tanten rief: »Seine Majestät hat seinem Volk generell vorgeschlagen, nicht mehr als 5.000 Rial von den Bräutigamen zu verlangen. Aber das erscheint mir viel zu wenig!« »Das ist es auch!«, pflichtete Fatimahs Mutter bei.
Bibi, die besonnener an die Sache heranging, meldete sich zu Wort. »Wir dürfen keinen zu hohen Brautpreis verlangen. Das Geld könnte hinterher der jungen Familie fehlen!« Sie habe von einer Bekannten aus der Stadt gehört, dass deren Sohn heute noch, nach 15 Jahren Ehe, das Darlehen für das Brautgeld zurückzahle. »Aber wo denn!«, rief eine andere Tante, »der ist doch älter, hat viel Vieh und eine große Landwirtschaft. Der hat sicher ein Vermögen angespart!«
Nun setzte tumultartiges Durcheinanderschreien ein. Mal ging es auf mehr, mal auf weniger Geld hinaus. Erst Fatimas Mutter gebot dem Durcheinander Einhalt. Laut schreiend stellte sie fest: »Er hat 8.000 Rial zu zahlen und damit khalas!« Schnell war man sich daraufhin einig, dass es bei der genannten Summe bleiben sollte.

Bei all dem Trubel verhielt sich Fatimah ruhig und beteiligte sich nicht an der Diskussion. »Was willst du dazu sagen, Habibi?«, fragte sie Ihre Mutter.
Fatimah war wegen der hohen Summe sprachlos. Sie hatte in Ihrem Leben noch nie Geld besessen. Sie rechnete sich in Gedanken aus, wie viele schöne Kleider und moderne Schuhe sie sich dafür kaufen konnte.

Obwohl es alle wussten, begann Fatimahs Mutter ihr den Zweck des Brautgeldes noch einmal zu erklären. »Habibti, dieses Geld gehört allein dir. Dein Mann darf es nicht antasten. Du kannst dir davon einen Traum von Hochzeitskleid kaufen. Du solltest aber so viel Geld wie nur möglich zur Seite legen und sparen. Du musst im schlimmsten aller Fälle versorgt sein. Der schlimmste aller Fälle ist, dass die Ehe schief läuft und dein Mann dich verstößt. Du weißt, dass er in diesem Fall nur für die Kinder, die bei ihm bleiben, sorgen wird, aber nicht für dich.« Fatimah nickte zustimmend. »Aber das Mahr ist doch noch nicht ausverhandelt und ich weiß nicht, ob ich diese Summe auch bekommen werde!«

»Das ist richtig«, meinte ihre Mutter, »aber dafür werde ich sorgen. In den nächsten Tagen wird dein Onkel Ahmed zu deinem zukünftigen Mann gehen und das Brautgeld ausverhandeln. Du weißt, wie hartnäckig Ahmed sein kann und wie gut er in geschäftlichen Verhandlungen ist.«

Endlich war man sich über die Höhe des Brautgeldes einig. Erneut begann eine lebhafte Diskussion, diesmal über den Inhalt der Brauttruhe. Zuerst wurde darüber gestritten, was ohnehin in eine Manduz gehörte. Allerlei Nützliches für den Hausrat wie Nähzeug, Stoffe, Kaffeegeschirr, Parfüms und Töpfe. Doch gerade bei den Stoffen teilten sich die Meinungen. Etliche der Frauen meinten, es müsse unbedingt Seide dabei sein. Worauf Bibi entgegnete, dass Seide nur eitel mache. Eitelkeit ist eine Sünde vor Allah. Außerdem wüsste Salim genau, was er für den Inhalt der Manduz zu besorgen habe, es war schließlich nicht seine erste Ehe. Spannender sei die Frage, wie viel Gold und Silber er in die Truhe legen müsse. Daraufhin mündete die Diskussion wieder in ein wildes Durcheinander und Gekreische. Letztendlich fand man keine befriedigende Antwort. Was auch nicht nötig war, denn das hing ohnehin von der Großzügigkeit des Bräutigams und seinen finanziellen Möglichkeiten ab.

Die nächsten Stunden beriet Fatimahs Familie über die Vorbereitungen der Hochzeit. Es herrschte Einstimmigkeit darüber, wo die weiblichen Verwandten und Bekannten des Brautpaares feiern würden. In der nächsten Stadt, nicht weit entfernt vom Dorf, stand eine Hochzeitshalle. Diese existierte ausschließlich für Hochzeitsfeiern. Man musste nur rechtzeitig buchen, da große Nachfrage bestand. Oft richtete sich der Hochzeitstermin sogar nach deren Verfügbarkeit. Eine der Tanten bot sich an, die Auslastung der Halle zu erfragen und die Mutter zu informieren. Noor bedankte sich und warf ein, dass man ohnehin noch mit der Familie des Bräutigams Rücksprache halten müsse. Die Feier für die männlichen Verwandten und Freunde beider Seiten würde an einem anderen Ort stattfinden. Völlig einig war man sich, dass während der Hochzeitsfeier streng darauf geachtet werden musste, dass keine männlichen Besucher in die Halle gelangen konnten. Heutzutage passierte es häufig, dass sich zu den feiernden Frauen männliche Besucher einschlichen. Mit Ausnahme des

Bräutigams, wenn dieser seine Braut für die Hochzeitsnacht abholt, hatte dort kein Mann etwas verloren.

Es wurde auch über die Hochzeitsnacht und über die Hochzeitsreise, wenn es denn eine geben sollte, gesprochen. Das Mindeste, meinte Mutter Noor, wäre, dass der Bräutigam für die Hochzeitsnacht eines der großen Hotels in der Hauptstadt Maskat buche. Natürlich nicht nur eine Nacht, wenn schon, dann zumindest zwei.

»Wir werden das alles mit der Familie des Mannes abklären.«

Fatimah war verwirrt über die vielen Einzelheiten und Details, die beachtet werden mussten. Doch ihre Mutter beruhigte sie. Das alles wäre die Aufgabe der Familienangehörigen beider Seiten. Sie solle sich nur auf das Kleid und ihre Körperausschmückung konzentrieren.

Nachdem alle Tanten das Haus verlassen hatten, eilten die weiblichen Familienmitglieder in den Schlafraum, um das Mittagsgebet zu verrichten. Wie immer unter der Führung von Bibi.

Für Fatimah brachen nun aufregende Tage an und außerdem sorgte sie sich um ihr zukünftiges Leben als Ehefrau und Mutter. Würde sie diesen Anforderungen gewachsen sein?

Die Mutter, Bruder Ali und die Tanten opferten sich für dieses große Ereignis auf. Hervorragend organisierten sie die Besorgungen, Bestellungen und behördlichen Angelegenheiten.

Eine Besonderheit waren die Verhandlungen über das Brautgeld und den Inhalt der Brauttruhe. Diese führte, wie vorgesehen, Onkel Ahmed mit dem Bräutigam. Ahmed war von kleiner Gestalt und schmalbrüstig. Seine helle Stimme ließ nicht sofort einen Mann vermuten. Sein Erscheinungsbild kompensierte er allerdings durch Klugheit und forsches Auftreten.

Man traf sich an einem Freitagnachmittag im Haus von Salim. Nach einer längeren Begrüßungszeremonie, in der nach dem Wohl aller männlichen Familienangehörigen und den neuesten Nachrichten gefragt wurde, unterhielten sie sich über die Landwirtschaft. Später über den Propheten Mohammed, das religiöse Leben und über Fatimah. Onkel Ahmed pries Ihre Schönheit, Demut und Bescheidenheit, um Salim den Mund wässrig zu machen.

Nach einer Stunde kam man zur Sache. Ahmed gab den Anstoß.

»Nun müssen wir über den Grund meines Besuches reden. Wie du, Salim, weißt, möchte ich mit dir heute über das Mahr und die Manduz reden. Fatimahs Mutter lässt dir mitteilen, dass sie von dir erwartet, dass du ein deinem Status und deinem Wohlstand entsprechendes Brautgeld an Fatimah zahlst. Du sollst dich außerdem beim Inhalt der Manduz nicht lumpen lassen. Alle Menschen, die dich kennen, erwarten von dir, Fatimah großzügig zu beschenken!«

»Nein, nein, ganz und gar nicht«, rief Salim. »Ich bin nicht reich und ich kann meine Ziegen und Schafe gerade so zusammenhalten. Erst letzte Woche haben mir die schlimmen Regenfälle die Hälfte meiner Tiere gekostet.«

»Ach Salim, das Problem hatten wir doch alle. Es hat nicht nur hier bei dir geregnet. Diesem oder jenem ist eine Ziege oder ein Schaf abhandengekommen, aber nicht die halbe Herde. Außerdem hat seine Majestät angekündigt, aus seiner Privatschatulle jeden nachweisbaren Schaden der Landbevölkerung zu ersetzen! Ein Mann in deinem Alter bekommt eine junge, tüchtige, außergewöhnlich hübsche und arbeitsame Frau, die dir mit Allahs Hilfe viele Söhne schenken wird. Das muss dir viel mehr Wert sein. Zumal du noch nicht einmal Söhne hast und derjenige von Allah mehr geliebt wird, der viele Kinder und vor allem Söhne zeugt.

»Ja« antwortete Salim, sie ist wunderschön und eine tüchtige Frau kann ich für meine Arbeit gut gebrauchen.«

»Na, siehst du Salim, du bekommst mehr, als du geben musst. Sie bekommt nur einmal etwas und du bekommst sie für dein ganzes Leben.«

Nun schlug Ahmed zu.

»Wir erwarten von dir ein Brautgeld von 12.000 Rial und in der Manduz neben den Dingen, die ohnehin hinein müssen, auch noch reichlich Seidenstoffe, Gold- und Silberschmuck. Aus Gold zumindest einen fein gearbeiteten Kopfschmuck, eine reichlich schwere Kette für Hals und Brust, drei Ringe - davon einen mit Diamanten -, etliche Silbertaler - am besten von Maria Theresia - und eine silberne Kette mit Büchse zum Aufbewahren der Suren aus dem Heiligen Buch.« »Seid ihr verrückt!«, entfuhr es Salim, »ich habe doch keinen Geldscheißer! 12.000 Rial, das sind ja mehr als ich jemals besessen habe. Höchstens 3.000 Rial kann ich geben!«

»Für 3.000 Rial bekommst du nicht einmal Fatimahs Großmutter. Wenn du nicht begreifst, was du für diese Kleinigkeiten erhältst, dann kann ich gleich wieder nach Hause gehen. Oder bist du am Ende gar nicht so reich, wie alle Leute behaupten. Mir scheint, das war nur dummes Geschwätz.«

Ahmed stand auf und gab den Anschein aufbrechen zu wollen.

»Nein, nein so bleib doch, wir können darüber reden! Aber 12.000 Rial sind zu viel. Ich gebe Fatimah 6.000 Rial«.

»Nein, entweder 10.000 oder keine Fatimah!«, antwortete Ahmed.

Nach Langem hin und her einigten sie sich auf 8.000 Rial und damit hatte Ahmed sein erstes Ziel erreicht.

Nun ging es noch um den Inhalt der Brauttruhe. Fatimah erhielt, bis auf ein paar Kleinigkeiten, das, was Ahmed aufgezählt hatte. Allerdings nur zwei Goldringe ohne Diamanten und einen schlichter ausgefallenen Goldschmuck für den Kopf.

Salim verpflichtete sich, die Hochzeitsnacht und eine weitere Nacht in einem Luxushotel in der Hauptstadt zu buchen. Einzig bei der Hochzeitsreise stellte er sich stur. Im Moment war dafür keine Zeit, da der starke Regen vieles zerstört habe. Er würde die Hochzeitsreise zu einem späteren Zeitpunkt nachholen. Damit war der Onkel einverstanden. »Inshallah!«

Alles in allem war Ahmed erfolgreich und ging frohen Mutes in sein Dorf zurück. Er wollte diese guten Neuigkeiten gleich Fatimahs Familie, und vor allem seiner Frau, berichten.

Nachdem er mit Stolz geblähter, schmaler Brust allen über seinen Erfolg berichtet hatte, herrschte in Fatimahs Haus Hochgefühl und alle blickten in eine sorgenfreie Zukunft. Noor war stolz auf den Mann ihrer jüngeren Schwester.

»So erfolgreich verhandeln kann nur ein Mann und insbesondere nur Ahmed. Allah weiß, warum er dem Mann die Führung übertragen hat. Gepriesen sei der Allwissende!«

Einige Tage später befand sich Fatimah mit ihrer Mutter allein zuhause. Die Mutter nahm sie an der Hand und ging mit ihr zum Hauseingang. Dort, an der Wand, hing neben der Tür ein kleiner Spiegel. Fatimah trug ein buntes, bodenlanges Kleid und ihre Mutter betrachtete sie eine Weile.

»Sieh dich an Tochter, wie bildhübsch du bist! Eine Wonne zum Betrachten. Nur an den Hüften musst du zulegen, damit du genug Kraft für die Arbeit, die Kinder und deinen Mann hast.«

Fatimah sah bezaubernd aus. Etwa einen Meter fünfundsechzig groß, gertenschlank, schwarze, lange Haare, die zu einem Knoten geknüpft waren, und samtschwarze, große Augen, die unschuldig glänzten. Volle, jedoch nicht zu üppige Lippen und eine lange, schmale Nase zierten ihr Gesicht. Ihre Arme waren um das Handgelenk so dünn, dass man befürchten konnte, sie würden jeden Augenblick zerbrechen. Nur auf ihren Oberarmen trug sie einige kleine Narben, die von Verbrennungen stammten. Mit ihren schmalen Hüften konnte man sich nicht vorstellen, dass sie jemals ein Kind zur Welt bringen könnte. Die zierlichen Fußfesseln schienen kaum den Körper tragen zu können.

»Du wirst ab sofort mehr essen müssen! Männer im Alter deines Salims bevorzugen üppige Frauen. Wir müssen dich mästen, damit du ihm gefällst. Salim ist schwer und in der Hochzeitsnacht und darüber hinaus, wirst du beim Kindermachen sein Gewicht ertragen müssen. Du wirst in der Hochzeitsnacht beim ersten Mal bluten an deiner unteren Stelle. Sei darüber nicht schockiert und halte es für normal. Du bist noch Jungfrau und es ist das Recht deines Mannes dich zu öffnen. Das erste Mal wird dich schmerzen, aber es ist erträglich und schnell vorbei!

Ich bin stolz auf dich, meine älteste Tochter! Dein Vater, Allah sei ihm gnädig, und ich haben dich behutsam erzogen. Er sieht dir vom Paradies aus zu und du wirst ihm Wohlgefallen.«

Die Mutter hinterließ eine verwirrte Fatimah vor dem Spiegel. Sie zog sich in den Schatten des Cedar-Baumes hinter dem Haus zurück und beobachtete die Kitze und Lämmer, die unbekümmert herumsprangen.

Sie hing ihren Gedanken nach. Ihre Mutter hatte ihren Vater erwähnt. Sie hatte immer noch großen Respekt vor ihm und dachte an ihn, in einer Mischung aus Liebe und Angst. Vor fünf Jahren kam er bei einem Autounfall ums Leben. Die Familie besaß das erste Auto im Dorf. Einen Pick-up. Eine Art Geländewagen mit Ladefläche und ihr Vater fuhr für sein Leben gern mit dem Wagen. Er war sein ein und alles und ein Statussymbol. Damals, an diesem furchtbaren Tag, fuhr er vom Gelände kommend, ohne links und rechts zu schauen und ohne zu bremsen, auf die Fernstraße auf. Er wurde von einem Lastwagen erfasst und samt Pick-up zermalmt.

Fatimahs Erinnerungen an ihren Vater waren von vielen Schmerzen geprägt. Bei der geringsten Verfehlung pflegte er sie zu bestrafen und seine Bestrafungsmethoden implizierten Quälereien. Ihre Mutter versuchte einmal, mit ihm darüber zu sprechen. Sofort ging er auch auf sie los und warf ihr vor, nicht den nötigen Respekt vor ihm zu haben. Zur Strafe schlug er der Mutter heftig ins Gesicht. Schon im Koran steht das Recht des Mannes geschrieben, eine Frau nötigenfalls zu züchtigen.

Fatimah war als kleines Mädchen lange Zeit nicht sauber zu bekommen. Immer wieder urinierte sie in die Kleidung oder im Schlaf auf den Teppich. Lange noch, nachdem sie keine Windeln mehr trug. Wenn dies passierte, pflegte ihr Vater, ein starker Raucher, als Strafe seine Zigaretten auf ihren Oberarmen auszudämpfen, damit sie sich das merkte und vor allem im Schlaf nicht mehr nässte.

Sie dachte über ihr bisheriges Leben nach und hatte Angst vor der Zukunft. Ihr Halt allein war der Glaube und die Religion und sie war sich sicher, dass Allah sie beschützen würde, da sie ihm völlig ergeben war und seinen Willen befolgte. Ganz im Sinne des Islams.

Die Tage vergingen wie im Flug und der Hochzeitstermin rückte näher.
    Einen Tag vor der Hochzeit stand Fatimah sehr früh auf, um nach dem Gebet mit ihrem Bruder Ali in die Stadt zu fahren. Sie hatte einen Termin bei der Hennamalerin. In die Stadt fertigten die Inderinnen den Hennaschmuck weitaus günstiger, als bei ihnen im Nachbardorf. Diese Prozedur verschlang beinahe den ganzen Tag. Alle sichtbaren Körperteile wurden mit einzigartigen Ornamenten bemalt, obwohl die meisten Ornamente indischen und nicht arabischen Ursprungs waren. Zusätzlich musste sie noch ihr Hochzeitskleid abholen, das sie sich von ihrem Brautgeld gekauft hatte. Es waren noch ein paar Korrekturen notwendig und deshalb lag es bei einer indischen Schneiderin.
    Für eine weitere geringe Summe ihres Brautgelds ging sie noch zum Friseur, um sich ihr Haar korrigieren zu lassen. Allerdings ließ sie sich nur die Spitzen schneiden und es elegant hochstecken.

Zu Hause stand die Manduz prall gefüllt mit all den Dingen, die Onkel Ahmed aus Salim herausgelockt hatte. Von weit her, aus allen Dörfern und sogar der Stadt, kamen Frauen, die verwandt oder bekannt waren, um den Inhalt der Truhe zu begutachten. Einhellig waren sie der Meinung, dass Fatimah einen außerordentlich reichen und großzügigen Mann heiraten würde. Allah ist in seiner Güte unendlich. Er sei gepriesen! Inshallah!

Plötzlich war er da, der große Tag. Mitten im Juni. Draußen war es extrem heiß - an die 48 Grad. Erträglich war es nur im Haus unter der einzigen Klimaanlage, die sie besaßen. Oftmals fragte man sich, warum die Leute ausgerechnet im heißen Sommer heiraten? Aber das war nun einmal so üblich. Schon viele Paare und Generationen vorher und auch noch viele Jahre nach Fatimah und Salim wurde das so gehandhabt. Vielleicht hängt es auch einfach damit zusammen, dass im Sommer in der Landwirtschaft, weniger zu tun ist.

Fatimahs Mutter hatte eine Kosmetikerin ins Haus bestellt, um die Braut am Morgen zu schminken. Eine Libanesin, die eine wahre Künstlerin war, schminkte Fatimah drei Stunden lang, und als diese ihr weißes Kleid angezogen und den Schmuck aufgesetzt und umgehängt hatte, war sie kaum wiederzuerkennen. Sie verzichtete darauf, die nationale Stammestracht zu tragen und ihr Gesicht mit einem grünen Schleier zu bedecken, so wie es ihre Mutter noch getan hatte.
Nachdem Make-up, Lidschatten und Lidstrich aufgetragen, die Augenbrauen rasiert und die Wimpern gebogen waren, leuchtete sie in allen Farben des Regenbogens. Sie trug einen halb durchsichtigen, weißen Schleier und war für die Zeremonie bereit.

Nun kam der Sheikh ins Haus. Er fragte Fatimah drei Mal hintereinander, ob sie gewillt sei, Salim Al Ruzaiqi zu heiraten und ob das auch ihr freier Wille sei. Fatimah antwortete drei Mal: »Ich will Salim Al Ruzaiqi heiraten! Es ist mein freier Wille!«
Zur selben Zeit befand sich Salim in der Moschee. Der Motawa belehrte ihn, wie er sich um seine Frau zu kümmern habe und welche Verantwortung er durch die Heirat für sie übernahm. Zusätzlich musste Salim noch die erste Sure aus dem Koran vorsprechen.

Nach der Zeremonie mit dem Sheikh begab auch Fatimah sich zur Moschee.
Dort wartete Salim bereits auf sie. Er trug eine baumwollene Disdasha, blütenweiß und einen Mussar in grün und blau aus Angorawolle. Um seinen mächtigen Leib hatte er einen breiten Ledergurt geschwungen und an ihm, in einer silbernen Scheide, steckte der Krummdolch aus feinstem Edelstahl. Ein Spazierstock aus dünnem Bambusrohr komplettierte seinen Auftritt. Er war eine imposante

Erscheinung. Einsachtzig groß und einhundertdreißig Kilogramm schwer, schwammiger Körperbau und Oberarme, die kräftiger waren als Fatimahs Oberschenkel. Sein ernstes Gesicht, die dunkle Haut und seine gebogene Knollennase wurden durch die vorstehenden Augen ins Groteske verzerrt.

Fatimah sah ihn zum ersten Mal. Doch sie war viel zu aufgeregt, als dass sie ihn mehr als oberflächlich wahrgenommen hätte. Sie versuchte sich inständig einzureden, dass er sie lieben und verehren würde.

In der Moschee wartete der Motawa auf sie, um ihnen das Eheversprechen abzunehmen. Insgesamt war das keine große Angelegenheit und hauptsächlich drehte es sich dabei um die beiderseitigen Pflichten. Fatimah machte er ausdrücklich auf den Gehorsam ihrem Mann gegenüber aufmerksam. Beiden zusammen nahm er das Versprechen ab, ein gottergebenes Leben im Sinne der Sunna zu führen. Für Salim war auch noch die Verpflichtung wichtig, für seine Familie zu sorgen und sich nicht einem Laster auf Kosten der Familie hinzugeben. Als Mann und Frau gehörten Salim und Fatimah schon zusammen, seit sie ihm die Zustimmung zur Ehe gegeben hatte. Wenn die Ehe in der Hochzeitsnacht vollzogen wurde, wurde sie gültig.

Nach der Zeremonie in der Moschee fuhren alle in die Stadt, um zu feiern. Alle Frauen trafen sich mit Fatimah in der Hochzeitshalle. Am späten Nachmittag war die Halle zum Bersten gefüllt und die Frauen feierten ausgelassen. Einige führten ägyptische Tänze vor und die anderen stießen dazu schrille, tremoloartige, lang gezogene Schreie aus. Nachmittags wurde ein leichtes Buffet geboten und abends bogen sich die Tische unter der Last der Speisen. An Getränken gab es, was das Herz begehrte. Frisch gepresste Fruchtsäfte, Limonaden, Milch von Kuh und Ziege, gewürzt mit Satar, dem wilden Oregano und reichlich Leban, Tee und Kawah. Die indischen und philippinischen Kellnerinnen wurden von einer Palästinenserin angetrieben, die alle Hände voll zu tun hatte. Liebliche arabische Musik erklang aus unsichtbaren Lautsprechern und ältere Frauen holten sich Bongos und Trommeln, um damit den Rhythmus zum Tanzen anzugeben.

Fatimah thronte auf ihrem Stuhl auf der Bühne und genoss das lustige Treiben wie eine Prinzessin. Dann und wann kamen ihre Mutter, Schwestern und ihre Freundin Rima vorbei und nahmen sie vorsichtig in ihre Arme. Vorsichtig, weil an ihr nichts zerstört oder abgestreift werden durfte. Es war eindeutig ihr großer Tag und sie stand im Mittelpunkt.

Viele Freundinnen, Tanten und Nachbarinnen beglückwünschten sie und feierten ausgelassen.

Salims Mutter Aisha, eine alte, dürre Frau, begutachtete Fatimah mehrmals. Anschließend nörgelte sie zu anderen Verwandtinnen, dass Fatimah zu dünn und knochig wäre und zur Arbeit kaum etwas taugen würde. Fatimahs Mutter blieb nichts anderes übrig, als ihre Tochter zu verteidigen und ihre Vorzüge unablässig zu preisen.

Währenddessen ging es bei der Hochzeitsfeier von Salim ruhiger und langweiliger zu. Der ausgesuchte Raum war kleiner und die Gäste nicht so zahlreich wie bei Fatimahs Feier. Sie wurden von draußen im Freien mit allerlei Grillfleisch von Ziege, Hühnchen und Schaf versorgt. Vor dem Gebäude brannte ein großes Feuer und einige Burschen klopften auf Trommeln. Einer spielte die Oud, eine dünne Holzflöte, die knarrende Töne erzeugte. Seit jeher waren die Melodien und Töne nicht so wichtig, wie die dazu gesungenen Texte von Gedichten, Suren oder Liebesliedern.

Schon vor der Hochzeit hatten sich Salim und Ali, Fatimahs Bruder, angefreundet. Sie verstanden sich ausgezeichnet und insgeheim betrachtete Ali Salim als seinen älteren Bruder. Mit seiner großen Lebens- und Berufserfahrung beeindruckte er den jungen Mann. Auch Salim thronte auf einem großen Stuhl, stand aber dann und wann auf, um Freunde und Verwandte zu begrüßen.

Salim und Ali unterhielten sich natürlich auch über Fatimah, natürlich wollte Salim vor allem etwas über ihre Schwächen und Fehler erfahren.

»Manchmal träumt sie zu viel und ist geistesabwesend! Auch spielt sie stets die Gescheitere!«

»Das werde ich ihr austreiben«, erwiderte Salim. Beide lachten ausgelassen darüber.

Zu fortgeschrittener Stunde wurde Salim aufgefordert, seine Frau heimzuholen. Er verabschiedete sich von allen männlichen Verwandten und Bekannten und machte sich mit seinem Auto und einem Fahrer auf den Weg zur Hochzeitshalle der Frauen.

Bei seiner Ankunft schrillten, brüllten und applaudierten die Frauen und Mädchen. Er wurde zur Braut geführt und nahm neben ihr auf dem zweiten Stuhl Platz. Die gesamte Halle war nun taghell von den Blitzlichtern der Fotoapparate. Sie thronten wie ein Königspaar auf ihren Stühlen und ließen die Ehrenbekundungen und Glückwünsche aufgeregt über sich ergehen. Sprechen konnten sie nicht viel miteinander, es war einfach zu laut.

Nach gut einer Stunde kamen die Mütter von Fatimah und Salim und forderten sie auf, die Halle zu verlassen und in ihr Hotel in die Hauptstadt zu fahren.

»Salim wird selbst fahren und die beiden jüngeren Tanten mit ihren Ehemännern werden sie begleiten, jedoch in ihrem eigenen Fahrzeug von Onkel Ahmed.«. Die Tanten und Onkeln würden im gleichen Hotel nächtigen und überwachen, dass alles mit rechten Dingen zuging.

Fatimah wurde mit jeder Minute nervöser. Obwohl sie dachte, von ihrer Mutter genügend in die Geheimnisse der Hochzeitsnacht eingeweiht worden zu sein, konnte sie sich nicht vorstellen, was auf sie zukam.

Salim begann während der Fahrt zum ersten Mal, mir ihr zu sprechen. Er erzählte ihr ausschweifend von ihrem zukünftigen Haus, von den vielen Freunden, die er hatte und von seinem Dorf. Von den Tieren, vor allem von seinem Lieblingsschaf, und von der Arbeit. Er wirkte in seiner etwas linkischen Art auf sie nicht unsympathisch oder beängstigend. Salim bemühte sich, ihr Vertrauen und ihr Herz zu gewinnen. Nur, sie fühlte sich nicht wohl. Sie hatte das Gefühl, sich jeden Augenblick übergeben zu müssen. Noch vor der Abfahrt hatte ihre Mutter erklärt, dass sie wahrscheinlich aufgrund des vielen Essens und Trinkens eine Weile ein unangenehmes Völlegefühl haben würde. »Aber«, sagte sie, »die Fahrt in die Hauptstadt dauert lange genug für dich, um wieder einigermaßen zu Atem zu kommen.«

Nach zwei Stunden rasanter Fahrt, Salim wollte ihr mit seinen Fahrkünsten imponieren, erreichten sie den Stadtrand von Maskat. Leider hatten sie durch Salims Raserei ihre Onkeln und Tanten abgehängt und mussten warten, da er sich nicht besonders gut in der Stadt auskannte. Deshalb warteten sie auf einem freien Feld neben der Straße auf die anderen. Als diese endlich nachkamen, setzte sich das Fahrzeug der Verwandten an die Spitze und Salim fuhr ihm nach.

Fatimah hatte die Fahrt aber nicht nur zum Grübeln genutzt, sondern Salim immer wieder aus den Augenwinkeln beobachtet.

»Er ist keine üble Erscheinung und Mutter hat schon recht, wenn sie sagt, er sei ein stattlicher Mann. Wenn er nur nicht so groß und schwer wäre!« Langsam konnte sie sich beruhigen und die Aufregung über die bevorstehende Hochzeitsnacht legte sich ein wenig. Trotzdem schlug ihr Herz wie wild und sie konnte das Hämmern in ihren Ohren hören, wenn sie die Augen schloss. Die vielen Lichter der Stadt und der dichte Verkehr waren beeindruckend - sie war zum ersten Mal in der Hauptstadt.

Endlich waren sie im Hotel angekommen. Salim erschien das Hotel wie ein Palast und er wirkte unsicher und unbeholfen. Onkel Ahmed hatte die Organisation der Anmeldung und den Gepäcktransport in die Suite organisiert.
An der Rezeption wurde allen ein Fruchtcocktail serviert und sie herzlich willkommen geheißen. Fatimah hatte ihren Nikab herunter gezogen. Damit fühlte sie sich weitaus sicherer in dieser allzu offenen und unbekannten Öffentlichkeit.
Von der Guest Relation Managerin wurden sie zu einer der Hochzeitssuiten begleitet und plötzlich waren sie zum ersten Mal allein.
Bevor Salim noch etwas zu Fatimah sagen konnte, läutete es an der Eingangstür. Fatimah umwickelte schnell ihr Haar, nahm den Nikab vors Gesicht und versteckte sich in einem der Badezimmer. Draußen standen die beiden Tanten und teilten ihnen mit, dass sie nach altem Brauch solange vor der Türe ausharren würden, bis sie feststellen könnten, dass die Jungfräulichkeit unbeschädigt gewesen war und die Ehe ordnungsgemäß vollzogen wurde. Damit, so erklärten sie, seien sie von Fatimahs Mutter Noor beauftragt worden.
Beide Frauen machten es sich im Vorraum, gleich neben der Eingangstür, in eine Sitzgruppe bequem.

»Endlich allein mit dir Habibti! Du bist hinreißend und wirst mir Milch und Honig sein! Meine süßeste aller Datteln, mein Kitzlein, mein Weibchen! Ich werde dich genießen und in dir aufgehen!« Dieses und noch vieles mehr ergoss sich aus Salim, wie aus einem Sturzbach.
Fatimah nahm alle ihre Energie zusammen, um zu fragen, ob sie sich im Bad frisch machen dürfe. Er erlaubte es ihr mit einem Augenzwickern und der Bemerkung, sie solle ja nicht zu lange bleiben.
Fatimah begann sich im Bad zu entkleiden, was für sie allein schwierig war. Vor allem der lange Zip des Kleides auf ihrem Rücken

machte Probleme. Aber sie schaffte es dennoch, das Kleid auszuziehen, sich ordentlich zu reinigen und ihr Make-up aufzumöbeln. Als artige Frau trug sie zum Schluss ein Nachtkleid und ging so zurück ins Schlafzimmer. Salim hatte ohnehin schon mehrmals nach ihr gerufen.

»Er war noch nicht im Bad«, dachte sie, als sie nach draußen trat.

Fatimah war über den Anblick Salims angeekelt. Er trug nur noch den Unterrock und sonst nichts am Leib. Sein dicker Bauch schwabbelte. Wieselflink eilte sie zielstrebig zum großen Bett und schlüpfte rasch unter die Decke. Hier fühlte sie sich geborgener.

»Wichtig ist«, dachte sie, »dass alles halal, also erlaubt ist«. Haram war alles, was der Lust diente und das waren vor allem die Nacktheit und das Betrachten nackter Körperteile.

Salim tat es ihr gleich und schlüpfte ebenfalls unter die Decke ... dann tat sich ein paar Minuten gar nichts.

Da Fatimah müde war, wäre sie trotz Nervosität beinahe eingeschlafen, wenn Salim sie nicht urplötzlich und ohne Ankündigung am ganzen Körper zu begrapschen und mit hartem Griff zu umarmen begonnen hätte. Er zog ihr das Nachtkleid bis über die Brust hoch und fuhr mit seinen schwieligen Händen zwischen ihre Oberschenkel. Noch ehe sie richtig atmen konnte, war er über ihr und versuchte mehrmals in sie einzudringen. Als es ihm endlich gelang, durchfuhr sie ein Schmerz, als ob sie in der Mitte ihres Leibes auseinandergerissen würde. Ein halblauter Schmerzensschrei entfuhr ihrer Kehle und dicke Tränen benetzten das Bettzeug. Fatimah betete fieberhaft zu Allah, diese Folter so rasch wie möglich zu beenden. Nach wenigen Minuten und etwas nachlassendem Schmerz stöhnte Salim kurz laut auf und schrie »Allahu Akhbar!«.

Dann fiel er von der halb zerquetschten, kaum noch atmenden Fatimah. Er rollte sich zur Seite, blieb einige Minuten liegen und stand dann auf, um die Tanten einzulassen, die heftig an die Tür pochten.

Beide eilten zum Bett, zogen die Decke von Fatimah und suchten den Blutfleck. Damit war bewiesen, dass Fatimah noch Jungfrau war. Als sie das Blut gesehen hatten, blickten sie Fatimah an.

»Es ist vollzogen und du warst noch Jungfrau! Das erste Mal ist immer schrecklich, aber du wirst dich daran gewöhnen. Es ist Allahs Wille!« Schnell verließen sie das Schlafzimmer und Fatimah war wieder alleine mit ihrem Mann. Sobald die Tanten den Raum verlassen hatten, wendete sich Salim an sie. »Du wirst mir noch viel Freude bereiten, meine Honigstute!«

Er drehte sich von ihr weg und ging zielstrebig zum Kühlschrank, um sich ein Bier zu holen. Da normalerweise kein Alkohol in den Minibars vorhanden war, hatte er Fatimahs Onkel Ahmed gebeten, dieses für ihn zu organisieren. Der Kühlschrank war gefüllt mit alkoholischen Getränken. Nach dem dritten Bier sprach Salim halblaut zu sich:

»Wenn schon dieser Aufwand mit der Hauptstadt, dann soll es mir auch gut gehen!«

Fatimah war inzwischen in eine Art Dämmerzustand gefallen. Obwohl sie erschöpft war, konnte sie nicht schlafen. Ihr gesamter Unterleib brannte wie Feuer. Da sie weder Bier noch andere alkoholische Getränke kannte, fiel ihr nicht auf, dass Salim nach kurzer Zeit stockbetrunken war.

Später spürte sie, wie Salim schwer ins Bett fiel und nach wenigen Minuten laut zu schnarchen begann.

In der Nacht ließ das Feuer im Unterleib nach, und als Salim etwas weniger schnarchte, fiel sie in einen tiefen Erschöpfungsschlaf.

Ihre innere Uhr weckte sie pünktlich zum ersten Gebet des Tages. Salim lag wie tot neben ihr und rührte sich nicht. Sie wusste nicht, ob sie ihn für das Gebet wecken sollte. Sie rüttelte vorsichtig an ihm, doch außer einem Kurzen: »Lass mich in Ruhe«, war keinerlei Regung von ihm zu vermerken. Sie eilte ins Badezimmer, wusch sich und breitete dann im Wohnzimmer ihren Gebetsteppich aus. Sie richtete ihren Körper gegen Mekka und begann, ihr Gebet zu sprechen.

Da sie nach dem Gebet nichts für ein kleines Frühstück vorfand, schlich sie vorsichtig zurück zum Bett, um noch ein wenig zu schlafen, was ihr rasch gelang.

Fatimah träumte, dass ein übergroßes Kamel hinter dem Haus ihrer Mutter von den Blättern des großen Cedar-Baumes, dem Schattenspender, fraß. Fatimah zog und zog an dem Kamel, um es vom Baum wegzubringen, aber es gelang ihr nicht. Sie war zu schwach. Ihre Mutter stand an der Küchentür und schimpfte und keifte mit ihr: »Bring doch endlich das Kamel weg!«, doch Fatimah hatte keine Kraft und fühlte sich wie gelähmt.

Schweißgebadet fuhr sie hoch, sah sich um und entdeckte Salim neben sich. Sofort fiel sie zurück aufs Bett, drehte sich zur Seite und schlief wieder ein.

Ein für sie nicht bekannter, geradezu bestialischer Gestank weckte sie. Salim hatte seinen Mund an ihre linke Wange gepresst und saugte sich an ihr fest. Er stank entsetzlich nach Alkohol. In einer reflexartigen Bewegung versuchte sie, sich wegzudrehen, aber es gelang ihr nicht, da er sie fest im Griff hatte.

»Mein Liebling«, flüsterte er, »es ist schön, dich am Morgen neben mir zu sehen! Es ist wunderbar dich zu spüren! Am wunderbarsten ist es, mit dir Söhne zu zeugen!« Und sofort war er über ihr - mit all seinem Gewicht.

Gegen zehn Uhr läutete eine der Tanten an der Tür und fragte, ob sie schon gefrühstückt hätten. Sie wären jetzt auf dem Rückweg nach Hause und wollten sich verabschieden. Sie erklärte Salim, dass er am Telefon nur die Nummer 110 wählen müsste, um ein Frühstück beim Zimmerservice zu bestellen.

Das probierte Salem sofort aus und nach zweimaligem Läuten meldete sich der Zimmerservice.

»Herr Ruzaiqi, wie kann ich ihnen helfen?«, fragte eine weibliche Stimme. »Ich möchte ein Frühstück bestellen!« »Wir haben für sie ein Honeymooner Frühstück für zwei Personen vorbereitet«.

»Das ist mir egal, solange es etwas zu essen gibt«.

»Also ein Honeymooner Frühstück für zwei Personen! Es wird 20 Minuten dauern.«

»Wieso so lange? Ich habe großen Hunger! Beeilen sie sich!«

»Jawohl, es wird nicht lange dauern.«

Somit hatte Salim das erste Mal in seinem Leben ein Frühstück in einem der großen internationalen Hotels bestellt.

Fatimah war dem Dialog mit geschlossenen Augen gefolgt. Sie hatte auch Hunger und war froh, dass ihr Mann daran gedacht hatte, Frühstück für zwei Personen zu bestellen.

Nach etwa 15 Minuten läutete es an der Tür und Salim ging angezogen in den Vorraum, um die Zimmerkellnerin einzulassen. Diese schob den voll beladenen Servierwagen in den Vorraum und ließ Salim den Empfang quittieren. Nachdem die Kellnerin gegangen war, hob Salim, noch im Vorzimmer, eine der Glocken hoch und nahm sich von den darauf liegenden Speisen. Nach etlichen Minuten schob er den Wagen ins Wohnzimmer und rief ins Schlafzimmer:

»Habibti es gibt Frühstück!« Fatimah hatte bereits ein Hauskleid übergezogen und setzte sich an den Tisch. Sie war völlig ausgehungert und frühstückte zum ersten Mal mit ihrem Mann. Sie staunte, was sich alles auf dem Tisch und den Tellern, Tassen und Gläsern befand. Noch nie hatte sie so einen reichlich gedeckten Tisch mit so vielerlei Speisen und Getränken gesehen. Sie aß, als ob sie nie mehr etwas zu essen bekommen würde. Und was sie nicht schnell genug erhaschte, wurde vor ihren Augen von Salim verschlungen.

Man konnte meinen, beide hatten großen Spaß daran, um die Wette zu essen. Nach einigen Minuten Schweigsamkeit forderte Salim sie auf: »Habibti, iss so viel du kannst, damit du etwas weicher wirst! Deine Knochen tun mir weh, wenn ich auf dir liege!« Fatimah gab keine Antwort. Sie stellte sich gerade vor, dass es im Paradies so ähnlich mit Speisen und Getränken zugehen würde.

Nachdem sie ausgiebig dem Fraß und der Völlerei gefrönt hatten, rülpsten beide ein paar Mal kräftig und lachten dazu ausgelassen.

Fatimah sprach Salim das erste Mal direkt an. Vorsichtig und schüchtern: »Warst du schon im Bad?«

»Nein, aber ich werde gleich hineingehen«.

Fatimah wählte eines ihrer neuen Seidenkleider mit großen bunten Kreisen und schwarzen Ornamenten. Sie hatte sich aus den Seidenstoffen aus ihrer Brautruhe von ihrer indischen Schneiderin verschiedene Kleidungsstücke anfertigen lassen.

Salim zog eine frisch gewaschene Disdasha und Sandalen an und band sich den Mussar.

»Ich werde dich heute in das größte Einkaufszentrum der Stadt führen. So etwas hast du noch nicht gesehen, Habibti! Viele Geschäfte und ein riesiger Supermarkt. Wir werden ein wenig einkaufen, und wenn du brav bist, dann schenke ich dir, was du gerne haben möchtest. Aber nur, wenn es nicht zu teuer ist«.

»Ich wollte schon immer so ein Einkaufszentrum sehen. Soll ich den Nikab tragen?« »Ja, ich will es so!«, antwortete Salim. »Ich trage ihn gern! Ich fühle mich damit sicherer«.

An der Rezeption erkundigte sich Salim, wie man mit dem Auto fahren musste, um zum Einkaufszentrum zu kommen. Man erklärte ihm den genauen Weg und versicherte, dass es gar nicht so schwierig sei.

Sie machten sich auf den Weg und Salim irrte sich nur einmal, er war zu früh von der Stadtautobahn abgebogen. Er merkte es rechtzeitig und fuhr zurück.

Beim Einkaufszentrum angekommen, stellte Salim den Wagen im Erdgeschoss des Parkhauses ab. Dort gab es Schatten. Trotzdem war auch das Parkhaus brütend heiß. Als sie durch die Eingangsschleuse das Einkaufszentrum betraten, umfing sie plötzlich kühle Luft. Fatimah fühlte sich wie im Winter in den Bergen.

Sie brachte den Mund vor Staunen nicht mehr zu. So etwas hatte sie noch nie gesehen. Geschäfte reihten sich an Boutiquen. Alles war blitzsauber und glänzte vor Prunk. Außerdem gab es so viele verschiedenartige Menschen. Sie sah zum ersten Male Ost-Asiatinnen und Europäerinnen. Die Europäer bezeichnete Salim als Inglesi. Obwohl es bei Weitem nicht nur Engländer waren, nannte man Europäer im Oman generell so. Fatimah war von der hellen Haut und den vielen blonden Haaren fasziniert.

Eine Weile bummelten beide nebeneinander hin und her. Mal im Erdgeschoss, dann im ersten Stock und wieder zurück. Langsam merkte Fatimah, dass es Dinge gab, die sie sich nicht einmal in ihren kühnsten Träumen hatte vorstellen können. Sie dachte unentwegt an die Worte Bibis, dass alles was glänzt, eitel mache und Eitelkeit sei eine Sünde. Sie betete in Gedanken ein kurzes Gebet zu Allah und bat ihn, ihr zu verzeihen, wenn sie ein bisschen eitel sein würde, aber es gefalle ihr einfach zu gut.

Salim schritt mit Stolz voran. Zum ersten Mal führte er seine junge Frau aus. Er dachte daran, den Mund zu voll genommen zu haben, als er ihr sagte, sie könne sich etwas aussuchen. Hoffentlich wurde das nicht zu teuer ... und wenn es das war, dann würde er es ihr nicht kaufen. Khalas!

Nachdem sie mehrmals an allen Geschäften vorbeigeschlendert waren, führte Salim sie in den Supermarkt. Er wollte ihr zeigen, dass es mehr zum Essen und Trinken gab, als Datteln, Ziegenkäse, Leban, Wasser, Früchte und Fladenbrot. Was Fatimah zu sehen bekam, ließ sie aus dem Staunen nicht mehr herauskommen. Viele bunt verpackte Lebensmittel nahm sie als solche gar nicht wahr. Sie betrachtete lieber die farbenfrohen Verpackungen und die fremdartigen Schriftzeichen. Natürlich hatte Fatimah in der Schule Englisch gelernt. Sie war eine der Besten in der Klasse gewesen, besaß aber keine Praxis darin. Allerdings gab es auch Sprachen, von denen sie noch nie gelesen oder gehört hatte. Voran chinesische Schriftzeichen, Französisch, Italienisch oder Deutsch.

Salim ging mit ihr durch die Abteilung der Süßwaren. Hier wollte er etwas für sie kaufen. Das käme ihm nicht so teuer. Fatimah war berauscht und überfordert mit den vielen verschiedenen Schokoladen und den Zucker- und Gummibonbons. Salim zeigte auf verschiedene Süßigkeiten und fragte jedes Mal, ob sie dieses oder jenes haben wollte. Da sie den Inhalt nicht kannte, zuckte sie immerfort mit den Schultern. Salim wiederum deutete das als Bescheidenheit und war zufrieden, dass er nichts kaufen musste.

Am meisten faszinierte Fatimah die Abteilung für Fische und Meeresfrüchte. Bisher kannte sie nur den King Fisch und diesen nur in Scheiben geschnitten. Obwohl sie aus dem Biologieunterricht einigermaßen über die Meeresbewohner Bescheid wusste, hatte sie noch nie Krabben, Langusten, Tintenfische oder Garnelen in natura gesehen.

Nachdem beide den Supermarkt verlassen hatten, zog es Salim zum Geschäft mit den elektronischen Artikeln. Jeder arabische Mann, der etwas auf sich hält, besitzt zumindest drei Mobiltelefone und Salim nannte nur eines sein Eigen. Daher dachte er daran, ein Zweites zu erwerben. Beide gingen in das Geschäft und Salim eilte zielstrebig zur Abteilung der Mobiltelefone.

Er drehte und wendete jedes mehrmals, um es sich genau anzusehen und tat dabei auch gleich so, als wäre er Experte. Natürlich um Eindruck bei Fatimah zu schinden.

»Jetzt weiß ich, was ich haben möchte, nachdem du mir angeboten hast, mir ein Geschenk zu kaufen«. Er schluckte kurz. »Mobiltelefone sind aber sehr teuer!«

»Es muss ja kein Teures sein! Du könntest mich immer anrufen, wenn du auswärts unterwegs bist und ich könnte auch manchmal mit meiner Mutter sprechen.« Salim schaute sich bereits um, wo die billigeren Produkte ausgestellt waren.

»Von diesen dort, deutete er mit der Hand in besagte Richtung, von diesen kannst du dir eines aussuchen!« Fatima eilte zielstrebig ein paar Meter weiter und begutachtete jedes einzelne der Telefone. Sie wählte das Telefon weniger nach seinen technischen Möglichkeiten und Funktionen, als viel mehr nach seinem äußeren Erscheinungsbild wie Farbe, Größe und Glanz aus.

Beflissen eilte sofort ein indischer Verkäufer herbei, um mit Rat und Tat zur Seite zu stehen. Er fragte, wonach sie suchen und Salim erklärte, dass er nach einem günstigen Mobiltelefon für seine Frau Ausschau halte. Nachdem der Verkäufer die Vorzüge einiger Modelle gepriesen hatte, entschied sich Salim für eine einfache und vor allem billige Variante. »Du brauchst es ja nur zum Telefonieren!« Zum Verkäufer meinte er kurz: »Dieses hier nehmen wir!«

Fatima gefiel es gut. Es glänzte in dunkelrot und zum ersten Mal war sie glücklich im Beisein ihres Mannes.

Salim teilte dem Verkäufer mit, seine Hilfe weiterhin zu benötigen. Er plane, auch für sich ein Telefon zu kaufen. Der geschickte Verkäufer veranstaltete ein riesiges Brimborium und es gelang ihm, Salim eines der ersten Smartphones, um viel Geld, anzudrehen. Diese waren gerade auf den Markt gekommen.

Nach langem Bummeln und Besichtigen wurden beide müde und hungrig. Salim führte seine Fatimah in die Ecke des Einkaufszentrums, wo all die Restaurants versammelt waren. Fatimah war fasziniert von den vielen verschiedenen Arten von Speisen, und dass diese Vielfalt aus der ganzen Welt in der Hauptstadt versammelt war.

Ein Geruch zog sie besonders an. Salim eilte zielstrebend auf dessen Quelle zu und nach wenigen Sekunden standen sie vor der Hamburger-Verkaufstheke. Salim erklärte ihr, dass, wann immer er in die Hauptstadt komme, er stets einen Hamburger verzehre. Diese schmeckten fantastisch.

Salim bestellte zwei Menüs. Eines in der größten und eines in mittlerer Portion. Fatimah aß zum ersten Mal in ihrem Leben einen Hamburger mit Pommes frites und trank dazu eine Cola. Noch nie in ihrem Leben hatte sie so etwas Köstliches gegessen und getrunken. »Du musst mir versprechen, mich bald wieder einmal hierher mitzunehmen«, bat sie ihren Mann.

Salim versprach es ihr, meinte aber, dass es dauern würde, da sie nicht so oft in die Hauptstadt kämen.

Schnell organisierte er noch für Fatimahs Telefon eine SIM-Karte, in der vorauszuzahlenden Version mit etwas Guthaben.

Anschließend ging Fatimah zum rituellen Waschen und in den Gebetsraum für Frauen, um ihr Mittagsgebet nachzuholen. Bevor sie ging, nahm sie Salim noch das Versprechen ab, auch zu beten.

Sie spazierten noch eine Weile durch das Einkaufszentrum und waren dann so müde, dass sie sich entschlossen, zurück ins Hotel zu fahren.

Ganz plötzlich machte sich in Fatimah wieder die Angst breit.

»Ich muss das Lernen zu ertragen«, dachte sie, »Mutter hat doch gesagt, dass ich mich nach einer Weile daran gewöhnen werde«.

Nach einer kurzen Autofahrt waren sie zurück im Hotel und Fatimah hatte das Gefühl, dass der Hinweg viel länger gewesen war, als der Rückweg.

Salim hatte wirklich seinen gönnerhaften Tag. Er bestellte nach ihrer Ankunft an der Rezeption sogar Tee und Gebäck in die Suite.

Fatimah begann nervös zu werden und suchte etwas, womit sie Salim ablenken und beschäftigen konnte.

»Bitte Amir, mein Gebieter, zeigst du mir, wie ich mit meinem Mobiltelefon umgehen muss? Ich kenne mich damit nicht aus!«

Hier war Salim an einem wunden Punkt getroffen. Wollte er doch seiner Fatimah imponieren, wie gut er sich mit Technik auskannte.

Er öffnete die Verpackung und holte die einzelnen Bestandteile heraus.

»Dieses hier ist das Telefon! Das Kabel mit dem Stecker ist zum Aufladen der Batterie. Die Batterie nennt man Akku. Du brauchst sie zum Telefonieren und sie muss immer aufgeladen sein. Als Erstes stecken wir das Ladegerät in die Steckdose, hängen das Telefon daran und laden es auf. Dies dauert eine Weile, bis genug Strom zum Telefonieren in der Batterie vorhanden ist.«

Dann steckte Salim die SIM-Card ins Telefon und erklärte ihr, dass sie ohne dieses kleine Ding nicht telefonieren kann. Er schärfte ihr ein, diese Karte nie aus dem Telefon zu entfernen.

»Bis das Telefon aufgeladen ist, möchte ich mich an dir erfreuen!«, rief er ihr plötzlich grinsend zu. Fatimah senkte resigniert den Kopf und begab sich zum Bett.

»Jedes Ding hat zwei Seiten«, hatte Bibi immer zu ihr gesagt. »Eine Gute und eine Schlechte. Und wenn du denkst, es ist nur Schlechtes vorhanden, dann musst du das Gute suchen. Allah hat uns in seiner unendlichen Weisheit immer zwei Möglichkeiten zum Wählen gegeben. Auch auf lange Dürre folgt wieder Regen und der finsteren Nacht ein strahlender Tag.«

Das Gute, das Fatimah in dieser Sekunde suchte, fand sie. Es dauerte nicht lange!

Als der Akku des Telefons genügend aufgeladen war, erklärte Salim ihr die Handhabung. Obwohl sie es schon bei ihrem Bruder Ali beobachtet hatte, war es doch neu für sie. Ihr Mann bemühte sich und zeigte ihr alles bis ins Detail. Er tippte seine Nummer und die ihres Bruders Ali in den Speicher und zeigte ihr, auf welche Tasten sie drücken musste, um Ali anzurufen.

Nach zweimaligem Läuten meldete sich Ali. Völlig aufgeregt sprach sie mit ihrem Bruder und verlangte von ihm, schnell ihre Mutter ans Telefon zu holen.

»Mama«, rief sie, »Salim hat mir ein Mobiltelefon gekauft! Wir waren den ganzen Tag im Einkaufszentrum. Es ist toll und es gibt so viele schöne Sachen. Wir haben Fleisch in einem Brot und heiße Kartoffelstreifen gegessen und einen dunkelbraunen Saft getrunken. Den Saft nennt man Cola!«

»Es geht dir also gut, mein Kind? Siehst du, dass Allah es mit uns allen gut meint? Danke ihm dafür und schließe auch deinen Mann ins Gebet mit ein!«

Nach einer endlosen Plauderei drückte Fatimah auf die rote Taste und beendete das Gespräch. Voller Stolz legte sie das Telefon auf den Tisch zurück und lächelte.

Salim, der auf dem Bett liegen geblieben war, fragte, ob es allen gut gehe, was sie bejahte.

Viel wichtiger war Fatimah im Moment alle Tasten auszuprobieren, um mehr über ihr Geschenk zu lernen.

Plötzlich sprang Salim aus dem Bett, lief zum Ankleideschrank und zog sich an. Als er sich zu Fatimah umdrehte, sagte er: »Ich muss dich jetzt für ein paar Stunden verlassen, weil ich noch Freunde treffen möchte. Du weißt, dass du im Zimmer bleiben musst und nicht hinausgehen darfst. Wenn du willst, bestelle ich dir noch etwas zu essen oder zu trinken. Ach, und bevor ich es vergesse, den kleinen Kühlschrank darfst du nicht öffnen. Ja nicht einmal in seine Nähe kommen!« ... und schon war er verschwunden.

Verblüfft schaute ihm Fatimah nach. Sie dachte darüber nach, warum er ihr verboten hatte, in die Nähe des kleinen Kühlschrankes zu gehen? Die einzige plausible Erklärung, die ihr dazu einfiel, war, dass er vielleicht noch eine weitere Überraschung für sie versteckt hielt.

Fatimah legte sich ins Bett, um ein wenig auszuruhen. Nach wenigen Minuten war sie eingeschlafen.

Sie schlief sehr lange. Früh am Morgen, es war noch dunkel, wachte sie auf und drehte sich zur Seite Ihres Mannes. Diese war leer! Sie konnte sich keinen Reim darauf machen. Da es schon Zeit für das Morgengebet war, ging sie ins Bad, um sich zu waschen. Anschließend verrichtete sie ihr Gebet. Sie betete mehr als vorgeschrieben und bat Allah, um seine Gnade und um Vergebung, sollte sie gefehlt haben.

Da sie Hunger hatte, überlegte sie, wie Salim am Tag zuvor das Frühstück per Telefon bestellt hatte. Kurz entschlossen griff sie zum Hörer und rief den Zimmerservice an. Mit aufgeregter Stimme und leichtem Zittern bestellte sie das Gleiche wie am Vortag. Aber nur für eine Person, wie sie betonte. Bald wurde das Frühstück serviert und sie aß mit Heißhunger. Nach dem Essen legte sie sich wieder nieder und schlief gleich ein.

Ein entsetzlicher Lärm weckte sie augenblicklich. Es war taghell und neben dem Bett stand schwankend Salim und schrie sie an. »Was denkst du dir, einfach Frühstück zu bestellen, ohne mich zu fragen? Was glaubst du, was das kostet? War ein Kellner zum Servieren hier?«

»Nein, eine Kellnerin«, flüsterte sie mit verschlafener Stimme. »Was hast du Salim? Warum schwankst du so hin und her?«

Was Fatimah nicht wissen konnte, Salim war völlig betrunken.

Plötzlich stürzte er in einem Satz auf das Bett zu und schlug wie besessen auf sie ein. Fatimah konnte sich kaum wehren und rollte sich wie ein Igel zusammen. Ganz so, wie sie es immer bei ihrem Vater gemacht hatte, wenn der sie schlug. Nur dem betrunkenen Zustand Salims war es zu verdanken, dass er nach einer Weile innehielt, sie weiter zu verprügeln und einfach quer übers Bett fiel und sofort einschlief. Fatimah quälte sich unter seinem schweren Körper vorsichtig hervor und schlich ins Bad, um ihren Zustand zu begutachten. Ihre Rippen und ihr Gesicht schmerzten sie so sehr, dass sie bitterlich weinte und schluchzte. Sie hatte wieder das gleiche Gefühl wie bei ihrem Vater. Sie wurde bestraft, obwohl sie nicht genau wusste, wofür. »Weil ich etwas gegessen habe? Er sagte doch, ich soll viel essen, damit ich fülliger und weicher werde!«

Schnell blühten auf ihrem Gesicht blaue Flecken auf und verfärbten sich ebenso schnell ins Violette. Auch ihre Unterlippe schwoll an.

Völlig verwirrt und unter heftigen Schmerzen, ging sie in das zweite Schlafzimmer und legte sich hin. Mit Tränen in den Augen dachte sie über den Willen Allahs nach.

Gegen Mittag klingelte das Telefon. Weder Salim noch Fatimah antworteten. Ein wenig später läutete es noch einmal und Salim schlurfte zum Tisch. Sie hörte, wie er sagte, dass sie nicht länger bleiben würden und sogleich das Zimmer räumen würden. Er kam in Fatimahs Schlafzimmer und befahl ihr, die Taschen und Koffer zu packen, sie müssten das Hotel verlassen.

Während Fatimah sowohl seine als auch ihre Utensilien verstaute, setzte Salim sich vor das TV-Gerät und schaute gebannt auf den Bildschirm.

Nach gut einer halben Stunde hatte sie alles gepackt und sich selber auch reisefertig hergerichtet. Der Nikab kam ihr gerade Recht, damit niemand ihre blauen Flecken und die geplatzte, blutverkrustete Lippe sehen konnte.

Salim ließ die Taschen und Koffer abholen und zum Auto bringen. Bald saßen sie im Wagen und fuhren in Richtung von Salims Dorf.

Sie sprachen nichts miteinander, nur dann und wann schimpfte Salim über einen Autofahrer. Besonders dann, wenn er überholt wurde. Überholt zu werden, vertrug er überhaupt nicht. Jedes Mal beschleunigte er sein Fahrzeug und versuchte den Schnelleren wieder zu überholen. Diese Spiele dauerten an, bis sie endlich die Autobahn verließen.

AISHA

Langsam fuhr Salim die staubige Straße entlang zu seinem Haus. Im Grunde war es nicht nur eine staubige und steinige Landschaft, sondern durchaus eine bunte. Überall lagen weiße, durchsichtige, rote, gelbe und in vielen anderen Farben schillernde Plastikabfälle herum. Tüten, Flaschen, Dosen und Styropor. Dadurch zeigte sich die steinige und staubige Wüstenlandschaft abwechslungsreich und farbig.

Als sie das Dorf durchfuhren, winkten Salim viele Männer freundlich zu. Frauen waren keine auf der Straße.

Fatimah hatte ihr neues Zuhause natürlich noch nie gesehen und war daher dementsprechend neugierig. Ihr Maßstab war das Haus ihrer Familie.

Das größte Haus, schon von Weitem sichtbar und ganz in weiß, stand am Ende des Dorfes. Bevor Fatimah fragen konnte, erhielt sie schon die Antwort: »Dies ist dein neues Heim.« Fatimah freute sich, war es doch mit Abstand das prächtigste Haus im Dorf. Von einer hohen Mauer umgeben und imposanter, als dass ihrer Familie.
    Plötzlich dachte sie daran, dass sie die Familie ihrer Mutter nicht mehr als die Ihrige bezeichnen durfte. Sie gehörte jetzt zu einer anderen Familie. Zu der ihres Mannes.

Als sie mit dem Auto zur Einfahrt kamen, wurde das große Tor wie von Geisterhand nach innen geöffnet. Fatimah beschlich ein beklemmendes Gefühl. Besonders die Ungewissheit darüber, was sie erwartete, umklammerte ihr Herz. Beim Einfahren sah sie, dass ein Mann, wahrscheinlich ein Inder, das Tor geöffnet hatte.
    In der Haustür stand Salims Mutter Aisha. Sie hatte ein ernstes Gesicht aufgesetzt. Beim Anblick ihrer Schwiegermutter bemächtigte sich Fatimahs ein Gefühl der Unsicherheit. Sie hatte Angst! Dienstbeflissen hasteten zwei weitere Inder zum Auto und öffneten die Türen.
    »Steig aus!«, raunte ihr Salim zu.
    Er sprang mit all seinem Gewicht sportlich, gelenkig aus dem Auto und eilte mit weiten Schritten auf seine Mutter zu. Er begrüßte sie überschwänglich und küsste ihr Hand und Stirn. Lange Zeit unterhielt er sich mit ihr.
    Seine Mutter gab im Rahmen des Dialoges eher grunzende Laute, denn gesprochene Wörter von sich. Fatimah, die neben dem Auto stand, kam sich verloren vor. Sie musste von ihrer Schwiegermutter oder ihrem Mann aufgefordert werden, das Haus betreten zu dürfen.
    Plötzlich setzte Aisha ihr süßestes Lächeln auf.
    »Komm Fatimah, nimm deinen Koffer und geh mit mir ins Haus!« Sie wollte ihren Koffer aus dem Auto zerren, aber sofort war einer der indischen Bediensteten zur Stelle, um ihr diese Last abzunehmen.
    »Sie kann den Koffer doch selbst tragen!«, rief Aisha Lakshmi, dem indischen Arbeiter, zu. Fatimah schleppte den schweren Koffer ins Haus. Dort allerdings schritt Salim ein und bellte einen anderen Inder an, den Koffer in eines der Zimmer zu bringen.

Aisha setzte weiterhin ein freundliches Gesicht auf. Das Haus war zwar nur eingeschossig, aber großflächig. Rechts vom Haupteingang befand sich eine zweite Eingangstür. Diese führte in die sogenannte Majlis, eine Art Wohnzimmer für Besucher. Vor allem für fremde, nicht der Familie zugehörige, männliche Besucher. Diese wurden nur in den seltensten Fällen in das Haus gelassen. Die Majlis hatte einen eigenen Waschraum und eine Toilette.

Vom Haupteingang aus gelangte man in die Sala, dem größten Raum des Hauses. Dort spielt sich der größte Teil des Zusammenlebens ab. Links und gegenüber der Haustür führten drei weitere Türen in Schlafräume und rechts eine Tür in ein Badezimmer. Einen zusätzlichen Ausgang gab es für den Vorgarten. Das Größte der Schlafzimmer, der so bezeichnete Master Bedroom, besaß ein eigenes Bad mit Toilette. Gleich neben der Haustür eröffnete eine weitere Tür den Weg zur Treppe auf die Dachterrasse.

Fatimah war beeindruckt von der Größe des Hauses und der Vielzahl der Räume. In ihrer Schüchternheit wagte sie nicht, Aisha zu fragen, wo sich ihr Raum befand. Als ob ihre Schwiegermutter geahnt hatte, was sie dachte, sagte sie zu Fatimah:

»Komme mit mir, ich zeige dir meine bescheidene Wohnung!« Damit öffnete sie die Tür zum Garten und ging mit ihr in ein Nebengebäude. Dieses befand sich gleich hinter dem Haupthaus.

»Dieses ist das Küchengebäude und somit dein Reich. Die Tür dahinter führt zu meiner kleinen, einfachen Wohnung«. Wobei Fatimah schien, als betonte sie besonders das Wort einfach.

Plötzlich hörte sie Salim rufen, der sie zum Vordereingang des Hauses befahl.

»Ich möchte dir unsere Bediensteten vorstellen.« Draußen im Freien standen drei Inder vor Salim.

»Dies ist Lakshmi unser Vorarbeiter. Der zweite Arbeiter heißt Kumar und der andere ist Sanjay. Lakshmi war bei Weitem der Älteste. Die beiden anderen waren wesentlich jünger. Dürr und ausgehungert wirkten sie alle drei.

Fatimah trug immer noch ihren Nikab und sagte kein Wort. Salim bedeutete den Männern, sich wieder der Arbeit zu widmen.

»Meine Mutter hat für uns ein warmes Essen zubereitet, das wir jetzt zu uns nehmen werden«. Dies aber nur ausnahmsweise, weil wir lange unterwegs waren. Ab heute wirst du kochen! Und ich esse gerne reichlich. Am liebsten Fleisch und Reis.« Sie setzten sich im Schneidersitz auf den Boden der Sala und nahmen indischen Eintopf mit viel Fladenbrot zu sich. Wobei sie die Speise mit dem Brot aus dem Topf schöpften.

Nach dem Essen wollte Fatimah ihre Koffer und Taschen auspacken und ihre Sachen in den Schränken und Truhen verstauen. Natürlich fragte sie Salim, ob sie das jetzt dürfe. Der antwortete jedoch, dass sie das auch noch nach dem Abendessen tun könne. Wichtiger sei jetzt für sie, sich mit dem Haus und der Küche vertraut zu machen.

So ging Fatimah als Erstes in die Küche, um festzustellen, was an Geschirr und Töpfen und vor allem an Lebensmitteln und Gewürzen vorhanden war. Auf dem Weg dorthin überlegte sie, was sie ihrer Familie am Abend vorsetzen wollte. In der Küche fand sie allerdings überhaupt nichts! Sie eilte zurück zu Salim, um ihm mitzuteilen, dass sie für den Abend nichts zu kochen habe.

»Schreib auf, was gebraucht wird. Ich fahre dann ins Dorf und besorge alles und ich sage es dir gleich«, fügte er hinzu, »das Haus verlässt du mir nicht! Es sei denn, ich fordere dich auf, mit mir zu gehen oder wegzufahren!«

Da Fatimah das Haus ihrer ehemaligen Familie stets mit ihrer Mutter, ihrem Bruder oder auch den Schwestern verlassen durfte, wann immer sie wollte, fühlte sie sich hier eingesperrt. Sie kannte jedoch diesen Brauch für Ehefrauen, der in der arabischen Welt weit verbreitet war.

Die Europäer nehmen fälschlicherweise an, dass muslimische Frauen zumindest im Haus das Sagen hätten. Das ist leider ein Märchen. Die Frau ist stets und überall von ihrem Mann und seinen Launen abhängig. Männer wollen nicht, dass ihre Frauen das Haus verlassen. So kommt es vor, dass viele Ehefrauen jahrelang gar nicht aus dem Haus kommen.

Fatimah holte sich von Salim ein Blatt Papier und einen Bleistift, setzte sich auf den Teppich der Sala und überlegte, was Salim alles an Lebensmitteln aus dem Geschäft im Dorf holen sollte. Sie dachte daran, was Ali und ihre Mutter immer mitbrachten. Bald war die Liste fertig und sie übergab sie ihrem Mann.

Nach dem Gebet am Nachmittag ruhten alle bis auf die indischen Arbeiter. Sobald Salim wach war, zog er sich an, nahm den Zettel für die Besorgungen, startete das Auto und fuhr ins Dorf. Fatimah teilte er noch mit, dass es durchaus etwas länger dauern könnte, da er auch geschäftlich noch bei Nachbarn zu tun habe.

Fatimah war allein im Haus. Jedoch nicht lange. Eine halbe Stunde, nachdem Salim sie verlassen hatte, kam ihre Schwiegermutter Aisha, um mit ihr zu reden.

»Du hast dir ja ein besonders schönes Haus und einen überaus begehrten Mann ausgesucht!«

»Ich weiß«, antwortete Fatimah, »schon meine Mutter hat stets gesagt, dass Salim ein stattlicher und wohlhabender Mann sei.«

»Nicht nur das, er ist auch überaus begehrt und er hätte zahllose Frauen als Gemahlinnen haben können. Bei dir war es wohl die Jugend, die seine Entscheidung beeinflusst hat. Allah wird ihn gewiesen und mit deiner Jugend belohnt haben, nachdem er so viele Jahre hart gearbeitet hat.«

»Ich möchte mich gut einfügen in meine neue Familie, ihm ein gutes und sorgendes Weib sein und dir mit dem dir gebührenden Respekt begegnen. Sofern uns der Allmächtige und Allwahrhaftige segnet, möchte ich ihm viele Söhne schenken.«

»Auf Enkelsöhne freue ich mich schon! Fange bloß nicht mit einem Mädchen an, denn dann wirst du deinen Mann an eine andere verlieren. Denke nur nicht, dass du sein einziges Weib bleiben wirst. Er hat bereits wieder seine Sucher ausgesendet, um sich noch ein zweites Weib zu nehmen.«

Obwohl Fatimah im Sinne dieser Tradition aufgewachsen war, versetzte ihr diese Nachricht dennoch einen Schock und die Betretenheit stand ihr ins Gesicht geschrieben. Aisha hatte dies natürlich bemerkt. »Es hängt ganz von deinem ersten Kind ab, ob es ein Sohn sein wird. Natürlich auch davon, wie gut du im Haushalt mit dem Kochen und bei der Arbeit bist. Er hat dich ohnehin schon gezüchtigt und dir Respekt beigebracht, wie ich an deinem Gesicht erkenne. Was mich betrifft, so erwarte ich von dir ebenfalls den Respekt und Gehorsam. Du hast dich um mich zu kümmern und zu sorgen. Ganz so, wie ich es vorgefunden habe, als ich in das Haus von Salims Vater kam. Ein strenger, aber ein gütiger Mann. Mein Sohn kommt ganz nach ihm. Alhamdullilah!«

Damit zog Aisha sich wieder zurück. Jedoch nicht, ohne Fatimah vorher noch zuzurufen: »Geh, mach mir grünen Tee und bring ihn mir in mein Zimmer!«

Als es dämmerte, sorgte Fatimah sich, da Salim so lange wegblieb und die Zutaten für das Abendessen fehlten. Endlich, nach Maghreb fuhr er mit dem Wagen vor. Er schrie nach Sanjay, der gerade um die

Ecke bog, und befahl ihm, das Auto auszuräumen und die Lebensmittel in die Küche zu bringen.

Nachdem Sanjay wieder weg war, eilte Fatimah in die Küche, um zu begutachten, was ihr Mann eingekauft hatte. Sie begann sofort zu kochen. Sie hatte beschlossen, an ihrem ersten Tag Kebab aus Ziegenfleisch und Lamm sowie einen hohen Haufen Reis mit ein paar Erbsen und Karotten auf den Tisch zu bringen. Dazu gab es fein geschnittenen grünen Salat und Zitronen.

Nach dem Abendgebet breitete Fatimah eine dünne Plastikfolie über den Teppich in der Sala und alle setzten sich im Schneidersitz zu den Gerichten und aßen mit den Fingern.

»Du hast sehr gut gekocht und scheinst davon etwas zu verstehen. Es schmeckt mir ausgezeichnet!«, lobte Salim . »Na«, warf Aisha ein, »das Fleisch ist ein wenig zäh, aber essbar. Außerdem fehlt Salz!«

»Wenn wir mit dem Essen fertig sind, räume ab und erledige die letzte Küchenarbeit. Anschließend kannst du deine Koffer und Taschen auspacken und verstauen.

Der Großteil ihres Gepäcks war von Ali mit dem Auto gebracht worden, während sie mit Salim noch in der Hauptstadt weilte.

Schnell erledigte Fatimah die aufgetragenen Arbeiten. Unter ihrem Gepäck fand sie einen Kunstdruck des Heiligen Buches Koran mit in Gold gefasstem Umschlag. Noch nie hatte sie ein Buch gesehen, welches mit 23-karätigem Blattgold beschnitten war. Sie fand auch einen handgeschriebenen Zettel ihrer Mutter.

»Habibti, möge Allah dich auf allen Wegen beschützen und behüten. Möge er dich führen und an seiner endlosen Gnade teilhaben lassen!«

Fatimah bekam feuchte Augen und eine unendliche Sehnsucht nach ihrem alten Zuhause. Sie musste sich kurz hinsetzen und ein paar Mal tief durchatmen, um ein Weinen zu unterdrücken.

Nach dieser Zwangspause stöberte sie weiter in den Taschen. Sie fand so manches, was ihre Mutter noch zusätzlich eingepackt hatte. Unter anderem zwei neue Pyjamas. Als sie die Verpackungen öffnete, sah sie, dass die Pyjamahosen in der Mitte, dort wo sich ihr Unterleib befand, ein großes Loch hatten. Dort war der Stoff ausgespart. Fatimah wusste, dass dies dazu diente, dem Ehemann schnelleren Zugang zu seiner Stätte der Wonne zu ermöglichen. Langwierig die Hosen ausziehen zu müssen, war nun einmal nicht lustfördernd.

Spät in der Nacht, Salim schnarchte bereits, war sie endlich fertig. Sie hatte alle Sachen verstaut. Nun war auch sie müde. Sie warf einen letzten Blick, voll von Stolz und Zufriedenheit, in ihre Brauttruhe und legte sich schlafen. Jedoch nicht, ohne vorher noch ein paar Gebete gegen den Himmel geschickt zu haben.

Ihr Stolz über den Inhalt der Brauttruhe war verständlich. Zusammen mit dem nach der Hochzeit übrig gebliebenen Brautgeld, war das nun einmal ihr einziges Hab und Gut.

Am nächsten Morgen, Fatimah hatte bereits das zweite Frühstück zubereitet, fragte ihre Schwiegermutter, was sie wegen der Verletzungen in ihrem Gesicht zu tun gedenke. Der blaue Fleck war mittlerweile ins Grünliche umgeschlagen und die Lippe noch immer angeschwollen. Fatimah zuckte mit den Schultern und erwiderte, dass sie keinerlei Medizin dafür habe. Daraufhin gab Aisha ihr zwei verschiedene Salben und zeigte ihr, wie sie diese anwenden sollte.

Salim war schon früh im großen Garten, um die indischen Arbeiter zu beaufsichtigen. Es war ein großartiger Tag. Die beste aller Dattelsorten stand zum Ernten an und Sanjay, ein kleiner junger Bursche, war behändig und flink. Er konnte affenartig die Palmen hochklettern. Dazu schwang er einen Lederriemen um sich und den Stamm der Palme und kletterte daran empor. Er trug einen aus Palmblättern geflochtenen Korb mit sich und schnitt die schweren, kostbaren Dattel-Gehänge ab und ließ sie in den Korb fallen. Sobald der Korb voll war, kletterte Sanjay wieder nach unten. Diesen Vorgang wiederholte er unzählige Male.

Salim beobachtete alles sorgfältig von unten. Nur einmal wurde er laut, als er sah, wie Kumar, der Sanjay die Körbe abnahm, sich verstohlen eine Dattel in den Mund schob.

Nachdem Fatimah, sowohl Mittag- als auch Abendessen zum Wohlgefallen ihres Mannes zubereitet hatte, verließ Salim noch einmal das Haus, ohne sie zu informieren.

Die Abwesenheit Salims nutzte Aisha, um mit ihrer Schwiegertochter ein vertrautes Gespräch zu suchen. Aisha hatte das Gefühl, Fatimah das Leben nicht noch schwerer machen zu müssen.

»Ich mag dich, Fatimah!«, begann sie das Gespräch. »Ich hatte mir immer eine Tochter gewünscht, aber Allah hatte mit mir andere Pläne. Daher habe ich letzte Nacht darüber nachgedacht und der Allerweiseste hat mich darauf aufmerksam gemacht, dass ich jetzt eine

Tochter habe.« Fatimah war in diesem Moment gerührt und konnte andererseits kaum glauben, was ihr die Alte da erzählte.

Im Laufe der nächsten Wochen entwickelte sich ein inniges Verhältnis zwischen den beiden und Salim gefiel, was er von seinen beiden Frauen sah. Fatimah erfüllte ihre Pflichten und war stolz darauf, dass sie sowohl ihren Mann als auch ihre verehrte Schwiegermutter Aisha so gut versorgen konnte.

Eines Nachmittags, nachdem alle sich ausgeruht hatten und Tee miteinander tranken, sagte Aisha zu ihrem Sohn, dass sie gerne wieder einmal ihre jüngere Schwester besuchen wollte. Sie warf Fatimah dabei einen verschmitzten Blick zu.
»Wie du weißt, wohnt meine Schwester ganz in der Nähe der Hauptstadt im Haus ihres Sohnes Khaled. Du lieferst mich in Khaleds Haus ab und ihr beide fahrt weiter nach Maskat und vergnügt euch.« Fatimahs Herz begann, vor Aufregung zu klopfen. Sie war seit sechs Wochen nicht aus dem Haus gekommen und besucht hatte sie auch niemand.
Salim antwortete: »Ja, ich fahre dich gerne zu deiner Schwester Tante Halima. Sie wird sich freuen, uns zu sehen. Du bleibst bei ihr über Nacht und Fatimah und ich schlafen in der Hauptstadt in einem Hotel. An welchen Tag hast du dabei gedacht Mutter?«
»Ich richte mich ganz nach deiner Arbeit Salim. Es wäre mir aber lieb, wenn wir so bald als möglich fahren könnten.« Salim wollte gleich mit seinem Vorarbeiter Lakshmi reden und dann den Tag der Abreise festlegen.
Er ging in den Garten und fünf Minuten später kehrte er zurück und teilte seiner Familie mit, dass sie in zwei Tagen, am Wochenende, fahren würden.
Aisha bat Salim Halima anzurufen, damit sie mit ihr sprechen konnte. Salim tat wie geheißen und wählte die Nummer seiner Tante. Halima war außer sich vor Freude und palaverte lange mit ihrer Schwester.

Im Hause Salims herrschte nun helle Aufregung. Fatimah und Aisha überlegten gemeinsam, was sie an Geschenken für Halima und ihre Familie mitnehmen könnten. Fatimah bewies praktischen Sinn und machte einen Vorschlag: »Warum nehmen wir ihnen nicht Früchte und Gemüse des Gartens mit. Sie haben keine Landwirtschaft, da, wie du sagtest, Halimas Söhne alle für die Regierung arbeiten. Als kleine Aufmerksamkeit opfere ich ein ungeöffnetes Parfüm aus der Truhe«. »Habibti«, bestätigte Aisha, »das ist gescheit.«

Salim hatte noch alle Hände voll zu tun, damit die Arbeit erledigt war, bevor sie in die Stadt fuhren. Er nahm Fatimah sogar einmal mit in den großen Garten und zeigte ihr stolz sein stattliches Anwesen. Sie musste Nikab und Abaya tragen und er verbot ihr, mit den indischen Arbeitern zu sprechen.

Im Grunde war es wie in ihrem alten Zuhause, nur bedeutend größer. Unter den Dattelpalmen standen die niedrigeren Bäume, Büsche und Stauden wie Zitrusfrüchte, Papayas und Bananen. Darunter wiederum wuchs das sogenannte Kraut, wie Futterpflanzen und Gemüse.

Salim erklärte Fatimah, wie das Wasser in den Garten kam und die Bewässerung funktionierte.

»Unsere Vorväter haben vor vielen Jahrhunderten begonnen, Quellen in den Bergen zu suchen, diese abzuleiten und zusammenzuführen. Dafür bauten sie Gräben und Rinnen und leiteten diese Falaji in eine große Zisterne. Der Wassermeister verteilte nach einem ausgeklügelten System und mit dem Willen Allahs das Wasser in die einzelnen Gärten. Die Bewässerung richtet sich nach den Sternen.«

Auf einem nahen Hügel waren am Grat Steine zu Pyramiden aufgeschichtet. Wenn ein bestimmter Stern in exaktem Winkel zu den einzelnen Steinpyramiden stand, wurde ein ausgesuchter Teil der Gartenanlage bewässert. »Dadurch«, erklärte Salim, »geht es gerecht zu. Die Sterne wurden dem Menschen zu diesem Zweck von Allah gegeben. Seine Weisheit ist unendlich. Allahu Akhbar!«

Fatimah konnte nicht anders, als die indischen Arbeiter verstohlen zu beobachten. Manchmal hatte sie sich gefragt, was und wo sie essen und vor allem, wo sie schlafen. Sie würde Salim jedoch niemals danach fragen.

Nun sah sie, da es gegen Mittag ging, wie sich die Arbeiter in einem windschiefen Holzverschlag über einem Holzkohlefeuer ihr Essen zubereiteten. Auf dem Rückweg zum Haus beobachtete sie, wie die Arbeiter sich zu einem Mittagschläfchen in eben diesem Holzverschlag, auf einer alten Baustellenplane, ausstreckten.

Nachdem sie wieder ins Haus zurückgekehrt waren, fragte Fatimah ihre Schwiegermutter, ob sie die indischen Arbeiter kenne. Aisha erwiderte, dass sie sich darum nicht kümmere, da es sich um Männer handle und dies daher Angelegenheit Salims sei. Sie wüsste nur, dass zwei davon schon recht lange bei ihnen waren und der jüngste, Sanjay, letztes Jahr dazugekommen war. Salim hatte ihn geholt, da er ein ausgezeichneter Baumkletterer war. Vor allem am Anfang des Sonnenjahres (Januar und Februar) war er für das Bestäuben der Dattelpalmen nützlich.

»Wie viel Geld bekommen die Inder für ihre Arbeit?« Mit dieser Frage konnte Fatimah nicht zurückhalten. Aisha teilte ihr mit, dass sie einmal gesehen hätte, wie Salim das Geld gezählt und an die Arbeiter ausgezahlt hatte. Sie glaubte sich zu entsinnen, dass es an die 50 Rial im Monat waren.

»Lakshmi, als Vorarbeiter, bekommt etwas mehr«, fügte sie hinzu. »Außerdem bietet Salim ihnen Unterkunft und Verpflegung«.

Am späten Nachmittag erlaubte Salim Fatimah, ihre Mutter anzurufen. Das Gespräch dauerte wie immer lange und beide waren aufgeregt. Mutter erzählte, dass ihr jüngster Bruder Abdulamir eine Belobigung von der Schule erhalten hatte, da er nur die besten Noten habe. Die Lehrer meinten, die Familie solle sich mit dem Gedanken vertraut machen, dass Abdulamir einmal die Universität besuchen werde. Fatimah war stolz auf ihren kleinen Bruder und eilte nach dem Telefonat gleich zu Aisha, um ihr diese Neuigkeit zu berichten.

Fatimah war den gesamten nächsten Tag, neben dem Kochen, vor allem mit Wäschewaschen und dem Packen der Taschen beschäftigt. Eine Größere für sich, eine für Salim und die Größte für Aisha.

Am Tag darauf ging Salim schon früh in den Garten und ließ sich von den Arbeitern Obst, Datteln und Gemüse bringen. Fatimah und Aisha verstauten alles in einer großen Schachtel, die Salim aus dem Lebensmittelgeschäft im Dorf geholt hatte. Nachdem sie alles fachgerecht eingepackt hatten, holte er den Wagen und hieß die Inder, das Gepäck ins Auto zu räumen. Um zehn Uhr verließen sie ihr Anwesen.

Salim fuhr den Wagen zivilisiert. Seine Mutter hatte ihm mitgeteilt, dass sie das Autofahren genießen wollte und er daher nicht rasen sollte. Fatimah freute sich auf die zwei Tage in Maskat. Sie überlegte, was sie alles einkaufen würde. Sie hatte sich eine Liste für den großen Supermarkt vorbereitet. Was sie im Haus von Halima erwartete, ahnte sie nicht. Halima war zwar auch bei der Hochzeitsfeier anwesend gewesen, aber Fatimah konnte sich nicht mehr an sie erinnern.

Aisha kommentierte während der Fahrt alles, was sie sah. Sie erwähnte mehrmals, dass sich alles so schnell verändert hatte. Es gab viele neue Gebäude und Gewerbebetriebe. Sie hatte diese beim letzten Mal noch nicht gesehen. Beide Frauen waren von Kopf bis Fuß von Kopftuch, Nikab und Abaya eingehüllt. Das ergab zur weißen Disdasha von Salim einen eigenartigen Kontrast.

Nach zwei Stunden Fahrt erreichten sie das Haus von Halima. Ihr Sohn Khaled stand bereits in der Hofeinfahrt, um das Auto vor das Haus zu lotsen. Khaled besaß ein imposantes Haus und war eine wichtige Persönlichkeit der Politik und des öffentlichen Lebens. Er war als Staatssekretär in einem Ministerium tätig.

Überschwänglich begrüßte Khaled Salim und seine Tante Aisha. Fatimah würdigte er keines Blickes. Er hieß dem philippinischen Hausknecht, das Gepäck Aishas aus dem Auto zu holen und ins Haus zu tragen. Die Familie Salims geleitete er in die Majlis rechts vom Haupteingang. Dort ließen sie sich auf dem Teppich nieder und Khaled verließ die Majlis durch einen hinteren Ausgang zum privaten Bereich des Hauses. Nach wenigen Minuten kamen Bedienstete und begannen Köstlichkeiten zum Essen und Trinken zu servieren. Wie es sich gehörte, ging Salim zum Waschraum, um sich vor dem Mahl zu reinigen. Als Salim weg war, öffnete sich die hintere Tür zum Privatbereich wieder und Halima kam in die Majlis.

Sofort umarmten sich die beiden Schwestern und redeten schnell und viel durcheinander. Die Freude war einfach zu groß, sich nach so langer Zeit wiederzusehen. Nachdem Aisha und Halima sich genügend begrüßt hatten, wendete sich Halima Fatimah zu und hieß auch sie herzlich willkommen.

»Bitte seid so nett und folgt mir in die Majlis für Frauen auf der gegenüberliegenden Seite!«

Beide standen sofort auf und verließen noch einmal das Haus, um durch eine Tür, links neben dem Haupteingang, in die andere Majlis, jene für weibliche Besucher, einzutreten.

Dort ließen sie sich nieder und lehnten sich, je ein großes Polster im Rücken, gegen die Wand. Auch in dieser Majlis begannen nun die Bediensteten, ausnahmslos Philippinas, Speisen und Getränke aufzutragen.

Die Frauen sprangen nochmals auf, wuschen sich und begannen zu essen, während sie sich angeregt unterhielten. Halima hatte viele Fragen an Fatimah und erwähnte, wie gut ihre Schwester immer über sie sprach.

»Du bist vor dem Allgegenwärtigen eine tüchtige junge Frau und versorgst deine Familie sehr gut«, richtete sie ihr Wort an Fatimah.

Anschließend unterhielten sich die beiden Schwestern nur noch miteinander. Fatimah blieb nichts anderes übrig, als respektvoll zu lauschen.

Zuerst lamentierten sie über ihren Gesundheitszustand und beklagten sich wechselseitig über ihre Gebrechen. Stets jedoch mit der Endung »Alhamdullilah«, um Gott für den nun doch nicht so schlimmen Zustand zu danken. Es stellte sich heraus, dass Aisha schlimmer dran war, da das von Allah gegebene Herz nicht mehr so mitmachen wollte. »Ich leide an Atemnot und kann mich leider nicht mehr so gut bewegen! Ich hoffe, Allah wird mich bald heimführen zu sich in sein Paradies. Der Allmächtige sei gepriesen!«

Darauf protestierte Halima lautstark und behauptete, dass, obwohl Aisha die bei Weitem ältere Schwester sei, sie noch viele schöne Jahre vor sich habe. Außerdem würde sie von Fatimah jetzt gut versorgt. Alhamdullilah!

»Inshallah, Inshallah!«, rief Aisha, »es ist allein Allahs Wille.«

Nach ausreichender Würdigung der einzelnen Gebrechen wendeten sie sich den Neuigkeiten innerhalb der Familie zu. Sie erzählten sich die wichtigsten Geschehnisse der letzten drei Jahre denn so lange hatten sie sich nicht mehr gesehen und nur hin und wieder telefoniert.

Halima begann ihren Bericht mit ihrem Sohn Khaled. Er hatte eine außergewöhnliche Karriere hingelegt und sie war voller Stolz.

»Wie du weißt Aisha, hat Khaled dank seiner Majestät im Ausland studieren dürfen. Er verbrachte vier Jahre in den Vereinigten Staaten. Wir, mein Mann, Allah hab ihn selig, und ich, waren voll Sorge, dass er, beeinflusst von der verdorbenen Lebensweise dieser Ungläubigen zurückkehren würde. Aber dem war ganz und gar nicht so. Im Gegenteil! Er kam als noch überzeugterer Muslime zurück. Er berichtete uns vieles über die Menschen im Westen und deren Lebensstil. Die Frauen seien alle Huren und liefen halb nackt durch die Städte und die Männer seien schwach und zumeist halten dort die Frauen das Heft in der Hand.« Sich weiter hineinsteigernd berichtete Halima: »Hier, Aisha und Fatimah, könnt ihr die unendliche Weisheit des Allüberspannenden erkennen, der uns durch unseren Propheten Mohammed, der Friede sei mit ihm, den wahren Glauben gebracht hat!« Halima erzählte noch viele weitere Erlebnisse ihres Sohnes in den USA.

Nachdem Halima eine Pause machte, fragte Fatimah ganz zaghaft, ob sie dann und wann Fernsehen schaue? Bei den vielen ausländischen Sendern, die ihr Mann Salim manchmal einschalten würde, hätte sie schier Unglaubliches gesehen.

»Ja, antwortete Halima, »aber die westlichen Sender, die der Ungläubigen, sehe ich nie und ich weigere mich, diese auch nur in Erwägung zu ziehen. Erstens strotzen diese vor Gottlosigkeit und zweitens sind diese zionistischen Nachrichten verseucht von jüdischer Propaganda.«

Aisha blickte auf Fatimah. »Obwohl, Habibti, es sich bei den Christen um Anhänger einer Buchreligion handelt, sind sie durch ihre Entwicklung und dem Leben im Überfluss, gottlos geworden!«

»Ja, ergänzte Halima, nicht nur gottlos, sondern sie haben sich sogar stets geweigert, die allein selig machende Lehre des Propheten, Friede sei mit ihm, anzunehmen. Inshallah! Inshallah, Inshallah!«

Neugierig geworden, fragte Fatimah die beiden Frauen, was denn der Unterschied zwischen Christen und Muslime sei und was Christen überhaupt glaubten?

Aisha und Halima waren nun in ihrem Element. Sie beantworteten die Frage Fatimahs ganz im Willen des Muftis und auch des örtlichen Motawas.

»Als Allah den Propheten Isa Bin Miriam in die Welt sandte, um die Menschen wieder zurück auf den rechten Pfad zu bringen, wurde seine Lehre von ihrem Apostel Paulus, der nie ein Apostel gewesen war, völlig verfälscht. Von der Lehre Isas blieb nicht viel übrig und selbst die Brüder und Gefährten des Propheten Isa Bin Miriam konnten dies nicht mehr ändern. So sandte Allah später noch einmal einen Propheten, um diesen Irrglauben von Paulus zu berichtigen. Dieser Prophet war unser Prophet Mohammed, Friede sei mit ihm! Er brachte uns die wahre Lehre und den rechten Willen des Allmächtigen. Unser Prophet ist das Siegel. Hinter ihm wird Allah keinen weiteren Propheten mehr senden. Inshallah!«

Halima ergänzte: »Der Prophet Isa ist nie am Kreuz gestorben, so wie die Christen glauben, sondern hat noch ein langes Leben in Indien geführt, bevor ihn Allah direkt in den Himmel holte. An seiner statt ist ein anderer, der ihm ähnlich sah, am Kreuz der Romani gestorben.«

In einem emotionalen Eifer fabulierte Halima weiter.

»Das Schlimmste aber, was diese Christen Allah antun, ist, dass der Prophet Isa der Sohn Allahs sein soll! Und ihre Priester machten dies zum Gesetz. Dies ist das Dümmste, was die Menschheit jemals gehört hat. Als ob Allah in seiner Allwissenheit, Allmacht und Unendlichkeit einen menschlichen Sohn bräuchte! Außerdem wäre der Prophet Isa dann zugleich auch ein Gott. Das ist gänzlich unmöglich, da es nur einen einzigen Gott gibt«!

Fatimah wagte mit gesengtem Haupt eine Bemerkung:
»In unserem Heiligen Buch steht aber doch geschrieben, dass die Christen und Juden, als Anhänger einer Buchreligion, unsere Brüder sind.« Daraufhin bestürmten beide Schwestern Fatimah aggressiv und riefen einstimmig: »Ja ursprünglich, aber jetzt sind sie allesamt verdammt und gottlos! Sie werden in der Hölle schmoren! Inshallah!«

Nun herrschte für ein paar Sekunden völlige Stille. Halima brach das Schweigen und rief: »Lasst uns, meine Gefährtinnen, zu Allah beten und ihm für seine unendliche Weisheit danken!«

Sogleich eilten sie in den Waschraum, um sich, so wie das Gesetz es vorschrieb, zu reinigen und anschließend beteten sie gemeinsam zu Allah.

Währenddessen saßen Salim und Khaled in der Majlis für Männer. Sie aßen von den aufgetischten Köstlichkeiten und unterhielten sich ebenfalls. Zumeist erzählte Khaled, wodurch sich die Unterhaltung einseitig gestaltete. Salim erwies Khaled dabei den gebührenden Respekt und sprach ihn nicht als Cousin, sondern als seine Exzellenz an. Dieser Titel gebührte ihm als Staatssekretär.

Die familiäre Bindung zwischen beiden war ohnehin nicht eng, da es sich um Cousins mütterlicherseits handelte. Von der väterlichen Seite wäre sie intensiver gewesen.

Khaled erzählte über seine anstrengende Arbeit im Ministerium und darüber hinaus, sitze er auch in vielen großen Unternehmen als Aufsichtsrat.

»Ich arbeite 50 Stunden die Woche und habe kaum Zeit für meine Familie! Seine Exzellenz, der Minister, zieht mich auch für Tätigkeiten heran, die ihm zufallen!«

»Du hast ein prächtiges Haus, drei große Autos - vor allem Allrad Fahrzeuge - vor deiner Tür und du wirst sicherlich sehr viel Geld verdienen.«

»Ja, ich kann mich nicht beklagen. Allah hat mir in seiner unendlichen Weisheit und Güte all diese Vorteile geschenkt. Alhamdullilah! Allah hat mir, Alhamdullilah, auch die Kunst der Wasta gegeben.

So kann ich mir neben meiner Arbeit bereits ein großes Vermögen anhäufen. Ich weiß ja nicht, wann seine Majestät mich wieder aus dieser Position entlassen wird. Ich muss daher jetzt schon für die Zeit danach vorsorgen.«

»Kannst du, deine Exzellenz, mein geachteter Cousin, nicht auch etwas für mich tun? Deinen Einfluss und deine Wasta für mich einsetzen? Die Familie und Sippe ist doch stets das Wichtigste!«

»Es hängt davon ab, woran du denkst.«

»Einen gut bezahlten Posten im Ministerium vielleicht?«

»Das ist schwierig Salim. Du weist keinen Schulabschluss auf und hast keine weitere Ausbildung. Im Ministerium, mein Cousin, das ist unmöglich. Aber ich kann etwas anderes für dich tun ...«

Salim platzte vor Neugier und sah Khaled erwartungsvoll an.

»Bitte Exzellenz, woran denkst du? Spanne mich nicht so sehr auf die Folter!«

»Nun Salim«, führte Khaled staatstragend aus, » ich denke da an einen Generalvertrag als Lieferant für das Ministerium, und zwar für alle seine Nebenstellen und dazugehörigen Unternehmen. Einen Vertrag als Großhändler, der sich um alle Lieferungen an das Ministerium kümmert. Lebensmittel, technische Bestandteile für Reparaturen und so weiter. Ich habe dich, Salim, als stets schlauen und verschlagenen Geschäftsmann in Erinnerung.«

Salim antwortete geschmeichelt und selbstsicher: »Ja, mein verehrter Cousin, wahrlich, darin bin ich einer der Besten! Wie, Deine Exzellenz meinst du, sollten wir vorgehen?«

»Salim, du wirst ein Unternehmen gründen, am besten eine LLC (GmbH). Als Gesellschafter fungieren du und mein anderer Cousin Saleh. Dieser hält allerdings die Geschäftsanteile nur zum Schein für mich. Ich werde mit ihm eine entsprechende Vereinbarung treffen und ihm unter der Hand 5 % schenken. Du erhältst offiziell 40 % und Saleh 60 %. Ich selber darf in diesem Unternehmen als Gesellschafter nicht in Erscheinung treten. Ich sorge für reichlich Aufträge und du kümmerst dich um die Erledigung.«

Salim war begeistert und beide bastelten ein Konzept zusammen.

»Wir sind während des Wochenendes ohnehin in Maskat und bleiben bis Samstag, oder wenn nötig, auch bis Sonntag. Ich werde dieses Unternehmen sofort gründen«.

»Du musst zum Wirtschaftsministerium fahren, dort gibt es eine Abteilung, die sich ausschließlich mit Unternehmensgründungen beschäftigt und diese genehmigt. Du musst genügend Bargeld dabei haben, denn die Genehmigung und die Lizenz kosten etliche Hundert Rial.«

»Kein Problem!«, entgegnete Salim, »ich habe genügend Bargeld mit. Außerdem bekommt mein Weib Fatimah dann eben kein Geschenk.« Auf diesen Einwand hin lachten beide herzhaft.

In der Zwischenzeit hatten die Frauen ihre Gebete beendet und Halima schloss den Heiligen Koran mit den Worten:

»Möge der Allmächtige, Allgerechte und Unendliche uns beschützen und unsere Männer stets auf den rechten Weg geleiten!«

»Inshallah, Inshallah!«, antworteten die anderen.

Für Fatimah und Salim war es an der Zeit, das Haus Khaleds zu verlassen und ins Zentrum der Hauptstadt zu fahren. Halima eilte aus der Majlis ins Innere des Hauses und ordnete dem Personal an, Khaled Bescheid zu geben. Es war schon spät, als Salim und Fatimah das Haus Khaleds verließen. Nach einer Stunde erreichten sie ihr Hotel für das Wochenende.

Fatimah erkannte, dass es sich um ein anderes Gebäude handelte, als das, in welchem sie nach ihrer Hochzeit gewohnt hatten. Das Hotel war, vorsichtig ausgedrückt, einfach gehalten. Der Eingangsbereich und die Hotelhalle wirkten düster und schmutzig. An der Rezeption stand ein Inder und erkundigte sich nach Salims Wünschen.

»Wir haben ein Doppelzimmer auf den Namen Al Ruzaiqi reserviert!«, bellte Salim den Inder an. Dieser antwortete in gebrochenem Arabisch, dass dies richtig sei und das Zimmer für sie bereitstünde. Salim teilte dem Portier mit, dass der das Gepäck aufs Zimmer zu bringen habe. Er und Fatimah gingen zu einem heruntergekommenen Aufzug und fuhren in das Stockwerk, in dem ihr Zimmer lag.

Es war ein kleiner Raum, in dem es ein Doppelbett mit zwei regalartigen Nachtkästchen, einen Schrank und einen Tisch mit zwei wackeligen Stühlen gab. Das Bett jedoch schien sauber und die Klimaanlage intakt. Salims schaltete diese als Erstes ein, da es außergewöhnlich heiß war. Der Lärm der Klimaanlage, die ins Fenster eingebaut war, war unerträglich.

Fatimah begann, die Koffer auszupacken und den wichtigsten Inhalt in den Schrank zu hängen. Da viel zu wenige Kleiderbügel zur Verfügung standen, orderte Salim an der Rezeption noch zusätzliche Hänger.

»Amir!«, richtete Fatimah sich an Salim, »ich habe eine Überraschung für dich.«

Salim drehte sich um und schaute gespannt auf Fatimah.

»Was hast du für mich Weib?«

Sie zog einen Pyjama aus dem Koffer und zeigte ihm das Loch in der Mitte der Hose.

»Damit du schneller zu deiner Liebesgrotte kommst, mein Mann«, sagte sie auf die Pyjamahose deutend. Salim entkam ein Grinsen. Er gab Fatimah einen gut gemeinten Klaps auf die Schulter.

»Dies«, meinte Fatimah, » lässt auch alles halal ablaufen und wir müssen kein Körperteil entblößen, was vor Allah haram ist. Salim grinste jetzt noch breiter. »Dann werden wir gleich ausprobieren, wie es funktioniert.«

Fatimah eilte in das heiße Badezimmer, entledigte sich ihrer Kleidung, wusch sich kurz und streifte dann den Pyjama über.

Salim lag bereits auf dem Bett und wartete schon ungeduldig, zwar noch in Disdasha, aber ohne Wussar.

Ohne auch nur ein Wort zu verlieren und ohne Fatimah einmal zu berühren, legte er sich auf sie und drang in sie ein.

Fatimah hatte in den letzten Wochen gelernt, sich an diesen Akt und seine individuelle Ausführung durch Salim zu gewöhnen. Ganz so, wie ihre Mutter es vorhergesagt hatte. Das Einzige, was ihr immer noch Probleme bereitete, war das übermäßige Gewicht Salims. Sie konnte kaum atmen und war stets erleichtert und beinahe erstickt, wenn Salim von ihr fiel. Und das war, Allah sei Dank, stets sehr bald.

Nach dem Akt lag Salim noch ein paar Minuten im Bett und stand dann auf. Er teilte Fatimah mit, dass er noch ausgehen werde, um ein paar Freunde zu treffen. Zum Essen brauche sie ohnehin nichts mehr, da sie beide in Halimas Haus ausreichend gegessen hätten. Er ließ ihr Wasser und Tee aufs Zimmer bringen, solange er noch anwesend war, und verließ sie dann.

Fatimah eilte ins Badezimmer, um sich zu reinigen und für das Abendgebet vorzubereiten. Nach dem Gebet legte Fatimah sich wieder ins Bett und las aus dem Heiligen Buch, dem Koran.

Aisha und Halima saßen noch lange zusammen, um sich zu unterhalten. Sie hatten sich sehr, sehr viel zu erzählen. Bis zu ihrer Kindheit kramten sie in der Vergangenheit. Aisha war um acht Jahre älter als Halima. Daher war sie damals auch die Instruktorin für Halima gewesen. Ihre Mutter hatte die Erziehung der jüngeren Töchter und

Brüder an sie, die Älteste, übertragen. Allah hatte ihre Eltern mit Kinderreichtum gesegnet und Aisha hatte insgesamt sieben Brüder und vier Schwestern. Daher war es verständlich, dass die älteste Tochter früh bei der Erziehung der Geschwister mithalf.

Mit großer Trauer stellten beide fest, dass von den insgesamt zwölf Kindern ihres Vaters nur noch drei lebten. Dies waren Aisha, Halima und der jüngste Bruder, auch mit dem Namen Salim. Dieser lebte in der Stadt Sohar, zwei Autostunden entfernt von Maskat. Die beiden Schwestern hatten ihren Bruder erst zwei Mal besucht. Er war Motawa und seine Familie war unbeschreiblich religiös.

Halima erzählte über die Kinder ihres ältesten Sohnes Khaled. Ihr Stolz über seine außergewöhnliche Karriere und sein noch vor ihm liegendes Fortkommen waren dabei natürlich offensichtlich. Beide riefen: »Gepriesen sei Allah in seiner unendlichen Güte! Inshallah, Inshallah!«

Halima erwähnte Miriam, die älteste Tochter Khaleds. Sie stellte fest, dass auch in ihrem Land die Zeiten sich änderten. Trotz, dass viele, vor allem ältere Frauen, heftig Widerstand gegen diese unseligen Veränderungen leisteten, waren sie nicht aufzuhalten.

»Nicht einmal in deinen kühnsten Träumen, Aisha, kannst du dir vorstellen, wobei Khaled seine Älteste ertappt hat.«

»Sag schon! Sag schon wobei!«, forderte sie hastig.

»Sie hat sich mit einem jungen Mann getroffen! Ohne Wissen ihres Vaters!«

»Nein, entsetzlich!«, entfuhr es Aisha, »und was weiter?«

»Khaled ließ zu, dass Miriam ab und an mit Freundinnen auf einen Tee ging. Meist in eines der Restaurants entlang der Corniche, der Uferpromenade am Meer, und keiner ahnte Böses. Doch einem von den Mädchen fiel auf, dass Miriam immer ganz entschlossen auf einen bestimmten Tisch zusteuerte. Dort angekommen redete sie nicht allzu viel mit ihren Freundinnen, sondern war unentwegt mit ihrem Mobiltelefon beschäftigt. Da gibt es dieses moderne Getue, damit ständig diese Nachrichten zu versenden, wie immer die heißen. Anstatt sich lustig mit ihren Freundinnen zu unterhalten, schrieb sie unentwegt. Außerdem fiel dem Mädchen auf, dass immer zur gleichen Zeit ein junger Mann am anderen Ende des Restaurants, auch mit diesem Schreiben - ah ... SMS - beschäftigt war. Nach dem Schreiben der SMS lächelten sie sich zu! Und nun stellte sich heraus, dass sie sich ständig unreine Nachrichten sendeten. Aber nein, nicht harmloser Natur! Nein, sondern alles über Liebe und Zuneigung!«

Aisha stöhnte: »Nein, aber nein, so ein undankbares Luder!«

»Da hast du den Nagel auf den Kopf getroffen«, entgegnete Halima.

»Was geschah dann weiter?«

»Aufgekommen war das nur, weil eine ihrer Freundinnen eifersüchtig war. Sie interessierte sich auch für diesen jungen Mann. Was für Zeiten meine Schwester! Als Erster, Allah sei Dank, erfuhr Khaled davon. Zuerst nahm er ihr das Mobiltelefon weg, dann schlug er sie und verordnete ihr für das gesamte laufende Jahr Hausarrest. Das heißt, es ist ihr nur erlaubt, morgens in die Schule zu fahren. Nachmittags muss sie sofort wieder nach Hause kommen.«

»Unvorstellbar entsetzlich das alles!«, stieß Aisha hervor.

»Alhamdullilah«, hat Allah Khaled jene Weisheit geschenkt, die er für die richtige Reaktion benötigte.« Aisha stimmte ihr voll und ganz zu.

Nun doch müde lasen beide einige Suren aus dem Koran und beteten noch eine Weile. Anschließend legten sie sich gemeinsam schlafen, denn Aisha wohnte im Zimmer Ihrer Schwester. Fatimah schlief um diese Zeit tief und fest. Sie ahnte nicht, wo ihr Mann sich herumtrieb.

Salim war mit Freunden unterwegs. Sie befanden sich in einer afrikanischen Bar mit einem Saal, an dessen Ende sich eine Bühne befand. Der gegenüber stand ein Tresen, von dem aus bedienten die Kellner vierzig Tische mit je vier Stühlen.

Salims Gruppe saß zu viert an einem davon und jeder hatte eine Dose Bier vor sich stehen. Es war laut im Saal und gerammelt voll. Auf der Bühne spielte eine Acht-Mann-Band afrikanische, besser gesagt Suaheli-Musik. Vor der Kapelle tanzten acht vollständig bekleidete, dunkelhäutige Mädchen aus Tansania und Uganda gelangweilt mehr oder weniger rhythmisch zur Musik. Eine Sängerin mit kräftiger Stimme sang leidenschaftslos ein Solo auf Kisuaheli und im Refrain sangen die Tänzerinnen hinter ihr her. Viele der Mädchen hatten mehrere Kränze aus geflochtenen Blumen um ihren Hals und lächelten dann und wann kurz einem Mann aus dem Auditorium zu.

Salim trank bereits sein viertes Bier und seine Freunde lagen nicht weit hinter ihm. »Diese Kräftige, die Zweite von links, die gefällt mir und ich würde wer weiß was darum geben, wenn sie heute in meinem Bett liegen würde!« Einer seiner alkoholisierten Freunde empörte sich lallend: »Nein, die ist für mich reserviert!« Daraufhin stand Salim auf, ging zu einem indischen Verkäufer, der viele Blumenkränze in seinen Armen hängen hatte und kaufte für zwei Rial einen der besseren Kränze. Sobald er diesen bezahlt hatte, eilte der Verkäufer zur Bühne und hängte ihn der üppigen Tänzerin um den Hals. Diese sah kurz auf, bedachte Salim mit einem flüchtigen Lächeln und widmete sich dann wieder ihren ungelenken Tanzbewegungen.

So ging das für einige Stunden und Salim trank mit seinen Freunden eine große Menge Bier. Er gab viel Bargeld aus, da er seine Freunde häufig einlud. Immerhin hatten sie seinen bevorstehenden Reichtum zu feiern. Er hatte seinen Freunden erzählt, dass er bald ein bedeutender Unternehmer sein würde. Das ganz große Geld sei faktisch schon in seiner Schatulle. Die Freunde hörten das gerne, versprach es ihnen doch jede Menge Freibier.

Nachdem alle vier völlig betrunken und aufgegeilt waren, beschlossen Sie, die Bar zu verlassen und noch etwas Essbares aufzutreiben. Sie fuhren mit Salims Auto zu einem der Hamburger Restaurants und schlugen sich die dicken Bäuche voll.
»Jetzt muss noch meine Frau dran glauben«, meinte einer der Freunde.
»Bei mir auch,« entgegnete Salim.
»Diese Mädchen haben uns ganz schön eingeheizt«, bestätigte ein Dritter.«
Salim brachte seine Freunde der Reihe nach heim und fuhr dann zu Fatimah ins Hotel.

Am selben Morgen nahmen Aisha und Halima nach dem ersten Gebet ein bescheidenes Frühstück zu sich und unterhielten sich anschließend weiter.
Halima erzählte Aisha von ihren Kindern und ihrer bereits zahlreiche Enkelschar und was aus ihnen geworden war.
Der älteste Sohn Khaled war schon ausreichend erwähnt worden.
»Mattar macht Karriere in der Armee und Rifat ist Generaldirektor im Finanzministerium. Abdullah, mein jüngster Sohn studiert in Dubai und scheint einmal Architekt zu werden. Meine Töchter sind allesamt gut verheiratet. So habe ich keine Sorgen mehr mit ihnen.«

Im Laufe des Gesprächs kam Halima, auch auf Fatimah zu sprechen.

»Allah hat dir in seiner weisen Voraussicht nur einen Sohn geschenkt, aber du darfst mir glauben Schwester, ein Kind bedeutet eine Sorge und viele Kinder bringen viele Sorgen mit sich. Du hast einen guten Sohn, der dich ehrt und respektiert und ich denke, dass seine Wahl für Fatimah auch dein Herz bereichert hat.«

Sogleich antwortete Aisha gefühlvoll: »Allah hat mir nicht nur einen guten Sohn geschenkt, sondern auch eine liebe, respektvolle Schwiegertochter. Für mich ist Fatimah meine mir nie gegebene Tochter. Solange ich noch kann, werde ich sie mit Allahs Hilfe führen und in die Geheimnisse des islamischen Daseins einweihen. Sie ist sehr gut erzogen und tief religiös. Sie nimmt das ihr von Allah zugeteilte Schicksal Frau zu sein, gottgegeben hin und bemüht sich vorbildhaft um Salim und mich.«

»Sie ist außerdem noch jung und kaum ihrer Kindheit entwachsen«, meinte Halima. »Ja«, sagte Aisha, »und trotzdem schon eine vollwertige Frau und überaus bescheiden. Allah hat uns Fatimah gesendet, um Salims und auch mein Herz zu erfreuen. Ich hoffe, dass Allah meine Gebete erhört und ihr so bald wie möglich einen Sohn schenkt. Salim hat angekündigt, sollte Fatimah ihm keinen Sohn schenken, dann sucht er sich eine zweite Frau. Du weißt ja, Halima, wie die Männer sind. Ungeduldig und grundsätzlich im Recht.«

Halima gab nicht gleich eine Antwort und wirkte nachdenklich.

»Seine Majestät und die Regierung haben recht, wenn sie den Männern, die sich mehrere Frauen nehmen, das Leben schwer machen.«

»Ah«, stutzte Aisha, »was meinst du damit?«

»Na, weißt du das nicht? Seine Majestät, unser Sultan, sagte kürzlich bei seiner Ansprache im Fernsehen, er befürworte, dass die Männer sich nur eine Frau nehmen. Sie könnten sich dann besser um ihre Familie kümmern. Er schreibe dem Mann nicht vor, nur eine Frau zu haben, das könnte er auch nicht. Dieses Recht des Mannes ist bereits im Heiligen Koran festgelegt, aber fügte er hinzu, ein ordentlicher Staat besteht in erster Linie aus intakten Familien. Wenn aber die Männer die Frauen wechseln und ständig noch zusätzliche Frauen heiraten, dann bleiben die Kinder auf der Strecke. Seine Majestät will, dass Männer, die sich mehrere Frauen nehmen, in Zukunft genau beobachtet werden. Es muss allen Frauen gleich gut gehen und keine darf bevorzugt werden. Ganz so, wie es auch der Prophet vorschreibt. Hat die erste Frau ein Haus und ein Auto, so hat auch die Zweite das Gleiche zu bekommen wie die Erste und so weiter.«

»Allah hat uns einen weisen Herrscher geschenkt«, antwortete Aisha.

»Sollte Salim auf diese Idee kommen, werde ich ihm das genauso erzählen, wie du es mir geschildert hast. Inshallah!«

Fatimah konnte sich vor Schmerzen kaum bewegen. Natürlich hatte sie ihr Mann im Suff wieder geschlagen. Aber diesmal sehr brutal. Er ließ nicht eher von ihr ab, als bis sie bewusstlos wegsackte. Später kroch Fatimah ins Badezimmer und sank vollends zu Boden. Sie blutete aus mehreren Platzwunden am Kopf, hatte geschwollene Augen und brachte kaum die Lider hoch. Sie wusste es zwar nicht, aber einige Rippen waren gebrochen und ihr rechter Daumen ausgerenkt. Sie litt unerträgliche Schmerzen und konnte sich nicht mehr aufrichten. Sie blieb auf dem Fliesenboden liegen und fragte Allah, ob das sein Wille sei?

Salim, der quer auf dem Bett lag, wachte am Nachmittag auf. Langsam, mit sehr starken Kopfschmerzen, richtete er sich auf und suchte um sich blickend nach Fatimah. Er rief nach ihr, bekam jedoch keine Antwort. Er stieg aus dem Bett und suchte weiter. Da das Zimmer nur aus zwei Räumlichkeiten bestand, war es für ihn ein Leichtes, sie am Boden liegend, im Badezimmer zu finden.

»Geh und hol mir Wasser, mich dürstet fürchterlich«, schrie er sie an. Doch Fatimah bewegte sich nicht. Er schrie sie nochmals an, doch von ihr kam keinerlei Regung. So trat er schließlich noch ein paar Mal heftig nach ihr. Doch auch das setzte Fatimah nicht in Bewegung. Fatimah rührte sich überhaupt nicht mehr. Er torkelte aus dem Bad und verließ das Hotel.

Am späten Nachmittag kamen die Zimmermädchen, um das Zimmer zu reinigen. Sie fanden Fatimah im Badezimmer liegend und bewusstlos.

Da sie nicht wussten, was sie tun sollten, riefen sie den Manager an und schilderten das Problem. Dieser rief sogleich einen Arzt, der wenig später im Hotel war und sich um Fatimah kümmerte. Der Arzt veranlasste die sofortige Einweisung in ein Krankenhaus. Er ließ sie vor allem wegen des Verdachts auf innere Verletzungen einliefern. Dort diagnostizierten die Ärzte neben den äußerlich sichtbaren Verletzungen, mehrere gebrochene Rippen, einen ausgerenkten Daumen, eine Nierenprellung, eine schwere Prellung der Gebärmutter, einen Milzriss und damit verbundene, innere Blutungen. Da ihr Mann noch immer nicht auffindbar war, wurde der nächstgelegene Imam konsultiert und dieser ordnete die sofortige Operation von Fatimah an.

Salim lag unterdessen am Strand und schlief im Sand seinen Rausch aus. Kurz vor Einbruch der Dunkelheit wachte er auf und fühlte sich merklich besser. Er besorgte sich ein Taxi und fuhr zurück ins Hotel. Als man ihn im Hotel eintreffen sah, eilte sofort der indische Manager auf ihn zu, um ihn aufzuklären.

Er informierte ihn, dass man seine Frau gerade noch rechtzeitig und wahrscheinlich in letzter Sekunde gefunden und ins Krankenhaus eingeliefert habe. Sie werde nun ihm Royal Hospital operiert.

Salim schaute völlig verdutzt. Im Grunde wusste er nicht, was hier vor sich ging. Seine Erinnerungen an letzte Nacht waren spärlich. Ehe der indische Manager weiter erzählen konnte, fuhr ihn Salim an, er solle sein Maul halten. Danach fragte Salim, wer überhaupt veranlasst habe, seine Frau ins Krankenhaus zu bringen? Der Manager erzählte, dass dies der Arzt gewesen sei, weil höchste Lebensgefahr bestanden habe. Nun begann Salim zu schlucken, und einen trockenen Mund zu bekommen. Sofort verließ er das Hotel und irrte einige Stunden durch die Stadt.

Aisha und Halima tratschten unentwegt, unterbrochen nur von den Mahlzeiten, und da es Freitag war, der heilige Tag, saßen sie den gesamten Nachmittag mit der Familie Khaleds zusammen. Sie nahmen ein gemeinsames Mittagessen zu sich und unterhielten sich zwischendurch auch einmal mit der restlichen Familie. Der jüngste Sohn Aishas und Bruder Khaleds, Abdullah, war zu Besuch. Er erzählte von seinem Studium und von Dubai. Besonders seine Nichten und der kleine Neffe hörten ihm aufmerksam zu. Aisha und Halima staunten. Sie konnten nicht glauben, was aus diesem Dubai, einst ein Perlentaucher- und Handelskaff an einem Lagunenarm des Arabischen Golfes, geworden war.

Abdullah, der jüngste Spross Halimas, war ein gut aussehender, schlanker und sportlicher Mann. Sein langes schwarzes Haar und seine stechenden dunklen Augen ließen so manches weibliche Herz höher schlagen. Er trug eine dunkelblaue Disdasha und einen blütenweißen, nach Beduinen Art, gebundenen Mussar.

Sein ältester Bruder Khaled fiel Abdullah ins Wort. »Leider hat das Geld begonnen, die Beduinen im ehemaligen See Oman völlig zu verderben. Dubai ist für mich nichts anderes als eine verdorbene, amerikanische Stadt in der Wüste! Eine noch dazu neureiche Stadt. Das alles war einmal Teil unseres geliebten Sultanates!«

Abdullah antwortete respektlos. »Das mag sein Bruder, aber schließlich gibt es mehr in Allahs Welt als Arbeit, Gebet, Essen und Schlafen.« Khaled musterte Abdullah etwas abschätzig und fragte sich, was da auf seine Kosten herangezogen wurde.

Halima fragte Abdullah, ob er Kontakt zu Inglesi habe. Abdullah bejahte dies.

»Die meisten Professoren und Vortragenden an der Universität sind Europäer. Es gibt natürlich auch Professoren aus Ägypten, Indien und Syrien, aber die Europäer sind mit Abstand die Besten.«

Aisha wollte wissen, was genau er studiere.

»Architektur Tante Aisha. Das ist die Kunst, Gebäude, Straßen und Brücken zu bauen. Ich bin jetzt bereits im achten Semester und denke, in spätestens drei Jahren mit dem Studium fertig zu sein. Ich möchte mich in jedem Fall auf Hochbau spezialisieren. Um es einfach auszudrücken, ich träume davon, einmal Wolkenkratzer, ganz so wie in Dubai, zu bauen. Es fasziniert mich ungemein.«

Einerseits waren Halima und Aisha von der Klugheit Abdullahs angetan, andererseits trübte ihre Gedanken ein vages Gefühl von Gefahr.

»Ich hoffe, du vergisst dabei nicht, woher du kommst, was du bist und dass du alles nur Allah, dem Allgütigen, zu verdanken hast!«

»Nein«, keineswegs Mutter, »ganz im Gegenteil. Ich erfülle täglich meine Pflicht als Muslime!«

Obwohl kurzfristig zufriedengestellt, hingen beide Frauen ihren Gedanken nach und hegten so manchen Zweifel an Abdullahs Aussage.

»Bildung«, so raunte Aisha Halima zu, »verdirbt den Charakter und trübt den reinen Glauben!« Halima nickte zustimmend.

Am Tag darauf wurde Salim von zwei Polizisten besucht. Sie riefen ihn aus dem Zimmer und setzten sich mit ihm in eine ruhige Nische in der Hotelhalle. Einer der beiden hatte einen Fragebogen vorbereitet und wies ihn darauf hin, dass es sich dabei um ein Verhör handelte.

Sie befragten ihn, wann er am Donnerstagabend ins Hotel gekommen sei, wo er vorher war und wie es zu den Verletzungen seiner Frau gekommen war. Viele weitere Fragen wurden ihm gestellt und darunter auch, ob er Alkohol trinke. Salim versuchte die Fragen so zu beantworten, dass er nicht allzu schlecht dastünde. Bei der Frage nach dem Alkohol sagte er aus, dass er kaum welchen trinke. Am Donnerstagabend habe er leider mehr getrunken. Seine Freunde hätten in dazu gezwungen. Er könne sich an nichts mehr erinnern.

Die Polizisten teilten ihm mit, dass dieser Vorfall ein gerichtliches Nachspiel haben könnte. Sie rieten ihm, sich vorbildlich um seine Frau zu kümmern und sie regelmäßig im Krankenhaus zu besuchen, denn das würde vor Gericht einen guten Eindruck hinterlassen. Sie ließen einen ratlosen Salim zurück.

Er rannte ein paar Mal ums Hotel und suchte sich dann ein Taxi. Er wollte ins Krankenhaus fahren. Dort angekommen erkundigte er sich nach dem Zimmer seiner Frau. Man informierte ihn, dass sie sich in der Station für Intensivmedizin befand. Sie liege im künstlichen Tiefschlaf, und dass er sie in den nächsten drei Tagen nicht besuchen könne. Um einen Beweis zu haben, dass er Fatimah besucht hatte, hinterließ er seine Telefonnummer. Er bat, verständigt zu werden, wenn sie aufwachen sollte. Salim verließ das Krankenhaus und telefonierte mit einem seiner Freunde, um ihn am Abend zu treffen.

Langsam dämmerte ihm, dass er zumindest seine Mutter verständigen sollte. Er wählte nervös die Telefonnummer von Khaled. Abdullah beantwortete den Anruf. Salim fragte nach seiner Mutter und Abdullah holte sie ans Telefon.

»Mutter«, sagte Salim ins Telefon, »ich komme gerade aus dem Krankenhaus. Fatimah liegt dort, ich kann sie aber nicht besuchen!«

Völlig schockiert fragte Aisha: »Was ist denn passiert?«

»Ich weiß nichts Genaues. Ich weiß nur, dass sie in der Intensivstation liegt.«

»Hast du ihr etwas Schlimmes angetan?«, schrie Aisha.

»Nein«, antwortete Salim, »ich habe sie nur bestraft, weil sie nicht gehorchen wollte!«

Aus Aisha sprudelte es heraus: »Ich habe den schlimmsten Verdacht! Du hast sie verprügelt, stimmt es?« Salim konnte vor Verlegenheit nicht mehr antworten. Aisha beendete das Gespräch und rannte sofort zu ihrer Schwester. Sie berichtete Halima von dem soeben stattgefundenen Telefongespräch. Beide waren außer sich.

Halima ergriff die Initiative und sagte, sie werde mit ihrem Sohn sprechen. Er kann sich sicher aufgrund seiner Position im Krankenhaus erkundigen und mehr erfahren.

Nach Ersuchen seiner Mutter telefonierte Khaled mit dem Krankenhaus und berichtete den beiden Frauen über den Zustand Fatimahs. Sie würde frühesten in drei Tagen aus dem Tiefschlaf geholt werden.
Den ganzen Abend herrschte betretenes Schweigen und besonders Aisha war unermesslich traurig.

Leider schien Salim keine andere Möglichkeit zu kennen, seine Sorgen wegzuwaschen, als sich mit seinen Freunden wieder zu betrinken. Vorausschauend erzählte er ihnen allerdings nichts über den Vorfall mit seiner Frau.

Spät am nächsten Morgen eilte Salim ins Wirtschaftsministerium, um die Gründung des Unternehmens in die Wege zu leiten. Gerade als er gegen Mittag vor einem der Schalter anstand, rief Khaled ihn an.
»Wo bist du jetzt Salim?« Der berichtete, dass er im Ministerium wegen der Firmengründung sei.
»Ich denke, Salim, wir sollten das für eine Weile ruhen lassen. Zumindest solange, bis sich das Problem mit deiner Frau erledigt hat.«
Zusätzlich bestellte er Salim dringend zu sich ins Ministerium.

Salim nahm sich ein Taxi und fuhr zu Khaled. Dort angekommen informierte er die Rezeption voller Stolz, dass er einen Termin mit dem Staatssekretär habe. Ein Mitarbeiter des Empfangs führte ihn sofort in den zweiten Stock zu Khaleds Bürotrakt.
Er wurde gleich eingelassen und Khaled teilte seiner Sekretärin mit, dass sie in die Mittagpause gehen könne.
Khaled schloss sorgfältig die Doppeltür, stellte die Sprechanlage ins Sekretariat ab und schoss ohne Vorwarnung eine heftige Schimpfkanonade auf Salim ab.
»Was bildest du dir ein? Was hast du dir dabei gedacht, du Dummkopf? Du bist ein naher Verwandter von mir! Ich kann mir solche Verwandte, die ihre Ehefrau halb tot prügeln in meiner Position nicht leisten. Wenn der Minister davon erfährt, dann hast du ein großes und ich ein noch größeres Problem!«

Weiter schrie Khaled: »Seine Majestät und wir alle von der Regierung propagieren eine Stärkung der Familie und insbesondere die Stellung der Frau in der Gesellschaft und du Idiot prügelst, als mein Cousin, deine Ehefrau halb tot. Warum nur, warum hast du das getan? Weißt du, was ich glaube Salim? Ich glaube du trinkst Alkohol! Wenn das rauskommt, dann kann ich dir nicht mehr helfen. Sowohl seine Majestät als auch der Mufti dulden keine Männer, die Alkohol trinken und im Suff Unfälle bauen oder Familienangehörige halb totschlagen!«

Salim war in der Zwischenzeit in sich zusammengesunken und nur noch ein Häufchen Elend. Nicht, dass er wegen Fatimah ein schlechtes Gewissen gehabt hätte, er machte sich wegen ihres Zustands nicht einmal Sorgen. Er sah nur seine Schäfchen den Kanal hinunterschwimmen. Vor allem sein Vorhaben, die neue Firma.

»Deine Exzellenz«, stöhnte er fragend, »was soll ich deiner Meinung nach tun, um aus dieser Situation unbeschadet herauszukommen?«

Lange sah ihn Khaled an. Mit flüsternder Stimme befahl er ihm:

»Du wirst ab sofort der liebevollste Ehemann sein! Du wirst dich vorbildhaft um deine Frau kümmern! Du rührst keinen Alkohol mehr an! Weder Bier noch Wein oder sonst etwas! Wenn ich auch nur den Funken einer schlechten Nachricht von dir höre, lasse ich dich fallen! Inshallah!«

Mit etwas versöhnlicherer Stimme sprach er weiter:

»Ich werde in der Zwischenzeit dafür sorgen, dass du nicht vor Gericht gestellt wirst und die polizeiliche Untersuchung schön langsam im Sande verläuft. Wenn Gras über die Sache gewachsen ist, beginnen wir nochmals von Neuem und gründen die Firma. Eine Sache noch. Deine Mutter, meine Tante Aisha, ist außer sich und du fährst jetzt gleich zu meinem Haus und suchst sie auf!«

»Inshallah«, antwortete Salim!

Niedergeschlagen verließ er das Ministerium und holte sein Auto, um zu seiner Mutter zu fahren.

In der Zwischenzeit hatte sich im gesamten Haus die schlimme Nachricht verbreitet und es herrschte große Betroffenheit. Besonders unter den Kindern von Khaled spürte man unstillbare Traurigkeit.

Salim erreichte am frühen Abend Khaleds Haus und wurde gleich in die Majlis für männliche Besucher geführt. Dort saß seine Mutter, etwas erhöht auf einem Polster und sprach kein Wort. Salim ließ sich seufzend nieder und sagte nur eine kurze, leise Phrase zur Begrüßung.

»Asalam Alaikum Mutter!«

Aisha sah ihn mit traurigen Augen und leerem Gesichtsausdruck an. Nahezu zehn Minuten sprach sie kein Wort. Plötzlich, in die Stille hinein, fragte sie mit ganz leiser Stimme:

»Warum nur, warum nur, warum nur? Bismillah!«

Salim entgegnete mit heiserer, etwas lauterer Stimme als beabsichtigt:

»Fatimah hat sich wiederholt meinen Anordnungen widersetzt!«

Aisha sah ihn an und sprach mit fast tonloser Stimme:

»Salim, ich glaube dir kein Wort. Vielmehr glaube ich, dass du zum wiederholten Male betrunken warst. Ich weiß, was du tust, wenn du deine Freunde in Maskat triffst.«

Salim schluckte.

»Ich habe nur ein Bier mit meinen Freunden getrunken. Fatimah tut immer nicht das, was ich will.«

»Fatimah hat immer getan, was du von ihr verlangt hast. Ich bin mir sicher, dass du völlig außer Kontrolle gerätst, wenn du Alkohol trinkst. Ganz so, wie damals bei Salama, deiner ersten Frau!«

Salim lief dunkelrot an und schrie seine Mutter an.

»Das geht dich überhaupt nichts an. Mit Salama war das etwas ganz anderes!«

»Weißt du Salim, was der Prophet Mohammed, der Friede sei mit ihm, zu einem Freund gesagt hat, als der ihn nach der wichtigsten Person in der Familie fragte?« Salim zuckte mit seinen Schultern.

»Er antwortete: deine Mutter! Daraufhin fragte der Freund den Propheten nochmals und Mohammed antwortete abermals: deine Mutter! Als der Freund noch einmal fragte, weil er nicht glauben wollte, dass dies ausgerechnet eine Frau und nicht der Vater sein sollte, sagte ihm der Prophet ein drittes Mal: deine Mutter!«

Salim machte ein betretenes Gesicht und seine Mutter sah ihn böse an und fauchte:

»Brülle mich also nicht an und vor allem, lüge mich nicht an. Denn auch das ist eine Sünde vor Allah! Inshallah!«

Keiner der beiden sprach mehr ein Wort. Aisha stand auf und blickte aus einem der Fenster.

»Du hast jetzt nur eine Möglichkeit. Kümmere dich um Fatimah und lasse dir nie wieder etwas zuschulden kommen!«

Salim antwortete nicht, sondern starrte auf das Bild an der Wand, das ihm gegenüber hing.

»Sobald Fatimah ansprechbar ist, wird uns Khaled oder seine Frau Shaikha ins Krankenhaus fahren. Von dir verlange ich allerdings, dass du täglich dorthin fährst und dich nach ihrem Zustand erkundigst!«

»Inshallah«, antwortete Salim.

Erbost verließ Aisha die Majlis und ließ Salim alleine sitzen.

Am nächsten Morgen verließ Salim das Hotel und fuhr mit einem Taxi zum Krankenhaus. Er erkundigte sich nach dem Zustand Fatimahs und man teilte ihm mit, dass dieser immer noch unverändert sei. Salim irrte daraufhin ziellos in der Stadt herum.

Aisha saß mit ihrer Schwester zusammen und weinte bitterlich. Halima versuchte sie zu trösten, so gut sie konnte. Nach einiger Zeit beruhigte sie sich und begann zu sprechen.

»Ich dachte, nachdem Fatimah ins Haus gekommen war, dass alles gut werden könnte. Fatimah war immer besonders gelehrig, respektvoll und fleißig. Ich nahm an, dass Salim jetzt zur Ruhe käme und mit seiner jungen Frau das Leben genießen würde und die unglückselige Vergangenheit endlich abgeschüttelt hätte. Bismillah!«

Überrascht über diese Aussage, fragte Halima nach dieser unglückseligen Vergangenheit.

»Wie du weißt, Schwester, war Salim schon einmal verheiratet. Mit Salama aus dem Nachbardorf. Salama war eine starke Frau. Leider hatte sie überhaupt nichts Liebreizendes an sich. Dafür arbeitete sie schwer. Sie war zuverlässig und tief religiös. Ganz so, wie man sich eine Schwiegertochter wünscht.«

Aisha hielt für einige Sekunden inne.

»Erzähl weiter!«, forderte Halima sie auf.

»Salama war andererseits nicht einfach als Ehefrau. Sie war durchaus in der Lage, Salim Paroli zu bieten und ihm zu sagen, wenn ihr etwas nicht passte.« Wieder machte Aisha eine Pause. »Eines Tages, vor ungefähr acht Jahren, gingen beide in den großen Garten. Salim und Salama hatten vorher schon im Haus gezankt. Salim erhob die Hand gegen sie und versetzte ihr einen Schlag ins Gesicht. Nachdem es schien, dass beide sich beruhigt hatten, wollten sie im Garten einen der Esel mit Futter für die Ziegen und Schafe beladen. Unsere indischen Arbeiter waren nicht zugegen, da diese eine Arbeit am anderen Ende des großen Gartens zu erledigen hatten. Plötzlich kam Salim gelaufen und schrie, er brauche einen Arzt. Nun … dieser kam eine Stunde später, um nur noch den Tod Salamas feststellen zu können. Die allgemeine Erklärung von Salim und dem Arzt war, dass der große Eselhengst ausgeschlagen und Salama erschlagen hätte. Inshallah!«

Sowohl Halima als auch Aisha schwiegen nun betreten.
»Ich weiß nicht, warum Allah mich so bestraft?«, fragte Aisha plötzlich in die Stille hinein. »Allah bestraft dich nicht, Schwester, er prüft dich nur. Inshallah!« Daraufhin schwiegen beide wieder.

Es klopfte es an der Tür und die Töchter Khaleds fragten, ob sie eintreten dürften. Sie setzten sich neben die beiden Frauen auf den Teppich, umarmten der Reihe nach Aisha und schwiegen ebenfalls. Dann und wann rann den Mädchen eine oder auch mehrere Tränen die Wangen hinab.
Langsam legte sich das Schweigen doch noch und Miriam, die älteste Tochter Khaleds, fragte Aisha, ob sie schon Nachricht aus dem Krankenhaus habe. Aisha verneinte und seufzte heftig.
So verging der Tag, und als am späten Nachmittag Khaled zurückkehrte, saßen Aisha, Halima und die Mädchen noch immer zusammen und lasen gemeinsam aus dem Koran.

Am vierten Tag der Katastrophe fuhr Salim, so wie jeden Tag, zum Krankenhaus, um sich nach dem Zustand Fatimahs zu erkundigen.
»Sie ist aus dem künstlichen Tiefschlaf aufgewacht, Alhamdullilah!«, teilte ihm eine Schwester mit. »Sie können ihre Frau für wenige Minuten sehen. Vorher möchte sie der behandelnde Arzt sprechen.«
Salim fuhr in den zweiten Stock, um Fatimah zu sehen.

Beim Ausgang des Aufzugs wartete ein grauhaariger, älterer Herr mit weißem Kittel. Vermutlich ein Ägypter. Er stellte sich als der Leiter der Intensivstation vor und bat Salim, mit ihm kurz zu Fatimah zu gehen und anschließend noch in sein Büro zu kommen, da er dringend mit ihm reden müsse.
Sie gingen den Flur entlang und der Arzt öffnete am Ende des Ganges eine breite Tür. Beide traten in das dahinterliegende Krankenzimmer.
Drinnen standen vier Betten, jedes mit einer Patientin belegt. Von überall her hingen Schläuche und Kabel über und an den Patientinnen und es piepste, säuselte, pumpte und surrte unentwegt.
Salim wurde von dem Arzt an das dritte Bett herangeführt und da erst erkannte er Fatimah. Auch sie hing an einem EKG und di-

versen anderen Apparaturen. Fatimah hatte die Augen geöffnet und starrte auf die beiden Männer.

Plötzlich versuchte sie sich aufzubäumen und augenblicklich schrillte eine der Apparaturen Alarm. Der Arzt schrie nach einer Kollegin und packte gleichzeitig Salim an der Schulter und schob ihn aus dem Raum.

Salim, der das alles nicht fassen konnte, wurde vom Arzt in dessen Zimmer bugsiert und dort auf einen Stuhl gesetzt.

Der Arzt begann ohne Umschweife: »Wir wissen ganz genau, was passiert ist. Es obliegt mir nicht, meine Meinung kundzutun. Ich möchte Ihnen nur mitteilen, dass Ihre Frau an vielen Komplikationen zu leiden haben wird und durch uns auch einige bleibende Gesundheitsschäden festgestellt wurden. Neben den Ihnen bereits bekannten inneren und äußeren Verletzungen mussten wir noch akute Verletzungen im Unterleib diagnostizieren. Ganz abgesehen von dem schweren Schock, den ihre Frau erlitten hat. Die Verletzungen des Unterleibes können wir noch nicht genau interpretieren. In den nächsten Jahren wird sich herausstellen, ob ihre Frau erstens noch schwanger werden kann und ob sie zweitens noch ein Kind wird austragen können. Inshallah!«

Der Arzt sah Salim intensiv an und beendete das Gespräch mit einem Rat: »An ihrer Stelle würde ich mich um meine Frau, wenn sie gesundet unsere Klinik verlassen hat, äußerst sorgfältig und liebevoll kümmern, damit sie dieses Trauma verarbeiten kann.«

Salim antwortete: »Inshallah!« Er dankte dem Arzt für die Informationen und verließ das Krankenhaus.

Draußen griff er zum Mobiltelefon und rief das Haus Khaleds an. Abdullah, der jüngste Bruder Khaleds, der zumeist in der Nähe des Telefons herumhing, hob ab und hörte, was Salim zu sagen hatte.

»Sag meiner Mutter, Fatimah ist aufgewacht. Alhamdullilah! Sag ihr weiter, dass ich nach Hause fahren und übermorgen wieder zurück sein werde!« Abdullah bedankte sich wortkarg für die Nachricht und eilte sofort zu seiner Tante Aisha.

Nun herrschte große Freude im Haus. Die Mädchen liefen zu Aisha und Halima und tanzten vor Erleichterung ausgelassen um sie herum. Selbst Aisha konnte sich ein Lächeln abmühen und plante, so bald als möglich ins Krankenhaus zu fahren. Sie bat Halima mit Khaled zu sprechen, dass er es ihr ermöglichte, Fatimah zu besuchen. Dies war nicht so einfach, da Salim vergessen hatte, dem Krankenhaus mitzuteilen, dass Aisha, Halima und ihre Familie, Fatimah besuchen dürfen.

Die ältesten Töchter, Miriam und Warda, blieben bei Aisha und Halima. Miriam wendete sich an ihre Großmutter: »Bibi, bitte erzähle uns alte Geschichten und Erlebnisse aus der Zeit, als ihr noch jung gewesen seid?« Aisha lächelte und fragte Halima: »Fällt dir, Schwester, dazu etwas ein?«

»Bismillah Rahmani Rahim, Allah ist mein Zeuge. Als wir klein waren, herrschten noch andere Sitten und Bräuche. Unser Vater, der gleichzeitig auch der Urgroßvater von Fatimah war, lebte mit seinem Vater, unserer Großmutter und uns Kindern, in einem bescheidenen Haus am Fuße der hohen Berge. Der Name unseres Dorfes war Misfat. Allah segnete unseren Vater mit reichlich Wasser, vielen Tieren und bis zu drei Ernten im Jahr. In unserem Dorf lebten an die fünfhundert Einwohner. Es war eine große Ansiedlung, sogar mit einer kleinen Festung auf dem Hügel. Um diesen Hügel herum war unser Dorf gebaut. Besonders stolz war unser Vater auf die handgeschnitzte und reich verzierte Eingangstür. Wir Mädchen wurden sehr früh verheiratet. Wir waren sogar noch jünger als Fatimah. Gleich, nachdem wir das Kopftuch tragen mussten (nach Eintritt der Menarche), wurde uns ein Ehemann gesucht. Wir mussten das Haus des Vaters verlassen und zur Familie des Mannes ziehen.«

»Ja«, sagte Halima, »aber das wissen die Kinder auch so schon. Wir sollten ihnen besser von all den Geschichten erzählen, die unser Großvater von sich gab!« Aisha nickt zustimmend.

Ganz leise gesellte sich nun auch Abdullah zur Runde. Er setzte sich und hörte aufmerksam zu.

»Unser Großvater war lange Zeit bei der Marine und in Sansibar stationiert. Wie ihr in der Schule gelernt habt, waren alle Inseln Sansibars und die gesamte Küste des heutigen Kenias und Tansanias einmal Teil unseres großen Reiches.«

»Ach Sansibar!«, stöhnten nun alle auf.

»Ein Traum!«, warf Abdullah ein.

Halima ließ sich nicht aus dem Konzept bringen. »Unser Großvater, Allah möge ihn in sein Paradies aufgenommen haben, war viele Jahre mit unserer Großmutter auf Sansibar. Er erzählte uns über das milde Klima, den Regen und die vielen Gewürze, Pflanzen und Tiere. Er berichtete uns, wie er zur See fuhr. Er versah auf jener Dhau den Dienst, die verbotenerweise Setzlinge der Bäume der Gewürznelke von der

Insel Mauritius nach Sansibar brachte. Er erzählte uns auch über die vielen Sklaven, die in Sansibar und den anderen Plantagen seiner Majestät und der Shirazi arbeiteten.

Einmal nahm er an einer Reise ins Landesinnere des heutigen Tansanias teil. Schon wenige Meilen nach der Küste begegneten sie unzähligen wilden Tieren. Darunter neben Gazellen und Antilopen auch großen Herden von Elefanten und vielen Rudeln hungriger Löwen. Einmal, als er nachts Wache schieben musste, nur mit einem alten Gewehr bewaffnet, fielen die Löwen ins Lager ein und töteten vier Sklaven und einen Kameraden. Der Kommandant behielt, Alhamdullilah, die Fassung und ordnete das Chaos. So konnten sie mit vereinten Kräften zwei Löwen töten und die anderen aus dem Lager vertreiben.«

»Hatte euer Großvater auch Sklaven?«, fragte Abdullah in die spannungsgeladene Stille hinein. »Nein«, antwortete Aisha an Stelle von Halima, »damals beherrschten die Inglesi schon die gesamte Küste und die Deutschen hatten bald darauf das Festland besetzt. Die Inglesi hatten die Sklaverei und den Sklavenhandel verboten. Obwohl, in Sansibar und im Oman gab es natürlich auch später noch viele afrikanische Sklaven. Heute leben noch viele der Nachfahren ehemaliger Sklaven hier bei uns im Land«, ergänzte Halima.

Aisha fuhr fort: »Gerade hier bei uns im Oman gibt es viele Brüder und Schwestern, die ursprünglich aus Afrika stammen. Und wenn von euch Kindern jemand einmal die Möglichkeit hat, nach Tansania oder Sansibar zu reisen, dann wird er feststellen, wie wunderschön diese ehemaligen Kolonien sind. Erst vor einigen Jahren hat sich eine traurige Begebenheit in unserer Familie zugetragen. Die Enkelin unserer Cousine, ihre Familie lebt in Seeb, hatte sich unsterblich in das Bild eines jungen Mannes verliebt und setzte alles daran, ihn heiraten zu dürfen. Ihr Vater und die gesamte Familie waren jedoch strikt dagegen.«

»Warum?«, fragte Miriam.

»Weil ihr Vater herausfand, dass der junge Mann aus einer Familie ehemaliger Sklaven stammte. Seine Vorfahren hatten erst zwei Generationen vorher die Freiheit erlangt. Dies, sagte ihr Vater, wäre nun überhaupt nicht möglich. Ein Nachfahre ehemaliger Sklaven darf seine Tochter nicht heiraten. Das Mädchen war einige Zeit unsagbar traurig und heiratete dann einen anderen Mann aus der näheren Verwandtschaft.«

In die Stille hinein fragte Abdullah die beiden Frauen, warum es überhaupt Sklaven gab und warum Menschen andere Menschen versklaven und ihnen das antun?

Aisha antwortete: »Weil es von Allah so gewollt ist! Schon der Prophet Mohammed hatte Sklaven und auch im Heiligen Buch Koran steht nichts darüber, dass es verboten wäre. Die meisten Sklaven, vor allem jene aus Afrika, glaubten an viele Götter und vor allem der Fetischglauben war weit verbreitet. Menschen, die nicht an Allah glauben, sind minderwertig und verdienen, versklavt zu werden. Außerdem ging es den meisten Sklaven in Obhut ihres Herrn nicht schlecht. Sie bekamen regelmäßig zu essen und hatten Schlafstätten mit einem Dach über dem Kopf. Im Busch und in der Savanne, wo die meisten vorher lebten, hatten sie das nicht. Für diese Wohltaten ihres Besitzers mussten sie arbeiten.«

Abdullah schüttelte den Kopf.

»Einer unserer Professoren an der Universität erzählte, dass der Sklavenhandel eines der dunkelsten Kapitel in der Geschichte der Menschheit ist.«

Aisha entgegnete: »Dieser Professor ist wahrscheinlich ein Inglesi und diese Ungläubigen haben keine Ahnung von unserem Glauben und unserer Kultur!«

»Ja, das ist richtig, er kommt aus dem Land der Alemani, aber das bedeutet nicht, dass er nichts über unsere Geschichte weiß!«

Halima mischte sich ein. »Diese Inglesi bringen alle ihre Ansichten und gottlosen Meinungen aus ihren Ländern mit und verderben unsere Jugend. So wie man an dir erkennen kann, Abdullah!«

Daraufhin stand Abdullah auf und verließ den Raum.
Nachdem nun der Erzählfluss der beiden alten Schwestern ins Stocken geraten war, verließen auch die Mädchen den Raum.

Miriam, die älteste Tochter Khaleds, schaute sich nach ihrem Onkel Abdullah um und fand ihn, wie immer, in der Nähe des Telefons.

»Kannst du mir, Onkel Abdullah, noch mehr über die Sklaverei erzählen? Ich bitte dich.«

Ganz ehrlich, ich weiß selbst nicht viel mehr. Es ist auch ein düsteres Kapitel in der Geschichte unseres Landes, über das man wenig spricht.

»Ich werde meinen Professor fragen, wenn ich wieder in Dubai bin und dir dann erzählen, was er mir berichtet hat.«

Damit gab sich Miriam zufrieden und ging in ihr Zimmer.

Im Hause Khaleds wurden nun bereits Vorbereitungen für die Fastenzeit, den Heiligen Monat Ramadan, getroffen, der in wenigen Tagen beginnen würde.

Am frühen Morgen begann Aisha ihren Koffer zu packen, da sie zu Beginn des Ramadan, wie alle Muslime, zu Hause sein wollte.
Nach dem Kofferpacken fuhr Khaled Aisha und Halima ins Krankenhaus, um Fatimah zu besuchen. Aisha machte sich große Sorgen um Fatimah, da sie, schwer krank, während Ramadan im Krankenhaus lag. Selbst Schwerkranke durften von Sonnenaufgang bis Sonnenuntergang nichts zu sich nehmen. Nicht einmal Medizin - einfach nichts. Es sei denn, ein Imam erteilte dazu einen Dispens.
»Fatimah muss Ramadan nachholen, wenn sie wieder gesund ist. Dies alles ist ohnehin Allahs Wille, und er würde für Fatimah sorgen. Inshallah!«, dachte Aisha.

Sie informierte Khaled über ihre Sorge und Khaled sagte ihr zu, sich darum mit all seinem Einfluss zu kümmern. Waren es doch nur noch drei Tage bis zum Beginn des Heiligen Monats. Genau wusste leider niemand, wann Ramadan begann, aber Aisha hatte ihre Erfahrungen und lag mit ihrer Prognose meist richtig.

Um den genauen Beginn festlegen zu können, waren an neun verschiedenen Orten des Landes hohe Religionsgelehrte mit Fernrohren positioniert. Diese beobachteten den Eintritt des Mondes in seine Neumondphase. Sobald dies passierte, rief man den heiligen Fastenmonat aus. Dies war je nach Land ganz verschieden. Oman war traditionsgemäß immer eines der letzten Länder, in denen der Ramadan begann.

Aisha, Halima und Khaled erreichten das Krankenhaus gegen neun Uhr vormittags. Khaled ging mit den Frauen zur Rezeption und stellte sich vor. Zugleich erwähnte er, dass er eine halbe Stunde vorher mit dem behandelnden Arzt telefoniert hatte. Die Empfangsmitarbeiterin des Krankenhauses verständigte sofort den betreffenden Arzt und bat Khaled und seine Begleitung, ein paar Minuten Platz zu nehmen. Der Arzt käme persönlich, um sie abzuholen.
Keine zwei Minuten später erschien der behandelnde Arzt, der zugleich das Amt des Stationsvorstandes innehatte.
»Eure Exzellenz«, sprach er Khaled an, »es ist mir eine Ehre, sie bei uns begrüßen zu dürfen.« Khaled dankte und erklärte dem Arzt,

dass er selbstverständlich nicht mit hinaufkommen werde, da es sich schließlich um Behandlungsräume für Frauen handelte. Er bat den Arzt, seine Tante und seine Mutter hinaufzuführen.

Aisha und Halima erreichten wenig später den Raum, in dem Fatimah untergebracht war. Leise und mit Spannung näherten sie sich dem Bett Fatimahs. Sie war noch immer an diverse Apparaturen angeschlossen.

Fatimah erkannte ihre Schwiegermutter und deren Schwester, ihre Augen leuchteten auf und um ihre Mundwinkel erkannten beide ein erleichtertes Lächeln.

»Habibti«, seufzte Aisha, »wie geht es dir?« Fast unmerklich nickte Fatimah mit dem Kopf und begann, ganz leise zu sprechen:

»Alhamdullilah, meine verehrte Schwiegermutter, es geht schon ein wenig besser. Nur die Schmerzen in Brust und Bauch machen mir zu schaffen!«

»Du musst schnell gesund werden! Bald ist Ramadan und ich werde dich zu Hause vermissen. Ich habe mich so sehr auf den ersten gemeinsamen Fastenmonat mit dir gefreut!«

Fatimah antwortete mit gepresster Stimme: »Der Arzt sagt, dass ich Fortschritte mache. Er meint, dass ich in einigen Tagen diese Station verlassen und auf eine andere Pflegestation verlegt werden kann«.

»Das sind sehr gute Nachrichten«, sagte Halima hinter Aisha stehend.

»Tante Halima«, flüsterte Fatimah, »schön dich zu sehen.«

Halima sagte: »Es erleichtert mich ungemein, dich schon sprechend vorzufinden, meine liebste Fatimah.«

Beide Frauen fühlten sich nicht wohl, da sie mit völlig leeren Händen zu Fatimah gekommen waren. Nicht einmal Blumen hatten sie dabei. Das lag an Khaled, der beide informiert hatte, dass es nicht erlaubt war, in die Intensivstation etwas mitzubringen. Vor allem keine Blumen.

Soweit es die Kondition Fatimahs zuließ, unterhielten sich die Drei und Halima richtete auch noch liebe Genesungswünsche der Kinder aus. Besonders Miriam erwähnte sie, die außergewöhnlich an Fatimahs Schicksal litt. Nach etwa zehn Minuten kam der Chefarzt wieder und brach den Besuch ab, da er Fatimah sonst überanstrengen würde.

Schnell trat Aisha noch einen Schritt näher zu Fatimah und flüsterte ihr eine Frage ins Ohr: »Habibti, bitte beantworte mir nur eine Frage: ‹War mein Sohn in jener Nacht betrunken?›«

Fatimah antwortete flüsternd: »Ja, obwohl ich nicht genau weiß, was das ist. Er schwankte und torkelte, fiel mehrmals hin und stank fürchterlich nach einem Geruch, den ich nicht kenne!«

»Ich danke dir Fatimah, wenn du wieder nach Hause kommst, die Dinge werden sich ändern!«

Sie verließen das Zimmer und trafen auf dem Flur noch den Chefarzt. Auf die Frage Aishas, wie es Fatimah wirklich ging und ob es bleibende Schäden geben würde, antwortete er, dass er leider nur befugt sei, dem Ehemann Auskunft zu geben. Der war gestern hier. Er ersuchte Aisha, ihren Sohn darüber zu befragen.

Nachdenklich saß Aisha im Taxi und sprach kein Wort.

Zu Hause angekommen vereinbarten die Schwestern, dass Aisha noch zwei Tage länger bleiben würde, um noch einmal, bevor sie in ihr Dorf fuhr, bei Fatimah vorbeischauen zu können.

»Noch nie bin ich so knapp vor der glücklichen Fastenzeit nach Hause gekommen!«, seufzte sie.

Die Familie Khaleds umringten beide, noch bevor sie das Haus betreten hatten, und fragten ihnen Löcher in den Bauch.

»Wie geht es Fatimah«, riefen sie durcheinander, »geht es ihr besser?« Halima erklärte ihnen deren Zustand und bemerkte, wie ihr jüngster Sohn Abdullah ein zorniges Gesicht aufgesetzte.

»Was er bloß hat?«, fragte sie sich »Ich werde mit ihm reden müssen!«

Halima, Aisha und die Frau Khaleds verrichteten zusammen mit den Mädchen das Mittagsgebet und baten gemeinsam Allah, den Allgesundenden, um Hilfe für Fatimah. »Inshallah!«

Nach dem gemeinsamen Mittagessen verflüchtigten sich alle und jede begab sich zur Ruhe.

Nach dem Nachmittagsgebet rief Halima nach ihrem Sohn Abdullah, um ihn zu sprechen.

Sie ging mit ihm in die Majlis der Männer, um ungestört zu sein. Sie setzte sich und eröffnete das Gespräch mit einer Feststellung.

»Ich mache mir Sorgen um dich Habibi. Du bist in letzter Zeit, seit du von Dubai zurück bist, anders. Was ist mit dir passiert? Ich verstehe zum Teil deine Ansichten nicht mehr, und ich habe das Gefühl, dass du manchmal grundlos aggressiv bist. Was hast du? Bitte erkläre es mir so, dass auch ich es verstehen kann.«

»Geliebte Mutter«, entgegnete Abdullah, »es ist alles wie immer. Ich verstehe nicht, was du meinst?«

Halima herrschte ihn an. »Spiel mir nichts vor und vor allem, lüge mich nicht an. Das gibt es in meiner Familie nicht! Was ist also los mit dir?«

Abdullah zuckte mit den Schultern und dann sprudelte es aus ihm hervor: »Ich finde, dass so ein brutaler und ungebildeter Kerl wie Salim nicht in unsere Familie passt. Was er Fatimah und damit uns angetan hat, ist nicht nur schrecklich, sondern auch noch schändlich. Außerdem weiß ich, dass er Alkohol, viel Alkohol trinkt. Ich habe ihn selber Bier trinken gesehen. Aber, Allah sei Dank, hat er mich nicht bemerkt.«

»Also Abdullah«, entgegnete Halima, »auch du wirst einmal, hoffentlich bald, eine eigene Familie besitzen. Und auch du wirst Meinungsverschiedenheiten mit deiner Frau haben. Es ist dein Recht, sie zu züchtigen, wenn sie dir gegenüber respektlos ist oder deine Anordnungen nicht befolgt! Und in die Angelegenheiten von Salim dürfen wir uns nicht einmischen!«

Mit lauter Stimme antwortete Abdullah: »In einer guten Ehe, wenn beide sich lieben, braucht kein Mann eine Frau zu schlagen. Diese barbarischen Sitten lehne ich aufs Vehementeste ab!«

Verwirrt blickte Halima Abdullah an. »Du hast dich wirklich stark verändert, Abdullah. Das ist mit Sicherheit auf diesen Professor zurückzuführen, diesen Inglesi. Vielleicht ist es besser, wenn du das Studium abbrichst oder zumindest die Universität wechselst. Ich werde darüber mit deinem Bruder reden.

Mit rotem, zornigen Gesicht entgegnete Abdullah: »Ich werde mein Studium erfolgreich beenden. Nur wer ein abgeschlossenes Studium und einen akademischen Titel hat, kann es in unserem Land zu etwas bringen. Und ich möchte meiner zukünftigen Frau und meinen Kindern einmal ein unbeschwertes Leben bieten können.«

»Da wir schon beim Thema ‹Frau› sind, warf Halima ein! Wann denkst du denn endlich einmal darüber nach zu heiraten?« »Dann«, antwortete Abdullah, »wenn ich mit dem Studium fertig bin und es mir leisten kann, dann werde ich heiraten ... und ich weiß auch schon wen!«

Völlig perplex und hysterisch sah Halima ihren Sohn an.

»Kennst du etwa deine zukünftige Ehefrau schon? Hast du sie am Ende schon gesehen oder getroffen? So wie Miriam ihren Freund? Manchmal verstehe ich die heutige Zeit nicht mehr!«

»Nein Mutter, ich habe sie bisher weder getroffen noch mit ihr gesprochen, aber trotzdem weiß ich schon sehr genau, wen ich einmal heiraten werde. Wenn die Zeit gekommen ist, werde ich dich und Khaled in Kenntnis setzen. Übrigens, auch Miriam hat ihren Freund nie getroffen, sondern nur SMS mit ihm ausgetauscht.«

»Bismillah! Da kennst du aber deine Mutter und die Neugier der Frauen schlecht«, antwortete sie.

»Mutter, wie ich dir schon sagte, wenn die Zeit gekommen ist, werde ich es dir mitteilen.«

»Inshallah«, antwortete Halima.

Mittlerweile wieder in besserer Laune nach dieser Nachricht verließ Halima die Majlis und eilte zu ihrer Schwester, um ihr die Neuigkeit zu berichten.

Sowohl Aisha als auch Halima stimmten überein, dass es am besten wäre, Khaled zu beauftragen, Abdullah auszuhorchen.

Salim, der inzwischen längst zu Hause war, kümmerte sich um die Arbeiten, die von den indischen Arbeitern erledigt werden mussten. Da Ramadan kurz bevorstand, wies er, wie jedes Jahr, die Arbeiter darauf hin, was alles erledigt werden musste, wenn er durch das Fasten so geschwächt war, dass er sich kaum noch um sie kümmern konnte.

Am Abend ging der Vorarbeiter Lakshmi zu Salim, der vor dem Haus stand, und wies ihn auf die ausstehenden Gehälter hin.

»Herr!«, sagte Lakshmi, »wir haben seit drei Monaten kein Geld mehr bekommen und wir können unseren Familien nichts mehr nach Hause schicken!«

»Was bildest du dir ein!«, schrie Salim Lakshmi an, »Ihr werdet euer Geld schon bekommen, ihr ungläubigen Hunde!« - bei den indischen Arbeitern handelte es sich ausschließlich um Hindus.

»Arbeitet erst einmal ordentlich und so, wie ich es von euch erwarte! Ich gebe euch ein Dach über dem Kopf und ausreichend zu essen. Bei mir geht es euch viel zu gut!«

Lakshmi duckte sich, als würde er geschlagen und wagte nicht mehr, etwas zu erwidern. Unverrichteter Dinge kehrte er zu seinen Kollegen zurück, und sie beratschlagten in ihrer Schlafbaracke, was sie zu tun gedachten, wenn Salim weiterhin nicht zahlen sollte. Viele Möglichkeiten blieben ihnen nicht. Verweigerten sie die Arbeit, würde Salim die Polizei rufen und sie abholen lassen. Diese würde sie ausweisen und ins nächste Flugzeug nach Indien setzen. Weiter würden sie für immer auf eine Liste gesetzt, die es ihnen verbot, jemals wieder ins Land einzureisen. Salim, als ihr Sponsor, hatte auch noch ihre Reisepässe konfisziert, und so konnten sie, ohne seine Einwilligung, das Land nicht verlassen. Dies wurde mit allen ausländischen Arbeitern so gehandhabt.

Natürlich konnten sie sich an die Behörden wenden, aber der Ausgang dieses Unterfangens war mehr als ungewiss, da sie keinerlei Rechte besaßen. Sie waren Salim auf Gedeih und Verderb ausgeliefert.

Salim dachte in der Zwischenzeit darüber nach, wann und wie er seine Arbeiter bezahlen würde. Er hatte den Großteil seiner Barschaft in Maskat versoffen und im Wirtschaftsministerium für die nicht abgeschlossene Anmeldung der Firma ausgegeben. Während Ramadan konnte er es sich nicht leisten, den Arbeitern Bargeld zu geben. Ramadan ist kostenintensiv bezüglich des Essens. Viele Familien verschuldeten sich sogar während dieser Zeit, denn am Abend, zu Iftar, musste aufgetischt werden, dass sich der Fußboden bog. Auch, wenn das meiste gar nicht gegessen werden konnte und oft weggeworfen wurde. Es musste der Anschein gewahrt werden, dass man sich das Beste vom Besten leisten konnte.

Salim kam zu dem Ergebnis, dass es doch besser wäre, Bargeld von der Bank zu holen und den Arbeitern zumindest die Hälfte ihrer Forderungen auszuzahlen. Mit der anderen Hälfte hatte er dann Zeit.

Gleich nach seiner Rückkehr gab er den Arbeitern einen und einen halben Monatslohn und teilte ihnen mit, dass sie den Rest nach Ramadan bekämen.

Aisha und Halima besuchten vor Ramadan Fatimah täglich und waren mit dem Fortschritt ihrer Genesung zufrieden. Auch Halima schloss Fatimah immer mehr in ihr Herz und von den Töchtern Khaleds wurde Fatimah geradezu geliebt - allen voran von Miriam.

ABDULLAH

Am letzten Tag vor dem heiligen Fastenmonat, als sich die Menschen, wenn sie nach einem Treffen auseinandergingen »Ramadan Kareem« zuriefen, verließ Abdullah das Haus, um einen Freund zu treffen. Khamis, ein ehemaliger Schulkamerad Abdullahs wollte, dass sie sich in einem der großen Fünf-Sterne-Hotels auf einen Tee trafen. Da Abdullah stets sparsam war, legte er es zumeist darauf an, sich von Freunden, die über mehr Geldmittel verfügten, einladen zu lassen. Einen grünen Tee in einem dieser teuren Hotels hätte er sich so ohne Weiteres nicht leisten wollen.

Die zwei Freunde saßen in der Hotellobby zusammen und unterhielten sich angeregt über ihre Zukunft.

Khamis erzählte Abdullah, dass er in Erwägung ziehe, bald zu heiraten.

»Ich bin dreiundzwanzig Jahre alt und noch nie habe ich eine Frau umarmt außer meiner Mutter und Großmutter!«, erklärte er weinerlich. Ich bin voll der Manneskraft und habe keine Gelegenheit, diese auch einzusetzen!«

Abdullah grinste ihn an.

»Auf die Dauer ist es wirklich kein Spaß, sich gegenseitig Erleichterung zu verschaffen. Man könnte meinen, wir wären schwul.«

»Bismillah«, erwiderte Khamis, »außerdem wäre das eine Todsünde vor Allah. Der Allwissende möge uns unsere Taten, die wir aus der Not heraus begangen haben, verzeihen!«

»Weißt du schon, welche Frau du heiraten willst?«, fragte Abdullah. »Ja, ich habe sie zwar noch nicht gesehen, aber meine Mutter hat bereits eine Kandidatin für mich«, antwortete Khamis. »Wenn ich verheiratet bin, dann treibe ich es zehn Mal täglich mit meiner Frau!«

Abdullah grinste erneut.

»Nun übernehme dich Mal nicht. Die Liebe dient ja nicht der Lust, sondern nur dem Zeugen von Söhnen.« Khamis starrte ihn etwas ungläubig an und fragte Abdullah, ob er das soeben Gesagte auch ernst meine.

»Ich habe eine Idee mein Freund!«, warf Khamis ein. »Wir werden in ein anderes Hotel fahren. Dort gibt es eine große Bar und viele Mädchen. Denen gibst du ein bisschen Geld und sie sind dir zu diensten. Es sind Mädchen aus vielen Ländern dieser Welt.«

Abdullah starrte ihn ungläubig an und erwiderte: »Das ist Prostitution und die ist verboten.«

»Habibi«, entgegnete Khamis, »Verbotenes ist eben am Reizvollsten!«

»Ich habe noch nicht einmal genug Geld, um diesen Tee zu bezahlen. Wie soll ich dann einer dieser Frauen Geld geben können?« Abdullah sah seinen Freund mit ernstem Gesicht an. »Außerdem liebe ich eine Frau, die ich schon einmal gesehen habe. Aber meine Liebe zu ihr ist eine verbotene Liebe, da diese wunderschöne Frau bereits verheiratet ist.«

»Bist du verrückt!«, fauchte Khamis ihn an.

»Nein«, entgegnete Abdullah, »du verstehst das falsch. Ich habe diese Frau noch nie berührt und sie nur einmal aus der Ferne gesehen.« »Alhamdullilah!«, antwortete Khamis, »ich dachte schon, du hättest dich in Teufels Küche begeben.

Wer ist die Glückliche, die nichts von deiner Liebe für sie ahnt?« »Das will ich dir jetzt noch nicht sagen, aber ich liebe sie so sehr, dass ich mich bis zur Hochzeitsnacht für sie aufheben werde!«

»Sehr gut«, eiferte sich Khamis, »sehr gut, dann spare ich mir viel Geld. Ich hatte gerade in Erwägung gezogen, dich auf eine dieser dunklen Schönheiten aus Afrika einzuladen.«

Abdullah lehnte dankend ab, anscheinend hatte sein Freund doch etwas mehr Erfahrung, als er behauptet hatte. Die beiden Freunde wechselten das Thema und begannen, sich über ihre Traumautos zu unterhalten.

Nachdem beide lange bei nur einer Tasse Tee zusammengesessen hatten, drängte Khamis seinen Freund, das Hotel zu wechseln:

»Ich muss dir da noch etwas zeigen.«

Abdullah fuhr also mit seinem Freund in ein anderes, ebenso extravagantes Hotel. Nachdem Khamis den Wagen geparkt hatte, zog er Abdullah mit sich und schritt zielstrebig in das Erdgeschoss und weiter in eine bestimmte Ecke der Lobby. Beim Näherkommen vernahm Abdullah laute westliche Musik und Khamis nahm ihn bei der Hand und führte ihn in ein irisches Pub.

»Was soll ich hier?«, schrie Abdullah entsetzt so laut er konnte. »Ich will dir ein paar Freundinnen vorstellen!«

Abdullah sah sich entgeistert um und stellte fest, dass sich in dem Lokal viele Europäer und etliche Omanis befanden. Zusätzlich erblickte er Frauen und Mädchen verschiedenster Herkunft. Chinesinnen, Philippinas, Mädchen aus Marokko, Tunesien und aus Schwarzafrika.

Khamis, Abdullah an der Hand haltend, bog um die Ecke der großen Bar und ging schnurstracks auf zwei afrikanische Frauen zu.
»Asalam Alaikum, Kefhalik?«, sprach er sie beide an. »Walaikum Salam, Alhamdullilah Tamam!«, antworteten beide artig.
»Darf ich euch meinen Freund Abdullah vorstellen? Er ist noch männliche Jungfrau«.
Sie musterten Abdullah und grinsten unverschämt. »Das lässt sich ändern. Hat er Geld?« Alle lachten - außer Abdullah. Er fühlte sich unwohl und deplatziert. Khamis hingegen begann eine lebhafte Konversation mit den Mädchen. Sie erzählten ihm, dass das Geschäft nicht zum Besten stand und sie schon zwei Stunden hier sitzen würden, ohne dass sie ein Mann angesprochen hätte. Khamis wurde ungehalten. Er erinnerte sie, dass er eine Menge an Rechnungen zu bezahlen habe und sie sich anstrengen sollten.
Alhamdullilah bekam Abdullah den Inhalt des Gespräches nicht mit! Es erstaunte ihn nur, dass Khamis so ungeniert mit fremden Frauen sprechen konnte. Bald verließen die beiden Frauen die Bar und Khamis fragte Abdullah, was er zu trinken wünsche. Abdullah wollte einen Mangosaft, doch Khamis meinte, dass es für ihn Zeit wäre, einmal ein Bier zu probieren. Abdullah war außer sich und fuhr Khamis an, dass Alkohol haram sei und er niemals ein Bier trinken werde. Khamis lachte ihn aus und bestellte ihm seinen Mangosaft. Abdullah hatte bald genug und bedrängte Khamis, die Bar zu verlassen.

Als sie wieder in Khamis Auto saßen, teilte der Abdullah mit, dass er noch einen dringenden Weg zu erledigen habe.
»Anschließend fahre ich dich nach Hause.«
Damit war Abdullah einverstanden und so fuhren sie noch in eine kleine Shopping Mall.

Zielstrebig eilte Khamis zu einem Fast-Food-Restaurant und setzte sich an einen der freien Tische.
Es dauerte nicht lange und die afrikanischen Mädchen, die Abdullah zuvor schon in der Hotelbar gesehen hatte, gesellten sich zu ihnen.
Abdullah war nervös und wusste nicht, wie er sich verhalten sollte. Er sprach vorerst kein Wort. Khamis stellte beide Frauen vor.

»Dies ist Shirat, sie kommt aus Uganda und dies hier ist Cornelia, sie kommt aus Tansania!« Völlig gehemmt nickte Abdullah und suchte krampfhaft nach einem Satz, mit dem er beide Frauen ansprechen konnte. Es fiel ihm jedoch nichts ein.

Shirat sprach ihn schließlich an: »Wer bist du und wie heißt du, kommst du aus Maskat?« Abdullah beantwortete stotternd die Fragen und begann, leicht zu erröten. Nach einer längeren Kunstpause fiel ihm doch noch ein, was er sie fragen konnte: »Bist du eine Christin, weil du kein Kopftuch trägst?«

Shirat lächelte ihn an.

»Nein, ich bin Muslimin.« Nun war Abdullah völlig verwirrt, weil er noch nie eine Muslimin ohne Kopftuch gesehen hatte.

Zögerlich, aber doch, entwickelte sich zwischen beiden ein Gespräch, während Khamis unaufhörlich auf Cornelia einredete.

Shirat berichtete Abdullah über Uganda und ihre Familie, dass ihr Vater Muslime sei und ihre Mutter Christin. Sie erzählte ihm, dass ihr Vater sie, ihre Geschwister und ihre Mutter vor langer Zeit verlassen hatte und sie jetzt in Maskat sei, um Geld zu verdienen. Sie habe einen ledigen Sohn im Alter von vier Jahren und ihr Wunsch war, ihn auf eine amerikanische Schule schicken zu können. Ein triftiger Grund, warum sie hier in Maskat arbeite.

Etwas naiv fragte Abdullah, wo sie welcher Arbeit nachgehe. Shirat lachte und entblößte dabei ihr makelloses, weißes Gebiss.

»Das kann dir am besten dein Freund Khamis erklären.«

Damit gab sich Abdullah zufrieden. Bevor sie das Lokal verließen, fragte er, ob er sie wiedersehen dürfe? Sie bejahte und drückte ihm ihre Mobiltelefonnummer in die Hand.

Mit Wehmut blickte Abdullah Shirat nach. Sie war eine außergewöhnlich hübsche, gertenschlanke, junge Afrikanerin in sportlicher Kleidung.

Abdullah trank aus und begab sich nach draußen, um einen der kleinen privaten Taxibusse nach Hause zu nehmen. Khamis hatte vergessen, ihn nach Hause zu fahren. Während der langen Fahrt träumte er von Shirat, aber auch von seiner großen Liebe.

Obwohl es schon spät war, wartete Zuhause noch Khaled auf ihn. Beide setzten sich ins Wohnzimmer und sprachen über die Begebenheiten der letzten Tage. Nach einer Weile fragte Khaled:

»Wann, Abdullah, kehrst du wieder nach Dubai zurück?«

»In drei Tagen. Leider sind die kurzen Ferien zu Ende und das Studium ist während Ramadan besonders anstrengend.«

»Worüber hast du mit Mutter und Schwester gesprochen? Die beiden waren sehr aufgebracht.«

»Über die Sklaverei.«

Darauf entgegnete Khaled nur kurz: »Diese Zeiten sind endgültig vorbei. »Alhamdullilah!«

Am Ende des Gesprächs fragte Khaled, ob er schon darüber nachgedacht habe zu heiraten und ob er schon ein bestimmtes Mädchen ins Auge gefasst habe? Doch auch ihm wich Abdullah aus. Er erklärte, dass er ihm darüber noch keine genauen Angaben machen könne, da die Auserwählte noch nichts davon wisse. Khaled bohrte nicht weiter und gab sich mit der Erklärung seines kleinen Bruders zufrieden.

»Mit wem bist du heute ausgegangen?«, fragte Khaled zum Schluss noch wie nebenbei.

»Mit meinem Freund Khamis Al Rahbi, war ich aus.«

»Bitte Abdullah sei vorsichtig mit diesem Kerl. Er steht seit Längerem in Verdacht, ein Zuhälter zu sein!« Abdullah sah seinen Bruder fragend an.

»Was bedeutet, er sei ein Zuhälter?«

»Ach Abdullah, du bist noch naiv und unerfahren, obwohl du schon dreiundzwanzig Jahre alt bist. Ein Zuhälter zwingt junge Frauen, sich für Geld an fremde Männer hinzugeben. Khamis nennt einige solcher junger Frauen aus Afrika sein Eigen. Über eine Strohfrau als Sponsorin bringen sie diese Frauen ins Land und lassen sie für sich arbeiten. Sie nehmen den Frauen die Reisepässe ab und kassieren von ihnen den größten Teil des Geldes, welches diese von ihren Freiern bekommen!« Khaled sah seinen Bruder schockiert an. Er konnte nicht glauben, dass sein Freund Khamis so ein Zuhälter sein sollte.

Abdullah lag noch lange wach und dachte über Khamis nach.

Am nächsten Morgen begann der heilige Fastenmonat Ramadan. In allen Medien, einschließlich Radio und Fernsehen, wurde darüber berichtet. Allenthalben wünschten die Menschen sich und seiner Majestät »Ramadan Kareem!« - glückliche Fastenzeit.

Das gesellschaftliche Leben endet mit einem Schlag. Die Menschen stehen vor Sonnenaufgang auf, nehmen reichlich Speisen und Wasser zu sich, beten das erste Gebet und legen sich dann wieder nieder. Diejenigen, welche zur Arbeit in ihre Büros müssen, arbeiten langsamer und beenden ihre Dienstzeit zu Mittag. Sie fahren alle gleichzeitig nach Hause, verursachen einen gewaltigen Stau auf den Straßen und legen sich anschließend schlafen, unterbrochen nur von den Gebetszeiten. Die Menschen schlafen deshalb den Tag über, weil sie das Fasten sonst nicht durchstehen würden. Werden doch von Sonnenaufgang bis nach Sonnenuntergang weder Speisen noch Getränke -nicht einmal Wasser- zu sich genommen. Am Abend, zu Maghreb, wird das Fasten gebrochen. Traditionell nimmt man Datteln zu sich und trinkt dazu Buttermilch. Anschließend gehen die Männer in die Moschee, um das Maghrebgebet zu beten. Einige beten die normale Abfolge von drei Gebeten, andere wiederum beten bis zu siebzehn Mal oder mehr. Gebete, die sich ständig wiederholen. Nach Maghreb gehen die Männer zu ihren Familien zurück, um reichlich zu essen. Sie verlassen ihr Haus aber gleich wieder, um das letzte Abendgebet erneut in der Moschee zu verrichten. Nach Isha wird noch mehr gegessen und getrunken. Das gesellschaftliche Leben spielt sich in der Nacht ab. Generell ist man Allah für das Fasten und den Ramadan dankbar und wünscht sich gegenseitig unentwegt »Glückliches Fasten!«

Fatimah lag immer noch auf der Intensivstation. Khaled hatte erreicht, dass sie tagsüber Medikamente und Injektionen erhalten durfte. Allerdings mit dem Versprechen, die verlorenen Fastentage nach ihrer Genesung nachzuholen.

Es ging Fatimah einigermaßen gut. Sie wurde täglich von Aisha und Halima besucht. Oft nahmen sie die Töchter von Khaled mit, wenn es die Schule zuließ. Besonders Miriam schätzte Fatimah und mit der Zeit wurden sie gute Freundinnen.

Als Fatimah nach ein paar Tagen von der Intensivmedizin in die normale Station verlegt wurde, entschloss sich Aisha, am darauf folgenden Tag nach Hause zu fahren. Khaled rief Salim an und teilte ihm mit, dass er seine Mutter abzuholen habe.

Aisha und Halima saßen an ihrem letzten Abend noch bis tief in die Nacht hinein zusammen und beteten.

Bevor sie zu Bett gingen, sagte Aisha zu Halima:

»Ich werde ein Hausmädchen organisieren, die Salim anstellen wird, damit sie Fatimah zur Hand geht und es für sie leichter wird.«

Salim kam gegen Mittag des nächsten Tages zum Haus von Khaled. Er wurde in die Majlis für Männer gebeten, da er noch auf seine Mutter warten musste. Dort war er allein, da kein männlicher Familienangehöriger im Haus anwesend war.

Abdullah war um diese Zeit in der Stadt unterwegs. Er hatte einige Male mit Shirat telefoniert. Beide sprachen gut Englisch. Shirats Muttersprache war Kisuaheli. Abdullah hatte mit ihr vereinbart, sich nach dem abendlichen Fastenbrechen, dem Iftar, in einem der Kaffeehäuser in Shati Qorum zu treffen.

Abdullah kam zuerst an. Nicht lange und auch Shirat betrat das Lokal. Sämtliche anwesenden Männerhälse wurden länger und so mancher hatte einen gierigen Blick aufgesetzt. Alle beneideten Abdullah, als sie neben ihm Platz nahm.

Anfangs stockte das Gespräch, doch nach ein paar Minuten hatte man sich aneinander gewöhnt.

Abdullah erzählte Shirat, dass er in zwei Tagen zurück nach Dubai müsse. Shirat bat ihn, seinem Freund Khamis von diesem Treffen nichts zu sagen, da sie sonst Schwierigkeiten bekommen würde.

Langsam gelang es Abdullah, seine Gedanken zu ordnen und Shirat gezielt Fragen zu stellen. Er bat sie, ihm noch etwas von ihrer Familie und ihrem Leben zu erzählen. Diese Frau zog ihn durch Stimme und Attraktivität in ihren Bann. »Wie du bereits weißt, komme ich aus Uganda. Meine Familie wohnt in der Nähe des großen Sees, dem Viktoriasee. Meine Mutter hält sich mit dem Handel von Holzkohle über Wasser. Meine Brüder sind arbeitslos, jedoch wieder zum Vater gezogen. Er besitzt im Norden eine bescheidene Farm. Wir, mein kleiner Sohn und ich, leben mit zwei meiner Schwestern bei meiner Mutter und einer Tante in einem winzigen Raum zusammen. Die Tante arbeitet als Verkäuferin und die jüngeren Schwestern gehen noch zur Schule.«

»Warum bist du überhaupt in den Oman gekommen?« Shirats Gesicht zeigte Trauer. »Weil ich Geld verdienen muss und meine Familie sonst kein Geld hat. An manchen Tagen hatten wir nicht einmal genug zu essen. Hier kann ich gutes Geld verdienen und damit meine Familie versorgen. Zusätzlich kann ich für die Schulausbildung meines Sohnes etwas zur Seite legen.«

»Warum kümmert sich der Vater deines Sohnes nicht um ihn?«

»Afrikanische Männer sind nicht sehr verantwortungsvoll, wenn es um den Unterhalt der von ihnen gezeugten Kinder geht. Die Mütter bleiben immer auf der Strecke und werden allein gelassen. Heiraten hat er mich auch nicht wollen«, fügte sie noch hinzu.

Nun wollte Abdullah wissen, wer sie in den Oman gebracht habe, da es nicht so einfach ist, in den Oman einzureisen. Er erfuhr, dass es eine Frau gäbe, die für Afrikanerinnen Visa und Aufenthaltsgenehmigungen organisiert. Sie fungiert auch als Sponsorin für diese Mädchen. Das heißt, sie garantiert dem Gesetz gegenüber für diese Frauen. Diese omanische Frau lässt sich die Organisation und Genehmigungen teuer bezahlen. Sie erzählte, dass sie die ersten zwei Monate ausschließlich für die Rückzahlung an die Sponsorin arbeiten musste. Gleich bei Ihrer Ankunft am Flughafen hatte ihr die Sponsorin außerdem den Reisepass abgenommen.

Nach der Art ihrer Arbeit fragte Abdullah sie jedoch nicht. Er hütete sich, das Wort Arbeit überhaupt in den Mund zu nehmen.

Abdullah erzählte anschließend über sich. Er lebe in Dubai, weil er dort Architektur studiere. Er informierte sie, dass er in zwei Tagen nach Dubai zurückkehren werde.

Shirat wollte Dubai gerne einmal sehen und kennenlernen. »Du kannst mich ja besuchen.«

»Das wird nicht gehen, da ich wahrscheinlich kein Visum für die Emirate bekommen werde.«

Abdullah mochte diese junge Frau aus Uganda und fragte, ob er sie am nächsten Tag, bevor er nach Dubai zurückfuhr, noch einmal sehen könnte. Shirat war einverstanden.

Beide verließen nacheinander das Lokal. Zuerst Shirat und wenig später Abdullah. In der omanischen Gesellschaft sollten Unverheiratete verschiedenen Geschlechts nicht zusammen auf der Straße gehen.

Abdullah hatte es eilig. Er war zu Hause mit der Familie seines Bruders zum Fastenbrechen verabredet. Schnell suchte er sich ein Taxi und fuhr zurück.

Shirat ging in eines der großen Hotels, um einige Freundinnen zu treffen. Sie erzählte ihnen von Abdullah. Sie hatte das Gefühl, ihn gerne zu mögen.

Während Ramadan war die Geschäftslage für ihre Kolleginnen nicht gerade rosig, denn sie mussten sich ausschließlich auf Europäer konzentrieren. Andererseits bevorzugten sie Europäer. Diese waren freundlicher und zuvorkommender und zahlten wesentlich mehr für ihre Dienste. Leider gab es weniger davon. Aufgrund ihres Aussehens war Shirat sehr beliebt. Sie erfreute sich auch während des Ramadans guter Geschäfte.

Salim hatte seine Mutter Aisha abgeholt und am späten Nachmittag nach Hause gebracht. Nun saßen beide beim Fastenbrechen und sprachen kaum ein Wort miteinander. Einmal nur erhob Aisha den Kopf und die Stimme: »Du wirst ein indisches Mädchen als Haushaltshilfe besorgen! Erstens ist Fatimah noch länger im Krankenhaus und zweitens wird sie jemand brauchen, der ihr zur Hand geht, wenn sie aus dem Krankenhaus entlassen wird!«

Salim seufzte: »Das können wir uns nicht leisten!« »Dann wirst du es eben möglich machen, dass wir uns das leisten können!«

Salim sagte kein Wort mehr. Aisha flüsterte: »Eine Muslimin muss es sein. Vielleicht aus Indien oder auch Indonesien!«

Sie zog sich anschließend in ihre kleine Wohnung zum Gebet zurück.

Salim saß noch eine Weile beim Nachtmahl. Er rief nach Sanjay und hieß ihn, die Essensreste wegzuräumen. Er schaltete das Fernsehgerät ein und fiel schnell in den Schlaf.

Fatimah war auf dem Weg der Genesung. Die Schmerzen plagten sie zwar noch, sie fühlte sich aber deutlich besser. Obwohl Khaled einen Dispens vom Fasten durchgesetzt hatte, lehnte Fatimah den Einsatz von Schmerzmittel ab. Als tief gläubige Muslimin wollte sie während des Ramadan auch ihren Beitrag leisten. Dass sie nach ihrer Genesung alle versäumten Tage des Fastens nachholen musste, stimmte sie eher glücklich als betrübt. Traurig war sie nur darüber, dass ihre geschätzte Schwiegermutter schon nach Hause gefahren war. Sie bedauerte, nicht mit ihr den Ramadan verbringen zu können. »Vielleicht«, dachte sie, »komme ich ja vor Eid Al Fitr nach Hause und kann noch einige Tage mit Aisha fasten?«

Miriam bekam von ihrem Vater die Erlaubnis, Fatimah täglich, nach der Schule, zu besuchen. Im Laufe der Tage freundeten sie sich intensiver an und bald wurde Miriam zu ihrer Vertrauten. Miriam mied anfangs das Thema Salim und die Ursache, warum Fatimah im Krankenhaus lag. Beide sprachen zumeist über Kleider und Mode, über Schmuck und einmal auch über den platonischen SMS-Freund Miriams. Etwas besorgt hörte Fatimah die Geschichte über diese Beziehung per SMS und aus der Distanz. War es doch für Fatimah undenkbar, vor der Ehe auch nur einen flüchtigen Kontakt zu einem Mann zu haben.

Miriam versuchte ihr zu erklären, dass in der Hauptstadt die Uhren anders tickten als auf dem Land. Sie erzählte Fatimah vom Internet und versuchte ihr zu verdeutlichen, wie viele Vorteile ein Laptop habe. Sie erzählte über ihre »Community« in Facebook und wie viele Freunde sie dadurch gewonnen hatte. Fatimah, die noch nie einen Computer gesehen hatte, hörte neugierig zu. Sie konnte sich nicht vorstellen, mit wildfremden Menschen Ideen auszutauschen und anderen ihre Identität oder gar Geheimnisse anzuvertrauen. Abgesehen davon, dass sie überhaupt keine Geheimnisse hatte.

Bald sprachen sie über Miriams Missgeschick, dass eine ihrer Freundinnen sie bei ihrem Vater verraten hatte. »Wie konntest du es du nur wagen, einen Mann zu treffen, wo du doch weißt, dass vor der Ehe Kontakte zu Männern für uns Frauen völlig verboten sind? Auch umgekehrt dürfen Männer zu Frauen keinerlei Kontakt aufnehmen oder sie gar treffen!« Miriam lächelte. »Viele meiner Freundinnen wollen junge Männer kontaktieren. Einige von ihnen wollen vor allem Europäer treffen.«

Fatimah schüttelte entsetzt den Kopf. »Das sind doch allesamt Ungläubige!« »Ja«, antwortete Miriam, »aber Europäer sind zu uns Frauen wesentlich zuvorkommender und höflicher als arabische Männer. Außerdem haben sie alle so eine reine, helle Hautfarbe. Ich kann mir nicht vorstellen, dass diese Männer ihre Frauen schlagen!«

Von Miriam angesprochen, schossen Fatimah Tränen in die Augen. »Und wenn, dann ist es ohnehin Allahs Wille! Allah führt meinen Mann Salim und ich hätte ihn nicht fragen dürfen, was mit ihm los ist, als er ins Hotel zurückkam!«

Miriam lächelte verständnisvoll. »Ich glaube nicht, dass das Quälen der eigenen Frau der Wille Allahs ist. Das sind nur unsere Männer. Ein europäischer Mann würde seine Frau niemals wegen so einer läppischen Frage halb totschlagen!«

Miriam wechselte das Thema und erzählte über ihre Geschwister. Sie sprach auch gerne über ihren Onkel Abdullah, den jüngsten Bruder ihres Vaters, der, wenn er nicht in Dubai war, bei ihnen im Haus wohnte.

Miriam erwähnte, wie gescheit und gebildet Abdullah sei und dass er Architektur studiere. Er träume davon, einmal Wolkenkratzer zu bauen. Fatimah hörte interessiert zu, konnte sich aber nicht vorstellen, was Architektur oder Wolkenkratzer waren.

»Wann war dein Mann Salim das letzte Mal bei dir zu Besuch?«
»Bisher war er nur einmal hier. Da lag ich aber noch auf der anderen Station.« Miriam sah Fatimah entsetzt an. »Nur einmal war er bisher hier, um dich zu besuchen?« Fatimah nickte mit dem Kopf. »Unsere Mutter erzählte mir, dass er sich vorbildlich um dich kümmern muss, sonst kommt die Angelegenheit vor Gericht!«
»Nein!«, rief Fatimah laut, »das will ich auf keinen Fall. Ich will nicht, dass mein Mann deswegen vor Gericht gestellt wird!«
»Fatimah, ich glaube, du musst lernen, dass Männer nicht Unrecht tun dürfen. Nicht alles ist erlaubt für sie, nur weil sie Männer sind!« Fatimah zeigte einen verwirrten Gesichtsausdruck. »Aber der Mann ist doch das von Allah bestellte Oberhaupt und die Frau hat ihm zu gehorchen!«
»Ja«, erwiderte Miriam, »das bedeutet aber nicht, dass er seine Frau grundlos verprügeln darf!«

Nach einer Weile verließ Miriam das Krankenhaus. Sie hinterließ eine in sich versunkene und vollkommen verwirrte Fatimah. Sie konnte nicht dieselbe Meinung wie Miriam fassen. Sie war zu tief in den alten Traditionen verwurzelt.

Abdullah bereitete sich nach dem Nachmittagsschlaf auf das Treffen mit Shirat vor. Er zog seine schönste Disdasha über und band sich seinen edelsten Mussar. Er sparte nicht an Parfüm, damit er gut roch und bat seine Mutter, seinem Bruder mitzuteilen, dass er ausnahmsweise auswärts beten und Fastenbrechen würde. An seinem letzten Tag wollte er noch einmal Freunde treffen.

Halima bat: »Bleibe nicht zu lange weg Habibi, damit auch ich noch ein wenig von dir habe.«

Er nahm einen der kleinen Taxibusse, um in die Nähe des Hotels zu kommen, wo er Shirat treffen wollte. Da soeben Maghreb begann und das Gebet fällig war, eilte er in die Moschee. Die vorgeschriebene Mindestzahl an Gebeten reichte ihm.

Das letzte Stück des Weges zum Hotel ging er zu Fuß. Er suchte sich im Café-Restaurant einen ruhigen Tisch in einer Nische und wartete auf Shirat.

Zehn Minuten später traf sie ein und suchte nach ihm. Abdullah stand auf, rief leise ihren Namen und winkte ihr zu.

Sie eilte zu seinem Tisch und begrüßte ihn auf Arabisch. Er lächelte und fragte: »Wann hast du denn das gelernt?« Shirat lächelte ebenfalls. »Wenn ich schon für eine Weile hier lebe, dann muss ich auch eure Sprache lernen.«

Beide unterhielten sich lebhaft und man wusste nicht, welches Herz schneller schlug. »Du weißt, dass ich morgen früh nach Dubai muss. Ich gebe dir die Nummer meines Mobiltelefons in Dubai. Wann immer du möchtest, kannst du mich anrufen.« Shirat machte ein trauriges Gesicht und nickte zustimmend. »Wann kommst du wieder nach Maskat?«

»Am Ende von Ramadan zu Eid Al Fitr, ... das sind ja nur drei Wochen!«, fügte er noch hinzu.

Abdullah war verwirrt. Er konnte seine Gefühle für Shirat nicht richtig einordnen. Einerseits begehrte er sie heftig, andererseits fühlte er sich an seine große Liebe gebunden. Er wollte ihr unbedingt treu bleiben. Da er noch nie mit einer Frau zusammen war, produzierten die Hormone in seinem Körper ein Tollhaus.

Plötzlich stürmte sein Freund Khamis in das Lokal. Er schaute sich hastig suchend um und entdeckte die beiden an ihrem Tisch in der Nische.

Schnurstracks eilte er auf sie zu und fuhr Shirat an: »Was treibst du hier? Ich habe dir verboten, außerhalb deiner Arbeit Männer zu treffen!« Bevor Shirat antworten konnte, sagte Abdullah an Khamis gerichtet: »Ich habe Shirat gebeten, mich zu treffen, da heute mein letzter Tag hier ist und ich morgen nach Dubai zurückkehre.«

Doch Khamis schrie Shirat an: »Geh und verschwinde, du weißt ganz genau wohin! Arbeit wartet auf dich!« Shirat sprang verschreckt auf, packte ihre Handtasche und lief davon, ohne sich auch nur einmal umzudrehen.

Khamis setzte sich auf den frei gewordenen Stuhl und sah Abdullah ernst an. »Wieso tust du das?«

»Was?«, fragte Abdullah.

»Du triffst ohne mein Wissen eine meiner Mitarbeiterinnen. Sie hat zu arbeiten und keine Zeit, dich zu treffen! Ich werde sie bestrafen müssen!«

»Wenn du das tust, Khamis ... wenn du das tust, dann ist unsere Freundschaft beendet! Zusätzlich werde ich meinen Bruder unterrichten und du bekommst große Probleme! Rühr sie also nicht an!«

»Habibi«, flüsterte Khamis plötzlich falsch lächelnd, »ich werde ihr nichts tun, dir zuliebe! Und jetzt trinken wir beide Tee zusammen!«

Sie bestellten Tee und unterhielten sich. Sie mieden jedoch das Thema Shirat.

Nach einer halben Stunde teilte Abdullah seinem Freund mit, dass er jetzt nach Hause fahren müsse, da seine Mutter auf ihn warte.

»Ich fahre dich nach Hause«, bot Khamis an.

So war Abdullah früher als erwartet bei seiner Mutter und bekam sogar noch etwas vom großen Abendessen ab.

Salim saß wie jeden Abend mit seiner Mutter beim Fastenbrechen. Nach der Vorspeise befahl Aisha: »Du gehst jetzt in die Moschee und betest Isha, nachdem du bereits Maghreb versäumt hast!« Ohne Widerrede stand Salim auf und verließ das Haus.

Nachdem er vom Gebet zurückkehrte, nahm er wieder neben seiner Mutter Platz und setzte das Abendessen fort.

In die schmatzende Stille hinein fragte Aisha: »Hast du dich schon wegen einer Haushaltshilfe erkundigt?«

»Ja Mutter, ich habe einige Freunde und Bekannte gefragt, und morgen Nachmittag wird uns ein Bekannter bereits jemanden vorbeibringen. Allerdings will er eine hohe Vermittlungsgebühr, und dass ich ihm die Kosten für die Arbeitserlaubnis und das Visum ersetze.« »Das ist ja kein Problem für dich. Ich möchte, dass sie sich schnell einarbeitet und uns versorgen kann. Außerdem soll sie vollwertig arbeiten können, wenn Fatimah aus dem Krankenhaus nach Hause kommt.«

Salim nickte zustimmend mit dem Kopf und jammerte anschließend über die Kosten. »Ich war immer stolz auf dich, weil du so sparsam bist. Aber einen Geizhals will ich nicht groß gezogen haben. Wenn du Geld für Alkohol ausgeben kannst, dann ganz gewiss auch für eine Haushaltshilfe! Außerdem sparst du jetzt Geld, da du deine Freunde in Maskat nicht mehr triffst und dich nicht mehr betrinkst!«

Salim seufzte: »Ja, das ist richtig, Inshallah.«

»Wann hast du vor, deine Frau einmal zu besuchen? Du weißt, dass Khaled dir gesagt hat, du sollst dich vorbildlich um sie kümmern, damit du einen guten Eindruck bei den Behörden hinterlässt!«

»Ich kann aber im Moment nicht weg. Du weißt Mutter, wie anstrengend das Fasten ist. Wenn ich auch noch stundenlang Autofahren muss, ist das zu viel.«

Aisha sah ihn abschätzend an. »Einmal zumindest solltest du Fatimah besuchen.«

»Ja Mutter, das werde ich nächste Woche tun«.

»Ich werde dich begleiten, damit es dir leichter fällt!«

Abdullah ging in der Nacht mit seiner Mutter und seinen Nichten spazieren. Sie sprachen darüber, wie schade es war, dass er wieder nach Dubai musste. Aber Alhamdullilah, käme er zu Eid Al Fitr schon wieder. Miriam erinnerte Abdullah daran, nicht zu vergessen, den Professor über die Sklaverei zu befragen.

Am fünften Tag von Ramadan holten zwei Freunde und Studienkollegen Abdullah vom Haus seines Bruders ab und fuhren gemeinsam nach Dubai. Einer der beiden Freunde besaß bereits ein eigenes Auto und so mussten sie kein öffentliches Verkehrsmittel nehmen.

Abdullah hatte sich innig von seiner Mutter verabschiedet und am Tor hatte noch sein Bruder Khaled gestanden.

An die Fastenzeit begannen sich die Menschen rasch zu gewöhnen. Der Alltag war meist von Stille, Schlafen, Gebet und Fastenbrechen gekennzeichnet. Eine weitere Eigenschaft des Ramadans lag darin, dass sich das aktive Leben grundsätzlich abends und nachts abspielte. Die Menschen wurden nach zwei Wochen immer gereizter. Die Rechtgläubigen wurden, wenn sie von Sonnenaufgang bis Sonnenuntergang nicht einmal Wasser trinken durften, körperlich immens geschwächt. Wenn dieser oder jener noch arbeitete, konnte er sich auf die Arbeit nicht mehr richtig konzentrieren. Kaum war man einigermaßen in der Arbeitsroutine, musste man schon wieder zur Moschee laufen.

Die große Frage, die sich für Außenstehende aufdrängt, ist, wer oder was hält den Betrieb am Laufen? Wer kümmerte sich um die Infrastruktur und die Versorgung der Menschen? Das ist einfach zu beantworten: die Ausländer natürlich. Die Nichtmuslime und Ungläubigen, die Kafire. Je mehr Erdöl oder Erdgas ein Land fördert, desto mehr Ausländer halten sich dort auf und desto besser funktioniert die öffentliche Versorgung.

Nach knapp drei Wochen Aufenthalt im Krankenhaus fühlte sich Fatimah genesen. Die Ärzte informierten sie, dass sie in den nächsten Tagen nach Hause entlassen würde. Sie bat die Schwestern, ihrem Mann Bescheid zu geben, damit dieser sie abhole.

Als Aisha von Salim informiert wurde, freute sie sich, da sie nun doch noch ein paar Tage mit Fatimah zusammen fasten konnte. Aisha hatte sich außerdem vorgenommen, mit Fatimah die verlorenen Tage des Fastens nachzuholen.

Das Krankenhaus teilte Salim mit, dass Fatimah in zwei Tagen abzuholen sei. Die gute Nachricht sprach sich schnell herum. Zu guter Letzt erfuhr Fatimahs Mutter doch noch, dass ihre Tochter im Krankenhaus liegt.

Sofort organisierte Noor ihren Sohn Ali, um sie ins Hospital zu fahren. Der wiederum kontaktierte Salim und bald war man sich einig, gemeinsam nach Maskat zu fahren, um Fatimah abzuholen.

Salim war sichtlich erleichtert, dass er Fatimah nicht allein nach Hause fahren musste.

Noor und Ali verließen zeitig am Morgen ihr Dorf und trafen sich mit Salim in seinem Haus.

Nach einem kurzen Tratsch zwischen Noor und Aisha, machten sie sich auf den Weg. Noor war besorgt, was Salim und Fatimah betraf, hatte doch Aisha den wahren Grund von Fatimahs langem Krankenhausaufenthalt direkt angesprochen.

Noor war felsenfest überzeugt, dass Salim bestimmt einen Grund gehabt hatte, Fatimah zu züchtigen. Kann es doch nur Allahs Wille und Weisheit gewesen sein, den Mann zu leiten, die Frau zu bestrafen.

Trotzdem war Noor tief besorgt. Aisha hatte ihr über die Schwere der Verletzungen berichtet. Vor allem sorgte sie sich über die Beeinträchtigung der Gebärfähigkeit. Hier war sie sich nicht sicher, ob dies der Wille des Allmächtigen sei. Ist es doch normalerweise der Wille Allahs, so viele Kinder wie möglich zu zeugen, zu gebären und groß zu ziehen.

Abdullah hatte mittlerweile beträchtliche Probleme mit dem Fasten. Sie hatten zwar einen gekürzten Vorlesungsplan, den meisten Studenten fiel es jedoch zusehends schwerer, sich zu konzentrieren. Beinahe jeder sehnte sich nach dem Ende des Ramadans. Nur die Eiferer des Glaubens nicht. Diese gab es auch unter den Studenten. Sie konnten vom Fasten und Beten nicht genug bekommen. Sie fielen jedoch nicht ins Gewicht, da sie ohnehin nicht die besten Studenten waren und bei den diversen Prüfungen kaum Erfolge aufwiesen. Sie kannten sich im Koran allemal besser aus, als in Geometrie, Statik oder anderen Bereichen.

Erst zwei Wochen nach seiner Rückkehr an die Universität, gelang es Abdullah, endlich seinen Lieblingsprofessor zu treffen. Beide saßen gerne zusammen und sprachen nicht nur über das Studium, sondern auch über Geschichte, Kulturen und Religionen.

Professor Ludwig war Alemani, also ein Deutscher, der Statik unterrichtete. Er war, ganz im Sinne des Humanismus, ein gebildeter Mann. Er wusste viel und die Philosophie war seine Domäne.

Der Professor war Ende fünfzig und einen Meter fünfundachtzig groß. Er trug kurzes, schneeweißes Haar, hatte einen leichten Bauchansatz und um seine Mundwinkel spielte stets ein ironisches Lächeln. Erst seit fünf Jahren lebe er in Dubai, betonte er stets. Er wollte den arabischen Ländern bei ihrer technischen Entwicklung helfen.

Professor Ludwig hatte von den Studenten schnell Zuspruch erhalten. Er rückte seinen Unterrichtsgegenstand nie in den Vordergrund und hielt auch sonst gern Kontakt mit den Studenten und unterstützte sie.

Als Abdullah erfuhr, dass der Professor mit ihm gerne Fastenbrechen würde, war er außer sich vor Freude. Viele Europäer leisteten den Omanis Gesellschaft dabei, um den Muslimen ihren Respekt vor ihrer Religion zu bekunden. Abdullah stellte sich im Geiste bereits die Fragen zusammen, die er seinem Professor stellen wollte. Fragen, nicht nur das Studium betreffend, obwohl diese zahlenmäßig die Oberhand hatten. Nein, auch Fragen über das Christentum, die Geschichte und vor allem die Sklaverei, wie er es seiner Nichte Miriam versprochen hatte.

Abdullah fieberte seinem Treffen mit dem Professor entgegen. Außerdem war er neugierig, welche Kommilitonen noch dabei sein würden.

Am frühen Vormittag desselben Tages kamen Salim, Ali und Noor beim Krankenhaus an, um Fatimah abzuholen. Es war für jedermann erkennbar, dass Salim nervös war.

Sofort wollte Noor in das Zimmer Fatimahs stürmen, doch eine Schwester der Abteilung sagte ihr, dass Fatimah sich bereits im Warteraum des Erdgeschosses befand.

Dorthin zu gehen, war auch für Salim und Ali erlaubt. Alle drei eilten zum Warteraum. Noor drängte sich vor, öffnete die Tür und schrillte zu der wartenden Fatimah: »Habibi, Fatimah, wie geht es dir? Bismillahi, mein Kind, du bist ja noch abgemagerter, als vor deiner Hochzeit!«

Völlig geschockt standen Noor Tränen in den Augen. Ihr Bruder Ali begrüßte sie nur kurz und blickte dabei mit seinen Augen neben Fatimah auf die Stühle, wo das Gepäck stand.

Salim war noch immer nervös und man merkte, dass ihm das alles äußerst unangenehm war. Zum Glück ist es in muslimischen Ländern nicht der Brauch, dass Ehepaare in der Öffentlichkeit nahe zusammenstehen oder gar Zärtlichkeiten austauschten. Er mimte den starken Mann und sagte zu Fatimah: »Endlich kommst du nach Hause Frau! Meine Mutter wartet schon sehnsüchtig auf dich!« Noor wunderte sich über die Tatsache, dass Salim seine Frau mit keinem Wort fragte, wie es ihr gehe? »Aber«, dachte sie, »es geht mich nichts an, wie Salim seine Frau behandelt!«

Salim wurde vom behandelnden Arzt aufgefordert, mit ihm ins Büro zu kommen. Der Arzt überreichte Salim die Entlassungspapiere Fatimahs. »Herr Ruzaiqi, wir sind der Überzeugung, dass ihre Frau schnell und vollständig genesen ist. Dies ist vor allem auf ihre Jugend und ihre gute körperliche Konstitution zurückzuführen. Ob es Spätfolgen geben wird, ist nicht sicher. Wir gehen davon aus, dass eine Schwangerschaft und eine Geburt Komplikationen verursachen könnten. Aber die Zeit und der Alltag werden uns zeigen, welcher Natur diese Komplikationen sein werden. Ich persönlich möchte ihnen noch einen Rat mit auf den Weg geben«, der Arzt verfiel in ein Flüstern, » schlagen sie ihre Frau nie wieder! Ein zweites Mal in diesem Ausmaß wird sie nicht überleben! In spätestens zwei Wochen soll ihre Frau zu einer Nachuntersuchung kommen!« Ohne zu grüßen, öffnete der Arzt die Bürotür und entließ Salim hinaus auf den Flur.

Schnell wurden der Koffer und die zwei Taschen von den indischen Trägern hochgehoben und sie warteten, bis Salim ihnen auf dem Weg zum Auto voranging. Dabei fuhr Ali einen der Inder an, die Tasche nicht am Boden schleifen zu lassen, sondern sie höher zu tragen, damit sie nicht beschädigt würde.

Ein seltsamer, kleiner Zug von Menschen ging nun Richtung Parkplatz. Voran schritt Salim - eigentlich schlurfte er mehr, als er ging. Dahinter die drei ärmlich gekleideten Gepäckträger, dann Ali, auch schlendernd, dann Noor und dahinter schwebend Fatimah, vollkommen in Schwarz gehüllt. Ihre Mutter drehte sich immer wieder nach ihr um und redete permanent auf sie ein.

Noor musste sich selbst eingestehen, dass sie schon lange nicht mehr so nervös gewesen war. Im Grunde wusste sie nicht, mit dieser Situation umzugehen. Zum einen unterstand Fatimah nicht mehr ihr, zum anderen war sie besorgt um sie. Plötzlich merkte sie, dass ihr Sohn sie in keiner Weise unterstützte, sondern ständig hinter Salim herlief. Noor nahm sich vor, mit Aisha zu reden, sobald sie beim Haus von Salim angekommen waren. Im Koran stand geschrieben, dass, sollte es heftigen Streit zwischen zwei Eheleuten geben, von jeder Seite je ein Verwandter, als Schlichter eingreifen könnte. Über dieses Thema wollte sie mit Aisha sprechen. »Vielleicht«, so dachte sie, »war es wirklich notwendig, zwischen den beiden Eheleuten zu vermitteln«.

Während der Autofahrt sprachen zumeist Ali und Salim miteinander. Noor redete ständig auf Fatimah ein, bekam jedoch selten eine Antwort. Die Hälfte der Autofahrt döste Fatimah vor sich hin und alle anderen Insassen dachten, sie schlief.

Nach zwei Stunden Fahrt kamen sie beim Haus Salims an. Sofort leerten seine indischen Arbeiter den Kofferraum und trugen Fatimahs Gepäck in die Majlis.

Fatimah stieg als Letzte aus. Aisha, ihre Schwiegermutter, stand wie immer in der Eingangstür. Sie lächelte Fatimah entgegen, breitete ihre Arme aus und rief: »Willkommen zu Hause Fatimah! Ich habe sehnsüchtig auf dich gewartet!« Überschwänglich begrüßte sie auch Fatimahs Mutter. »Ahlan Wa Sahlan, willkommen Noor, es freut mich, dich bei uns zu sehen!« Zu Salim gewandt sagte sie: »Bringe Ali und Noor ins Haus! Ich kümmere mich um Fatimah.«

Aisha nahm Fatimah bei der Hand und führte sie in die Sala.

Nachdem noch Fasten angesagt war, zeigte Salim Ali eine Liegestatt in der Majlis, wo er sich ausruhen konnte und führte Noor zum Gästezimmer. Nach einer Weile zogen sich Salim und Fatimah ins Schlafzimmer zurück und Aisha ging in ihre kleine Wohnung, um sich etwas hinzulegen. Fatimah hatte von Salim nichts zu befürchten, da während Ramadan von Sonnenaufgang bis Sonnenuntergang die Fleischeslust verboten war.

Mit einer kurzen Unterbrechung für die Gebete ruhten alle bis Maghreb. Als die Sonne untergegangen war und der Motawa bereits zum Gebet gerufen hatte, brachen alle das Fasten und die Männer eilten in die nahe gelegene Moschee, die Frauen beteten im Haus.

Als Salim und Ali zurückkehrten, war der Fußboden bereits mit einer Plastikfolie bedeckt und Saucen, Gewürze, Getränke, Brot und roher geschnittener Salat standen bereit.

»Ich habe eine große Überraschung für dich Habibti!«, raunte Aisha Fatimah zu »Wir haben eine Haushaltshilfe und du brauchst in Zukunft nicht mehr selbst zu kochen!« Fatimah lächelte dankbar und merkte, dass sie bereits Hunger hatte. Aisha hob ihre Stimme an: »Suri bring das Essen!«

Augenblicklich erschien ein junges, hübsches, indonesisches Mädchen mit einem riesigen Tablett, auf dem sich ein immens großer Haufen Reis befand. Auf dem Reis lagen große Stücke Hammel- und Ziegenfleisch. Nachdem sie das Tablett in die Mitte auf den Boden gestellt hatte, eilte sie wieder in die Küche, um wenig später noch eine warme, indonesische Gemüsesauce zu servieren.

Aisha stellte Fatimah vor: »Das, Suri, ist deine Herrin. Du wirst ihr gehorchen und sie tatkräftig unterstützen!« Fatimah blickte Suri an, nickte mit dem Kopf und begrüßte sie. »Asalam Alaikum.« Artig und leise antwortete sie: »Walaikum Salam.«

Fatimah war zum ersten Mal überhaupt in der Verlegenheit, Herrin zu spielen. Sie fühlte sich dabei nicht wohl, denn es überstieg ihre Vorstellung. Bisher hatte sie Befehle erhalten. Nun sollte sie plötzlich welche erteilen. Während sie noch darüber nachdachte, stellte sie fest, dass sie das nicht interessierte.

Es ließen sich alle auf dem Teppich nieder und begannen, mit den Händen zu essen. Dann und wann konnte man jemand laut rülpsen hören. Das gehörte, so wie der eingeschaltete laute Fernseher, zum guten Ton.

Bald verließen Salim und Ali noch einmal das Haus, um das letzte Gebet des Tages zu verrichten. Fatimah zog sich indessen mit Suri ins Schlafzimmer zurück, um den Koffer und die Taschen auszupacken. Aisha nahm Noor bei der Hand und führte sie in ihre kleine Wohnung, um zu tratschen. Bald kehrten die Männer vom Gebet zurück und widmeten sich wieder ausgiebig den Speisen.

Sobald Noor sich in Aishas Räumlichkeiten befand, fragte sie: »Bitte, verehrte Aisha, kannst du mir erklären, wieso Fatimah so lange im Krankenhaus war? Stimmt etwas nicht zwischen den Eheleuten?«

Aisha blickte nachdenklich.

»Weißt du Noor, leider ist mein Sohn manchmal jähzornig und vergisst sich dann. Es reicht ein kleines Wort der Widerrede von Fatimah, und er wird zornig und schlägt sie.« Nachdenklich antwortete Noor: »Ich dachte, Fatimah hätte ein sanftmütiges Wesen und würde nie widersprechen.«

»Hat sie auch!«, beeilte sich Aisha zu versichern, »sie ist eine wunderbare junge Frau und ich liebe sie wie meine Tochter. Aber bei Salim reicht manchmal die geringste Kleinigkeit und er gerät aus der Fassung. Leider!«

Dass Salim reichlich Alkohol trank und Fatimah im betrunkenen Zustand verprügelt hatte, verschwieg Aisha tunlichst. Sie schämte sich deswegen.

»Ich habe Salim das Versprechen abgenommen, so etwas nie wieder zu tun!«, beruhigte Aisha Noor. »Er hat es mir beim Namen des Propheten, der ewige Friede sei mit ihm, geschworen!«

Aisha berichtete, dass sie von Salim erfahren hatte, dass die Ärzte festgestellt hatten, dass mit Fatimahs Gesundheit alles in Ordnung sei und keine Dauerfolgen zu befürchten wären.

Nach dem Gespräch ließen beide Frauen Fatimah zu sich kommen. Sie beteten gemeinsam bis spät in die Nacht hinein und lasen Suren aus dem Koran.

SHIRAT

Shirat war mit ihren Gedanken oft bei Abdullah. Obwohl sie sich ihrer Gefühle nicht sicher war, gab sie zu, ihn zu mögen.

Andererseits war Shirat alles andere als eine Träumerin. Sie gab sich nicht der Illusion hin, dass ein omanischer Mann sich für sie als Mensch, als Frau, interessieren würde. Sie wusste vielmehr, wofür omanische Männer sich hauptsächlich interessierten. Da sie attraktiv und sexy war, konnte sie sich vor Angeboten von Omanis kaum erwehren.

Shirat dachte oft an Zuhause und vor allem an ihren Sohn Hamid, den sie vermisste. Sie reflektierte des Öfteren über ihr Leben und über das ihrer Familie.

Ihr Vater hatte sie, ihre Geschwister und ihre Mutter, schon vor langer Zeit verlassen. Shirat war die älteste Tochter. Ihre Mutter gebar acht Kinder, fünf Söhne und drei Töchter. Als Shirat gerade mal sechs Jahre alt war, nahm sich ihr Vater als guter Muslime eine zweite, wesentlich jüngere Frau. Seine erste Frau, die Mutter Shirats, musste dies hinnehmen.

Von Anfang an gab es Spannungen und immer wieder Gezänk zwischen den beiden Ehefrauen. Die Ältere verteidigte ihr angestammtes Recht als erste Frau und die Jüngere wollte ihr dies immer wieder streitig machen. Der Vater bevorzugte eindeutig die neue Frau, da sie wesentlich jünger und noch nicht so verbraucht war. Acht Kinder hatten bei Shirats Mutter ihren Tribut gezollt.

Dem Vater wurde es mit der Zeit zu bunt und eines Tages mischte er sich in einen Streit zwischen den beiden Frauen ein. Er schlug Shirats Mutter heftig, verstieß sie und jagte sie aus dem Haus. Da Verstoßen gleichbedeutend mit Scheidung ist, musste die Mutter sogleich das Haus verlassen und zurück zur Familie ihres Vaters gehen. Die Kinder verblieben, ganz nach islamischem Recht, beim Vater und der neuen Stiefmutter. Als sie und ihre Geschwister sich mit der neuen Frau nicht vertrugen, verließen sie nach und nach das Haus des Vaters und zogen zu ihrer Mutter. Die Erste, die wegzog, war Shirat.

Ihre Mutter hatte in der Zwischenzeit in Kampala eine bescheidene Arbeit mit noch bescheidenerem Salär gefunden, die Brüder konnten sich selber einigermaßen über Wasser halten.

Shirat lebte zehn Jahre mit ihrer Mutter zusammen. Die Brüder waren im Laufe der vergangenen Jahre alle wieder zum Vater gezogen. Die Töchter blieben bei der Mutter. Eine davon hatte schon früh geheiratet.

Da es ihnen an Arbeit und Geld fehlte, entschloss sich Shirat, in die reichere Welt zu ziehen. Der Vater war nach islamischem Recht nicht verpflichtet für die Mutter oder die Kinder, die außerhalb seines Hauses lebten, zu sorgen. Mit mangelhafter Schulausbildung blieb ihr nichts anderes übrig, als das zu tun, was Tausende Frauen aus Afrika in den arabischen Ländern machten. Sie kam nach Maskat, um ihren Körper zu verkaufen. Sie träumte davon, viel Geld zu verdienen, ihre Familie zu versorgen und ihren ledigen Sohn auf eine amerikanische Schule zu schicken.

Shirats Sohn war im Grunde ihre größte Sorge. Sein Vater kümmerte sich keinen Deut um ihn. Er hatte Shirat verlassen, als sie schwanger war. Sie war mit Mohammed, so hieß der Vater ihres Sohnes, über ein Jahr zusammen, und sie sprachen bereits darüber zu heiraten. Shirat blieb lange Zeit seinem Drängen gegenüber eisern. Sie erhörte sein Betteln nach körperlicher Liebe nicht. Nach einem Jahr gab sie seinem Drängen nach und bald darauf wurde sie von ihm geschwängert. Als sie ihren kugelrunden Bauch nicht mehr leugnen konnte, wendete sich Mohammed um 180 Grad. Er teilte ihr eines Tages mit, sie zu verlassen. Seine logische Begründung: Es war ihre Schuld, schwanger geworden zu sein. Eine uneheliche Schwangerschaft war für ihn eine große Sünde vor Allah.

Mit Wehmut dachte Shirat an diese Zeit und an das unehrenhafte Verhalten ihres Verlobten.

Heute, da sie erfahrener war, wusste sie, dass es Möglichkeiten gegeben hätte, die Schwangerschaft zu verhindern. Andererseits war Verhütung im Islam eine Sünde und verboten.

Da sie jedoch ihren Sohn abgöttisch liebte, waren diese Gedanken für sie nicht mehr wichtig.

Als Shirat ihre Nachdenkphase abgeschlossen hatte, wischte sie sich ihre Tränen von den Wangen. Sie stand auf, um ins Bad ihres kleinen Appartements zu gehen und sich für das Nachtleben vorzubereiten.

Sie bewohnte ein winzig kleines Appartement mit zwei weiteren Kolleginnen.

Die eine Kollegin nannte sich Cornelia. Sie war bei ihr, als sie Abdullah kennengelernt hatte. Die andere Freundin und Weggefährtin ließ sich Bianca rufen und teilte mit ihr das Doppelbett des Appartements. Cornelia schlief auf einem Zusatzbett, das der Vermieter noch in den Schlafraum gestellt hatte. Die drei Mädchen mussten ein halbes Vermögen für ihre Bleibe berappen. Ein kleines Appartement dieser Größe kostete normalerweise keine 200 Rial im Monat, doch jede von ihnen musste allein 150 Rial an den Vermieter bezahlen. Dieser Vermieter war wiederum der Bruder von Khamis, dem erwähnten Möchtegern-Zuhälter.

Langsam wachten ihre Freundinnen auf und begannen ebenfalls mit den Vorbereitungen für das Ausgehen. Täglich um die gleiche Zeit fuhren sie in eines der großen Hotels wie Interkontinental oder Hyatt und suchten in den Bars nach Freiern oder trafen Freunde.

Nachdem sie fertig waren, gingen sie auf die Straße hinunter und winkten sich ein Taxi herbei.

Der omanische Taxifahrer schaute nicht schlecht, als drei hübsche, gut angezogene junge Frauen sein Fahrzeug bestiegen. Sie nannten ihm das Hotel Interkontinental als Zieladresse. Cornelia verhandelte den Fahrpreis und nach kurzem Feilschen war man sich einig.

Der Fahrer begann, in gebrochenem Englisch auf sie einzureden. Er erzählte ihnen, dass er eine Freundin von den Philippinen habe und dass diese aussehe wie Shirat.

Daraufhin lachten die Mädchen und Bianca antwortete für alle:

»Wir denken nicht, dass deine Freundin auch so schwarze Haut hat wie wir!«

Der Fahrer tat, als würde er nicht verstehen und sprach einfach weiter. Als sie sich dem Hotel näherten, drehte er sich um:

»Wenn ihr mir zu Diensten seid, dann braucht ihr für die Fahrt nichts zu bezahlen!«

Die Freundinnen lachten hellauf und Shirat antwortete mittels ihres bescheidenen Arabisch: »Habibi, ein omanischer Mann ist so ziemlich das Letzte, was wir jetzt wollen. Wir suchen Inglesi, die bezahlen wesentlich mehr und sind auch höflicher und netter als du!«

Der Fahrer verzog sein Gesicht.

»Diese Ungläubigen verderben die Welt und auch euch Mädchen.« Shirat antwortete darauf nichts und stieg aus dem Fahrzeug, als sie am Hotel angekommen waren. Bianca bezahlte den Fuhrlohn und alle drei eilten in die Halle des Hotels. Drinnen sagte Shirat zu ihren Freundinnen: »Bitte seid mit Taxifahrern vorsichtig. Sie arbeiten alle als Informanten für den Geheimdienst!«

Für Abdullah war das Treffen mit seinem Professor das wichtigste Ereignis der Woche. Er verließ sein kleines Zimmer, welches er sich mit Abdulrahman teilte und eilte zum Teehaus des Campus.

Professor Ludwig saß schon bei einer Tasse grünen Tee und las in einem Buch. Als Abdullah grüßte, sah er auf.

»Abdullah, da bist du ja! Lange haben wir uns nicht mehr gesehen. Bist du zu Hause gewesen?«

»Ja, Herr Professor, ich war die ganze Zeit der Ferien im Hause meines Bruders in Maskat.«

»Setz dich Abdullah«, forderte ihn der Professor auf. »Was willst du trinken, was darf ich dir bestellen?«

Abdullah nahm Platz und entschied sich auch für grünen Tee. Nebenbei stellte er fest, dass sonst keine Studenten hier waren und er also seinen Professor ganz allein für sich hatte.

Der Professor fragte Abdullah, was er in den letzten Wochen so getrieben habe und der erzählte, dass er Verwandte und Freunde getroffen hätte. Er betonte, dass er nicht vergessen habe zu lernen.

»Ich weiß, dass ich mich auf dich verlassen kann. Nicht umsonst bist du einer meiner besten Studenten!« Abdullah fühlte sich geschmeichelt. Er erzählte über die Vorfälle in Maskat und auch über das Schicksal Fatimahs. Mit zunehmendem Redefluss erzählte Abdullah viel mehr, als er vorgehabt hatte.

Nachdem Abdullah eine Pause einlegte, um an der Teetasse zu nippen, stellte der Professor einige Fragen. Abdullah zögerte einen Augenblick. Der Professor wollte von ihm wissen, was er persönlich davon halte, Ehefrauen zu schlagen.

Abdullah war schon seit Längerem verwirrt. Einerseits in der Tradition und Kultur seines Volkes verhaftet und andererseits mit westlicher Kultur und Denkweise konfrontiert. Es war nicht einfach, und er fühlte sich zusehends entwurzelt. Er antwortete dann aber doch auf die Frage: »Ich glaube, dass, wenn ein Mann seine Frau liebt, er sie nicht zu schlagen braucht. Allerdings steht in unserem Heiligen Buch, dass der Mann, im Falle des Ungehorsams, die Frau schlagen kann ... als letztes Mittel.«

Ludwig ging auf diese Antwort nicht ein.

»Ich verstehe, dass so manches für dich nicht einfach ist. Du lebst in Dubai, einer modernen Stadt, dann wieder kehrst du in den Oman zurück, zu deinen Wurzeln. Man kann sagen, dass du dich zwischen zwei Welten bewegst.«

Der Professor berührte damit eine generell wichtige Frage für Muslime - die Existenz Dubais. Da steht eine moderne, amerikanisch anmutende Stadt inmitten der Wüste und das Leben der einheimischen Bewohner ist ein völlig anderes, als das, was ihre Stadt vorgibt zu sein.

Ludwig berichtete über eine kürzlich vorgefallene Episode. »Als ich mir vor einigen Tagen ein Taxi von Jumairah nach Deira nahm, fuhr mich ein vollbärtiger Taxifahrer aus Pakistan. Wir nahmen die Shaikh Zayed Road und passierten den Burj Khalifa. Ich schaute, wie immer, interessiert aus dem Fenster. Erstaunt äußerte ich mich gegenüber dem Taxifahrer, dass das höchste Gebäude der Welt bald fertig gebaut sein würde. Der Taxifahrer blickte mich über den Rückspiegel an und seufzte: »Babel, das ist Babel und Allah wird sie noch bestrafen!« Dann konzentrierte er sich wieder auf den Verkehr und sprach kein Wort mehr.

Abdullah sah seinen Professor erwartungsvoll an, da er auf weitere Erzählungen wartete.

»Ich versuche zu verstehen, was dieses Dubai, aber auch zum Beispiel Doha in Katar, für die weniger reichen Menschen der islamischen Welt bedeuten. Manchmal scheint mir zudem, dass das Erdöl und Erdgas eher ein Fluch, denn ein Segen für diese sind.«

Diese Aussage verstand Abdullah überhaupt nicht. Gerade in den reichen islamischen Ländern herrscht die Meinung vor, dass diese Bodenschätze von Allah als Geschenk an die Rechtgläubigen gegeben wurden.

»Was, Professor, meinen sie mit Fluch?«

Ludwig überlegte, wie weit er gehen konnte.

»Der Reichtum durch Öl und Gas kommt nur wenigen Menschen in der arabischen Welt zugute. Du weißt Abdullah, dass auch im Oman einige Wenige sehr reich und viele andere arm sind. Tatsache ist, dass auch eure Länder reformbedürftig sind und Reformen durch den Reichtum behindert werden. Solange die reichen Herrscher Reformen durch Geldleistungen an die Armen verhindern oder zumindest hinausschieben können, solange wird sich für das Volk auch nichts ändern.«

»Ja Professor«, erwiderte Abdullah, »aber wir haben darüber doch schon des Öfteren gesprochen. Wir haben festgestellt, dass Demokratie nach westlichem Vorbild in den arabischen Ländern nicht funktionieren würde.«

»Im Wesentlichen hast du recht«, antwortete Ludwig. »Aber«, fuhr er fort, »das bedeutete ja nicht, dass es mit der Aufteilung des Reichtums nicht gerechter zugehen könnte. Mir ist klar, dass ihr völlig anders denkt und Herrscher, als solche hinnehmt, weil ihr glaubt, sie seien von Gott gegeben. Sämtliche Herrscher der arabischen Welt führen ihre Stellung mehr oder minder auf das Kalifat eures Propheten zurück. Aber um ehrlich zu sein, ich kann mir nicht vorstellen, dass euer Prophet Mohammed Dutzende Despoten als Kalifen wollte.«

Abdullah wirkte ratlos. Ludwig erkannte, dass er zu weit gegangen war. Daher war er dankbar, als Abdullah eine völlig andere Frage stellte.

»Professor, sie haben beim letzten Mal die Sklaverei erwähnt. Meine Nichte Miriam hat mich gebeten, mehr darüber zu erfahren, damit ich ihr, wenn ich für Eid Al Fitr wieder nach Hause fahre, davon erzählen kann.«

»Was will sie denn über die Sklaverei wissen? Ich dachte die Omanis kennen sich gut aus damit? Hat doch besonders der Oman eine lange Sklaven-Tradition.«

Abdullah hob den Kopf und schaute seinen Professor indigniert an. »Wie meinen Sie das?«

»Die Sklaverei in Oman hat eine lange Tradition. Oman hatte große Besitzungen in Sansibar und an der gesamten ostafrikanischen Küste. Selbst die Sprache Kisuaheli und die Suaheli-Kultur sind eine Mischung aus arabischen, jedoch vor allem, omanischen und ostafrikanischen Elementen. Es waren nicht generell die Araber, die seit Jahrhunderten Sklaven- und Warenhandel in Ostafrika betrieben. Es waren in erster Linie die Omanis, Jemeniten und Shirazi aus Persien. Viele Herrscher der Sultanate Jemen, Hadramaut und vor allem Maskat, bezogen ihre Haupteinnahmen aus dem Sklavenhandel. Erst viel später aus dem Gewürzhandel.«

Aufmerksam verfolgte Abdullah die Erörterungen des Professors. Als Abdullah sich nicht äußerte, fuhr Ludwig fort zu erzählen.

»Weißt du, wie man sich Sklaven besorgte? Wie mit ihnen verfahren wurde?« Abdullah wusste keine Antwort.

»Die arabischen Herrscher, Kaufleute und Bauern und die in der damaligen Zeit herrschende Neokolonialmacht Frankreich hatten enormen Bedarf an billigen Arbeitskräften. Besonders die Franzosen mit ihren Plantagen auf den Inseln im Indischen Ozean benötigten massenweise Sklaven. Was bot sich da Besseres an, als mit den omanischen Händlern Kontakt aufzunehmen, die dann diese armen Teufel vor die Haustür lieferten.

Ganze Heerscharen von Sklavenjägern setzten sich mit ihren Trossen in Bewegung und durchkämmten das heutige Ostafrika nach Sklaven. Bis zu den großen Seen, wie Viktoria- und Tanganyikasee, und darüber hinaus bis in den heutigen Kongo.«

Ludwig trank kurz von seinem bereits kalten Tee. »Diese Sklavenjäger gingen äußerst brutal vor. Wenn sie ein Dorf der Eingeborenen überfielen, massakrierten sie alle Bewohner, die in ihren Augen nicht arbeitsfähig waren. Das waren ältere Menschen, Kinder, schwangere Frauen und dergleichen. Bevor sie das Dorf wieder verließen, brannten sie es nieder. Die Menschen, die sie nicht töteten, sondern behielten, zwängten sie in schwere Joche aus Holz und trieben sie Hunderte, oft Tausende Kilometer durch Hitze und Staub. Sie brachten sie zu den großen Häfen, wie Tanga oder Mombasa am Indischen Ozean. Dort wurden sie schlimmer wie Tiere untergebracht und mussten auf die Schiffe für den Weitertransport in die einzelnen Einsatzgebiete warten.

Heute schätzt man, dass nur in Ostafrika an die 15 Millionen Menschen versklavt und bei der Sklavenjagd an die 40 Millionen

Menschen umgebracht wurden. Allein zwischen 1862 und 1873 wurden mehr als 200.000 Sklaven an die Küste Ostafrikas getrieben. Die Sklavenjagd wurde jedoch über viele Jahrhunderte praktiziert. Die Sterberate, allein auf der Insel Sansibar, lag bei 30 Prozent. Daher musste man ständig für Nachschub sorgen. Das, Abdullah, war aber nicht nur in Ostafrika so. In Westafrika ging es noch schlimmer zu und noch mehr Menschen kamen um. Dort haben sich allerdings keine Omanis, sondern vor allem die Portugiesen, eure ehemaligen Feinde, hervorgetan.«

Abdullah gab sich schockiert, wurde aber nichtsdestoweniger aggressiv. Er fühlte sich als Omani persönlich angegriffen. »Das hieße ja, dass Omanis Massenmörder sind? Ich kann das nicht glauben. In erster Linie handelte es sich bei diesen Afrikani doch um Ungläubige und um Anhänger des Vielgötterglaubens!«

»Und Du glaubst, Abdullah, dass dies ein derart brutales Vorgehen rechtfertigt? Mensch ist Mensch Abdullah! Selbst Tiere wurden nie so behandelt. Und darum, Abdullah, ist das eines der düstersten Kapitel der Menschheit. Und vor allem deines Landes!«

Professor Ludwig blickte auf seine Armbanduhr und sagte mit einem kurzen Lächeln: »Ich muss mich beeilen! Ich habe noch eine Vorlesung zu halten!« Sofort stand er auf, bezahlte und verabschiedete sich.

Salim hatte sich in den letzten Tag des Ramadan völlig verausgabt. Zumindest er hatte das Gefühl. Für ihn stellte jede Fastenzeit eine enorme Belastung dar. Er musste sich um seine Arbeiter kümmern, und sie ständig anweisen, die richtige Arbeit auch schnell genug zu erledigen. Der sporadische Aufenthalt in der Hitze war ihm unangenehm. Er fühlte sich von Tag zu Tag schwächer.

Fatimah kam mit ihrer neuen Haushaltshilfe gut zurecht. Suri unterstützte sie tatkräftig. Bald war Suri unabkömmlich für sie. Fatimah war körperlich wieder hergestellt. Aufgrund ihres starken Glaubens und ihrer tiefen Religiosität kamen ihr die vergangenen Ereignisse vor, als hätte Allah sie nur prüfen wollen. Sie hatte diese Prüfung bestanden. Besonders das Fasten bereitete ihr Freude. Je länger sie sich in der Obhut Aishas befand, desto mehr wurde ihr deutlich, dass Allah sie liebte.

Das Verhältnis zwischen Fatimah und Salim wurde zusehends besser. Salim war stets freundlich zu ihr. Selbst bei der Erfüllung ihrer ehelichen Pflichten fühlte Fatimah sich entlastet. Salim verlangte nur noch selten von ihr, die Pflicht als Gattin wahrzunehmen.

Aisha achtete genau darauf, dass Salim mit seiner Ehefrau anständig und korrekt umging.

Man konnte behaupten, in das Haus und die Familie Ruzaiqi waren Friede und Ruhe eingekehrt. »Alhamdullilah!«

Shirat ging täglich mit ihren Freundinnen aus, um Geld zu verdienen. Manchmal rief Abdullah Shirat an, um mit ihr zu flirten. So weit, wie es sprachlich möglich war und Shirat es zuließ.

An einem der letzten Tage Ramadans saß sie mit ihren Freundinnen an der Bar eines der Luxushotels und hatte bereits eine Kundschaft ins Auge gefasst. Bianca machte sie zusätzlich auf den Mann aufmerksam.

Es handelte sich um einen Europäer mittleren Alters. Man konnte ihn als attraktiv bezeichnen. Seine Kleidung und sein Aussehen signalisierten ihr, dass es sich finanziell auszahlen könnte, mit verstärktem Einsatz, um seine Aufmerksamkeit zu buhlen.

Nach kurzer Zeit zeigte er bereits Interesse an ihr und signalisierte ihr das mit einem mehrmaligen Lächeln. Bald schon ging er um die Ecke der Bar herum auf sie zu und begrüßte sie freundlich. Shirat erwiderte die Begrüßung mit einem offenen Lächeln und deutete auf den Platz neben sich.

Bald entwickelte sich ein reger Dialog und sie vergaßen alles um sich her. Der Freier erzählte, dass er erst vor zwei Monaten nach Maskat gekommen war. Er arbeitete für die größte Ölfirma des Landes als Geologe. Shirat erzählte ihm im Gegenzug von sich, und er lud sie und ihre Freundinnen zu mehreren Drinks ein.

Neben Shirat saßen zwei betrunkene Einheimische. Während Shirat sich angeregt mit dem Europäer unterhielt, begann der Omani, der direkt neben ihr saß, auf sie einzureden.

Er sagte ihr, dass er sie heute noch haben wollte und fragte, ob sie mit zehn Rial Entlohnung zufrieden wäre. Die geringe Entlohnung begründete er mit der Tatsache, dass er Omani sei. Omanis müssen es billiger bekommen. Außerdem wäre er ohnehin der beste Liebhaber Omans.

Der Europäer rückte etwas ab von Shirat und wollte sich entfernen, doch schnell sagte sie ihm, er solle bleiben, da der Omani nichts mit ihr zu tun habe.

Shirat bat Bianca und Cornelia, ihr mit dem Einheimischen zu helfen. Schnell drängte sich Bianca dazwischen und verwickelte ihn in ein Gespräch. Da für den Omani die Attraktivität und das Aussehen keine große Bedeutung hatte, gab er sich auch mit Bianca zufrieden. Hauptsache war, dass es sich um ein weibliches Geschlechtsorgan handelte.

Shirat und der Freier waren sich schnell handelseinig und sie verließen nacheinander das Hotel. Draußen auf dem Parkplatz trafen sie sich wieder und stiegen in das Auto des Inglesi.

Unterdessen hatte sich zwischen Bianca und Cornelia auf der einen und den beiden Einheimischen auf der anderen Seite eine lebhafte Diskussion entwickelt. Die beiden, Amur und Ali mit Namen, wollten nicht akzeptieren, für zehn Rial keine Dienstleistung zu erhalten. Als beide merkten, dass sie so nicht ans Ziel kamen, wurden sie beleidigend.

Amur erhob seine Stimme: »Ihr seid hier bei uns zu Gast und daher habt ihr euch nach unseren Wünschen zu richten!« Bianca sah ihn lange an, bevor sie antwortete: »Mein Körper und mein Geschlechtsorgan sind immer noch mein Eigentum. Auch, wenn ich mich in eurem Land aufhalte!«

Cornelia mischte sich ein. »Außerdem könnt ihr euch uns nicht leisten. Wir werden stets gut bezahlt.«

»Am besten ist es für euch«, fügte Bianca hinzu, »ihr trinkt keinen Alkohol mehr und macht euch langsam auf den Weg nach Hause. Dort warten sicherlich schon eure Frauen und die vielen Kinder auf euch.«

Beleidigt sahen die beiden Einheimischen die Frauen an und übergossen sie mit einem Schwall ordinärer Schimpfwörter.

Bianca und Cornelia verließen daraufhin eilig das Lokal. In so einer Situation war es am besten, den Ort sofort zu verlassen. Man wusste schließlich nie, mit wem man es zu tun hatte. Es könnten durchaus Spitzel der Polizei gewesen sein, die nur darauf warteten, dass sie etwas Unrechtes taten. Derer gab es viele.

Sie verließen das Hotel und nahmen sich ein Taxi zu einem anderen Nachtlokal.

Sofort machten sie dem Taxifahrer deutlich, dass sie an einer Unterhaltung mit ihm kein Interesse hätten. Sie sprachen darüber, wie vorsichtig man mit Einheimischen umgehen musste. Allerdings in ihrer Muttersprache Kisuaheli.

Bianca hatte vorher in Dubai gelebt. Sie erzählte Cornelia von ihren Erlebnissen und Erfahrungen in den Emiraten.

»Eine Freundin von mir, sie wohnte in einem Appartement mit mir, hatte große Probleme mit der Polizei. Offiziell besaß sie eine Aufenthalts- und Arbeitsgenehmigung als Kosmetikerin. Als sie nach einem Jahr ihre Papiere verlängern musste, ging sie zur Gesundheitsuntersuchung. Ganz so, wie es vorgeschrieben ist.

Dort stellte sich heraus, dass sie HIV positiv war. Diese Katastrophe konnte sie überhaupt nicht fassen. Sie hatte nie ohne Kondome gearbeitet. Die Polizei nahm sie sofort in Gewahrsam. Sie sperrte sie zuerst für eine Woche ins Polizeigefängnis und anschließend ins Bundesgefängnis. Sie saß mehr als sechs Monate dort und bekam keinerlei medizinische Betreuung. Die Behörden wollten von ihr, dass sie 30.000 Dirhams Strafe bezahle. Diese Summe hatte sie jedoch nicht zur Verfügung, also ließ man sie schmoren.

Nach einigen Monaten konnten wir Freundinnen ihren Verbleib ausfindig machen und durch Beziehungen gelang es mir, sie im Gefängnis zu besuchen. Eva, so war ihr Name, war in einem bemitleidenswerten Zustand. Sie stand kurz davor, sich das Leben zu nehmen.

Ich erfuhr von den finanziellen Forderungen der Behörden und wir alle fingen an, Geld für sie zusammenzulegen. Sogar unsere Stammkunden beteiligten sich und gaben uns Geld. So hatten wir die 30.000 Dirhams schnell zusammen und bezahlten die Strafe.

Eva wurde aus dem Gefängnis entlassen, aber sofort von der Polizei in ein Flugzeug gesetzt und nach Uganda abgeschoben. Dort angekommen, meldete sie sich bei der Vertretung der Gesundheitsbehörde der Vereinten Nationen. Sie ließ sich untersuchen und es stellte sich heraus, dass sie nicht HIV positiv war. Diese Bastarde wollten nur abcashen.«

Shirat hatte sich inzwischen mit ihrem Freier in dessen Haus zurückgezogen. Der Inglesi bewohnte eine große Villa mit fünf Schlafzimmern und Bädern ganz allein. Sie bevorzugte diese Form von Arbeit. Wenn sie von ihren europäischen Kunden mit nach Hause genommen wurde, konnte sie dort alle Annehmlichkeiten, die so ein Haus zu bieten hatte, genießen. Selbst die Arbeit gefiel ihr dann viel besser. Der Inglesi war freundlich zu ihr und teilte ihr nach der Ankunft sofort mit, dass sie sich wie Zuhause fühlen sollte. Da für sie die gesamte Atmosphäre angenehm war, feilschte sie nicht um den Preis. Sie wusste auch so, dass dazu am nächsten Morgen noch Zeit war. Sie ging davon aus, dass er mit Sicherheit großzügig sein würde.

Shirat verbrachte die gesamte Nacht im Hause ihres Kunden. Am Morgen, bevor sie das Haus verließen, gab er ihr 150 Rial als Entlohnung. Zusätzlich chauffierte er sie zurück zu ihrem Appartement.

Dort angekommen, dachte Shirat, dass das Leben einfacher und angenehmer wäre, hätte sie nur Europäer als Kunden.

Der letzte Tag des Ramadan war angebrochen. Mit Sicherheit wusste das zwar keiner so genau, aber man nahm es an. Nun erfolgte wieder dieselbe Prozedur wie zu Beginn der Fastenzeit. An neun verschiedenen Orten standen Korangelehrte mit ihren Fernrohren und beobachteten den Mond, um genau feststellen zu können, wann dieser in seine Neumondphase trat.

Leider war es an diesem Tag an manchen dieser Orte dicht bewölkt. Die Imame in Musandam und auf dem höchsten Berg des Landes, dem Jebel Shams, konnten aufgrund der starken Bewölkung keinen Mond erkennen. Nach langer Diskussion und Beratschlagung entschied der Mufti, den Ramadan vorsichtshalber um einen Tag zu verlängern. Es durfte ja nicht das Unfassbare passieren, dass wegen des Wetters der Ramadan um einen Tag zu kurz ausfiel.

Viele, etwas moderner denkende Menschen, waren enttäuscht. Andere wiederum begrüßten die Entscheidung. Dies waren in erster Linie die älteren Frauen. So waren Aisha, Halima und auch Noor geradezu entzückt, dass sie das Fasten um einen Tag verlängern konnten.

Der Großteil der Europäer hingegen fluchte ob der Dummheit. Wusste doch in Europa jeder Mensch, dass diese Ereignisse ganz exakt vorauszuberechnen waren und man nicht mit Fernrohren altertümlich den Mond beobachten musste.

Da Fatimah einen Großteil der Fastenzeit nachholen musste, entschloss sich Aisha, mit Fatimah weiter zu fasten und somit ihre eigene Fastenzeit um gut zwei Wochen zu verlängern. Aisha war sich sicher, so dem Paradies wieder etwas näher zu kommen.

Salim war nicht gerade begeistert von dieser Entscheidung. Zwar garantierte sie ihm noch für einen längeren Zeitraum üppiges Essen am Abend, dafür erhöhten sich aber auch die Kosten für die Verpflegung der Familie. Für das Fastenbrechen durften keine Kosten gescheut wurden. Zusätzlich fiel für Salim das Fest Eid Al Fitr aus. Auf dieses Fest freute sich jeder Muslime während der gesamten Fastenzeit.

Salim gefiel natürlich ebenfalls nicht, dass er tagsüber alleine Essen und sich dabei auch noch verstecken musste. Er durfte Aisha und Fatimah durch Essen und Trinken nicht reizen.

Salim hatte jedoch schnell eine wunderbare Lösung gefunden. Er ging zu Suri in die Küche und ließ sich dort von ihr bekochen und verwöhnen.

Ein Problem ergab sich zusätzlich für Salim aus der Verlängerung des Fastens. Während des Ramadan und auch bei den diversen Nachbringungen, war der Geschlechtsverkehr zwischen Sonnenaufgang und Sonnenuntergang strengstens untersagt. Salims Weib konnte ihm nur des Nachts zu Willen sein. Salim jedoch verspürte auch tagsüber Verlangen.

Da Salim durchaus Fantasie besaß und für so ein Problem über eine hohe Lösungskompetenz verfugte, fand er bald einen Ausweg.

Eines Mittags saß Salim in der Küche und Suri servierte ihm sein Essen. Er griff nach ihrer Hand und zog sie zu sich heran. »Suri«, sprach er sie in einem liebevollen Versuch an, »Suri, welch ein schöner Name. Du bist süß wie Honig und ich werde dich kosten!«

Sie sah ihn ängstlich an, aber nicht zu ängstlich und erwiderte in lückenhaftem Arabisch: »Herr, ich bin noch Jungfrau und du weißt genau, dass mich nur mein zukünftiger Ehemann öffnen darf.«

Salim lächelte sie an und säuselte ihr ins Ohr: »Suri, vielleicht werde ich ja dein zukünftiger Ehemann. Du weißt doch, dass ich mehrere Ehefrauen haben kann! Wenn ich dich aber zu meiner zweiten Frau mache, dann muss ich vorher probieren, ob du auch zu mir passt!«

Suri zierte sich noch ein wenig und meinte, dass Fatimah und Aisha im Haus seien.

Salim entgegnete: »Die, mein Honigkuchen, schlafen beide, weil sie vom Fasten völlig erschöpft sind.«

So geschah es, dass Suri ihrem Herrn zu Willen war. Sie empfand seine Brutalität als weniger schlimm. Ihre Gedanken kreisten nur um die Tatsache, nun viele Möglichkeiten offen zu haben. Ihr bisheriges, miserables Leben konnte sich nur verbessern - dachte sie.

Abdullah war am letzten Tag des Ramadans wieder nach Hause zu seiner Mutter zurückgekehrt.

Halima freute sich, ihren jüngsten Sohn wieder bei sich zu haben.

Khaled hatte seinem Küchenpersonal angeordnet, für den zweiten Feiertag Shoa vorzubereiten. Viele Verwandte und Freunde wollten zu Besuch kommen. Dazu wurden eine Ziege, ein Schaf und zehn Hühner geschächtet und man gab auch noch etwas Rindfleisch dazu. Die Mitarbeiter zerlegten die geschlachteten Tiere in größere Stücke, würzten sie ein wenig und wickelten diese, immer vier oder fünf Teile zusammen, in Bananenblätter ein. Die Pakete aus Bananenblättern wurden in Jutesäcke gefüllt.

Neben dem Haus befand sich schon mehrere Jahre ein tiefes Loch. Es war nur für den Brauch der Shoa ausgehoben worden. Einen Meter fünfzig tief und das restliche Jahr über abgedeckt. Es fand nur zu den beiden großen Festen Eid Al Fitr und Eid Al Ardha Verwendung. In dem tiefen Loch befanden sich mehrere große Steine. Darüber wurde ein heißes Feuer entfacht und über einige Stunden brennen gelassen. Wenn sich die Steine und das Erdreich genügend erhitzt hatten, ließ man das Feuer ausgehen und warf dann die Säcke mit dem Fleisch hinein. Das Loch selber wurde dann wieder völlig mit Erdreich zugedeckt und das Fleisch wurde so bis zu 48 Stunden sanft gegart.

Am ersten Feiertag wurde im Hause Khaleds viel gebetet und noch mehr gegessen. Das Ehepaar aus Bangladesch, welches sein Küchenpersonal stellte, kochte ausgezeichnet und vor allem »halal«, da sie selber Muslime waren. Schon am Morgen gab es zwei Mal ein üppiges Frühstück und am späteren Mittag, gegrilltes Ziegen- und Hammelfleisch, auch »Omani Meat« genannt. Die gesamte Familie Khaleds saß beim Essen zusammen und riss größere und kleinere Fleischfetzen von den zerteilten Fleischstücken. Alle saßen im Schneidersitz um einen riesengroßen Reishaufen, auf dem die Fleischstücke geschichtet waren. Da die linke Hand, die unreine Hand ist, nahm man dazu ausschließlich die rechte Hand zu Hilfe. Geschickt rissen sie mit der Rechten Fleisch von den großen Teilen der Tiere, tauchten die Hand mit dem Fleisch in den Reis, formten eine Art runden Keil mit dem Fleisch in der Mitte und schoben sich diesen Reis-Fleisch-Keil in den Mund.

Neben dem Reis mit dem Fleisch befanden sich noch ungewürzte Salate mit Zitronen, reichlich Fladenbrot, verschiedene gewürzte

Saucen mit Gemüse und allerlei Limonaden und Wasser auf der Plastikfolie.

Während des Essens wurde viel gesprochen. Das Durcheinander der verschiedenen Gespräche erfüllte das Esszimmer mit reichlich Leben.

Nachdem man sich mit Fleisch und Reis gesättigt hatte, gab es noch viele verschiedene Früchte und allerlei Süßspeisen. Bei deren Anblick allein, wäre ein Europäer schlagartig an Diabetes erkrankt. Halima, Khaleds Mutter, freute sich besonders auf Halwa. Dies war eine eingedickte geleeartige Süßspeise, die mit Mandelsplittern und Nüssen versetzt war und deren Geschmack mit Rosenwasser verfeinert wurde. Halima nutzte zum Essen hauptsächlich ihren Zeige- und Mittelfinger. Sie schaufelte damit das Halwa aus einem Blechtopf und jonglierte es in ihren Mund.

Auch die Kinder Khaleds und selbst Abdullah liebten Halwa. Sehr bald war der große Topf leer.

Während der gesamten Zeit, die das Essen beanspruchte, lief im Hintergrund das Fernsehgerät, ein großer Flachbildschirm, in voller Lautstärke. Es gehörte sich einfach, dass der Fernseher auch mit dabei war.

Nach dem Essen servierte das Personal grünen Tee und eine lebhafte Unterhaltung kam in Gang.

Abdullah erzählte über seine letzten vier Wochen in Dubai und über seine Studienerfolge. Sowohl Halima als auch Khaled waren stolz auf ihn.

Abdullah hatte ständig an Shirat gedacht. Er wollte sie so bald als möglich anrufen und treffen.

Miriam fragte Abdullah, ob er eine Idee hätte, was sie einmal studieren sollte.

»Das ist nicht einfach zu beantworten Miriam«, erwiderte Abdullah nachdenklich, »eigentlich müsstest du doch selber besser wissen, was dich interessiert?« Miriam sah ihn enttäuscht an.

»Ich dachte Onkel, du könntest mir einen Rat geben?«

Auf Abdullahs Stirn bildeten sich schmale Falten und er antwortete: »Vielleicht, Miriam, solltest du es mit der Ausbildung zur Lehrerin probieren. Vielleicht auch Software Engineering oder auch Tourismus. Ja, Tourismus!«, platzte es aus ihm heraus, »das wäre ein gutes Fach zum Studieren für dich. Es ist der Betriebswirtschaft ähnlich, jedoch gänzlich auf den Tourismus ausgerichtet!«

Miriam dachte kurz nach. »Danke Onkel Abdullah, das finde ich eine ausgezeichnete Idee. Ich habe gern mit Touristen zu tun, das passt zu mir!«

Halima zeigte ein etwas säuerliches Gesicht. Grantig sagte sie in die Runde: »Wozu sollen Mädchen studieren, wenn sie doch bald verheiratet werden, viele Kinder kriegen und sich dann ausschließlich um die Familie zu kümmern haben. Studieren dauert lange und hält die Frauen nur vom Heiraten ab. Wenn das alle machen würden, bekämen die Männer keine Frauen mehr und könnten keine Familien mehr gründen.«

Khaled mischte sich ein und sagte mit deeskalierender Stimme: »Verehrte Mutter, die Zeiten ändern sich. Seine Majestät und wir von der Regierung haben die Bildung an erste Stelle gereiht. Die jungen Menschen, Jungen und Mädchen ohne Unterschied, sollen so viel Wissen erwerben, wie nur möglich. Unser Land wird nicht immer über ausreichend Öl und Gas verfügen. Die Bildung der jungen Leute ist das Kapital der Zukunft. Daher werden alle meine Kinder zur Universität gehen.« Und noch einmal direkt an seine Mutter gerichtet: »Seine Majestät hat vor einiger Zeit auf die gleiche Frage geantwortet, dass Bildung sehr, sehr wichtig sei, denn wir wollen ja schließlich die Erziehung unserer Söhne nicht ungebildeten Müttern überlassen!«

Nun war Halima gänzlich sprachlos und sagte kein Wort mehr. Langsam verstand sie die Welt nicht mehr und zum wiederholten Male musste sie sich eingestehen, dass die Veränderungen in der Gesellschaft immer schneller abliefen und unumkehrbar waren.

Nach und nach verließen die Familienmitglieder das Mahl. Sie gingen in die einzelnen Waschräume und bereiteten sich durch rituelles Waschen auf das Nachmittagsgebet vor. Die Frauen beteten gemeinsam im Haus und die Männer eilten in die Moschee.

Am frühen Abend, gleich nach Maghreb, traf Miriam Abdullah alleine an und fragte ihn, ob er einmal Zeit für sie und ihre vielen Fragen hätte. Abdullah sagte, dass er bei seiner Mutter wäre und sie jederzeit dazukommen könnte. In Gedanken ganz bei Shirat, dachte er darüber nach, wann wohl die beste Zeit wäre, sie anzurufen, ohne dass ein Familienmitglied mithören konnte.

Bei seiner Mutter angekommen, setzte er sich nieder und schwieg für eine Weile.

»Habibi, alles ändert sich so schnell. Auch du scheinst mir gänzlich anders als vor ein paar Monaten und ich dachte, dich zu kennen.«
»Geliebte Mutter, ich weiß für dich ist es schwer, die heutige Zeit zu verstehen!«
»Vor nicht allzu langer Zeit gingen wir ausschließlich zu Fuß und benutzten unsere Esel für den Transport. Dann plötzlich gab es Autos. Heute sprecht ihr nur noch von Mobiltelefonen und von Computern. Ich weiß noch nicht einmal, was das ist! Mich beschleicht ständig das Gefühl, dass die Menschen immer gottloser werden. Sie kümmern sich nicht mehr um Ihre Pflichten gegenüber Allah, sondern nur noch darum, wie sie am schnellsten reich werden!«
»Mutter, für dich mag die gesamte Entwicklung zu schnell gekommen sein, aber wir jungen Leute müssen mit ihr nicht nur leben, wir müssen uns mit ihr intensiv beschäftigen, denn sonst bleiben wir auf der Strecke. Wie Khaled sagte, ist es vor allem die Zukunft, die uns herausfordert und darauf werden wir vorbereitet sein müssen.«
»Alles haben diese Ungläubigen verändert. Zum Schluss werden sie uns auch noch die Religion wegnehmen!«, warf Halima hysterisch ein.
»Das, verehrte Mutter, wird nie und nimmer passieren. Wir wollen die Ungläubigen nur mit ihren eigenen Waffen schlagen. Und dazu brauchen wir so viel Wissen und Bildung wie möglich. Alle diese Terrorgruppen wie Al Khaida, die Taliban oder auch andere radikale Gruppierungen wie die Hamas und die Salafisten gehen einen völlig irrealen Weg. Der Westen ist nur mit seinen eigenen Waffen zu besiegen!«
Gefällig sah Halima ihren jüngsten Sohn an und sagte lächelnd: »So ist meine Erziehung bei dir doch nicht umsonst gewesen, Habibi!«

Shirat und ihre Freundinnen hatten nun Hochsaison, da der Ramadan endlich vorbei war. Während der Feiertage saß bei allen Männern die Geldbörse viel lockerer. Die Mädchen verdienten mehr Geld. Shirat lebte bereits einige Monate im Lande und hatte ein erkleckliches Sümmchen zur Seite legen können. Das einzige Problem war für sie und ihre Freundinnen, wie und wo sie das ersparte Geld aufbewahren sollten. Eine Bank kam für sie nicht infrage, da sie für eine Kontoeröffnung die Einwilligung und Unterschrift ihrer Sponsorin brauchten. Sie wollten sie jedoch nicht wissen lassen, wie viel Geld sie verdienten. Außerdem konnte die Sponsorin stets über ihre Konten verfügen und Geld abheben.

Shirat traf regelmäßig drei Mal die Woche ihren Inglesi. Fast konnte man meinen, es hatte sich eine Art vorsichtiger Beziehung entwickelt. Eigentlich wollte sie ihn fragen, ob er ihr erspartes Geld für sie aufbewahren könnte, doch sie verlor stets den Mut dazu. So trug sie ständig einen beachtlichen Betrag in ihrer Handtasche mit sich herum.

Des Öfteren dachte Shirat an Abdullah. Er war zu den Feiertagen wieder in Maskat. Sie entschloss sich, ihm eine SMS zu senden, um ihn zu fragen, ob er schon angekommen wäre.

Bereits nach wenigen Minuten antwortete er und fragte sie, wann sie sich wiedersehen könnten. Shirat teilte ihm mit, dass sie jeden Nachmittag Zeit für ihn hätte. Sie vereinbarten, sich am zweiten Tag des Festes um 18 Uhr in ihrem Stamm-Teehaus zu treffen.

Aisha und Fatimah gingen völlig im Fasten auf. Sie waren glücklich, Allah wohlgefällig sein zu können. Sie sprachen oftmals darüber, dass sie mit ihrem Lebensstil dem Paradies immer näher kamen. Besonders Aisha, da diese aufgrund ihres Alters schon länger gottgefällig leben konnte.

Fatimah war dann und wann ihrem Mann zu Diensten, allerdings nicht mehr oft. Sie dachte, dass Allah seine Prüfung abgeschlossen hätte und nun Salim auf Allahs Veranlassung hin, nicht mehr so oft über sie herfiel. Obwohl sie stets die zweckmäßige Unterwäsche trug und sich damit ein zeitraubendes Entkleiden ersparte. Aber er begehrte sie nicht mehr so sehr, wie noch Wochen vorher. Natürlich hielt sie ihr Geschlechtsorgan, mit Ausnahme während ihrer Periode, ständig für ihn bereit. Während dieser Zeit war sie unrein und musste sich von ihrem Mann absondern und sogar in einem der Nebenräume schlafen. Sie durfte ihm nicht nahe kommen.

Salim ging im wahrsten Sinne des Wortes in Suri auf und wurde durch sie auch sonst bestens versorgt.

Am ersten Tag des Festes telefonierte Aisha mit ihrer Schwester Halima. Nach einer Weile verlangte ihr Sohn Khaled, mit Salim zu sprechen. Aisha reichte das Telefon an ihn weiter.

»Ich möchte euch für morgen zum Shoa-Essen in meinem Haus einladen. Ich hoffe ihr kommt. Bitte seid so gegen elf Uhr vormittags bei uns!« Salim antwortete mit zittriger Stimme: »Mein verehrter Cousin, Eure Exzellenz, wir können die Einladung nicht annehmen, da sowohl Fatimah als auch Mutter noch immer am Fasten sind!«

Khaled zeigte sich enttäuscht, verstand aber den Brauch, verlorene Fastentage nachzuholen. Er informierte Salim, dass er mit der Polizei und einem Richter gesprochen habe, um die Einstellung des Verfahrens gegen ihn voranzutreiben. Weiter teilte er Salim mit, dass er ihn nach dem Fest in Maskat für ein Gespräch erwarte. Salim versprach, nach Maskat zu kommen. Gleichzeitig bat er Khaled, ihm knapp drei Wochen zu geben, da Aisha und Fatimah noch lange fasten würden. Khaled beendete das Gespräch und verließ das Zimmer seiner Mutter.

Lächelnd sah Halima Abdullah an. Sie erzählte ihm, dass sowohl Aisha als auch Fatimah noch am Fasten seien und daher nicht zur Shoa kommen würden.
Enttäuscht blickte Abdullah seine Mutter an und fragte, wie es Salim und seiner Frau gehe?
»Das, Habibi, geht dich nichts an, aber es geht ihnen gut!«

Plötzlich klopfte es an Halimas Tür. »Miriam!«, rief Halima, »komm herein und setz dich zu uns!« Miriam nahm zur Rechten Halimas, etwas entfernt von Abdullah, Platz.
»Was führt dich zu mir, meine liebe Miriam?«
»Ach nichts Besonderes, ich wollte ein wenig plaudern mit euch und vielleicht kann mir mein Onkel Abdullah noch etwas über die Universitäten erzählen!«
Abdullah erzählte ihr alles, was er wusste und was ihm generell über die verschiedenen Studienrichtungen und deren Dauer einfiel. Miriam hörte aufmerksam zu. Leider gab es keine Gelegenheit, über etwas anderes, was Miriam ebenfalls brennend interessierte, zu reden, da Halima stets anwesend blieb.

Die Regierung hatte insgesamt sieben Arbeitstage als arbeitsfreie Feiertage ausgerufen. Dies hieß jedoch nicht, dass niemand arbeitete. Nur die Behörden und Institute wie Banken, Anwälte und Versicherungen waren geschlossen. Grundsätzlich handelte es sich dabei um Stellen und Firmen, deren Positionen hauptsächlich von Einheimischen besetzt waren.
Sowohl die Geschäfte als auch Supermärkte hatten entweder durchgehend geöffnet oder öffneten schon am zweiten Tag wieder ihre Pforten. Die Bauarbeiter, Lastwagenfahrer und alle anderen, die die Infrastruktur und die Versorgung der Bevölkerung aufrechterhalten mussten, hatten nur einen Tag frei. Hierbei handelte es sich aber

vornehmlich um Pakistani oder Nichtmuslime wie Inder oder Philippinos bzw. Europäer. Durch die Omani selbst wurde in den Schlüsselpositionen nur ein Notbetrieb aufrechterhalten.

Shirats europäischer Stammkunde und mittlerweile Freund, erhielt von Bekannten aus Abu Dhabi Besuch. Er hatte diese in einem kleinen Hotel in der Nähe seines Hauses einquartiert. Am ersten und am zweiten Feiertag bekam er mit, wie der Hotelmanager 48 Stunden lang an der Rezeption seinen Dienst versah. Auf die Frage, ob es denn nur ihn an der Rezeption gäbe, antwortete dieser, dass die omanischen Mitarbeiter über die Feiertage nicht zum Dienst erschienen waren. Er hatte einen Einzigen seiner Mitarbeiter per Telefon erreicht. Dieser teilte ihm mit, dass Omanis über die Feiertage nicht arbeiten müssen. Der Manager erklärte Shirats Freund, dass dies seit Einführung der Omanisierung besonders schlimm geworden war. Per Gesetz musste er zu 90 Prozent Einheimische beschäftigen. Mit europäischem, indischem oder auch philippinischem Personal würde es diese Form von Arbeitsverweigerung nicht geben. Dieses Gesetz wurde geschaffen, um den jungen Omanis mehr Jobs zur Verfügung zu stellen. Alle Unternehmen, erklärte ihm der Manager, sind verpflichtet, einen bestimmten Prozentsatz Omanis zu beschäftigen. Zu ihrem Leidwesen, wie er betonte, denn Arbeit empfänden Araber generell als Belästigung.

Am Abend des ersten Feiertages traf Shirat ihren Inglesi und seine drei Freunde aus Abu Dhabi. Bei den Freunden handelte es sich um Engländer. Shirat hatte auch Cornelia, Bianca und eine dritte Freundin mit Namen Kim organisiert. Sie trafen sich alle an der Bar eines großen Hotels und hatten viel Spaß miteinander. Den Freunden gefielen die drei Mädels. Sie beschlossen, zum Haus von Shirats Stammkunden zu fahren, um sich zu vergnügen. Shirat war gut gelaunt. Hatte sie doch ihren Kolleginnen gute Geschäfte vermittelt. Dafür bekam sie jeweils zehn Prozent. Das hatten sie vor langer Zeit vereinbart, um sich gegenseitig zu unterstützen.

Abdullah träumte unterdessen von Shirat und konnte sich in seinen kühnsten Träumen nicht vorstellen, was sie gerade trieb.

Am zweiten Feiertag herrschten in Khaleds Haus Hektik und Nervosität. Shaikha wies dem Personal ständig neue Aufgaben zu und beide Majlis und das Esszimmer wurden penibel gereinigt und dekoriert. In der Küche herrschte Betriebsamkeit und Khaled schaute ständig auf die Uhr, um zu kontrollieren, ob die Gäste pünktlich kamen. Elf Uhr war vereinbart. Seine Kunst bestand darin, die Shoa nicht zu früh ausgraben zu lassen, sonst würde sie kalt werden. Aber auch nicht zu spät, sonst mussten die Gäste zu lange warten.

Als Alles vorbereitet war, wich allmählich die Hektik. Die ersten Gäste kamen gegen 11:30 Uhr.

Bald füllten sich alle Räume und sowohl Khaled in der Männermajlis als auch Shaikha in der Frauenmajlis, hatten alle Hände voll zu tun. Sämtliche Fleischsorten waren butterweich gegart. Da es, wie üblich, insgesamt an Würze fehlte, standen auf den Plastikfolien jede Menge Saucen, Gewürze und Salz. Auf allen drei großen Tabletts in den einzelnen Speiseräumen lagen gleichmäßig verteilt Stücke von Rind, Ziege, Schaf und Hühnchen auf üppigen Reishügeln. Es schmeckten sämtliche Fleischsorten nach Ziege und bald hatten alle Besucher vom vielen Essen fettige Finger.
Die Verwandten und wichtigsten Freunde des Staatssekretärs und seiner Ehefrau waren dem Ruf gefolgt, um die Shoa zu genießen.

Im Wohnzimmer des Hauses saßen Khaleds Familie und die nächsten Verwandten wie Brüder und Schwestern mit ihren Familien.

Khaled hielt sich in der Männermajlis auf und kümmerte sich um die männlichen Besucher. Ab und zu ging er ins Esszimmer des Hauses, um nach seinen Familienangehörigen zu sehen. Die Majlis für die Frauen betrat er nie. Um diese kümmerten sich seine Frau und Halima.

Vor allem unter den männlichen Besuchern wurden alte Seilschaften gepflegt und neue begründet. Khaled hatte einen wichtigen Kollegen eingeladen. Dieser war für den Einkauf und die Beschaffung in seinem Ministerium zuständig. Er versorgte alle Betriebe und Zweigstellen des Ministeriums mit Waren, Ersatzteilen und Lebensmitteln. Sämtliche Abteilungen, Unterabteilungen und Betriebe seines Ministeriums hatten an die fünftausend Mitarbeiter. Sie benötigten viel Material und Verpflegung. Khaled erzählte seinem Kollegen von seinem Cousin Salim und dessen Unternehmen. Er berichtete von der Großzügigkeit Salims, Geschenke zu verteilen. Sein Kollege war dadurch interessiert und teilte Khaled mit, dass er dessen Cousin so bald als möglich kennenlernen wolle.

Gegen Abend verließen die ersten Gäste Khaleds Haus, um in die Moschee zu gehen. Nur ein paar weibliche Verwandte waren noch zum Gebet mit Halima geblieben. Sie las, wie ihre Schwester Aisha, gern aus dem Koran vor. Die anderen Frauen und Mädchen hingen an ihren Lippen, um ja kein Wort zu überhören. Schnell war man sich einig, Halima rezitierte hervorragend und ihr Koranarabisch war ausgezeichnet. Eine ihrer Nichten meinte sogar, dass sie an Koranlesewettbewerben teilnehmen könnte - falls es diese für Frauen einmal geben würde.

Bald hatten auch die letzten Besucher das Haus verlassen. Miriam und ihre Schwestern fragten ihre Mutter, was sie Morgen für den Ausflug anziehen sollten? »Ihr könnt Jeans unter der Abaya tragen, wenn ihr wollt!«, verlautete die Mutter.

Khaled hatte seiner Familie für den dritten Tag des Festes einen Ausflug an die Küste versprochen. Sie wollten das Meer sehen und die Bimah Sinkhole besichtigen. Manche Menschen bezeichnen es auch als das Auge Allahs. Eine eingestürzte Höhle mit einer Tiefe von 50 Metern inmitten der Küstenebene. Obwohl mehr als einen Kilometer vom Ozean entfernt, ist sie mit Meerwasser gefüllt, einem klaren türkisfarbenen Wasser. Darauf freuten sich die Mädchen.

Abdullah hatte das Haus und die restlichen Gäste gegen 17:30 Uhr mit dem Vorwand verlassen, in die Moschee zu gehen und anschließend noch Freunde zu treffen. Selbstverständlich ging er in die Moschee zum Beten, anschließend traf er allerdings keine Freunde, sondern Shirat.

Sie saß bereits an ihrem angestammten Platz, als Abdullah das Lokal betrat. Sie lächelte ihm von Weitem entgegen und lächelte noch immer, als Abdullah bereits Platz genommen hatte.

»Shirat«, flüsterte Abdullah, »paradiesisch dich wiederzusehen!« Sein Herz klopfte bis zum Hals und Shirat hatte einen trockenen Mund. So saßen sie ein paar Minuten zusammen, lächelten sich an und brachten kein Wort hervor.

Schließlich beendete Shirat das Schweigen und sagte zu ihm in Arabisch: »Eid Mubarak!« Abdullah entgegnete: »Eid Mubarak auch für dich Habibti!« Shirat sah ihn daraufhin überrascht an und wusste nicht, was sie antworten sollte. Alles hatte sie erwartet, nur nicht Habibti.

Nach einiger Überwindung fragte sie Abdullah, ob er noch nicht verheiratet sei oder nicht schon einer anderen versprochen wäre?

Abdullah verneinte beides. Er erklärte, einen Traum bezüglich einer bestimmten Frau zu haben. Shirat war zu erfahren und auch zu wenig naiv, um diese Aussage auf sich zu beziehen.

So dachte Abdullah, dass nach seiner Aussage Shirat glaubte, dass er sie meinte und Shirat war sich sicher, dass sich Abdullahs Traum nicht auf sie bezog.

Beide beließen sich in ihrem Glauben und erzählten sich Begebenheiten der letzten vier Wochen. Zumindest das, was sie sich noch nicht am Telefon erzählt hatten. Nach einer Stunde trennten sie sich. Jedoch nicht, ohne für den nächsten Tag noch ein Rendezvous zu vereinbaren.

Wie meistens verließ Abdullah das Lokal als Erster. Einige Zeit später ging auch Shirat. Sie war sich jetzt ganz sicher, was sie nicht wollte und dazu gehörte Abdullah. Sie hatte zu viele schlechte und schlechteste Erfahrungen mit Einheimischen gemacht, als dass sich ihr negatives Vorurteil noch ändern ließe. Obwohl, das musste sie sich eingestehen, Abdullah ihr sympathisch war.

Shirat fuhr mit einem Taxibus nach Hause und bereitete sich zusammen mit ihren Kolleginnen für das Nachtleben vor. Als sie gerade voll in ihren Vorbereitungen waren, läutete es an der Tür. Nach mehrmaligem Läuten ging Bianca an die Tür und fragte, wer draußen sei? Vom Flur hörten sie die energische Stimme von Khamis, der eingelassen werden wollte. Bevor Bianca öffnen konnte, stoppte sie Shirat.

Sie rief gegen die Tür: »Was willst du Khamis?«

»Mit euch reden«, antwortete dieser!

»Du weißt, dass es uns verboten ist, Männer in unser Appartement zu lassen. Wir dürfen nicht öffnen, um dich einzulassen!«

Daraufhin begann Khamis zu toben. Er rannte mehrmals gegen die Tür. Draußen auf dem Flur öffneten sich etliche Türen und eine tiefe Männerstimme rief: »Hau ab und lass die Mädchen in Ruhe, sonst rufe ich die Polizei. Die hat dich ohnehin schon im Visier!«

Plötzlich war wieder Ruhe eingekehrt, Khamis schien das Haus verlassen zu haben. Die Mädchen trauten dem Frieden jedoch nicht und wagten sich für diesen Abend nicht mehr aus dem Haus.

In der Diskothek des Hyatts wartete John, so war der Vorname des Stammiglesi von Shirat, mit seinen Freunden auf sie und ihre Freundinnen. Doch sie warteten lange Zeit vergeblich. Deshalb rief John Shirat an und diese antwortete sofort und erzählte ihm das Problem. Der informierte seine Freunde, und sie beschlossen, die Mädchen von zu Hause abzuholen. Als John mit seinem großen Geländewagen vor dem bescheidenen Appartementhaus vorfuhr, herrschte gespenstische Ruhe.

John wählte erneut die Nummer Shirats und informierte sie, dass sie direkt vor dem Eingang parkten und auf sie warteten. Shirat bat John das Auto abzuschließen und in den zweiten Stock zu kommen. Sie wollten abgeholt werden. Als sie die Treppe hochgingen, sahen sie einen fülligen Omani herumlungern. Er trat zur Seite, als die drei Männer an ihm vorbei wollten. John bedeutete seinen Freunden mit Handzeichen, dass dieser Mann wahrscheinlich die Ursache der Angst der Mädchen war.

»Suchst du jemanden?«, fragte John den Omani. Dieser antwortete in stotterndem Englisch, dass er sich im Haus geirrt habe und ging nach unten.

John läutete dreimal kurz und Shirat öffnete die Tür. Die Freundinnen waren fertig und verließen ihr Appartement. Sie gingen nach unten und stiegen sofort in Johns Wagen. Aus den Augenwinkel konnte John die Gestalt des Omanis vor einem der Nebengebäude ausmachen. Er beobachtete sie.

Sie fuhren sofort zum Hyatt und beschlossen, die Nacht in Johns Haus zu verbringen. Erleichtert erreichte die kleine Gruppe das Hyatt und stürzte sich ins Nachtleben.

Professor Ludwig nutzte die Feiertage, um mit einem Freund im Auto von Dubai nach Maskat zu fahren. Sie wollten ein paar Tage in der Hauptstadt des Sultanats verbringen. Er war noch nie im Oman gewesen und daher wurde es Zeit für ihn, fand er. Viele Freunde hatten erzählt, wie schön der Oman und seine Hauptstadt wären.

Ludwigs Freund war auch Professor an der Universität und unterrichtete Anglistik. Damit war klar, dass es sich dabei um einen Engländer handelte. Sein Name war Henry Gardener und er stammte aus Bristol im Westen Englands. Für die Fahrt hatten sie sechs Stunden eingeplant.

Ludwig erzählte Gardener von seinen omanischen Studenten und speziell von Abdullah und dass dieser am Unterricht stets mehr interessiert war, als die anderen. Er erzählte ihm über die diversen Gespräche zu anderen Themen, die er mit Abdullah geführt hatte. Erwähnte aber auch seine Befürchtung, mit seinen Aussagen manchmal zu weit zu gehen. Besonders das letzte Mal, als es um die Sklaverei ging.

Gardener hörte aufmerksam zu. Im Anschluss an Ludwigs Erzählung entwickelte sich eine lebhafte Diskussion. Sie wurde nur durch die ermüdende Ausreise- und Einreiseprozedur von den Emiraten nach Oman unterbrochen.

Bald hatten sie sich in ein Thema verbissen. Sie diskutierten über die Beeinflussung der arabischen Kultur durch den Islam.
Gardener provozierte mit der Aussage, dass der Islam die einzige Kultur der Araber sei. Das konnte Ludwig so nicht gelten lassen, da es bereits vor der Islamisierung eine arabische Kultur gegeben hatte.
Gardener konterte, dass vor allem die Araber ihr gesamtes Selbstverständnis und ihre Selbstsicherheit aus dem Islam ableiteten. Ohne Islam bliebe nichts übrig. Außerdem, so betonte er mehrmals, sei der Islam als Religion nur für Menschen geeignet, die in Wüstenregionen lebten. Das karge und harte Leben habe ihre Religion mit gnadenloser Härte, null Kompromisslosigkeit und außergewöhnlicher Intoleranz beeinflusst.

Insgesamt musste Ludwig feststellen, dass Gardener zwar oft zu sticheln versuchte, aber logisch und verständlich argumentierte. Für Ludwig waren in erster Linie Toleranz, Respekt und Verständnis für andere Menschen, Religionen und Kulturen wichtig.
Gardener konterte, dass genau das die Muslime zwar vorgaben, aber in der Realität sich keinen Deut darum scherten. Vor allem dann nicht, wenn es darum ging, den Islam durchzusetzen und andere Religionen als Irrlehren zu verteufeln. Oder einfach die Tatsache, dass wissenschaftliche Forschungsmethoden im Islam abgelehnt und nicht verwendet werden dürfen und religiöse Legenden als absolute Wahrheit hingestellt werden. Grundsätzlich, behauptete Gardener, streben die Moslems die Weltherrschaft an.
»Im Übrigen«, fragte Gardener, »du hast doch diesem Studenten über die geschichtliche Rolle seines Landes in der Sklaverei erzählt?«
»Ja«, antwortete Ludwig. »Vielleicht hättest du ihm auch gleich mitteilen sollen, dass sie in Afrika den Menschen zuerst die Freiheit und vielen das Leben geraubt und ihnen anschließend noch die natürliche, angeborene Lebensfreude durch ihre erniedrigende Religion genommen haben!«
Ludwig wollte das Thema wechseln.
»Nach meinen Informationen ist das Sultanat Oman das einzige Land, welches den Islam freiwillig angenommen hat.«
Gardener konterte: »Das wundert mich, denn sonst haben sie für ihre Islamisierung große Teile der damals bekannten Welt verwüstet und zig Millionen von Menschen ermordet. Allerdings möchte ich dir

gerade hier beweisen, dass das zwar grundsätzlich stimmt, aber diese Freiwilligkeit damals auch mit einer üblen Drohung verbunden war.«

Ludwig sah seinen Freund überrascht an und trug ein Fragezeichen im Gesicht. Gardener fuhr fort: »Ich habe darüber einmal in einem Buch über die Geschichte Omans gelesen. Es handelt sich dabei um den Brief des Propheten Mohammed an die damaligen Herrscher Abd Al Julanda und Jaifar Julanda. Der Inhalt des Briefes werde ich nicht vergessen, er lautete:

Im Namen Gottes des Allgnädigen und Allgütigen. Dieses Schreiben ist von Mohammed, Gottes Gesandtem, an Jaifar und Abd, den Söhnen Julandas. Der Friede sei mit jenen, die dem rechten Pfad folgen. Ich richte mich an euch mit einer Einladung zum Islam. Wenn ihr den Islam richtig anerkennt, dann werdet ihr sicher sein. Da ich Gottes Gesandter für alle Menschen bin, warne ich alle Lebenden, bringt das Wort Gottes zu allen Ungläubigen. Wenn ihr euch zum Islam bekehrt, werde ich euer Freund sein. Wenn nicht, werdet ihr eure Macht verlieren und meine Reiterkrieger werden euer Land besetzen und ich werde über euer Reich herrschen.«

Ludwig fixierte Gardener von der Seite. »Henry, dein verdammter Sarkasmus und Zynismus könnten dich in Bedrängnis bringen.«

»Entschuldige bitte«, erwiderte dieser, »was hat das mit Zynismus zu tun? Ich habe ausschließlich ein geschichtliches Ereignis zitiert! Und wenn ich in Bedrängnis komme, dann durch die Eiferer von intoleranten Religionen wie dem Islam oder dem Christentum. Außerdem«, fuhr er fort, »ich kenne sonst keine Religionen, die bei ihrer Verbreitung so viel Leid, Blut, Tränen und Tod über die Menschheit gebracht haben, wie diese beiden.«

Ludwig schwieg nun eine Weile. Auch Gardener tat es ihm gleich.

Plötzlich, in die Fahrgeräusche hinein, sagte Ludwig: »Ich versuche, dich zu verstehen Henry. Immerhin bezeichne ich mich selber als Existenzialist, und ich bin mit Sicherheit kein Mystiker.«

Gardener antwortete nicht gleich darauf. »Religionen und Ideologien mögen in ihren Grundideen durchaus gut gewesen sein. Vor allem als erste moralisch, ethische Instanzen für die kulturelle Entwicklung der Menschheit. Aber was die Menschen jeweils daraus gemacht haben, kann man auch als Teufelswerk bezeichnen.«

Sagte es und schwieg.

Ludwig und Gardener erreichten Maskat, als es zu dämmern begann. Sie checkten ins Hotel ein und begaben sich gleich zum Abendessen.

Während des Essens informierte Ludwig seinen Freund, dass er für den nächsten Morgen eine private Stadtrundfahrt gebucht habe. Insgesamt hatten sie vor, fünf Tage, einschließlich An- und Rückreisetage, im Oman zu bleiben. Sie wollten auch aus Maskat hinausfahren, um die Berge und die Wüste zu sehen.

In Salims Haus war der Alltag eingekehrt und das Fest Eid Al Fitr kaum zu merken. Es war vor lauter Fasten langweilig. Allerdings nicht für Aisha und Fatimah. Die beiden schliefen tagsüber und verließen die Schlafstatt nur zum Beten. Nachts wurde wie immer üppig gegessen. Salim leistete ihnen zum Fastenbrechen immer Gesellschaft und am Tag kümmerte er sich um seine Arbeiter. Unterbrochen wurde sein tägliches Einerlei nur durch Suri. Sie versüßte ihm das Leben.

Fatimah war besonders geschwächt durch das Fasten. Auch ihre Periode blieb aus, was sie auf das Fasten schob. Sie merkte nicht, dass sie völlig abgemagert war. Kurze, einfache Tätigkeiten erschöpften sie völlig. Sobald Aisha sie zum gemeinsamen Gebet rief, strahlte Fatimah vor Glück. Da das öfter als die vorgeschriebenen fünf Mal am Tag stattfand, fühlte sie sich von Allah besonders geliebt.

Salim wurde von Lakshmi erneut wegen der ausstehenden Löhne angesprochen. Er hatte zugesagt, ihnen diese nach Ramadan zu geben. Salim reagierte wie immer aggressiv und jagte Lakshmi zurück zur Arbeit. Er machte auch in den nächsten Tagen keinerlei Anstalten, den Indern das ihnen zustehende Geld zu geben.

Die Arbeiter hatten dasselbe Problem, wie schon sechs Wochen vorher. Ihre Familien hatten kaum mehr Geld zum Leben und mussten ihre Gürtel von eng auf sehr eng schnallen.

Shirat und ihre Freundinnen verbrachten insgesamt drei Tage mit John und seinen Freunden in dessen Haus. Den Mädchen gefiel es dort sehr gut und sie mussten für ein paar Tage nicht zurück in ihr Appartement. Khamis lümmelte dort mit Sicherheit immer noch herum.

Mehrmals rief Abdullah Shirat an und sendete ihr einige Nachrichten, weil sie vereinbart hatten, sich zu treffen. Beim ersten Anruf teilte sie ihm mit, dass sie derzeit sehr beschäftigt sei und daher in den nächsten Tagen keine Zeit für ihn habe. Abdullah nahm diese

Auskunft nicht zur Kenntnis. Für einen Omani war es nicht möglich, sich vorzustellen, dass andere Menschen für sie keine Zeit hatten.

Shirat hatte sich in John verknallt. Sie wollte es sich nicht eingestehen und sah die Dinge nüchtern genug, um sich keinen Illusionen hinzugeben. So gut es ging, unterdrückte sie ihre Gefühle.

Die beiden Professoren genossen die von einem Stadtführer, organisierte Stadtrundfahrt und lernten Maskat kennen. Der Führer fuhr mit ihnen in die einzelnen Stadtteile und zeigte ihnen die verschiedenen Ministerien und wichtigsten ausländischen Botschaften. Dazu erklärte er wissenswerte Einzelheiten. Selbst nach Qantab und zum Dive Center fuhren sie. Den glorreichen Abschluss fand die Rundfahrt im Muttrah Souq, dem originalen Bazar von Maskat.

Ludwig erstand dort Weihrauch. Als sein Freund ihn fragte, warum er so viel Weihrauch kaufe, erklärte er ihm: »In grober Einteilung gibt es drei Sorten von Weihrauch. Den Braunen, der stark verunreinigt ist, den Gelblichen, den man hauptsächlich zum Weihräuchern verwendet und schließlich den weiß-grünlichen Weihrauch. Das ist der Beste, man isst ihn vornehmlich.«

»Essen!«, rief Gardener mit sich überschlagende Stimme. »Ja, Essen!«, entgegnete Ludwig besonnen.

»Die wenigsten Menschen wissen, welch eine positive Wirkung Weihrauch auf den menschlichen Körper und Metabolismus hat. Erstens hat er eine starke antiseptische Wirkung und zweitens hasst ihn Ungeziefer. Deshalb weihräuchern die Einheimischen in kurzen und regelmäßigen Abständen ihre Häuser, Wohnungen und Kleider. Und drittens: Weihrauch wirkt sich günstig auf den Magen-Darm-Trakt aus und erhöht die Gedächtnisleistung des Gehirns. Zumindest sagt man das.«

Gardener schaute ihn belustigt an »Darum haben die verschiedenen Kirchen nahezu ein Monopol darauf! Klar, dass sie sich die guten Dinge zuerst gesichert haben.«

»Bitte keinen Zynismus«, entgegnete Ludwig, »für mich zumindest hat Weihrauch eine sensationelle Wirkung und ich nehme täglich eine Perle weißen Weihrauchs zu mir. Allerdings kaue ich diese nicht, sondern schlucke sie im Ganzen.«

Ludwig kaufte zehn Döschen des weißen Weihrauchs um teure 50 Rial. Außerdem, so wusste er, gab es in Oman den besten Weihrauch. Noch vor Jemen und Äthiopien.

Abdullah verspürte eine verzehrende Sehnsucht nach Shirat. Er fühlte sich von ihr ignoriert und verstoßen. Er was es entschieden nicht gewohnt, als Araber so behandelt zu werden. Und schon gar nicht von einer Frau!

Ein einziges Mal hatte sie einen seiner Anrufe beantwortet. Jedoch keine seiner SMS. So hing er während der Feiertage im Haus seines Bruders herum und hatte kaum Lust auszugehen.

Als sein Freund Khamis ihn anrief, war er gerade am Nullpunkt seiner Stimmung angelangt. Verdrossen drückte er die grüne Taste seines Telefons und beantwortete Khamis Anruf.

»Asalam Alaikum, Kefhalek, wie geht es dir Abdullah?«, fragte Khamis. »Alhamdullilah tamam«, antwortete Abdullah! »Habibi, man sieht dich ja überhaupt nicht mehr! Jetzt sind Feiertage und ich dachte, wir beide sollten einmal ausgehen!«

»Das ist eine gute Idee«, antwortete Abdullah. »Wohin wollen wir gehen Khamis?«

»Ich hole dich in einer halben Stunde ab und dann entscheiden wir!«

Abdullah zog sich seine schönste Disdasha an, band sich einen bunten Mussar und wartete auf Khamis. Dieser kam schon nach zwanzig Minuten und sie entscheiden, in ein Kaffeehaus nach Shati Qorum zu fahren.

Khamis fuhr einen neuen Sportwagen. Abdullah hatte ihn vorher noch nie gesehen. »Woher hast du dieses schnelle Auto? Gehen Deine Geschäfte so gut?«

Khamis lächelte geheimnisvoll und antwortete kryptisch: »Man hat so seine kleinen Erfolge!«

Abdullah dachte daran, was sein Bruder Khaled ihm über Khamis gesagt hatte. Er wollte daher nicht nach der Art der Einkünfte fragen.

Bald erreichten sie Shatti Qorum. Sie suchten sich einen Tisch, von dem aus man viel sah und gut gesehen wurde. Vor allem, um Mädchen beobachten zu können.

Khamis begann, Abdullah über Shirat auszufragen. »Wann, Habibi, hast du Shirat das letzte Mal gesehen? Triffst du sie regelmäßig?«

Abdullah antwortete ausweichend.

»Vor ein paar Tagen, aber nur kurz. Sie war in Eile und hatte wenig Zeit für mich.«

Khamis fragte mit leiser Stimme: »Du weißt, welcher Arbeit sie nachgeht?«

»Ich kann es mir denken, aber ich möchte es nicht wissen.«
»Habibi, du bist naiv!«, stellte Khamis kurz und bündig fest. »Natürlich ist sie eine Nutte. Zugegeben eine gute Nutte, aber eben eine Nutte, die jeder für einen Zwanziger horizontalisieren kann. Sie verdient sehr viel Geld, weil sie sich aufgrund ihres Aussehens ausschließlich auf Inglesi spezialisiert hat. Und damit ist sie äußerst erfolgreich. Hast du es schon einmal probiert bei ihr?«
Abdullah setzte ein zorniges Gesicht auf. »Nein, und das werde ich auch nicht. Ich habe dir schon einmal gesagt, dass ich mich für meine zukünftige Frau und für die Hochzeitsnacht aufhebe!«
»Dummkopf!«, entfuhr es Khamis, »wenn du willst, rede ich mit Shirat und sie wird es dir gratis machen!«
»Nein Danke mein Freund, aber auf diese Art will ich es überhaupt nicht haben und schon gar nicht mit Shirat! Bitte lass mich damit in Ruhe. Ich möchte über etwas anderes reden!«

Wie gerufen kam eine kleine Gruppe Europäerinnen ins Lokal. Die Aufmerksamkeit beider richtete sich sogleich auf die vermutlichen Engländerinnen.
Diese schnatterten wie Gänse durcheinander und ließen sich nahe der Freunde nieder. Da beide gut Englisch sprachen, verstanden sie, worüber sich die Engländerinnen unterhielten.

»Vielleicht sollte ich mir eine Inglesi zur Frau nehmen«, sinnierte Khamis, »die sind nicht so langweilig und devot wie unsere Frauen. Aber ich habe gehört, dass sie es mit der Hygiene nicht so ernst nehmen. Ist auch wieder nichts.« Abdullah fing zu Grinsen an. »Bei uns in Dubai heißt es, in Europa hätten die Toiletten keine Handbrausen. Sie könnten sich nach verrichteter Notdurft nicht mit Wasser reinigen.«
»Das ist richtig!«, antwortete Khamis, »diese Schweine verwenden nur Papier und mit dem werden sie nie richtig sauber! Andererseits baden und duschen sie häufig. Das wird wahrscheinlich ein Ausgleich sein.«

In der Zwischenzeit waren die Mädchen auf die beiden Burschen aufmerksam geworden und einige schielten immer wieder einmal zu ihnen herüber. Da Abdullah schüchtern war, ergriff Khamis die Initiative. Er lächelte und blinzelte zurück. Das war es aber auch schon. Die Mädchen hatten nicht wirklich Interesse an ihnen.

Nach einer Weile des Beobachtens und Zuhörens fragte Khamis Abdullah, wie er nun weiter mit Shirat verfahren werde? Daraufhin fragte dieser Khamis, wie er das meine?

»Nun Habibi, du triffst sie, du sprichst mit ihr, ihr sendet euch SMS und du lechzt nach ihr!« Khamis sah in lachend an.

Nun ging Abdullah aus sich heraus.

»Ich weiß es auch nicht Habibi. Einerseits finde ich sie attraktiv und ja, natürlich möchte ich sie haben. Aber andererseits habe ich mir selber versprochen, auf die eine und einzige Frau, die ich liebe, zu warten.«

»Wer Habibi ist denn nun diese glückliche und ominöse Frau? Mir, deinem besten Freund, kannst du es doch beichten!«

Abdullah bekam feuchte Augen und begann wie ein Wasserfall zu sprechen.

»Sie heißt Fatimah! Sie ist aber mit meinem Cousin verheiratet! Dieser Trottel behandelt sie wie den letzten Dreck! Erst vor fünf Wochen hat er sie halb tot geprügelt. Sie lag drei Wochen im Krankenhaus! Ich weiß, dass sie für mich bestimmt ist! Allah wird sie mir eines Tages zuführen!«

Mit betretenem Gesichtsausdruck starrte Khamis ihn an.

»Bist du komplett verrückt?«

»Nein!«, antwortete Abdullah, »bin ich ganz und gar nicht. Dieser Cousin von mir ist wesentlich älter als Fatimah und ein völliger Dummkopf. Außerdem betet er nicht einmal regelmäßig und geht kaum in die Moschee. Allah, und das weiß ich ganz genau, wird mir eines Tages Fatimah zur Frau geben und wenn es noch zwanzig Jahre dauert!«

Khamis war sprachlos und schüttelte den Kopf.

»Du kannst dich auf mich verlassen. Ich werde dein Geheimnis niemanden erzählen! Du weißt, was das bedeutet und was passieren kann? Wenn dein Cousin davon erfährt, wird er dich umbringen. Das ist sein gutes Recht!«

»Nein, ist es nicht«, entgegnete Abdullah, »erstens weiß er davon nichts, und du bist der einzige Mensch, der davon erfahren hat und zweitens ist bis heute nichts vorgefallen, was ihn dazu bewegen könnte. Ich habe Fatimah nur einmal kurz gesehen, als sie im Hause meines Bruders zu Besuch war und das auch nur auf die Entfernung.«

»Aber Habibi du weißt«, entgegnete Khamis, »begehre nicht deines Nächsten Weib! Allein das Begehren ist schon eine Sünde.«

Abdullah zuckte nur mit den Schultern.

Nun war die Katze aus dem Sack, aber bei Khamis war dieses Geheimnis gut aufgehoben.

Auch die schönsten Tage gehen einmal zu Ende. Shirat und die anderen Mädchen mussten in ihr Appartement zurückkehren.

Die Freunde Johns verließen ihn am vierten Tag des Festes und fuhren zurück nach Abu Dhabi. John brachte Shirat und ihre Freundinnen zurück in ihre Wohnung.

Dort angekommen, sperrten sich die Mädchen ein. Bianca weinte, weil diese unbeschwerte Zeit vorüber war.

An diesem Abend gingen sie nicht mehr aus. Sie waren sehr müde von den wilden Feten der letzten Tage.

John hatte Shirat mitgeteilt, dass er für einige Tage in den Süden des Landes müsse. Er würde sich wieder bei ihr melden, sobald er zurück sei.

Noch zwei Tage nach dem Ausflug schwärmten die Töchter Khaleds von der beeindruckenden Landschaft, den Bergen, dem Meer und der Bimah Sinkhole. Nachdem sie nicht oft aus dem Haus kamen, war jeder kleine Ausflug für sie wie ein Volksfest. Miriam träumte bereits davon, ab dem Herbst Tourismus zu studieren. Sie hatte während des Ausflugs unzählige Touristengruppen gesehen. Obwohl Khaled seine Familie immer wie eine Hühnerschar zusammenhielt, war es ihr mehrmals gelungen, Touristinnen anzusprechen.

»How are you?«, fragte sie jedes Mal und ergänzte um eine weitere Frage: »Where do you come from?«

Die Touristinnen beantworteten ihre Fragen stets freundlich. Sie lernte Menschen aus Deutschland, Italien, Frankreich und sogar Schweden kennen. Ein junges Mädchen mit blondem Haar war ihr besonders aufgefallen. Sie sprach längere Zeit mit ihr. Wenn ihr Vater sie nicht weitergetrieben hätte, stünden sie heute noch zusammen. Das Mädchen kam aus Österreich. Sie hatten die Email- und Facebook-Adressen ausgetauscht und Miriam hatte ihr auch schon geschrieben. Sie wusste, dass es mit der Antwort noch dauern würde, da Claudia, so war ihr Name, noch auf einer Rundreise unterwegs war und kein Notebook bei sich hatte.

Miriam erzählte ihrer Großmutter Halima, was sie gesehen hatten, und erwähnte auch die vielen Touristen. Halima hörte ihr aufmerksam zu. Nur bei der Erwähnung der Touristen meinte sie, dass dies jetzt neu sei, da es bis vor Kurzem unmöglich gewesen wäre, von außerhalb der Golfanrainerstaaten in den Oman einzureisen.

Miriam erklärte ihr, dass dies zehn Jahre her sei. Oman setze inzwischen auf den Tourismus als zweites Wirtschaftsstandbein.

Als Abdullah nach Hause kam, begab er sich sofort zu seiner Mutter. Er küsste sie auf Hand und Stirn.

»Asalam Alaikum verehrte Mutter. Ich war mit einem Freund aus und möchte jetzt noch mit dir zusammen sein.« Er wendete sich um und begrüßte auch Miriam. Jedoch mit dem nötigen Abstand.

»Was habt ihr zwei denn zu bereden?«, fragte er lächelnd. Miriam antwortete: »Ich habe Bibi von unserem Ausflug erzählt!«

»Wie hat es dir gefallen Nichte!«

»Es war interessant und ich habe viele nette Touristinnen kennengelernt. Frauen und Mädchen aus vielen Ländern. Ich habe sogar die Email-Adresse eines Mädchens mit goldenem Haar aus Nemsa erhalten.«

»Nemsa?«, stellte Abdullah fragend fest.

»Nemsa, das ist ein kleines Land zwischen Deutschland und Italien«. Miriam sah ihn bittend an. »Kannst du mir, verehrter Onkel, auf dem Schulatlas zeigen, wo sich dieses Nemsa befindet?«

»Klar kann ich das«, antwortete Abdullah, »und wenn du mir den Atlas gleich bringst, zeige ich es dir sofort!«

Schnell war Miriam aus dem Zimmer ihrer Großmutter geeilt, um den Schulatlas zu holen.

»Mit wem warst du aus Habibi? Wen hast du getroffen? Ich dachte schon, du gehst überhaupt nicht mehr aus dem Haus?«

»Ich war mit meinem Freund Khamis Al Rahbi Tee trinken. Wir haben uns lange unterhalten. Er hat ein schnelles Auto und mich von hier abgeholt. Halima sah ihn fragend an. »Khamis Al Rahbi? Ist das nicht der Freund, von dem Khaled nichts hält und zu dir meinte, du sollst dich von ihm fernhalten, weil er in undurchschaubare Geschäfte verwickelt ist?«

»Ja der Mutter. Aber ich habe mit seinen Geschäften nichts zu tun! Er ist nun einmal mein Freund seit den ersten Schultagen.«

Halima konnte nicht mehr antworten, da Miriam wieder in das Zimmer kam.

Miriam hielt den Atlas in den Händen und schlug die Seite auf, welche Europa zeigte. Abdullah fuhr mit seinem Finger, vom Stiefel Italiens ausgehend, nach Norden und zeigte auf Nemsa. »Da«, sagte er zu Miriam, »da ist Nemsa!«

Miriam sah sich die Karte genau an.

»Die Hauptstadt ist ja Vienna!«

»Ja natürlich!«, entgegnete Abdullah.

»Vienna ist aber sehr bekannt«, murmelte Miriam. »Ich wusste nicht, dass die Hauptstadt von Nemsa Vienna ist.«

Abdullah fragte Miriam, ob sie wisse, woher genau dieses Mädchen stamme. Miriam verneinte dies und meinte, dass sie Claudia danach fragen werde.

Halima, Miriam und Abdullah unterhielten sich noch eine Weile über Europa. Abdullah wurde von beiden Frauen, ob seines großen Wissens über Europa bewundert.

»Das«, erklärte er, »habe ich alles von meinem Professor in Dubai erfahren.«

Miriam erinnerte ihn daran, dass er ihr versprochen hatte, mehr über die Sklaverei in Erfahrung zu bringen. Schweren Herzens begann Abdullah zu erzählen. Allerdings ließ er die eindeutigen Anschuldigungen, die Oman betrafen, aus. Er hielt sich allgemein mit seinem Bericht. Im Grunde wollte er im Beisein seiner Mutter darüber nicht sprechen.

Halima beobachtete beide lange und sprach kein Wort. Für sie hatte die Welt nicht mehr den Bestand, den sie einmal erfahren hatte und in dem sie immer noch lebte.

Bald verließ Miriam die beiden, da sie ihre Mutter gerufen hatte. Halima und Abdullah saßen noch eine Weile beisammen. Er konnte seine Mutter davon überzeugen, dass Khamis nur ein Freund aus Kindheitstagen war und er sonst nichts mit ihm zu schaffen hatte.

Die zwei Freunde und Professoren aus Dubai fuhren am dritten Tag ihres Aufenthaltes in die Berge. Zu diesem Zweck liehen sie sich einen Geländewagen. Bei Ludwigs Privatfahrzeug handelte es sich nur um eine Limousine und die war für Fahrten im Gelände nicht geeignet.

Sie fuhren über Samail auf der Autobahn nach Nizwa. In Nizwa machten sie Rast und besuchten den Souq und besichtigten die Festung. Gardener war begeistert vom Silberhandwerk und beabsichtigte, sich einen Khandjar in fein gearbeiteter Silberscheide zu kaufen. Der Preis dafür schreckte ihn nicht sonderlich ab. Nach zu kurzem Verhandeln zahlte er den stattlichen Preis von 950 Rial. Ludwig schüttelte dazu nur den Kopf und ersparte sich jeglichen Kommentar.

»Der dient nur dazu, meine Freunde, die Araber, mit ihren eigenen Waffen zu schlagen!«, grinste Gardener hämisch. Ludwig schüttelte unwirsch den Kopf. »Fang nur nicht damit wieder an!«

Die Festung von Nizwa ist ein mächtiger Bau. Der imposanteste Rundturm Omans mit einem Durchmesser von 40 Metern und einer Höhe von 20 Metern. Interessiert waren die beiden Männer an den sogenannten »Murder Holes«, den Tötungslöchern. Beginnend am Aufgang zum Turm befanden sich an den jeweiligen Treppenabsätzen Fallgruben. Diese mussten die Feinde erst überspringen, um auf die erste Stufe der Treppe zu kommen. Das Problem waren aber nicht die Fallgruben, sondern viel mehr die Schächte, die sich darüber befanden. Durch diese wurde zu Verteidigungszwecken heiß gekochter Dattelsaft geschüttet. Ganz so wie bei uns in Europa das erhitzte Pech durch die Pechnasen der Burgen.

Interessant war für Ludwig auch die Tatsache, dass diese Burg nie erobert wurde.

Ludwig las seinem Freund aus dem Reiseführer vor und beide lernten, dass die gesamte Region - Dakhlyiah genannt - das Kernland Omans ist. Hier herrschten auch die Brüder Julanda, die einst angeblich den Brief des Propheten erhalten hatten. Eine Hochburg des Islams, respektive der Ibad. Ibad kann auf eine eigene Rechtsschule zurückgeführt werden. Manche sehen die Ibadi auch als eine Untergruppe der Sunniten. Ibadi pflegen den konservativen Islam und behaupten gerne die erste Demokratie, regiert von einem Gleichen unter Gleichen, praktiziert zu haben. Ibadi stellen die weitaus größte Gruppe der Muslime im Oman.

Kurz vor Mittag verließen beide die Stadt Nizwa und fuhren über die Außenbezirke der Stadt Bahla nach Al Hamra. In Al Hamra betankten sie ihr Auto und fuhren der Wegweisung nach auf das Hochplateau, welches direkt unter dem Jebel Shams liegt. Der Sonnenberg ist zugleich der höchste Berg Omans.

Schon die Anfahrt gestaltete sich spektakulär. Umgeben von hohen Bergen, schroffen Felsen und unzähligen Wadis mit Oasen, schlängelte sich die Asphaltstraße steil nach oben. Nach ungefähr vierzehn Kilometern endete die Asphaltstraße und ging plötzlich in einen mehr oder minder befestigten und staubigen Geröllpfad über. Zweimal mussten sie anhalten, weil sie den richtigen Weg nicht gleich erkennen konnten. Doch die Wegweisung war einigermaßen zuverlässig. Nach einer Stunde erreichten sie das Hochplateau. Besonders angetan hatte es ihnen die Fels- und Steinlandschaft. Die vielfältigen Formationen und vor allem die Farbenpracht des Gesteins faszinierte sie. Von Grellorange über Gelb bis hin zu Grün, stahlblau und violett, war das gesamte Farbenspektrum zu erkennen. Ludwig fiel dabei ein Spruch eines seiner Freunde ein. Dieser war Geologe und er erwähnte mehrmals, welch ein Dorado Oman für Geologen sei. Es gibt dort keine störende Vegetation und somit sind alle geologischen Besonderheiten frei ersichtlich.

Bei den Souvenirständen der Einheimischen blieben sie stehen. Ludwig informierte Gardener, dass laut seinem schlauen Buch, sich hier ganz nahe der Blick auf das Wadi An Nakhur, den sogenannten Grand Canyon von Oman, befinden müsste.

Als sie die Straße zu Fuß überquerten und die Absperrung auf den Felsen erblickten, war ihnen klar, dass sich diese Schlucht gleich dahinter befinden musste.

Sie waren beeindruckt. Die Felswand fiel 1000 Meter senkrecht in den Tal-Grund. Ein riesiger Krater tat sich auf, obwohl von einem Vulkan keine Rede sein konnte. In nicht allzu weiter Entfernung machten sie den Gipfel des Jebel Shams mit dessen Radaranlage aus. Von dort oben mochten es mehr als 2000 Meter bis zum Wadi An Nakhur sein.

Die beiden Professoren ließen das Naturschauspiel auf sich wirken und gingen dann zurück zu den Souvenirständen. Es gab wollene Schlüsselanhänger, kleine Teppiche aus grober Ziegenwolle, Kristalle und Fossilien zu kaufen.

Gardener raunte zwischen den Preisverhandlungen Ludwig zu: »Die sehen sich alle ähnlich!« Es standen fünf Frauen und ältere Mädchen und ein paar kleine Buben bei den Ständen.

Ludwig raunte zurück: »Du hast recht. Es scheint immer das gleiche Gesicht und eine ähnliche Statur zu sein.« Unter den Kindern befanden sich zwei geistig behinderte Buben und Gardener war der Erste, der es merkte. Er kommentierte es jedoch nicht, da er sich nicht wieder einen Rüffel einfangen wollte.

Nachdem sie ein paar Schlüsselanhänger und einen Kristall gekauft hatten, stiegen sie wieder ins Fahrzeug und fuhren die Straße weiter. Nach einem Kilometer kam zur rechten Hand ein Bergkamp. Dort hielten sie an und versuchten, ein spätes Mittagessen zu erhalten und bekamen es. Viel Reis, ein knallrotes Hühnchen, ungewürzten Salat und zum Schluss tranken sie noch Kaffee.

Sie fragten einen der omanischen Bediensteten, ob die Straße noch weiterführe. Der Omani, Hamed mit Namen, antwortete freundlich, dass nach vier Kilometern noch das Dorf Al Khataim käme. Dort ende die Straße. Allerdings, erklärte er weiter, gäbe es in Al Khataim auch einen Einstieg und einen Wanderweg in den Canyon.

Ludwig und Gardener verließen das Camp und fuhren, neugierig geworden, in dieses Dorf. Nach vier Kilometern endete die unbefestigte Straße tatsächlich nahe einem Weiler von vier ärmlichen Häuschen. Sie parkten ihr Auto an einem Abstellplatz vor dem Dorf. Auch dort fanden sie wieder einen Souvenirstand und dieselben Leute wollten ihnen wieder das Gleiche verkaufen. Gerade, dass sie die Leute und ihre Waren abwimmeln konnten. Beide merkten jedoch, dass auch hier drei geistig behinderte Kinder darunter waren.

Sie suchten den Einstieg in den Canyon. Dort angekommen, beschlossen sie, nicht weit hineinzugehen, sondern nur einen kurzen Spaziergang zu unternehmen.

Nach nicht einmal zehn Minuten sahen sie einen überdachten Rastplatz. Sie setzten sich für eine Weile hin, bestaunten die Tiefe des Canyons und beobachteten ein Adlerpaar bei seinen waghalsigen Flügen.

In die Stille der Berge hinein fragte Gardener Ludwig:

»Waren das dieselben Leute, wie vorhin am ersten Ausblick zum Canyon?«

»Ich glaube nicht«, antwortete Ludwig, »wie schnell hätten die denn rennen müssen, um jetzt hier im Dorf zu sein! Fahrzeug hatten sie keines dabei!«

»Die sehen doch alle aus wie Brüder und Schwestern oder Zwillinge«.

»Das ist Inzucht, eindeutig Inzucht!«, rief Gardener plötzlich.

»Ich denke, sagte Ludwig beruhigend, »du solltest es einmal von einer anderen Seite betrachten. Diese Leute leben hier völlig abgeschieden. Die Geröllpiste hier herauf gibt es bestimmt noch nicht lange. Also stellt sich die Frage, wie die Menschen ihre Gene mit anderen Genen hätten vermischen sollen. Ich kann mir nicht vorstellen, dass ein Vater aus dem Tal von Al Hamra, seine Tochter einem Mann von hier gegeben hätte.«

»Aber Inzucht«, unterbrach ihn Gardener ätzend, »ist eine schwere Sünde vor Allah!«

»Ja, soll sein«, antwortete Ludwig, »aber diese Sünde findest du auch unter den Christen und allen anderen Religionen und Kulturen dieser Welt.«

Gardener grinste ihn an. »Ja, das mag sein, aber die behaupten auch nicht, die endgültig letzte und wahre Religion von Gott persönlich erhalten zu haben. Von Gott selber geschaffen.«

»Na, na, na, da wäre ich mir aber mit dem Christentum nicht so sicher! Voran die Katholiken!«, entgegnete Ludwig und schaute auf die Uhr. »Es ist schon spät. Wir sollten langsam an die Rückfahrt denken.«

Shirats Gedanken weilten während seiner Abwesenheit oft bei John. Sie sehnte sich nach seiner Rückkehr. Sie wollte ihn auch fragen, ob er ihr mit dem ersparten Geld behilflich sein könnte. Sie wollte ihn bitten, das Geld für sie aufzubewahren. Schließlich war er ein Europäer und daher in ihren Augen zwangsläufig ehrlich. Er würde sie sicherlich nicht bestehlen.

Einen Tag, bevor sie John zurück erwartete, befand sie sich allein im Appartement. Ihre Freundinnen waren ausgegangen. Da sie ihre Periode hatte, blieb sie zu Hause. Shirat sah sich einen Bollywood Film an. Wie immer handelte er von einer verbotenen Liebe zwischen einem reichen Sohn, einer noch reicheren Familie und einem armen, aber bezaubernden Mädchen. Ihre Augen waren bereits glasig von der Leidenschaft und Liebe. Plötzlich läutete es an der Appartementtür.

Zuerst entschied sie sich, nicht zu antworten. Sie stellte das Fernsehgerät leiser. Das Läuten endete in einem heftigen Klopfen und von draußen wurde aggressiv auf Englisch gerufen: »Aufmachen, Polizei, aufmachen!« Nun blieb Shirat nichts anderes übrig, als zur Tür zu gehen und diese zu öffnen. Kaum hatte sie den Schlüssel umgedreht, flog die Tür nach innen und mit der Kante direkt auf ihre Stirn. Sie wurde umgeworfen und blutete heftig, wie aus einer Schnittwunde. Völlig benommen wurde sie hochgezerrt und auf das Bett geworfen.

Jetzt erst konnte sie verschwommen erkennen, dass es sich um drei Männer in Disdashas handelte. Einer hielt ihr kurz einen Ausweis vor das Gesicht und brüllte sie an: »Du Nutte, wir wissen, was du treibst! Wir werden dich ins Polizeigefängnis werfen! Es sei denn, du kannst die Strafe von 2.500 Rial für deine Gesetzesverstöße bezahlen!« Shirat war vollkommen verschreckt, ja geradezu geschockt und bekam kein Wort heraus. Während der eine Mann sie anschrie, durchsuchten die anderen ihre Koffer und Taschen. Sie warfen sie aus dem Bett und durchwühlten es. Im Badezimmer hinterließen sie ein Chaos ohne Gleichen.

Nach wenigen Minuten hielt der Schreier die gesamte Barschaft von Shirat in seinen Händen. Es waren über 3.000 Rial. »Na also«, lächelte er sie plötzlich hinterhältig an, »damit kannst du ja deine Strafe bezahlen! Das restliche Geld stellen wir sicher, damit wir dir ein Flugticket nach Hause organisieren können. Du wirst unser schönes Land bald verlassen!«

Der Schreier schlug Shirat mehrmals heftig ins Gesicht und stieß sie dann auf den Steinboden. Sie war für einige Minuten bewusstlos, und als sie wieder zu sich kam, war sie allein.

Sie krabbelte auf das Bett und konnte mit den geschwollenen Augen kaum das Zimmer wahrnehmen. Nach einer für sie nicht bestimmbaren Zeit, quälte sie sich vom Bett in das Badezimmer und öffnete vorsichtig den Deckel des Wasserkastens der Toilettenspülung. Darin hatte sie, in einer wasserdichten Folie, noch 500 Rial versteckt. Diese waren auch verschwunden.

Nachdem sie wieder einigermaßen klar denken konnte, griff sie zum Telefon und versuchte John zu erreichen. Er hob jedoch nicht ab. Sie hinterließ ihm eine kurze Nachricht auf der Mobilbox.

Abdullah war gerade dabei, sich nach dem Abendessen die fettigen Hände zu waschen. Er hatte reichlich gegessen und beschlossen, in die Moschee zu gehen, um das letzte Gebet des Tages zu sprechen. Anschließend wollte er sich schlafen legen.

Plötzlich läutete sein Mobiltelefon. Er sah auf dem Display Shirats Nummer. Rasch drückte er die grüne Antworttaste.

»Shirat, das ist aber lieb, dass du dich meldest.«

Mit kaum hörbarer, von Schmerz gequälter Stimme flüsterte Shirat ins Telefon. »Abdullah, die Polizei hat mich gerade bewusstlos geschlagen und mir mein ganzes Geld weggenommen!«

Verstört fragte Abdullah: »Shirat, was sagst du da? Die Polizei?«

»Ja Abdullah«, antwortete sie mit schwacher Stimme, »sie sind in unser Appartement gestürmt, haben mir einen Ausweis vorgezeigt, mich niedergeschlagen und mir all meine Ersparnisse geraubt!«

Abdullah dachte fieberhaft nach.

»Shirat, bleibe in deinem Appartement und sperre dich ein! Ich versuche herauszufinden, welche Polizisten das waren! Ich rufe dich zurück, sobald ich etwas in Erfahrung gebracht habe!«

Abdullah unterbrach den Anruf und setzte sich erst einmal hin. Er dachte konzentriert nach. Die einzige Idee, die er hatte, war, Khamis, seinen Freund anzurufen. Er suchte die Nummer aus dem Speicher.

»Asalam Alaikum Habibi, wie geht es dir?«

Abdullah hielt sich nicht lange mit Begrüßungsformeln auf, sondern erzählte Khamis über Shirats schreckliches Erlebnis. Khamis blieb für ein paar Sekunden stumm und sagte dann mit schneidender Stimme: »Habibi, du hältst dich da heraus! Das ist nicht deine Angelegenheit und du könntest damit in Teufels Küche kommen! Ich rate dir dringend, alles zu ignorieren. Kein Mann hier bei uns würde verstehen, warum du dich für so eine Hure aus Uganda einsetzt! Sie ist doch nur ein Weib, welches auch noch Sünde auf sich geladen hat. Außerdem ist sie Muslimin und schon deshalb muss sie bestraft werden für ihr Tun!«

Abdullah sah das ein. »Vielleicht hast du recht Khamis und es ist besser für mich, hier nichts zu tun. Ich werde ihre Anrufe nicht mehr beantworten.«

»Sehr gut Habibi, du hast also verstanden!«

Shirat lag auf ihrem Bett und weinte. Sie wartete aber auch auf den Rückruf von Abdullah. Doch der meldete sich die ganze Nacht nicht mehr. Zu später Stunden kamen ihre Freundinnen zurück und stellten zu ihrem Entsetzen fest, wie übel zugerichtet Shirat aussah. Das Entsetzen wurde noch größer, als Shirat ihnen erzählte, dass die Polizei auch ihr gesamtes erspartes Geld mitgenommen hatte. Sie besaß keinen Pfennig mehr und konnte sich nicht einmal etwas zu Essen kaufen.

Noch später in der Nacht klingelte das Telefon und John war dran. Er fragte Shirat, wie es ihr nun gehe. Daraufhin schilderte sie ihm ihr Erlebnis im Detail. John war schockiert. Er informierte sie, dass er in seinem Auto sitze und auf dem Weg zurück nach Maskat sei. Er teilte ihr mit, dass er früh am Morgen ankommen, zuerst kurz zu seinem Haus fahren und dann gleich zu ihrem Appartement kommen werde.

Shirat konnte kaum schlafen und ihr gesamter Körper schmerzte. Immer wieder dachte sie an das Erlebte. Und je mehr sie darüber nachdachte, desto mehr zweifelte sie daran, dass diese Männer tatsächlich Polizisten gewesen waren.

Gegen acht Uhr morgens kam John und fragte nach Einzelheiten. Nach gut einer Stunde musste er ins Büro und versprach, dass er von dort aus einen Freund anrufen werde, der ein hoher Polizeibeamter ist.

Er verließ das Appartement und fuhr zu seinem Büro. Dort angekommen wählte er sofort die Nummer seines Freundes. Dieser beantwortete jedoch seinen Anruf nicht. Nach einer weiteren halben Stunde probierte es John noch einmal - immer noch vergeblich.

Etwas später jedoch rief der Freund zurück. John schilderte ihm Shirats Erlebnis. Ganz so, wie sie es ihm erzählt hatte. Jedoch auch, dass sie ganz übel zusammengeschlagen worden war.

Nach einer kurzen Nachdenkpause sagte sein Freund von der Polizei: »Habibi, ich bin mir da nicht so sicher, ob das überhaupt Kollegen von mir waren. Ich gehe der Sache nach und melde mich wieder bei dir.«

John dachte anschließend auch über das von Shirat Erlebte etwas genauer nach. Er fand den Gedanken seines Freundes, dass es sich dabei nicht um Polizisten gehandelt hatte, nicht so abwegig.

Es dauerte den gesamten Vormittag, bis sein Freund von der Polizei sich wieder meldete. Er teilte John mit, dass es in keiner einzigen Polizeistation Aufzeichnungen über den Einsatz gegen eine junge Frau aus Uganda gab. Er meinte weiter, dass er sich sicher sei, dass diese Männer keine Polizisten gewesen waren.

»Manche Polizisten mögen nicht ganz sauber sein«, sagte er, »aber so eine Aktion führten auch die Schlimmsten nicht ohne Deckung ihrer Vorgesetzte durch.«

John bedankte sich bei seinem Freund und fragte, ob es Sinn mache, die ganze Angelegenheit bei der Polizei anzuzeigen. Darauf warnte sein Freund: »John, lass die Finger davon! Diese Frau ist eine Hure und somit geht sie einer illegalen Beschäftigung nach, die vom Gesetz auch noch mit schweren Strafen geahndet wird ... im Übrigen, auch ihre Freier. Sie selber wird die Sache niemals zur Anzeige bringen, da bin ich mir sicher! Halte dich bitte heraus! Du ahnst nicht, was du bei so einer Sache riskierst. Wenn du das nicht tust, kann es für dich böse enden. Ich werde aber einen Beamten darauf ansetzen. Immerhin handelt es sich um eine schwerwiegende Amtsanmaßung von Männern, die sich als Polizisten ausgaben.«

John bedankte und verabschiedete sich von seinem Freund. Lange Zeit saß er nachdenklich an seinem Schreibtisch und kam zu der

Einsicht, dass er Shirat nicht viel helfen konnte. Außer vielleicht, dass er ihr Geld gab, damit sie über die Runden kam.

Am Nachmittag meldete sich John telefonisch bei Shirat und teilte ihr mit, dass es sich bei den Männern nicht um Polizisten gehandelt habe und die Polizei der Sache nachgehe. Weiter bat er Shirat, nichts zu unternehmen. Am Abend, nach seiner Arbeit, werde er vorbeikommen, um ihr Geld zu geben.

Khamis, der Freund Abdullahs, steckte zur gleichen Zeit 600 Rial in seine Tasche und verabschiedete sich von einem Bruder von Shirats Sponsorin mit den Worten: »In etwa zwei Wochen habe ich wieder eine Nutte für euch, die auf ihrem Geld sitzt. Sie wird auch von deiner Schwester gesponsert.« Sie verabschiedeten sich voneinander und Khamis verließ das Haus mit sich durchdrehenden und quietschenden Autoreifen.

Shirat ahnte noch nicht, dass nun die Rädchen in ihrem Fall schnell rotierten. Schon am Nachmittag desselben Tages kam ihre Sponsorin vorbei. Sie teilte ihr mit, dass sie ihre Aufenthaltsgenehmigung nicht mehr sponsern werde. Sie müsse am nächsten Morgen ein Flugzeug besteigen und nach Hause fliegen. Sie hielt bereits das Ticket für sie in der Hand und wollte von ihr 550 Rial dafür. Shirat erklärte, dass sie kein Geld mehr besitze.

Die Sponsorin forderte sie auf: »Dann frag doch deinen Stammfreier. Vielleicht gibt er dir das Geld. Er hat genug davon. Wenn du morgen früh das Land nicht verlässt, wirst du für lange Zeit im Gefängnis verschwinden! Jedenfalls bringt dich morgen früh Khamis entweder zum Flughafen oder zur Polizei!«

Mit einem Mal verstand Shirat den Vorfall. Sie begann, diesen mit anderen Augen zu sehen. »Jetzt begreife ich, wer das alles inszeniert hat. Du warst das! Natürlich kann ich in diesem Land nichts gegen dich unternehmen. Als Ausländer werden wir nur geduldet und sind vollkommen rechtlos. Aber ich werde in Zukunft jeden Tag viele, viele Male zu Allah beten, damit er dich verfluchen und bestrafen möge!«

Die Sponsorin lachte hämisch: »Es war ein großer Fehler, auch die Menschen in Afrika und vor allem in deinem Land zum Islam zu bekehren. Der Islam sollte nur für uns wahre Gläubige, für uns von Allah geliebte Muslime Arabiens, vorbehalten sein. Der Rest der Menschheit ist Dreck und ist es ohnehin nicht Wert, bekehrt zu werden. Daher ist vorbestimmt, dass alle Andersgläubigen unsere Sklaven zu sein haben!«

Damit verließ sie das Appartement.

Am frühen Abend kam John zu Shirat und gab ihr Geld. Sie erzählte ihm von dem Gespräch mit ihrer Sponsorin. Sie müsse am nächsten Tag aus Oman verschwinden, hätte aber kein Geld mehr für ein Ticket.

John rief in seinem Büro an und gab der Mitarbeiterin die Daten von Shirat durch und bat sie, einen Flug nach Kampala zu buchen und die Kosten auf seinem Privatkonto zu vermerken.

Als John Shirat verlassen hatte, brachte ein indischer Fahrer das E-Ticket zu Shirat.

Schon früh am nächsten Morgen kam John zu Shirat. Er gab ihr nochmals Geld und bat sie, um ihre Adresse und Telefonnummer in Uganda. »Shirat ich werde dich nicht vergessen und möchte mich finanziell um dich kümmern. Wie viel Geld benötigt man in deinem Land pro Monat, um ein einigermaßen sorgenfreies Leben zu führen?« Shirat sah ihn erstaunt an.

»Mit 300 US Dollar kann ich mit meinem Sohn gut leben!«

»Shirat, das schicke ich dir monatlich und vielleicht werde ich dich eines Tages besuchen!«

Plötzlich öffnete sich die nicht abgesperrte Tür. Khamis trat ohne anzuklopfen ein. Er ignorierte John und sagte zu Shirat: »Zeit zu verschwinden Habibti! Hast du das Geld für das Ticket?« Nun mischte sich John ein.

»Sie hat ihr eigenes Ticket. Das von euch braucht sie nicht. Und jetzt rücke ihren Reisepass raus, sonst bekommst du ein paar hinter deine dreckigen, fetten Ohren!« John schaute ihn wütend an.

Khamis blieb die Luft weg. So hatte noch nie ein Ausländer gewagt mit ihm, einem Omani, zu reden. Bevor er noch etwas sagen konnte, fuhr John fort.

»Her mit ihrem Pass und dann verschwinde, wenn nicht, dann rufe ich Colonel Ahmed Al Khindi bei der Polizei an. Der sucht dich schon wegen Amtsanmaßung.«

Khamis war mit seinen Nerven sichtlich am Ende. Ohne ein Wort händigte er John Shirats Reisepass aus und verließ das Appartement. Gerade als Khamis die Tür hinter sich schließen wollte, rief John ihm nach: »Und richte deiner Freundin aus, dass, wann immer sie in ein anderes Land als ein arabisches reist, sie nicht mehr sicher sein wird. Ich habe Mittel und Wege dazu!«

Schon nach wenigen Minuten hatte Shirat den Koffer und die Tasche in Johns Wagen geladen und beide fuhren zum Flughafen.

GARDENER

Abdullah war nicht unzufrieden mit der Entwicklung. Je mehr er darüber nachdachte, desto deutlicher wurde ihm, dass Shirat nur seine Gefühle für seine große Liebe durcheinandergebracht hatte. Er musste zugeben, dass sie nichts anderes als eine Prostituierte war. Außerdem auch noch eine Muslimin und das zählte doppelt als schwere Sünde. Sie hatte sich stets unzüchtig gekleidet und trug noch nicht einmal einen Hijab, um ihr Haar zu bedecken. Allah hatte sie bestraft. Allah der Gerechte hatte sie zurechtgewiesen und ihr ihren Platz aufgezeigt. Er hatte sie dorthin zurückgeschickt, wohin sie gehörte. In ein armes Land. Einem Land ohne wirtschaftliche, ohne kulturelle Bedeutung und ohne nennenswerte Öl- und Gasvorkommen. Schließlich gab er in seiner Allbarmherzigkeit und Weisheit nur den Rechtgläubigen diese Bodenschätze, die sie verdienten.

Allah ist gerecht!

Für John hatte die Affäre mit Shirat noch ein Nachspiel. Er hatte sich mit Khamis und den Brüdern von Shirats Sponsorin mächtige Feinde geschaffen.

Es dauerte nicht lange und sein Freund Ahmed, der Oberst, meldete sich. Er wollte sich mit ihm treffen, um ihn in einer schwierigen Angelegenheit zu sprechen. John schlug vor, dies am Abend in einem der besseren Hotels, bei einem netten Abendessen zu tun. Der Oberst willigte ein und sie vereinbarten einen Termin für den nächsten Abend.

Für die zwei Professoren war der vorletzte Tag ihres Kurzurlaubes angebrochen. Sie hatten sich entschieden, mit ihrem Leihwagen noch die Wüste Sharkhyiah Sands zu befahren. Sie brachen zeitig am Morgen auf und fuhren in eine Stadt namens Bediyah. Nach ungefähr einer Stunde Fahrt, rief Ludwig Abdullah an. Schließlich hatte er ihm versprochen, sich zu melden, wenn er in Oman war. Das Telefongespräch war kurz und merkwürdig. Abdullah schien sich über den Anruf nicht besonders zu freuen und war kurz angebunden. »Ist auch egal«, dachte Ludwig, »er wird beschäftigt sein.«, und wandte sich wieder Gardener zu.

Gegen zehn Uhr vormittags kamen sie in Bediyah an und tankten den Geländewagen auf. Anschließend kauften sie noch ausreichend Trinkwasser und ein paar Kekse. Da sie sich nicht gut auskannten, fragten sie einen Einheimischen, wo und mittels welcher Straße sie am besten in die Wüste fahren könnten.

Der Einheimische, ein Beduine, sprach gut Englisch. Er stellte sich als Badar Al Hajri vor und bot ihnen an, sie in ihrem Auto in die Wüste und wieder herauszufahren. Er klärte sie darüber auf, dass es für ungeübte Fahrer in der Wüste gefährlich werden könnte. Er schlug vor, als erste Strecke in das Wüstencamp Al Raha zu fahren. Dort sollten sie etwas Essen. Anschließend wollte er mit ihnen zum »Dune Bashing«. Damit war das Rauf- und Runterrasen der Dünen mit dem Geländewagen gemeint.

Nach kurzer Beratschlagung entschieden die beiden, das Angebot anzunehmen und ihm die geforderten 50 Rial zu bezahlen. Gardener, der in Bezug auf Einheimische nicht ganz so naiv war, schlug vor, dem Beduinen anfangs 20 Rial und erst am Ende, wenn alles in Ordnung war, die restlichen 30 Rial zu geben. Ludwig war damit einverstanden.

Der Fahrer lenkte den Wagen durch einen Ort namens Al Ghabi und bald waren sie am Rande der Sandwüste angekommen. Der Fahrer stoppte den Wagen und stieg aus. Er erklärte Ihnen, dass er Luft aus den Reifen lassen werde, und zwar auf ungefähr die Hälfte des ursprünglichen Reifendrucks. Damit könnten sie besser fahren und der Wagen würde nicht so schnell im Sand stecken bleiben. Die Reifen hätten dadurch eine breitere Auflagefläche und mehr Grip.

Die beiden Professoren waren begeistert über die veränderte Landschaft. Der Wagen stand am Eingang eines breiten Dünentals. Links und rechts, in nicht allzu weiter Entfernung, türmte sich je eine hohe Düne auf. Die orange-rote Farbe des Sandes faszinierte Ludwig am meisten.

Der Fahrer entpuppte sich als wahrer Schatz an Wissen, was die Wüste betraf. Er erklärte ihnen die sieben Farben des Sandes, die für einen Beduinen lebenswichtig waren, da er danach sein Fortkommen in der Wüste bestimmte. Er erklärte ihnen, dass, je heller der Sand ist, desto schwieriger sei er zu befahren. Außerdem, so erzählte er, werde nur der helle, feine Sand vom Wind transportiert und zu Dünen aufgeschichtet.

Ludwig fragte den Fahrer, welche Tiere in der Wüste lebten? Gardener lächelte zu dieser Frage süffisant. Badar erzählte ihnen, dass neben den Haustieren der Beduinen wie Kamele, Ziegen und Schafe, auch wilde Tiere und vor allem auch gefährliche Tiere in der Wüste lebten. Er zählte Schlangen, Spinnen und Skorpione auf. Außerdem auch Nagetiere und den Wüstenfuchs Fennek.

Nach einer rasenden Fahrt mit teilweise mehr als 100 Km/h auf einer Länge von fast 20 Kilometern, die sie hin und wieder auch Schrägfahrten entlang der Dünen machen ließ, erreichten sie das Al Raha-Wüstencamp.

Beide Professoren kletterten mit weichen Knien aus dem Auto. Sie waren begeistert von der Schönheit der Wüste und den Fahrkünsten ihres Chauffeurs.

Sie parkten inmitten des Camps, direkt vor dem nach allen Seiten offenen Restaurant. Herzlich begrüßte der Fahrer einige Einheimische. Er bedeutete den zwei Freunden, gleich in das Restaurant zu gehen, um ihren Hunger zu stillen. Ludwig sagte ihm, dass er selbstverständlich auch zum Essen eingeladen wäre. Er bedankte sich und versprach, dass er später wieder zu ihnen stoßen würde.

Da es sich um ein Selbstbedienungsrestaurant handelte, eilten sie gleich zum Büffet und häuften ihre Teller voll.

Salims Problem, die ausstehenden Gehaltszahlungen an seine Arbeiter, kam seiner Mutter zu Ohren. Obwohl mittlerweile geschwächt vom Fasten, rief sie am Nachmittag, nach dem Gebet, nach Salim und fragte ihn, wie er das Problem zu lösen gedenke.

Salim erklärte seiner Mutter, dass er noch keine Zeit gehabt hätte, zur Bank zu fahren und Geld zu holen.

Da sich Aisha generell für dieses Problem interessierte, fragte sie Salim, wie es dazu kommen konnte, dass er den Indern so viel Geld schulde und ob diese sich das Geld tatsächlich verdient hätten.

Er erklärte ihr, dass durch die hohen Kosten, verbunden mit den oftmaligen Aufenthalten in Maskat, das Bargeld knapp wäre. Was die Arbeitsqualität seiner Arbeiter beträfe, so sei er zufrieden. Und außerdem, informierte er Aisha, seien die Arbeiter nicht zu hoch bezahlt. Eher unter dem Durchschnitt, bezogen auf das gesamte Land.

Aisha war durch diese Auskunft beruhigt und ging wieder zu Fatimah, da sie an diesem Nachmittag wieder gemeinsam aus dem

Koran lesen wollten. Fatimah konnte sich kaum noch konzentrieren und hatte große Probleme, überhaupt noch etwas zu entziffern. Alhamdullilah half ihr dabei, dass sie die meisten Suren ohnehin auswendig runtersagen konnte. Salim hingegen eilte in die Küche und widmete sich wieder seiner Köchin Suri.

Nachdem die zwei Professoren ausgiebig zu Mittag gegessen hatten, wurden sie von einem indischen Bediensteten zur Majlis geführt. Dort konnten sie ihre Beine auf einem der Teppiche ausstrecken. Zusätzlich fanden sie in der Majlis frisches Obst, Tee und Kaffee zur freien Entnahme. An Letzterem bedienten sie sich, als ob sie am Verdursten wären. Es war am Nachmittag nicht mehr ganz so heiß und in der Majlis, unter dem Sonnendach, war es auszuhalten.

Nach einem kurzen Schläfchen hatten sie sich gut erholt und begannen ein anregendes Gespräch über die Wüste.

Ludwig erzählte Gardener, dass ihm sein Freund, der Geologe, erzählt habe, dass es sich bei dem Sand dieser Wüste um reinen Quarzsand handle und dass der Sand aus einer Entfernung von bis zu 5.000 km durch den Wind herangetragen werde.

»Erstaunlich, dass hier Menschen leben können«, meinte Ludwig. Gardener sah seinen Freund belustigt an: »Tja, die Menschen mussten sich in den letzten Jahrtausenden langsam an extreme Bedingungen gewöhnen. Wenn man bedenkt, dass die Sahara auch einmal fruchtbar und grün gewesen ist. Ich glaube, dass vor allem der ständig steigende Bevölkerungsdruck für die Ausdehnung vieler Wüsten verantwortlich ist.«

»Wie kommst du darauf?«, fragte Ludwig.

»Durch Abholzung, intensive Tierhaltung und die damit verbundene Überweidung und vieler anderer vom Menschen verursachter, schleichender Veränderungen, stehen immer weniger fruchtbare Böden zur Verfügung. Aber die Hauptursache liegt darin, dass immer mehr hungrige Mäuler gestopft werden müssen. Alleine hier auf der arabischen Halbinsel, im Verhältnis zu den vorhandenen Ressourcen, wächst die Bevölkerung ins Unermessliche. Kein Wunder, wenn man bedenkt, dass hier beinahe jede Frau acht und mehr Kinder zur Welt bringt. Ich glaube, gerade die Menschen im arabischen Raum nehmen den Spruch der Bibel: ‹Vermehret euch und werdet zahlreich wie der Sand am Meere›, allzu wörtlich. Ich bin mir sicher, dass dieses Problem hauptsächlich durch die Religion verursacht wird. Verhütung ist bei Strafe verboten und damit werden die Frauen von den sexuell überaktiven Männern ständig geschwängert. Hinzu kommt, dass die Männer für das Problem der Überbevölkerung kaum ein Verantwortungsgefühl entwickelt haben. Die Religion gibt ihnen sogar den Auftrag, so viele Söhne als möglich zu zeugen. Dadurch werden sie von Allah mehr geliebt. Mädchengeburten sind ohnehin ungewollte Nebenprodukte!« Gardener seufzte kurz und fuhr dann fort mit seinem Monolog: »Wohin wird sich die Menschheit entwickeln, wenn sie ständig unter der Anleitung solch düsterer Religionen leben muss?«

Ludwig entgegnete: »Nun ganz so düster wie du sehe ich die Lage nicht, aber du hast natürlich schon recht. Die Menschheit hat allerdings immer wieder bewiesen, eine recht hohe Problemlösungskompetenz zu besitzen. Es wird uns bestimmt gelingen, diese große Herausforderung anzunehmen und Lösungen zu finden.«

»Ich glaube das nicht«, antwortete Gardener, »ich glaube, dass die wirklich großen Probleme erst noch kommen werden. Nimm das Sultanat hier als Beispiel. Jetzt haben sie knapp zwei Millionen Einwohner. Hinzu kommt noch einmal eine Million Ausländer. Die Grundwasserreserven werden um mehr als das Doppelte überzeichnet. Zusätzlich müssen sie inzwischen noch Meerwasser entsalzen. Wenn sie in vielleicht zwanzig Jahren kein Öl und kein Gas mehr haben, was passiert dann? Dann verzeichnen sie wahrscheinlich eine doppelt so hohe Bevölkerungszahl und können den eigenen Leuten nicht mehr ausreichend Trinkwasser zur Verfügung stellen.«

»Bis dahin, mein Freund, haben wir viele technische Möglichkeiten entwickelt, um Wasser zu recyceln und Brauchwasser wieder in Trinkwasser zu verwandeln. Das gibt es übrigens heute schon.«

»Ja«, antwortete Gardener, »wir in der westlichen Zivilisation entwickeln und produzieren viel, die hier, setzen nur viele Nachkommen in die Welt!«

Ludwig hatte bereits auf einen der Ausbrüche Gardeners gewartet, doch nun traf es ihn unverhofft.

Gardener blieb noch eine Weile bei seinem Thema und hing seinen Gedanken nach. Er dachte, seinem Freund gegenüber, manchmal zu aggressiv zu sein. Andererseits fühlte er sich von der harmlosen, mildtätigen Denkweise von ihm oft provoziert.

Gardener lebte schon viel länger in arabischen Ländern als Ludwig. Er beanspruchte für sich, in diesen Ländern den Durchblick zu besitzen. Was nicht von ungefähr kam, da er schon Unglaubliches erlebt hatte.

Bis vor drei Jahren unterrichtete er in Saudi Arabien. Vorher war er in Kairo und auch in Amman. Erst seit drei Jahren hielt er Vorlesungen in Dubai. Es war Gardener bewusst, dass er bei Ludwig stets den »Advocatus Diaboli« spielte. Aber andererseits war Ludwigs Naivität eine ständige Herausforderung für ihn.

Er verstand einfach nicht - und wollte es auch nicht -, wie man frauenverachtenden Kulturen und demütigenden Religionen so gleichgültig gegenüberstehen konnte.

Gardener dachte lange darüber nach. »Sag Ludwig, warum bist du nur so tolerant, um nicht zusagen leichtgläubig, all diesen kulturellen und religiösen Auswüchsen gegenüber? Vor allem hier in diesen Ländern?«

»Warum leichtgläubig, ich verstehe deine Frage nicht?«, entgegnete Ludwig.

»Du kommst mir manches Mal sogar naiv vor, wenn wir über unsere Freunde in all diesen Ländern sprechen. Zumindest bist du mir in deinen Ansichten zu tolerant!«

»Du, Henry, wirst es nicht verstehen, aber immerhin hat mein Land eine andere Vergangenheit als deines, was Intoleranz, Rassismus und den Umgang mit Andersdenkenden betrifft. Wir sind alle nach dem Krieg so erzogen worden! Und so denken wir jetzt auch! Die weitaus größte Mehrheit meiner Landsleute ist so und denkt so wie ich! Du, Henry, kannst es dir eher leisten, deine intoleranten Ansichten zu äußern!«

Wenige Minuten später kam der Fahrer Badar zurück und bedeutete ihnen, dass sie jetzt zum »Dune Bashing« fahren würden. Gespannt bestiegen sie den Geländewagen und freuten sich auf einen wilden Ritt quer über die Dünen.

Abdullah hatte nicht einmal ein schlechtes Gewissen, was sein Gespräch mit Professor Ludwig betraf. Dieser Europäer und Ungläubige dachte wahrscheinlich auch, dass er wichtig wäre. Er, Abdullah, hatte derzeit andere Sorgen, als sich um seinen Professor zu kümmern.

Er erzählte seiner Mutter, dass ihn sein Professor angerufen habe, da er derzeit in Oman sei. Halima meinte daraufhin, dass es besser sei, wenn er nicht zu viel Zeit mit diesem Mann verbringen würde und sich stattdessen mehr um seine Einstellung zum Islam kümmern solle. Sie habe das Gefühl, dass er sich seiner Religion gegenüber nicht mehr so hingebungsvoll verhalte, wie früher einmal. Dass er durch die Bildung mehr verdorben werde, als es gut für ihn sei.

»Habibi, mein geliebter Sohn, du musst aufpassen, nicht deine Identität zu verlieren. All diese Kafire, mit denen du dich umgibst, haben einen schlechten Einfluss auf dich.«

»Inshallah!«, antwortete Abdullah.

Lange dachte er über die Worte seiner Mutter nach. Er kam ebenfalls zu dem Schluss, dass er in Zukunft mehr auf seine Tradition und Religion achten und sich von all dem fremden Einfluss befreien müsse, um wieder zu seiner Identität als gläubiger Moslem zurückzufinden.

Noor sprach am Abend nach dem Fastenbrechen mit ihrer Tochter am Telefon. Sie war aufgrund des langen Fastens besorgt um sie und wollte wissen, wie es ihr dabei ergehe. Sorgen machte sie sich vor allem deshalb, weil es kaum zwei Wochen her war, seit Fatimah aus dem Krankenhaus entlassen worden war. Fatimah versicherte ihrer Mutter, dass es ihr gut gehe und dass das Fasten mit Aisha ein Geschenk Allahs sei.

Lange drückte Noor sich um die Frage herum, wie das Verhältnis mit Salim sei. Doch Fatimah äußerte sich nur wohlwollend und Noor konnte keine Misstöne aus den Erklärungen heraushören.

Fatimah erzählte ihrer Mutter, dass Salim den ganzen Tag draußen im Großgarten arbeite und nur am Abend beim Fastenbrechen anwesend sei. Noor war einigermaßen beruhigt.

Außerdem vertraute sie ihrer Mutter an, dass sie seit Längerem schon ihre Periode vermisse, aber, fügte sie gleich hinzu, dass das vom langen Krankenhausaufenthalt und vom Fasten herrühre.

Sofort war Noors Stimmung gestiegen. Sie informierte Fatimah, dass das Ausbleiben der Periode auch eine andere Ursache haben könne. »Lasse Dich von deinem Mann ins Krankenhaus fahren und dort untersuchen! Es kann auch eine wesentlich freudvollere Ursache dahinterstecken!«

»Nach dem Fasten, verehrte Mutter«. Sie musste ihr fest versprechen, sich spätestens nach Ende des Fastens auf eine mögliche Schwangerschaft untersuchen zu lassen.

Salim fragte Fatimah, was es Neues in der Familie seines Schwagers Ali gäbe und noch bevor Fatimah ihn informieren konnte, hatte er die ausgesprochener Frage schon wieder vergessen und verließ die Sala.

Die beiden Professoren kamen spät in ihr Hotel nach Maskat zurück. Sie tranken an der Bar noch ein Glas Wein zusammen, bevor Ludwig sich zu Bett begab. Er war müde und sie wollten am nächsten Morgen zeitig nach Dubai zurückfahren.

Auch Abdullah bereitete sich darauf vor, am gleichen Tag wie die Professoren nach Dubai zu fahren. Seine Mutter packte ihm seine Koffer. Da der Wohnort Abdullahs stets die letzte Station zum Abholen war, kamen seine Freunde gegen 13:30 Uhr, um ihn mitzunehmen.

Einerseits freute sich Abdullah wieder an die Universität zurückzukehren, andererseits hatte er gemischte Gefühle, was Professor Ludwig betraf. Er wollte ihm während der ersten Tage einfach aus dem Weg gehen, um jedes Gespräch zu vermeiden. Obwohl er seinen Lieblingsprofessor immer noch schätzte, kam dieser doch aus einer ganz anderen Welt und war zudem ein Ungläubiger. Ja, noch schlimmer, Professor Ludwig glaubte an gar nichts. Abdullah konnte ihn nur als gottlos bezeichnen. Wieder ein Grund für ihn, seinen Professor nicht mehr so zu mögen, wie noch vor ein paar Wochen.

John traf seinen Freund den Colonel von der Polizei. Wie immer war John pünktlich. Er wartete in der Lobby des Hotels und sagte im Restaurant Bescheid, dass sich das Abendessen um eine halbe Stunde verzögere.

Während des Wartens dachte John darüber nach, wie oft er schon auf Einheimische gewartet hatte. Er hielt sich zugute, stets pünktlich und daher immer der Wartende zu sein. Gerade als er sich vornahm, den Spieß einmal umzudrehen und in Zukunft die Omanis warten zu lassen, kam sein Freund gemächlichen Schrittes in die Hotelhalle.

Beide begrüßten sich herzlich und umarmten sich. Der Colonel fragte John, in welchem Restaurant er für sie reserviert habe.

»Es steht ein Tisch im italienischen Restaurant bereit.«

»Ja Habibi«, stimmte Ahmed zu, »das ist exzellent. Ich hatte gehofft, dass du den Italiener wählst!«

Das Lokal befand sich ein Stockwerk höher. Der Oberkellner, der John gut kannte, führte sie zu ihrem Tisch. Er bat sie Platz zu nehmen und breitete sogleich die Servietten über ihren Schößen aus.

»Wissen die Herren vielleicht schon, was sie zu trinken wünschen?«, fragte er in Hinglish.

»Also ich hätte als Aperitif gerne ein Gin and Tonic. Du Ahmed wirst wahrscheinlich einen frisch gepressten Saft wollen?«, richtete er die Frage an seinen Freund.

Ahmed lächelte vielsagend. »Habibi, ich denke, ich nehme das Gleiche wie du!«

»Du weißt aber, dass es sich dabei um Alkohol handelt. Alkohol ist für dich haram!«

»Habibi!«, antwortete Mohammed mit beleidigter Stimme, »ich weiß, aber manchmal ist mir einfach danach!«

John fragte Ahmed, wie es die Etikette verlangte, nach dem Wohlbefinden seiner Familie. Hier natürlich nur nach dem Vater und den Brüdern, die er zum Teil kannte. Als Europäer erlaubte er sich, auch die Frage nach den Kindern zu stellen. Da sich alle bester Gesundheit erfreuten, unterhielten sie sich anschließend über ihre Arbeit.

John erzählte seinem Freund, dass sie in seinem Unternehmen kurz davor stünden, eine neue Ölquelle zu erschließen und er daher immer öfter nach Süden, ins Landesinnere, fahren müsse. »Noch haben wir das Öl nicht an die Oberfläche gebracht, aber als erfahrener Geologe weiß ich, dass das nur noch eine Frage von ein paar Tagen ist.«

Ahmed antwortete: »Jeder Tropfen neu gefundenen Öls hilft meinem Land immens.«

»Ja«, sinnierte John, »aber dieses Mal könnte es Probleme mit eurem großen Bruder Saudi Arabien geben. Das neue Ölfeld liegt verdammt nahe an der Grenze!«

»Seine Majestät wird das schon richten mit seinem Bruder König Abdullah von Saudi Arabien«, antwortete Ahmed.

»Dein Wort in Gottes Ohr!«, murmelte John.

Als die Vorspeisen serviert wurden, fragte John seinen Freund, was denn nun der Grund sei, warum er ihn so schnell treffen wollte?

Ahmed blickte sorgenvoll.

»Habibi, es ist mir äußerst unangenehm, dir, als meinem Freund und Bruder, diese Nachricht überbringen zu müssen.

Als ich vor einigen Tagen im Polizeiserver die Daten der unerwünschten Personen durchsah, entdeckte ich mit Schrecken deinen Namen. Zuerst dachte ich, es handelt sich vielleicht um eine Namensgleichheit oder um einen Irrtum. Dann las ich jedoch genauer und stellte fest, dass es sich dabei nur um dich handeln konnte!«

John sah ihn verdutzt an und fragte: »Ich in der Datenbank für Verbrecher? Was soll ich denn angestellt haben? Das ist ja unglaublich!«

»Nein, nicht Verbrecher!«, sondern Personen, die so lange mit einem Ausreiseverbot belegt sind, bis bestimmte Vergehen, Verdachtsmomente oder auch Fragen zum Guten geklärt worden sind.«

»Welche Verdachtsmomente oder welches Vergehen? Ich bin mir keiner Schuld bewusst und kann mir nicht vorstellen, was ich angestellt haben soll.«

»Für dich als Ausländer mögen so manche Vorgänge nicht verständlich erscheinen, aber bei uns verhält sich vieles anders. Du hast mich doch wegen dieses Mädchens aus Uganda kontaktiert.«

»Ja Shirat, aber was hat das mit mir zu tun?«

Ahmed setzte zu einer ausschweifenden Erklärung an. »Zu allererst beruht unser Rechtssystem auf der Sharia. Diese bezieht sich einerseits auf den Koran und andererseits auf Beispiele aus den Haditen und der Sunna.

Wenn nun ein Mann zu einer Hure geht, so ist das verboten. Wenn ein Mann eine Hure unterstützt, so kann das zumindest an Zuhälterei grenzen. Das ist das ein Problem. Das zweite Delikt, welches du dir laut Akt zuschulden kommen hast lassen, ist, dass du einen omanischen Staatsbürger bedroht hast.«

»Was?«, entfuhr es John, »was soll ich getan haben?«

»Du hast einen gewissen Khamis Al Rahbi bedroht!«

»Das ist unglaublich, ich habe ihm lediglich zu verstehen gegeben, dass er aus dem Zimmer von Shirat verschwinden soll, sonst setzt es ein paar Ohrfeigen.«

»Tja Habibi, und als was bezeichnest du dann deine Aussage?« John sah in fragend an und antwortete: »Ohrfeigen sind doch keine gefährliche Drohung!«

»Es redet niemand von gefährlicher Drohung. Wenn dem so wäre, dann säßest du nicht mehr hier mit mir zusammen, sondern schon im Gefängnis. Tatsache ist, dass dieser Khamis Anzeige gegen dich erstattet hat und, dass bis der Sachverhalt aufgeklärt ist, du mit einem Ausreiseverbot belegt bist.«

John wirbelten viele Gedanken durch den Kopf. Er konnte das Gehörte nicht fassen. Nach einer Weile des Schweigens richtete er eine Frage an seinen Freund. »Sag Ahmed, was wiegt dabei schwerer, die Drohung an sich oder weil sie einem Omani betraf?«

»Nach dem Gesetz die Drohung. Aber in den Augen der Polizei vor allem die Tatsache, dass du dir angemaßt hast, einen omanischen Staatsbürger zu bedrohen!«

John sah in die Augen seines vermeintlichen Freundes. Dieser wendete sofort seinen Blick ab und sah an John vorbei. John fiel wieder einmal auf, dass sämtliche Asiaten, einschließlich der Araber, einem geraden Blick in die Augen nicht standhielten. So, als hätten allesamt etwas zu verbergen.

Während sie aßen, ordnete John seine Gedanken und begann die gesamte Angelegenheit nüchtern zu betrachten.

»Was, Habibi, rätst du mir, soll ich deiner Meinung nach tun?«

Ahmed antwortete kryptisch: »Einerseits rate ich dir, das Problem auszusitzen, andererseits kann es sein, dass es besser für dich wäre, Oman bald zu verlassen.«

»Was nun?«, sah ihn John fragend an.

»John, mein Bruder, mein Freund«, entfuhr es Ahmed, »wir warten jetzt einmal ab, was dieser Khamis von der Polizei verlangt, gegen deine Person zu unternehmen. Ich bin direkt involviert in die ganze Angelegenheit und halte dich auf dem Laufenden. Dieser Khamis befindet sich auch auf unserer Liste. Er steht unter dem Verdacht, ein Zuhälter zu sein. Vielleicht kann ich ihn etwas unter Druck setzen und er willigt ein, ein kleines Kompensationsgeschäft mit dir durchziehen.«

»Wie meinst du das?«

»Nun, du hast dir etwas zuschulden kommen lassen und Khamis auch. Wenn ich entscheide, Khamis strafrechtlich zu verfolgen, dann sieht es für ihn schlecht aus. Wenn er jedoch die Anklage gegen dich zurückzieht und ich dafür seine Akte aus dem Computer entferne, dann könnten beide Probleme mit einem Schlag gelöst sein.«

John sah seinen Freund irritiert an und es blieben ihm die Spaghetti im Mund stecken. »Das bedeutet, dass ich rehabilitiert bin, wenn auch Khamis rehabilitiert ist. Das heißt weiter, dass der schwere Raub mit übler Körperverletzung an Shirat ungesühnt bleibt!«

»Habibi sei nicht naiv!«, flüsterte Ahmed beschwörend, »für dich ist nur wichtig, von dieser Liste gestrichen zu werden. Kein Hahn kräht jemals mehr nach dieser Nutte. Außerdem ist sie längst in Uganda und kann nie mehr in unser Land kommen!«

Johns Rechtsempfinden war sichtlich gestört und zum wiederholten Male stellte er fest, dass er die arabische Kultur nie verstehen würde. Letztendlich blieb ihm nichts anderes übrig, als Ahmeds Vorschlag zu akzeptieren. Wie hätte er sonst wieder von dieser Liste kommen sollen?

Nachdem die beiden noch eine kleine Nachspeise zu sich genommen hatten und Ahmed den Großteil des Weines getrunken hatte, beglich John die Rechnung und sie verließen das Restaurant.

Schon während der kurzen Heimfahrt, dachte John unentwegt nach. Zu Hause angekommen setzte er sich in sein privates Büro und holte sich einen doppelten Whisky.

Zunächst wollte er noch einen Freund, der Anwalt war, kontaktieren und ihn zusätzlich um Rat fragen.

Er saß noch lange nachdenklich in seinem Büro und ging spät zu Bett.

Gardener und Ludwig fuhren am Morgen kurz nach acht Uhr nach Dubai zurück. Gardener war schlecht gelaunt, da er die Nacht wenig geschlafen und den Großteil davon an der Hotelbar zugebracht hatte.

Ludwig fuhr das Auto und sah seinen schweigenden Freund von der Seite an. »Warum bist du so still Henry?«, fragte er ihn.

Dieser knurrte und antwortete mit heiserer Stimme: »Weil ich eine schwere Nacht hinter mir habe.«

»Was heißt schwere Nacht mein Freund? Was hast du getrieben?«

»Letzte Nacht, als du schon in dein Zimmer gegangen warst, blieb ich noch eine Weile an der Bar, um mein Glas in Ruhe zu leeren. Ich lernte ein paar Landsleute kennen, die in Oman arbeiten. Mit diesen hatte ich ein interessantes Gespräch und noch mehr Drinks.«

»Du bist verkatert!«, entfuhr es Ludwig lachend.

»Ja«, brummte Henry, »aber auch der Gesprächsstoff war packend und mein Gehirn raucht noch.«

»Erzähl, was so interessant war, dass du die halbe Nacht an der Bar verbracht hast.«

Gardener hatte mit den zwei anderen Briten über die wirtschaftliche Situation, das Bildungssystem des Landes und über die Stellung der Ausländer in Oman diskutiert.

Als Resultat, erklärte er Ludwig, sei herausgekommen, dass Omans wirtschaftlicher Erfolg ausschließlich auf Öl und Gas zurückzuführen sei und der Tourismus, als zweites Standbein, einen minimalen Anteil am Bruttosozialprodukt habe. Das Bildungssystem war im Vergleich mit den anderen Golfstaaten zwar vorbildlich, stecke aber verglichen mit Europa noch in den Kinderschuhen.

Ludwigs Meinung: »Dazu braucht man aber nicht die ganze Nacht, um das herauszufinden. Das ist Allgemeinwissen!«

Gardener war beleidigt. Er erklärte, dass sie komplizierter an die Sache herangegangen seien, da einer der Briten Professor der Volkswirtschaft war. Außerdem, so fügte er hinzu, studieren viele Einheimische und kaum einer erlernt einen handwerklichen Beruf. Dafür brauchen sie stets billige Arbeitskräfte aus dem Ausland.

»Etwas anderes ist auch schwer möglich, da sämtliche Golfstaaten ein dem britischen bzw. amerikanischen Bildungssystem ähneln. Die duale Ausbildung mittels Schule und Lehre in einem Betrieb, wie sie die deutschsprachigen Länder handhaben, ist ihnen fremd.«

Gardener berichtete weiter, dass sie auch über die Stellung der Ausländer in den Golfanrainerstaaten gesprochen hatten. Und zwar die meiste Zeit.

»Und«, fragte Ludwig belustigt, »was habt ihr dabei herausgefunden?«

»Es existiert ein neues Modell der Sklaverei! Eine der heutigen Zeit angepasste! Bei den Sklaven handelt es sich um Inder, Pakistani, Philippinos und so weiter. Man nimmt Ihnen die Reisepässe ab, pfercht sie in Massenquartiere, verpflegt sie, zahlt ihnen ein erniedrigend kleines Gehalt und lässt sie schuften. Sollte sich einer bei der Arbeit verletzt, wird er medizinisch einigermaßen versorgt und anschließend nach Hause geschickt. Auf seinen Job warten schon Hunderte andere. Da Länder wie Indien oder Pakistan unentwegt Menschen produzieren, ist die Arbeitskraft dieser Leute billig. Es ist einfach das Verhältnis von Angebot und Nachfrage. Ganz so, wie in der Wirtschaft. Viele Arbeitskräfte und eine moderate Nachfrage nach ihnen machen sie zu billigen Arbeitern. Daher können sie diese Menschen auch wie Sklaven behandeln. Es ist moderne Sklaverei! Dieses System benötigen sie, da, so meinte der Volkswirtschaftler, ihr gesamtes Wirtschaftssystem seit Jahrtausenden auf Sklaverei aufgebaut ist!«

Ludwig sagte daraufhin kein Wort mehr zu seinem Freund und fuhr den Wagen schweigend nach Dubai.

Nach Ramadan und den vielen Feiertagen war überall die Normalität zurückgekehrt. Die Menschen begannen, sich wieder an ihren Alltag zu gewöhnen.

Fatimah und Aisha beendeten ihr Fasten. Fatimahs alte Familie kam zu Besuch und sie feierten verspätet alle zusammen Eid Al Fitr.

Vor allem Fatimah hatte das lange Fasten körperlich zugesetzt. Sie sah miserabel aus und bestand nur noch aus Haut und Knochen.

Ihre Mutter und Aisha sorgten sich, zumal sie auch noch unter ihren Verletzungen litt.

Sie verordneten Fatimah reichliche Kost, doch sobald sie nur ein wenig aß, rannte sie auf die Toilette, um alles wieder zu erbrechen.

Salim nahm kaum Notiz von seiner Frau und schüttelte den Kopf über ihre Wehleidigkeit. Er kannte sich bei Frauen aus und war der Meinung, dass Fatimah von Anfang an zu schwächlich gewesen war. Es war ein Fehler, sie zu heiraten. Vor allem, so viel Geld für sie auszugeben.

Sonst war Salim mit seinem Leben zufrieden, da ihm die Köchin Suri das gab, was Fatimah nicht imstande war, ihm zu geben. Zusätzlich war Salim der Meinung, dass Fatimah nicht genug arbeitete. Frauen existierten für ihn nur für zweierlei Zweck. Erstens zum Kinderzeugen und zweitens zur Arbeit. So hatte er es zumindest bereits von seinem Großvater und Vater und auch von seiner Großmutter gelernt.

Was ihm an Suri so gut gefiel, war, dass sie sich kaum beklagte, wenn er sie brutal nahm. Er hatte zudem das Gefühl, dass sie ohnehin nicht viel spürte. Ganz so, wie seine Freunde immer über die indonesischen Frauen sprachen. Wann immer er wollte, war sie ihm zu Willen und das Einzige, was ihn daran störte, war, dass sie sich ständig vor Aisha und Fatimah verstecken mussten. Nicht, dass er sie heiraten wollte, aber eine Lustsklavin hatte er sich schon immer gewünscht. Für die 40 Rial, die Suri pro Monat bekam, war sie ihm auch noch ein günstiges, mobiles Geschlechtsorgan. Salim dachte oftmals daran, wie angenehm dies Allah für die Männer eingerichtet hatte. Ein Organ zur Befriedigung seiner Lust und zum Zeugen von Söhnen und dazu auch noch beweglich. Man konnte es jederzeit und überallhin ordern. Die Frau als Mensch existierte für ihn dabei nicht.

»Allah ist in seiner Weisheit unendlich, Alhamdullilah!«, sagte er sich oft.

Während Salim seinen Gedanken nachhing, machte sich Noor berechtigte Sorgen um ihre Tochter und teilte diese mit Aisha:

»Denkst du nicht auch Aisha, dass Fatimah noch immer sehr krank ist und einen Arzt bräuchte?«

»Ja Noor, du hast recht. Auch ich habe das schon einige Male gedacht! Fatimah muss ohnehin bald einmal ins Krankenhaus zur Nachuntersuchung. Ich werde Salim sofort Bescheid geben, dass er es einplant, so rasch wie möglich mit ihr ins Krankenhaus zu fahren.«

Salim gefiel der Gedanke überhaupt nicht, da er Suri verlassen musste. Außerdem war auch Ali, der Bruder Fatimahs, für drei Tage zu Besuch bei ihm. Einen großen Teil der Zeit waren Salim und Ali zusammen, da sie sich gut verstanden. Die Ausnahmen entstanden nur, wenn Salim bei Suri weilte.

Als er seine Gedanken weiterspann, kam ihm in den Sinn, auch Ali mitzunehmen. Die Großstadt tat ihm sicherlich gut.

Salim informierte seine Mutter, dass er einen Termin im Krankenhaus für Fatimahs Nachuntersuchung vereinbaren werde und sobald dieser feststehe, würde er mit Ali und Fatimah nach Maskat fahren. Doch Ali teilte Salim mit, dass er nicht mit nach Maskat reisen könnte, da zu Hause viel Arbeit auf ihn wartete. Er zog es daher vor, nach Hause zu fahren und seine Inder wieder zu beaufsichtigen.

Fatimah fühlte sich unwohl und vor allem schwach. Sie hatte das Gefühl, den ganzen Tag schlafen zu wollen. Nicht einmal ihrer Mutter war aufgefallen, dass sie nichts mehr bei sich behalten konnte, wenn sie etwas aß. Es ekelte sie geradezu vor jeder Nahrungsaufnahme. Als Salim ihr mitteilte, dass sie in zwei Tagen nach Maskat ins Krankenhaus fahren würden, nahm sie dies teilnahmslos auf und fragte sich, was sie dort sollte.

Aisha hatte in der Zwischenzeit mit ihrer Schwester Halima telefoniert und sie gebeten, eine weibliche Begleitung für Fatimah zu organisieren. Es konnte sie ja kein Mann zur Untersuchung begleiten. Halima versicherte ihr, dass sie selbst mit Fatimah und Salim ins Krankenhaus fahren und sich um sie kümmern werde. Aisha bedankte sich herzlich bei ihrer Schwester.

Salim fühlte sich nicht wohl bei dem Gedanken, seine Suri für einen Tag verlassen zu müssen. Gerade als er darüber nachdachte, wie er den Besuch im Krankenhaus so kurz als wie möglich gestalten könnte, läutete sein Mobiltelefon und sein Cousin Khaled war am Apparat.

»Asalam Alaikum deine Exzellenz«, sprach Salim ins Telefon. »Der Friede sei auch mit dir«, antwortete Khaled. Für ungefähr fünf Minuten folgte nun ein Austausch von Fragen nach der Gesundheit der einzelnen männlichen Familienmitglieder und nach den Neuigkeiten. Mit »Mabrouk« beendeten beide die Höflichkeiten, um endlich zur Sache zu kommen.

»Ich habe gehört, Salim, dass du übermorgen nach Maskat kommst, um dein Weib ins Krankenhaus zu bringen«.

»Ja verehrter Cousin, das stimmt!«

»Das trifft sich ausgezeichnet. Du musst dir allerdings mehr als nur einen Tag Zeit nehmen. Ich möchte dich einem Kollegen vorstellen, den du unbedingt kennenlernen solltest. Er ist der Zuständige für die Beschaffung in meinem Ministerium. Weiter musst du dich jetzt rasch um die Gründung der Firma kümmern, damit wir so schnell als möglich tätig werden können.«

Salim war völlig außer sich und stammelte einige unverständliche Wörter ins Telefon.

»Was hast du gesagt Cousin? Ich habe kein Wort verstanden?«

»Verzeih mir, deine Exzellenz, ich war zu überrascht. Du willst also, dass ich in Maskat gleich alles erledige, was das neue Unternehmen betrifft?«

»Ja, Salim, es muss so rasch als möglich gehen, da mein Freund und Kollege schon die ersten Aufträge für dich hat.«

Salim sagte seinem Cousin zu, dass er so lange in Maskat bleiben werde, bis alle organisatorischen Arbeiten für das neue Unternehmen erledigt wären.

Zum Abschluss sagte Khaled: »Ich glaube, dass deine Frau ohnehin länger im Krankenhaus bleiben muss, da ihr Zustand jämmerlich ist, wie uns deine Mutter informiert hat. Weißt du Salim, obwohl ich dich gebeten hatte, dich vorbildlich um deine Frau zu kümmern, hast du dich nicht besonders angestrengt. Ich habe für dich auch einen Termin beim zuständigen Richter vereinbart, der deinen Fall mit den Misshandlungen deiner Frau zu seinen Aufgaben zählt. Wir werden dort gemeinsam hingehen. Ich kenne den Richter gut, da er ein Freund von mir ist und ich werde für dich sprechen!«

Salim rutschte sein Herz in den Wickelrock. Mit dieser Aussage hatte er nicht mehr gerechnet, da er der festen Meinung gewesen war, dass dieses Thema bei Gericht bereits zu den Akten gelegt worden wäre.

»Ja, mein verehrter Cousin, ich werde tun, was du von mir verlangst und solange in Maskat bleiben, bis alles zu deiner Zufriedenheit erledigt ist.«

»Noch etwas Salim, du musst aus deinem Garten reichlich Datteln, allerdings nur die Besten und Gemüse, Obst und eine geschlachtete Ziege mitbringen, damit du dieses meinem Kollegen im Ministerium, unserem zukünftigen Geschäftspartner, schenken kannst. Weiter bringe zumindest 500 Rial in einem Kuvert mit!«

Sie beendeten das Telefongespräch und Salim musste sich erst einmal hinsetzen, denn seine Nerven spielten verrückt. Endlich konnte er sich seinen Traum, ein Geschäftsmann zu werden, erfüllen. Für einen Bauern wie Salim war die Vorstellung ein Geschäftsmann zu sein, ein Aufstieg in höhere Sphären. Andererseits bereitete ihm die anhängige Gerichtssache große Sorgen.

Da er sich, als das Telefon geläutet hatte, gerade in der Küche befand, war auch Suri anwesend. Sie verstand zwar nicht viel von dem Gespräch, fühlte aber, dass Salim völlig verstört war. Sie nahm sein Gesicht in ihre Hände und wollte ihm mit einer Hand über die Haare streichen.

Mit einem Ruck sprang er auf und fegte sie zur Seite. Suri knallte im Hinfallen mit ihrer Schulter gegen den Tisch und schrie vor Schmerz auf. Salim kümmerte sich keinen Deut um die am Boden liegende und vor Schmerz wimmernde Suri und verließ die Küche.

Er ging in die Sala und informierte seine Mutter.

»Khaled hat mich gerade angerufen. Er möchte, dass ich einige Tage in Maskat bleibe, wenn ich Fatimah ins Krankenhaus bringe. Er will, dass ich die neue Firma so schnell als möglich registrieren lasse.« Aisha drehte sich um. »Salim, das ist gut! Ich komme auch mit und kann bei meiner Schwester Halima bleiben.«

Aisha war außer sich vor Freude, ihre Schwester und die Familie Khaleds so schnell wiederzusehen. Salim wiederum freute sich, dass es soweit war und er endlich ein richtiger Unternehmer werden konnte. Einzig Fatimah nahm die Nachricht völlig teilnahmslos auf und sah ihre Schwiegermutter an, als wäre sie gar nicht vorhanden.

Aisha machte sich schon seit einigen Tagen große Sorgen um Fatimah, da sie noch immer fastete, obwohl sie beide das Fasten vor einigen Tage offiziell beendet hatten.

Umso mehr war Aisha erleichtert, als endlich der Morgen angebrochen war, an dem sie Fatimah ins Krankenhaus bringen konnten. Suri hatte die Taschen und Koffer gepackt. Aisha war aufgefallen, dass sie schief ging und dabei die linke Schulter hängen ließ. Auf die Frage, was sie denn habe, antwortete Suri, dass sie in der Küche ausgerutscht und über einen Stuhl gefallen sei. Da Suri sich sonst nicht weiter äußerte, gab sich Aisha mit dieser Antwort zufrieden.

Was sie nicht wissen konnte, war, dass Suri eine schwere Prellung durch den Schlag Salims abbekommen hatte und sie der gesamte Schultergürtel bei jeder noch so kleinen Bewegung schmerzte.

Die Fahrt nach Maskat und zu Khaleds Haus verlief ohne nennenswerte Vorkommnisse. Einzig Fatimah saß wie abwesend im Auto und sprach kein Wort.

Nach ihrer Ankunft wollte Khaled Salim und seine Familie in die Majlis bringen, doch Fatimah brach vor der Eingangstür zusammen.
 Salim hob sie auf Veranlassung seiner Mutter hoch und legte sie auf den Teppich in die Majlis. Im Haus herrschte große Aufregung und Khaled rief sofort das Krankenhaus an, damit man so schnell als möglich einen Rettungswagen schickte.
 Alle, die sich in der Majlis befanden, schwiegen betreten und Aisha und Halima standen die Tränen in den Augen.
 Nach nicht einmal dreißig Minuten war der Rettungswagen eingetroffen und eine Ärztin und eine Sanitäterin kümmerten sich um Fatimah. Die Ärztin murmelte etwas wie kollabiert und gab Fatimah eine Spritze.

Khaled sagte zu Salim: »Cousin, ich glaube für dich ist es das Beste, wenn ich dir ein Taxi rufe und du deiner Frau ins Krankenhaus folgst. Du solltest auf alle Fälle bei ihr sein und dich zumindest um den Papierkram kümmern. Außerdem glaube ich Salim, dass du als Ehemann von Anfang an bei ihr im Krankenhaus sein musst!«
 Salim sah seinen Cousin begriffsstutzig an und nickte zustimmend mit seinem Kopf.

Aisha, Halima und die Familie Khaleds waren außer sich. Sie waren zu tiefst niedergeschlagen über Fatimahs Zustand und völlig erschüttert über Salims Reaktion.
 Miriam weinte und konnte von ihrer Mutter kaum beruhigt werden. Die zwei alten Schwestern zogen sich in das Zimmer von Halima zurück und begannen inbrünstig zu beten. Sie suchten sich aus dem Koran jene Stellen, die als Gebete für Kranke geeignet waren.
 Nachdem sich beide durch das Beten und im Koran lesen etwas beruhigt hatten, sprachen sie über Fatimah und ihr Schicksal.
 Natürlich ist es Allahs Wille, stimmten beide überein, aber, meinten sie einmütig, dass Allah eine junge Frau so streng prüfen will, dazu fehle ihnen der Verstand. »Am Ende«, warf Aisha ein, »hat der Allliebende noch Großes vor mit ihr!« Das war die einzig mögliche Erklärung für beide Frauen, das Vorgefallene zu begreifen.

Halima sprach es aus. »Aisha ich glaube, Allah der Barmherzige liebt Fatimah ganz besonders!« Sogleich warfen sie sich auf die Knie und setzten ihre Gebete fort.

Im Krankenhaus kam Fatimah wieder zu Bewusstsein. Sie lag in einem Zimmer mit einer anderen Patientin zusammen und hing an zwei Flaschen, deren Flüssigkeiten langsam in ihre Venen tropften.

Salim wartete geduldig im Warteraum auf die Ärztin. Er wollte endlich erklärt haben, was seiner Frau fehle. Und was vor allem dieses Mal ihr Gebrechen wäre. Er verstand nicht, was vorgefallen war, da ihn dieses Mal am Zusammenbruch Fatimahs keine Schuld traf.

Nach einer Stunde des Wartens kam die Ärztin und teilte ihm mit, dass seine Frau extrem unterernährt sei und der geschwächte Körper die Reisestrapazen nicht mehr verkraftet hatte. Sie sei sich noch nicht sicher, sagte die Ärztin, aber ihr Verdacht sei auf Magersucht konzentriert. Dies wollten sie nun herausfinden. Daraufhin verließ sie Salim und eilte davon.

In Khaleds Haus waren alle betrübt. Besonders Miriam, deren gute Freundin Fatimah war, konnte es einfach nicht fassen. Sie war regelrecht entsetzt, als sie Fatimah wiedersah. Miriam hatte noch nie in ihrem kurzen Leben jemanden gesehen, der so abgemagert war. Sie fragte sich, wie es sein konnte, dass dieser desaströse körperliche Zustand Fatimahs niemandem, vor allem nicht Aisha, aufgefallen war.

Miriam, zu deren Aufgaben es gehörte, sich um ihren jüngsten und einzigen Bruder Rifat zu kümmern, beachtete ihn in ihrer Trauer nicht. Rifat war gerade fünf Jahre alt geworden und litt unter dem Verlust der Aufmerksamkeit seiner Schwester. Nachdem Miriam geraume Zeit nur da saß und still vor sich hin weinte, machte sich Rifat durch Stöße in ihre Seite und quiekende Laute bemerkbar. Er war es nicht gewohnt, dass die Frauen und Mädchen, vor allem Miriam, die ihm gebührende Aufmerksamkeit verweigerten.

Nachdem Rifat nicht aufhörte auf Miriam einzudreschen und immer lauter wurde, sagte sie zu ihm: »Habibi sei endlich still und hör auf mich zu schlagen!« Rifat stürzte daraufhin wie von einer Tarantel gebissen aus Miriams Zimmer.

Es dauerte keine zwei Minuten, da kam Miriams Mutter zu ihr und schrie sie fragend an, was sie denn mit dem kleinen Prinzen gemacht habe? »Nichts, Mutter«, antwortete sie, »ich habe ihn bloß gebeten, mich in Ruhe zu lassen. Ich bin traurig und habe jetzt keine

Zeit für ihn und auch keine Lust, mich andauernd mit Rifat zu beschäftigen!« Ihre Mutter staunte sie ungläubig an.

»Das kannst du nicht tun, du weißt, dass Rifat deines Vaters Ein und Alles ist!«

Miriam war wegen Fatimahs Schicksal zornig. Sehr zornig. Sie fuhr ihre Mutter an: »Rifat, immer nur Rifat! Ständig laufen wir alle hinter ihm her. Eine Mutter und vier Schwestern haben den ganzen Tag nichts anderes zu tun, als ihrem Sohn und kleinen Bruder den Himmel auf Erden zu bereiten!« Völlig außer sich, schlug die Mutter, Miriam ins Gesicht. »Was bildest du dir ein! Immerhin handelt es sich bei Rifat um deinen Bruder, den einzigen Sohn deines Vaters! Du hast ihm als Schwester jeden Wunsch von den Augen abzulesen und musst ihm in jeder Hinsicht dienlich sein!« Miriam sah ihre Mutter trotzig an und fragte mit leiser, tränenerstickter Stimme: »Warum sind Söhne mehr wert als Töchter? Warum wurden dann Töchter überhaupt geschaffen? Schau dich doch um Mutter! Überall wo man hinsieht, sitzen die Männer nur faul herum und tun den ganzen lieben Tag nichts. Nur wir Frauen sind ständig auf den Beinen, schaffen und kümmern uns um alles. Warum? Warum sollen wir weniger Wert sein als Männer?«

Geradezu perplex sah Shaikha ihre Tochter an und war sprachlos. »Es tut mir leid Miriam, dass ich dich geschlagen habe. Aber es ist nun einmal Allahs Wille, dass die Frau dem Manne zu Diensten zu sein hat und dass Allah nun mal die Männer zu Gebietern erschaffen hat. Und wenn du dich noch so auflehnst dagegen, es wird dir nichts helfen und du ziehst nur den Zorn Allahs auf dich!«

Miriam wollte das alles nicht mehr so einfach glauben und als ihre Mutter das Zimmer verlassen hatte, begann sie, über das soeben von ihrer Mutter Ausgesprochene nachzudenken.

Für Miriam bestand ein Widerspruch. Das elendige Leben Fatimahs konnte nicht einfach hingenommenes Schicksal sein. Sie akzeptierte nicht, dass ein dummer Ehemann, eine wesentlich gescheitere und intelligentere Ehefrau ohne Weiteres schikanieren und quälen durfte.

Nach einer langen Nachdenkpause beruhigte sich Miriam und entschloss sich, gleich Morgen nach der Schule ins Krankenhaus zu fahren, um nach Fatimah zu sehen.

Wenig später ging die Tür zu ihrem Zimmer auf und Rifat rannte schnurstracks zu ihr und wollte auf ihren Schoß genommen werden.

Salim, der den sorgenden Ehemann mimte, weilte noch immer im Krankenhaus. Nachdem er mehr als drei Stunden ausgeharrt hatte, hörte er plötzlich, wie sein Name ausgerufen wurde. Man teilte ihm über Lautsprecher mit, dass er ins Arztzimmer kommen solle. Sofort stand er auf und ließ sich von einer Schwester den Weg erklären.

Im Arztzimmer wartete die Ärztin auf ihn, die er schon bei der Aufnahme Fatimahs kennengelernt hatte.
    Ohne lange Vorrede konkretisierte sie mit strenger Stimme:
»Wir sind uns sicher, dass ihre Frau magersüchtig ist. Wir glauben, dass das lange Fasten in ihr etwas ausgelöst hat, was man als Zwang zur Nahrungsverweigerung bezeichnen kann. Wir werden eine Psychologin hinzuziehen. Fürs Erste haben wir uns entschieden, ihre Frau künstlich zu ernähren. Damit werden wir sie stabilisieren. Wir brauchen ihre Zustimmung als Ehemann. Ich ersuche sie, diese Papiere zu unterschreiben.«
    Die Ärztin zeigte auf mehrere Blätter. Sie machte mit dem Kugelschreiber ein »x« darauf und schob diese Salim hin.
    Er starrte auf die Papiere.
    »Muss das alles sein? Gibt es nicht auch andere Möglichkeiten?«
»An welche denken Sie?«, fragten die Ärztin.
    Salim zuckte unwissend mit den Schultern. »Man muss sie halt einfach zum Essen zwingen!«
    Die Ärztin wollte nicht glauben, was sie hörte.
»Herr Ruzaiqi, ich denke, es ist jetzt genug! Ihre Frau ist lebensgefährlich erkrankt und Sie sind daran nicht schuldlos. Für Sie ist es jetzt an der Zeit, die Behandlung ihrer Frau uns zu überlassen. Unterfertigen Sie einfach die Papiere und wir kümmern uns um den Rest. Sollten Sie weiterhin auch nur die geringste Kleinigkeit unseres Handelns infrage stellen, informiert unser Chefarzt morgen bereits das Gericht. Vor allem über ihr Versagen in der Sorgfaltspflicht!«
    Salim verlor seine Gesichtsfarbe. Er unterschrieb die Papiere und verließ, ohne ein weiteres Wort zu verlieren, das Krankenhaus. Er war zornig. Draußen dachte er über das dumme Weib von Ärztin nach. Am liebsten hätte er sie gezüchtigt. Seine Mutter hatte recht. Es musste etwas unternommen werden gegen diese Veränderungen. Gegen diese Verwestlichung.

John musste sich eingestehen, dass ihm Shirat schon nach wenigen Tagen fehlte. Da er ihr versprochen hatte, sich erstens finanziell um sie zu kümmern und zweitens sich bei ihr zu melden, rief er sie kurzerhand an.

Nach kurzem Läuten hob sie ab und freute sich über seinen Anruf.

Nach einigen Fragen hin und her, wie es so gehe, bat er sie um ihre Bankverbindung, weil er ihr Geld schicken wollte. Shirat nannte ihm diese bereitwillig. Er versprach ihr, gleich am nächsten Tag Geld zu überweisen.

Nachdem diese administrative Angelegenheit geregelt war, erzählte sie ihm, dass das Leben in Kampala schwierig und hart sei. Sie wisse im Moment nicht, was sie tun solle, da sie keine Arbeit habe.

John erwiderte: »Shirat, ich habe nur eine Bitte an dich. Bitte gehe nie mehr wieder in deinem Leben dieser Art von Arbeit nach, so wie du es im Oman getan hast.«

Shirat versprach es ihm. Sie hatte es nur aus blanker Not getan. John versprach ihr, sich in Zukunft um sie und ihren Sohn zu kümmern.

»Warum machst du das John?«, fragte sie ihn.

»Ich weiß es selbst nicht, Shirat!«, antwortete er, »vielleicht wissen wir beide es später einmal?«

Shirat war nach diesem Telefonat sichtlich besser gelaunt und auch John fühlte sich wohl.

Salim kümmerte sich am nächsten Tag um die Firmengründung. Er gedachte dort weiterzumachen, wo er vor einigen Wochen unterbrochen worden war.

Dem war aber ganz und gar nicht so. Schnell machten ihm die Beamten des Wirtschaftsministeriums klar, dass er wieder von vorne beginnen musste. Obwohl er sich bei all diesen Vorgängen nicht besonders gut ausgekannt hatte, beschlich ihn das Gefühl, dass alles gänzlich anders war, als beim letzten Mal.

Untertänig schlich er von Schalter zu Schalter, füllte Fragebögen aus und bezahlte allerhand Gebühren. Einmal kam er im Wartebereich, neben einem ihm fremden Omani zu sitzen. Als Salim kurz über einem seiner Fragebogen aufstöhnte, wandte sich der Nebenmann an ihn: »Immer etwas Neues, oder? Kaum denkt man, man kennt sich aus, ist es schon wieder anders!«

Salim sah ihn neugierig an und fragte ihn, ob er schon öfter ein Unternehmen registriert habe?

»Ja«, antwortete der Nebenmann, »schon einige Male. Aber jedes Mal ist es anders. Sie erfinden ständig etwas Neues. Nein, nicht um uns einfache Bürger zu ärgern! Das ist nur der Nebeneffekt. Rundum auf dieser Welt und nicht nur hier in Oman, erfinden Beamte sich ständig neu. Wenn alles so einfach wäre, bräuchten wir weit weniger Beamte, kaum Anwälte und keine Steuerberater. Das wollen diese verhindern.

Beide sprachen noch eine Weile miteinander, und als Salim aufgerufen wurde, seine Papiere vom Hauptschalter abzuholen, verabschiedete er sich von Mohanna. So hieß sein Sitznachbar.

Salim konnte es kaum glauben, doch die Registrierung war tatsächlich abgeschlossen. Er war somit 40-prozentiger Eigentümer eines Unternehmens.

Das musste gehörig gefeiert werden. Er informierte Khaled und dieser teilte ihm mit, dass sein Kollege, der Beschaffer des Ministeriums, ihn morgen am Abend treffen wollte.

Vorher aber wollte Khaled noch mit ihm reden und daher lud er ihn gegen 18 Uhr in sein Haus ein. Salim fuhr zum Hotel, wo er in Maskat immer wohnte und besorgte sich ein Zimmer. Nach dem Check-in trank er in Ruhe eine Tasse grünen Tee. Dann telefonierte er mit seinen Freunden und teilte ihnen mit, dass es am Abend etwas zu feiern gäbe.

Nachdem Salim seinen Chai getrunken und die Telefonate beendet hatte, ging er zu seinem Wagen und fuhr zu Khaled. Da noch Zeit genug war und das Maghrebgebet kurz bevorstand, hielt er an einer Moschee und ging zum Beten.

Drinnen waren noch nicht allzu viele Männer und Salim nahm sich vor, inbrünstig zu beten. Er wollte Allah bitten, ihm bei seiner geschäftlichen Zukunft zur Seite zu stehen. Salim blieb lange in der Moschee. Länger als er sich je erinnern konnte, in einer solchen gewesen zu sein.

Als der Motawa mit dem Vorbeten begann, dachte er über den Willen Allahs nach. War es Allahs Wille, dass die Lebensweise der Inglesi immer mehr die Oberhand gewann in seinem Land? Er nahm sich vor, nach dem Treffen mit Khaled noch einmal die Moschee für das Abendgebet aufzusuchen. Er wollte mit dem Motawa reden.

Etwas nach sechs kam Salim zu Khaled. Der wartete schon außerhalb des Hauses auf ihn und führte in gleich in die Majlis für Männer. In der Mitte, zwischen den harten Polstern, die als Rückenlehnen für das Sitzen auf dem Boden dienten, stand auf einer Plastikfolie bereits eine große Schüssel mit dampfendem Hühnerfleisch, Reis und Saucen. Sowohl Khaled als auch Salim eilten in das Badezimmer und wuschen sich Hände, Ohren und den Mund. Danach setzten sich auf den Boden vor die Schüssel. Nachdem Salims letzte Mahlzeit einige Zeit zurücklag, griff er mit seiner rechten Hand begierig in die Schüssel.

Wenig sprechend widmeten sich die beiden Männer vorerst einmal dem Genuss von Hühnerfleisch und Reis.

Nach einer Weile begann Khaled das Thema Firma anzuschneiden.

»Morgen treffen wir am Abend meinen Freund, den Generaldirektor für Beschaffung in meinem Ministerium. Ich habe einen neutralen Ort für das Treffen gewählt. Wir werden uns in einem kleinen Hotel zusammensetzen. Ich habe dort ein Zimmer für eine Nacht reservieren lassen, um ungestört zu sein.«

»Das ist wirklich klug von dir, werter Cousin«, sagte Salim.

Khaled fuhr fort: »Wir treffen uns dort um 22 Uhr, weil wir mit unseren Familien vorher noch zu Abend essen werden. Ich hole dich von deinem Hotel kurz vorher ab. Von dort ist es nicht mehr weit zu unserem Treffpunkt.«

Khaled holte etwas weiter aus: »Ich bitte dich so wenig wie möglich zu sprechen und die Verhandlungen mir zu überlassen. Erst wenn es um die Vorstellung deiner Person geht, kannst du über dich erzählen. Etwa, dass du eine große Landwirtschaft besitzt und über hervorragende Beziehungen verfügst, was Bestand- und Ersatzteile für Elektronik und Elektrotechnik für Kraftfahrzeuge und Haustechnik und für Lebensmittel betrifft.

Weiter kannst du ihm schildern, dass du wohlhabend bist und deine Geschäftspartner dich vor allem wegen deiner Großzügigkeit schätzen. Als Geschenk übergibst du ihm die große Schachtel mit den Früchten und dem Fleisch. Das Kuvert mit den 500 Rial steckst du dazwischen, und zwar so, dass es zwar versteckt wirkt, aber für meinen Freund sichtbar bleibt.«

»Ganz wie du vorschlägst, deine Exzellenz. Was denkst du, werter Cousin, worüber wird mich dein Freund fragen? Wird er von mir wissen wollen, woher ich all die benötigten Artikel besorgen kann? Wird er mich nach Preisen fragen? Außer jenen von der Landwirtschaft kenne ich keine.«

»Mache dir keine Sorgen Salim. Solange du nicht viel sprichst und mich reden lässt, wird nichts schief laufen.«

Sie vereinbarten, wie soeben besprochen, vorzugehen und aßen noch ein wenig von den Speisen.

Khaled entließ seinen Cousin gerade rechtzeitig, damit er noch in die Moschee zum Abendgebet kam.

Salim fuhr wieder zur selben Moschee für das Isha-Gebet und betete aus vollem Herzen. Anschließend wartete er geduldig auf den Motawa. Es standen etliche Männer an und erst nach einer halben Stunde, kam Salim an die Reihe.

Er grüßte den Imam und stellte sich vor. Da er nicht aus der Gegend war, kannte der Imam sein Gesicht nicht. Salim erklärte, dass er aus einem Dorf am Fuße der Berge komme und derzeit geschäftlich in Maskat weile. Zudem läge sein unfolgsames Weib im Krankenhaus. Er wäre daher gezwungen, länger als beabsichtigt in Maskat zu bleiben.

»Und womit kann ich dir helfen?«, fragte der Motawa, »du scheinst mir etwas verstört zu sein!«

»Nein, keinesfalls verstört, aber doch beunruhigt über das Leiden meines Weibes und besonders beunruhigt über die gottlose Entwicklung in unserem Lande!«

Der Motawa sah ihn lange an und strich permanent über seinen langen, schwarzen Vollbart. Dann fragte er Salim, was oder wen er mit gottlos meine?

Plötzlich sprudelte es aus Salim hervor. Er erzählte dem Motawa von seinen Sorgen und was seine Mutter Aisha immer wieder von sich gab. Einerseits seine ungehorsame Frau und andererseits die Verwestlichung der jungen Leute. Diese grenze schon an Gottlosigkeit und die jungen Menschen wollten sich nicht mehr so selbstlos dem Islam unterwerfen.

Nun war der Imam in seinem Element. Jedes Mal, wenn er seine Fistelstimme erhob, begann er mit seinen Füßen zu wippen und kleine Hüpfer zu machen. Seine kurze, nur bis zu den Knöcheln reichende Disdasha schwenkte hin und her und man konnte meinen, gleich würde er über seine eigenen Füße stolpern oder gar abheben.

»Das Böse, Sheitan, der Teufel, ist inmitten von uns!«, rief er aus, »wahrlich, du Salim, hast die Gefahr erkannt. Immer weniger Männer kommen zu den Gebeten in die Moschee und behaupten, wenn man sie fragt, dass sie zu Hause oder im Büro beten würden. Sie nehmen sich keine Zeit mehr, um in eine Moschee zu gehen. Wie kann man es nur wagen, zu behaupten, für das Gespräch mit Allah, dem Wahrhaftigen, keine Zeit zu haben! Alle Männer wissen, dass sie für ein Gebet in der Moschee siebzehn Mal mehr Gutpunkte für das Paradies bekommen, als wenn sie zu Hause oder im Büro beten. Trotzdem scheinen sie dies zu vergessen oder es ist ihnen nicht mehr wichtig.

Die Kinder, die Söhne, sitzen den ganzen Tag vor dem Fernsehgerät oder spielen mit ihren Mobiltelefonen. Sie träumen von schnellen Autos, anstatt regelmäßig zur Moschee zu kommen und zu beten. Erst gestern hat mir ein Nachbar erzählt, dass jetzt in unserem Fernsehprogramm sogar schon diese gottlosen Propagandafilme der Amerikaner und Israelis laufen.

Stell dir vor Salim, die Kinder meines Nachbarn sahen sich einen Film über Urtiere an. Sie nennen sie Saurier. Als ob es so etwas schon einmal gegeben hätte. Diese Saurier verspotten die Schöpfung unseres Allmächtigen. Diese Ungetüme hat es nie gegeben. Das ist zionistische und amerikanische Propaganda.

Da wollen sie einem weismachen, die Saurier wären vor 150 Millionen Jahren ausgestorben, wo die Welt doch erst seit 5.000 Jahren existiert. Allah schuf die Erde vor 5.000 Jahren und nicht vor Milliarden von Jahren, wie uns diese Gottlosen aus dem Westen weismachen wollen. Natürlich lesen sie unser Heiliges Buch nicht. Sie weigern sich sogar und sie wissen nicht, dass die Welt bereits in 50 Jahren untergehen wird!«

Völlig verdattert sah Salim den Motawa an und fragte nochmals nach: »In 50 Jahren geht die Welt unter?«

»Ja, Salim, es ist sogar überfällig, da dieses Israel bereits existiert! 50 Jahre, nachdem ein Staat der Juden gegründet wird, geht die Welt unter. Allah wird sie bestrafen. Bestrafen für ihre Weigerung, sich zum Islam zu bekehren. Die Juden und die Christen, weil sie den letzten Schritt hin zum Islam nicht vollzogen haben. Und all die anderen Götzendiener, alle kommen sie in die Hölle! Diese gottlosen Verbrecher! Und jetzt verderben sie unsere Kinder und unsere Weiber mit ihren Filmen, Zeitungen und vor allem mit diesem Internet!«

»Was, heiliger Mann, soll ich nur mit meinem Weib tun?«, fragte Salim den Motawa, »sie weigert sich zu essen, besteht nur noch aus Haut und Knochen und befolgt meine Anweisungen nicht!«

Der Motawa antwortete: »Wenn das Weib den Anordnungen des Ehemannes nicht folgt, so hat der Mann das Recht, sie zu schlagen. Und zwar so lange, bis sie gehorcht. Wenn sie sich zu essen weigert, dann ist das eine schwere Sünde. Sie hat für ihren Körper die Verantwortung von Allah, dem Allweisen, bekommen. Sie muss ihrem Körper die Kraft geben, die er benötigt, um so viele Söhne wie möglich zu gebären! Wenn sie ihren Körper verhungern lässt, kann sie ihre Pflicht, die ihr von Allah auferlegt ist, nicht mehr erfüllen. Sie macht sich einer schweren Sünde schuldig! Allah wird sie bestraft haben, da sie jetzt im Krankenhaus liegen muss.«

Sich ereifernd fuhr er fort. »Krankenhäuser müssen verboten werden. Ist es doch Allahs Wille, wenn jemand krank wird. Und Allahs Wille muss man annehmen! Man darf dagegen nichts tun! Wenn Allah will, dass man krank wird, dann hat man krank zu sein! Wenn Allah nicht will, dass Mädchen etwas lernen sollen, dann darf man sie nicht zur Schule schicken! In unserem Heiligen Buch können wir ganz genau nachlesen, was Allahs Wille ist und was nicht!«

»Inshallah, Inshallah, Inshallah!«, rief Salim begeistert.

Nach der Predigt des Motawas, die er ganz speziell für Salim gehalten hatte, verabschiedeten sich beide voneinander und Salim verließ die Moschee schnellen Schrittes.

Er hatte es eilig, da er seine Freunde treffen wollte und diese auf ihn warteten. Sie hatten vereinbart, sich in der afrikanischen Bar zu treffen. Salim stieg hastig in seinen Wagen und fuhr zum Treffpunkt.

Die saßen zu dritt an einem der Tische und erfreuten sich an den tanzenden afrikanischen Mädchen.

Sobald er Platz genommen hatte, bestellte er sich ein Bier und selektierte die Mädchen. Erleichtert stellte er fest, dass auch die üppige Tänzerin auf der Bühne stand.

»Freunde!«, rief Salim, seine Bierdose erhebend, »heute haben wir einen überaus wichtigen Anlass zu feiern. Ich habe die Registrierung meines Unternehmens abgeschlossen. Ich bin jetzt stolzer Besitzer einer Firma.«

Die anderen jubelten ihm mit gedämpfter Lautstärke zu und gratulierten, indem sie mit den Dosen anstießen.

»Freunde, ich habe heute nicht allzu lange Zeit, da ich mich schonen muss! Ich habe morgen den ersten wichtigen Geschäftstermin und möchte gut in Form sein. Außerdem muss ich mir noch einen Aktenkoffer kaufen. Den brauche ich, da ich jetzt ein Geschäftsmann bin.«

Seine Freunde sahen ihn begeistert an und klopften ihm anerkennend auf die Schulter.

Nach seiner Ansprache widmete Salim sich ganz den Damen auf der Bühne. Er kaufte wieder einige Blumenkränze für das eine, von ihm besonders begehrte, Mädchen.

Er meinte es ernst mit seiner Ankündigung, nicht so lange zu bleiben. Er trank nur vier Dosen Bier und verließ dann seine Freunde. Er fuhr ins Hotel und ging zu Bett.

Fatimah lag in ihrem Bett im Krankenhaus und war mit Schläuchen und Drähten an verschiedene Apparate angeschlossen. Sie dachte an Allah und fragte sich, ob er mit ihr zufrieden war. Sie verstand nicht, warum sie im Krankenhaus lag. An die Fahrt von Zuhause nach Maskat, den kurzen Besuch in Khaleds Haus und ihre Einlieferung ins Spital, erinnerte sie sich nicht.

Sie fragte sich, was ihr Mann Salim und ihre Schwiegermutter Aisha gerade machten. Es fiel ihr ein, dass die beiden mit Sicherheit gerade beim Fastenbrechen zusammensaßen. »Ah ja!«, dachte sie, »Fasten, das war es, was sie so glücklich machte! Fastenbrechen mochte sie überhaupt nicht, weil sie andauernd essen musste. Im Grunde war sie dafür, dass die Menschen nur noch fasteten, ohne das Fasten durch das Essen am Abend zu unterbrechen. Essen will ich nicht mehr! Essen ekelt mich an! Allah will, dass ich faste! Allah prüft mich und holt mich, wenn ich die Prüfung bestehe, zu sich in sein Paradies!«

Ein glückliches Lächeln zauberte sich auf ihr Gesicht und sie schlief ein.

Salim schlief auch und das bis in den späten Morgen hinein. Hätte ihn nicht das Zimmermädchen geweckt, wäre er noch später aufgestanden. Nachdem er einmal wach war, holte er das Morgengebet nach und machte sich fertig, um ins Krankenhaus zu fahren. Nicht noch einmal wollte er sich nachsagen lassen, dass er sich um Fatimah nicht kümmere.

Im Krankenhaus angekommen, fragte er nach dem Zimmer von Fatimah. An der Rezeption teilte man ihm mit, dass er zuerst zur behandelnden Ärztin gehen müsse. Er fuhr mit dem Aufzug in den zweiten Stock. Dort wartete die Ärztin auf ihn.

Nach einer kurzen und frostigen Begrüßung teilte sie ihm mit, dass er Fatimah nur ganz kurz sehen könne. Es wäre allerdings besser für seine Frau, die nächsten vier Tage überhaupt Abstand von einem Besuch zu nehmen.

Salim spielte den besorgten Ehemann und hinterließ seine Telefonnummer. Er ordnete an, ihn sofort zu verständigen, sollte sich am Zustand Fatimahs etwas ändern. Innerlich freute er sich. Er hatte nun den ganzen Tag zur freien Verfügung.

Zuerst fuhr er zum Mittagsgebet in die Moschee, wo er gestern schon gewesen war, und betete wieder hingebend. Der Motawa grüßte ihn freundlich und lächelte ihm zu.

Im Hinausgehen aus der Moschee dachte Salim, dass er sich mit dem Motawa einen eifrigen Fürsprecher aufbauen könnte. Man konnte ja schließlich nie wissen. Inshallah! Salim fuhr anschließend in das große Einkaufszentrum.

Miriam wurde von ihrem Vater bei der behandelnden Ärztin Fatimahs telefonisch angekündigt. Er bat, dass man Miriam zu Fatimah vorließ, da sie nicht nur verwandt, sondern auch beste Freundinnen waren. Die Ärztin war einverstanden und gleichzeitig wies die Ärztin Khaled darauf hin, dass immer nur eine Person zu Fatimah kommen durfte. Für mehrere Besucher wäre sich noch nicht kräftig genug.

Shaikha fuhr ihre Tochter ins Krankenhaus. Miriam hatte Fatimahs Zimmer schnell gefunden und suchte vorher noch nach der Ärztin, um sich anzumelden.

Die Frau Doktor war freundlich zu Miriam und sichtlich erfreut, ein intelligentes gleichaltriges Mädchen zu sehen. Sie stellte sich als Dr. Anisa Al Khatri vor und verlangte von ihr, sie Anisa zu nennen. Miriam war anfangs scheu und es brauchte einige Minuten, bis sie wagte, die Ärztin bei ihrem Vornamen anzusprechen.

Beide nahmen im Arztzimmer Platz und die Ärztin eröffnete das Gespräch mit einer Erklärung und Bitte: »Miriam, deine Freundin, ist schwer krank, wie du weißt. Da mir dein Vater gesagt hat, dass ihr gute Freundinnen seid, möchte ich dich ersuchen, uns bei der Therapie zu unterstützen?«

Miriam sah Anisa ungläubig an, da sie sich nicht vorstellen konnte, wie sie die Ärzte unterstützen könnte. Sie fragte vorsichtig, wie sie sich das vorstellen würde, da sie keine Ahnung von Medizin habe. Die Ärztin lächelte und begann ihr zu erklären, was sie damit meinte.

»Miriam, Fatimah hat sich beinahe zu Tode gefastet. Dies, so nehmen wir an, liegt einerseits an ihrer tiefen Religiosität, aber andererseits an einem für sie ungünstigen Umfeld. Wir wissen noch nicht genau, ob dieses extreme Fasten von rein religiösen Beweggründen verursacht wurde oder ob es sich um eine durch andere Gründe verursachte Magersucht handelt.«

Da Miriam noch nie etwas von Magersucht gehört hatte, erklärte ihr die Ärztin, was es damit auf sich hatte.

»Wir glauben, dass jemand wie du - aus Fatimahs positivem Umfeld - uns insofern unterstützen kann, indem du sie aufmuntern und ihr eventuell viel erklären kannst. Erklären vor allem hinsichtlich der von ihr falsch verstandenen Auslegung des Islams. Wie wir in der Zwischenzeit wissen, ist Fatimahs Ehemann nicht gerade ein Auswuchs an Fürsorge und ihre Schwiegermutter ist von religiösem Eifer erfasst. Wir sind weiter der Meinung, dass der Zustand Fatimahs unter anderem direkt auf ihr Heim zurückzuführen ist. Rede mit ihr ganz normal. So, wie Mädchen deines Alters sich unterhalten. Immerhin ist Fatimah gleich alt wie du. Erzähle ihr von deinen Erlebnissen und von den Menschen, die du kennst. Sei jedoch stets positiv und klammere alles aus, was negativ sein könnte!«

Miriam war aufgeregt, aber andererseits voll Eifer, die Ärzte zu unterstützen.

»Du kannst kommen und gehen, wann immer du willst. Ich habe bereits deinen Vater informiert, dass du uns helfen wirst. Er ist damit einverstanden. Ich werde dich nun zu Fatimah bringen und ersuche dich, nicht besorgt zu wirken, wenn du sie siehst. Sie schaut erbärmlich aus!«

Miriam und die Ärztin betraten ein Krankenzimmer, in dem noch zwei weitere Patientinnen lagen. Im ersten Bett, gleich an der Eingangstür, lag Fatimah. Für Miriam ein gewohntes Bild, eine Klammer mit Kabel war an einen ihrer Finger gezwickt und zwei Kanülen steckten in Fatimahs Arm und Hand. Als Fatimah Miriam erkannte, spielte ein leichtes Lächeln um ihre Mundwinkel.

Anisa sprach Fatimah an: »Fatimah, ich habe dir Miriam, deine liebe Freundin, mitgebracht. Sie macht sich große Sorgen um dich. Obwohl ich sonst keine Besuche zu dir lasse, hat es sich Miriam nicht nehmen lassen, darauf zu drängen, dich zu sehen.«

»Miriam, Habibi!«, flüsterte Fatimah mit heiserer Stimme, »wie ich mich freue, dich zu sehen!«

»Fatimah«, antwortete Miriam, »ich habe mir große Sorgen um dich gemacht. Alle Mitglieder meiner Familie senden dir liebe Grüße und wünschen dir, dass du bald wieder gesund wirst. Jeden Abend schließen wir dich in unsere Gebete ein. Wir bitten Allah, dich bald wieder gesunden zu lassen.«

Bevor Fatimah antworten konnte, sagte die Ärztin, dass sie wieder gehen werde und die beiden alleine lasse.

Fatimah lächelte Miriam unentwegt an. »Ich bin glücklich, weil ich so gut fasten kann und weil mich Allah damit prüfen will!«

Miriam war entsetzt. Es war so schlimm, wie Anisa es geschildert hatte. Fatimah lag spindeldürr und verdreht im Bett. Miriam sah ein Gesicht, das nur noch aus Schädelknochen und Haut bestand. Ihre wächserne Gesichtsfarbe trieben Miriam Tränen in die Augen.

»Fatimah, du fastest zu viel! Das kannst du nicht mehr lange durchhalten! Du musst jetzt langsam beginnen, wieder zu essen! Ich mache mir große Sorgen um dich. So gerne wollte ich mit dir etwas unternehmen, solange du in Maskat bist und nun liegst du im Krankenhaus.«

»Allah ist mein Leben!«, krächzte Fatimah.

Miriam wollte nicht aufhören zu sprechen. »Ja, Fatimah, Allah ist unser aller Leben, aber du musst auch etwas für deinen Körper und seine Gesundheit tun. Allah hat uns diesen Körper gegeben ... uns ihn geliehen und wir müssen uns um unseren Körper kümmern und ihn hegen und pflegen. Ich bin mir sicher Fatimah, dass es mit dem Fasten jetzt genug ist. Allah möchte, dass du deinen Körper nicht zugrunde richtest. Du hast die Pflicht, ihn gesund zu erhalten!«

Fatimah sah Miriam staunend an und sprach dann kein Wort mehr. Miriam blieb noch ein wenig sitzen und stand erst auf, als sie merkte, dass sie eingeschlafen war. Sie küsste die eingefallenen Wangen sanft und ging hinaus.

Draußen, vor ihrer Bürotür, stand Anisa und sah Miriam fragend an. Sie bedeutete Miriam in ihr Büro mitzukommen, und ihr zu berichten.

Diese sah die Ärztin schüchtern an. »Es ist schrecklich! Ich bin sicher, dass es ihre tiefe Religiosität ist, die sie krankmacht. Ich weiß nicht, was eine Psychologin mit ihr machen kann, aber was sie dringend braucht, ist eine Islamgelehrte. Man muss Fatimah klarmachen, dass es jetzt genug ist mit dem Fasten! Allah will nicht mehr, dass sie ihren Körper ruiniert! Sie muss erkennen, dass sie für ihre Gesundheit selbst die Verantwortung trägt. Ich glaube, dass sie eine unantastbare islamische Autorität am besten überzeugen kann!«

Lange musterte die Ärztin Miriam. »Ich wusste, dass du ein gescheites Mädchen bist. Du hast mir bestätigt, was ich angenommen habe. Ich war mir nicht sicher, da sie kaum mit uns Schwestern und Ärztinnen spricht. Jetzt können wir einen Therapieplan entwickeln.

Ich bitte dich, Miriam, weiterhin, so oft es deine Zeit zulässt, Fatimah zu besuchen«.

»Das verspreche ich.«

Draußen vor dem Krankenhaus wartete noch immer ihre Mutter auf sie.

Der Ehemann Fatimahs bereitete sich inzwischen auf das Treffen mit dem Staatssekretär und dem Generaldirektor für Beschaffung vor. Fatimah war für ihn kein wichtiges Thema und ihm fiel selber auf, dass er den ganzen Tag nicht ein einziges Mal an sie gedacht hatte.

Suri, sein Hausmädchen, fehlte ihm schon eher. Da er, wie er von sich behauptete, schon wieder zu viel Kraft in seinen Lenden spürte. Salim schätzte, dass er spätestens in zwei Tagen zurückfahren würde. Seine Frau konnte er ohnehin nicht besuchen und daher ging es nur noch um geschäftliche Angelegenheiten in Maskat. Wenn diese erledigt waren, konnte er nach Hause zu Suri fahren. Salim war sich sicher, dass er vom Krankenhaus nicht angerufen würde, um Fatimah zu besuchen. Diese Ärztin, dieses respektlose Weib, wollte ihn von seiner Frau fernhalten. Das war ihm mehr als recht.

In Dubai, am Campus, war inzwischen wieder der Vorlesungs- und Studieralltag eingekehrt. Abdullah war außer sich, als er von seiner Mutter erfuhr, dass Fatimah wieder im Krankenhaus lag. Den ganzen Abend irrte er umher und wollte nicht einmal mit seinen Freunden zusammensein. Es machte ihn verrückt, nichts tun zu können. Einfach hinnehmen zu müssen, dass dieser brutale Kerl Salim, dieser Dummkopf, seine Frau Fatimah regelrecht in den Tode beförderte. Abdullahs Mutter Halima war verwirrt über Abdullahs Reaktion am Telefon. Sie konnte sich keinen Reim darauf machen, warum ihn das Schicksal Fatimahs so vereinnahmte.

In den letzten Wochen war Abdullah Professor Ludwig aus dem Weg gegangen. Bei den Vorlesungen ließ es sich nicht vermeiden, dass man sich sah. Anschließend verließ Abdullah immer schnell den Saal. Somit kam er nicht in Verlegenheit, mit Ludwig privat sprechen zu müssen.

Ludwig fiel natürlich auf, dass Abdullah ihm aus dem Weg ging und nahm diese Tatsache gelassen zur Kenntnis. Er hatte ohnehin mit den anderen Studenten genug zu tun.

Sein Freund Henry Gardener besuchte ihn manchmal und sie tranken Kaffee zusammen. Stets blieb Gardener provokant und Ludwig amüsierte sich immer dabei. Da es an einer ordentlichen Universität wie in Dubai auch Korangelehrte gab, machte Henry sich stets lustig über sie. Einer davon hatte es ihm besonders angetan. Es handelte sich um einen Ägypter mit einem langen, ungepflegten Vollbart. Henry meinte, dass er nicht verstehe, warum der Kerl einen Doktortitel vor seinem Namen führte. Ludwig erwiderte, dass der Kollege, soweit er informiert sei, Religionswissenschaften studiert hatte. Daraufhin führte Gardener aus, dass auch er, sollte er wiedergeboren werden, Religion studieren würde. Als Ludwig ihn fragend ansah, folgte seine Begründung: »Weil ich dann nur ein Buch lesen muss und schwuppdiwupp ein Doktor bin!«

Ludwig bog sich vor Lachen und zog sich zurück. Er eilte zu seiner nächsten Vorlesung.

Pünktlich um 21:45 Uhr holte Khaled seinen Cousin Salim von dessen Hotel ab. Gemeinsam fuhren sie zu diesem ominösen kleinen Hotel, wo der Staatssekretär ein Zimmer für ihr geschäftliches Treffen reserviert hatte.

Khaled bat Salim, voraus in die Hotelhalle zu gehen, den Zimmerschlüssel zu organisieren und für ihn den Hintereingang offen zu halten. Er wollte nicht gesehen werden.

Während Salim das Hotel betrat, fuhr Khaled seinen Wagen an die Rückseite. Salim hielt ihm die Tür auf und beide trugen die schwere Schachtel mit den Geschenken für den Generaldirektor zum Lift. Das Zimmer war schnell erreicht und Khaled machte es sich bequem. Salim musste zur Rezeption zurückkehren, um auf den Geschäftspartner zu erwarten.

Gegen 22:15 Uhr betrat ein beleibter Mann mit dunkler Hautfarbe die Lobby. Er eilte zur Rezeption und fragte nach Salim Al Ruzaiqis Zimmer. Salim, der zugehört hatte, sprach ihn an, stellte sich vor und nahm ihn sofort mit. Die Begrüßungszeremonie mit den vielen Fragen nach dem Wohlbefinden sämtlicher männlicher Familienangehöriger erledigten sie im Aufzug und auf dem Weg zum Zimmer.

Als Khaled die Stimmen auf dem Flur hörte, stand er auf und öffnete vorsichtig die Tür.

Schnell huschten die Männer, begleitet von den raschelnden Geräuschen ihrer Disdashas, ins Zimmer. Khaled schloss die Tür sofort wieder und sperrte sie ab. Das Zeremoniell der Begrüßungsformeln wiederholte sich noch einmal. Anschließend setzten sich die Männer und begannen mit ihren konspirativen Verhandlungen.

Wie vereinbart sprach die erste Viertelstunde nur Khaled und lobte die Vorzüge und Geschäfte Salims in höchstem Maße. Später ließ es sich nicht vermeiden, dass auch der Generaldirektor Fragen an Salim stellte.

»Was wir zu allererst benötigen, sind schnelle und prompte Lieferungen. Zwischen Bestellung per Telefax und Lieferung dürfen nicht mehr als 24 Stunden verstreichen. Bist du, Salim, in der Lage, dies zu bewerkstelligen?«

Abgehackt und stockend antwortete Salim, dass das überhaupt kein Problem für ihn sei.

»Am Samstag nächster Woche erfolgt die erste Probebestellung, und wenn diese zu unserer Zufriedenheit abläuft, geht es rasch. Du erhältst wöchentliche Aufträge über die benötigten Lieferungen. Hier habe ich eine komplette Liste mit den Gütern und Warengruppen, die wir brauchen. Am rechten Rand der jeweiligen Zeile fülle bitte die Preise per Stück, Kilogramm oder Galone und dergleichen aus und faxe mir diese bis morgen Nachmittag ins Ministerium. Wir haben übermorgen eine Sitzung und vergleichen dann die Preise, die du mir geschickt hast, mit den Preisen unserer derzeitigen Lieferanten.

Sollten starke Abweichungen nach oben sein, informiere ich deinen Cousin. Der wiederum informiert dich, so kannst du gegebenenfalls die Preise nach unten korrigieren und ich vernichte dein erstes Angebot. Bitte schreibe immer dasselbe Datum, das Datum von Morgen, auf dein erstes Angebot und auf alle deine Korrekturen!«

Khaled machte ein ernstes, staatstragendes Gesicht und versicherte dem Generaldirektor, dass Salim alles zu seiner Zufriedenheit erledigen werde.

Khaled zog die Schachtel mit den Geschenken zu sich heran. »Salim hat dir eine kleine bescheidenen Auswahl seiner Erzeugnisse von seiner großen Farm mitgebracht. Ich hoffe, dir gefällt und schmeckt der Inhalt.«

Nachdem sie die geschäftliche Besprechung fürs Erste abgeschlossen hatten, sprachen die drei Männer über die aktuelle Politik, über Autos und europäische Frauen.

Nach gut zwei Stunden verließ der Generaldirektor als Erster das Zimmer. Fünf Minuten später eilte der Staatssekretär durch die hintere Tür des Erdgeschosses zu seinem Auto und Salim saß allein im Zimmer.

Salim seufzte ein paar Mal und atmete tief durch. Dann verließ auch er das Hotelzimmer und ging nach unten zur Rezeption.

Ihm oblag es, das Zimmer für eine Nacht zu bezahlen. Sobald er alles erledigt hatte, ging er ins Freie und rief seine Freunde an, die bereits auf ihn warteten.

Sie saßen in der afrikanischen Bar und erfreuten sich an den tanzenden Mädchen.

Salim war sichtlich zufrieden mit dem Ausgang des Gespräches. Als er auf dem Parkplatz der Bar angekommen war und sein Auto verlassen wollte, erhielt er noch einen Anruf Khaleds.

»Und, fiel unsere Besprechung nach deinen Vorstellungen aus, mein Cousin?«, fragte Khaled.

»Ja«, ich muss nur morgen an die verschiedenen Preise herankommen, da ich keine Ahnung habe, was das Ministerium wofür bezahlt.«

»Habibi!«, sprach Khaled verschwörerisch ins Telefon, »Habibi, was denkst du, ist mein Anteil an dieser Angelegenheit? Ich habe morgen früh, sobald ich im Ministerium bin, alle Preise für dich bereit. Gleich am Morgen werde ich einen Termin im Hotel Interkontinental wahrnehmen. Bitte sei um neun Uhr dort und warte in der Halle auf mich. Ich gebe dir dann die Papiere mit den derzeitigen Preisen!«

Salim sagte sichtlich überrascht: »Mein verehrter Cousin, deine Exzellenz, ich bin beeindruckt. Wir sehen uns morgen früh!«

Salim schloss seinen Wagen ab und eilte zu seinen Freunden.

»Habibi!«, riefen sie laut im Chor, als er hereinkam, »da bist du ja endlich! Und, gibt es etwas zu feiern?«

Salim grinste. »Und ob! Ja, es gibt viel zu feiern!«

Sofort schoben sie ihm eine noch nicht geöffnete Dose warmen Bieres zu und Salim konzentrierte sich ganz auf seine Favoritin unter den Tänzerinnen.

Nach einer halben Stunde, als die Musik für kurze Zeit einmal leiser wurde, sagte Salim: »Ich muss sie haben.« An einen seiner Freunde gerichtet, stellte er die Frage: »Weißt du, wie ich am besten an sie herankomme?«

Sein Freund antwortete: »Das Habibi, ist unmöglich!«

»Warum?«, fragte Salim.

»Weil sämtliche Mädchen bewacht werden. Sie halten sich bis zu vier Monate in einem Stück in Maskat auf, wohnen hier im Hotel und dürfen das Haus nicht verlassen. Nur einmal im Monat gehen sie geschlossen und in Begleitung von Bodyguards in eines der Einkaufszentren zum Shopping. Sonst dürfen sie nie aus dem Haus gehen. Die Mädchen leben hier wie im Gefängnis, verdienen aber 300 Rial im Monat. Wenn ihr Vertrag abgelaufen ist, werden sie von den Bodyguards zum Flughafen gefahren und mit dem Flugzeug nach Dar Es Salam oder auch Kampala zurückgeschickt.

Es sind allesamt Christinnen. Eine Muslimin würde so etwas nie tun.«

Salim war enttäuscht und dachte, dass er sich noch etwas einfallen lassen würde, um doch noch ans Ziel zu kommen.

Er kaufte einen Blumenkranz nach dem anderen, damit sie ihn endlich einmal wahrnahm. Aber mehr als ein flüchtiges Lächeln erhielt er nie von ihr. Doch Salim war sich sicher, dass auch sie ihn begehrte.

Gegen drei Uhr morgens hatte Salim wenigstens den Namen seiner Angebeteten herausgefunden. Sie hieß Sarah.

Leicht verkatert fuhr Salim später zum Hotel Interkontinental, um die wichtigen Papiere und Listen von Khaled abzuholen.

Aisha, die noch immer bei Khaled im Haus weilte, saß mit Shaikha und Halima zusammen und las aus dem Koran vor. Wie immer diskutierten die Frauen anschließend das Vorgetragene und waren sich wieder einig über das bescheidene, aber heilige Leben des Propheten Mohammed. Sie sprachen auch über einen Vorfall, der dem Propheten widerfahren war.

Ein Nachbar des Propheten, ein Jude, war stets garstig zu Mohammed. Doch der Prophet ließ sich nicht beirren und blieb immer freundlich. Als sich nun das Blatt wendete und es seinem Nachbarn schlecht ging, war es für den Propheten seine erste Pflicht, auch diesem Nachbarn zu helfen.

»Wahrlich ein heiliger Mann! Der ewige Friede sei mit ihm!«, fügte Aisha zum Abschluss noch hinzu.

Anschließend sprachen sie über Fatimah und ihren Worten war die große Sorge anzumerken.

Aisha versprach, den Koran so lange zu studieren, bis sie noch zusätzliche Verse oder Suren finden würde, die Fatimah aus dem Dilemma des Fastens befreien konnten. Außerdem wollte sie Allah bitten, die beiden Schutzengel Fatimahs zu beauftragen, sie noch stärker zu beschützen. Wie Aisha wusste, hatte jeder gute Moslem zwei Schutzengel von Allah erhalten.

Shaikha holte ihre Tochter Miriam von der Schule ab und fuhr sie gleich ins Krankenhaus. Wieder wartete die Ärztin auf Miriam und begleitete sie.

Fatimah bewegte sich kaum, hatte aber wieder ein Lächeln auf ihrem Gesicht, als sie Miriam sah.

»Ich habe schon gewartet auf dich«, flüsterte Fatimah. Miriam setzte sich auf den Stuhl, der neben dem Bett stand, und lächelte ihr zu. »Ich komme gerade aus der Schule und meine Mutter hat mich gleich zu dir gefahren«.

»Wie war es in der Schule? Hast du viel gelernt? Ich wollte auch in der Schule bleiben, um noch mehr zu lernen, aber das ging nicht, weil meine Mutter wollte, dass ich heirate.«

Miriam war überrascht, dass Fatimah so viel sprach. »Ja, ich habe wieder Neues gelernt in der Schule. Heute hatten wir Englisch und Geografie. Englisch lerne ich gerne, weil man sich damit so gut mit den Ausländern unterhalten kann. Außerdem ist es später für einen interessanten Beruf wichtig.«

Fatimah hörte aufmerksam zu und bemerkte, dass auch sie Englisch gelernt hatte. Leider könnte sie die Sprache nicht gut sprechen, da sie keine Praxis habe.

»Das kannst du alles noch nachholen, Fatimah! Es gibt sehr viele Möglichkeiten, sich weiterzubilden. Hier in Maskat werden alle möglichen Kurse angeboten und die Pflichtschulausbildung kann man sogar in einer Privatschule abschließen.«

»Das wird für mich wahrscheinlich nicht möglich sein«, antwortete Fatimah, da ich verheiratet bin und Salim das nicht zulassen wird! Allah hat für mich andere Aufgaben vorgesehen. Ich muss Salim noch viele Söhne gebären und dann eine große Familie versorgen.«

»Habibi, was immer du für dein Leben planst oder was Allah für dich vorgesehen hat, das alles kannst du erst dann erreichen, wenn du wieder gesund bist. Ich werde dir helfen. Was den Abschluss der Schule betrifft, was deine Gesundheit angeht oder was immer du tun willst, ich werde für dich da sein! Aber bitte, bitte arbeite an deiner Gesundheit und lasse dir von den Ärzten helfen! Ich bin sicher, dass Allah noch Großes mit dir plant. Du kannst aber seinen Auftrag an dich nicht erfüllen, wenn du dich zu Tode hungerst!«

»Aber Allah liebt mich doch, wenn ich faste!«

»Ja!«, antwortete Miriam, aber nur dann, wenn du die vorgeschrieben Fastenzeiten einhältst. Wenn du aber außerhalb dieser Zeiten deinem Körper schadest, sieht Allah das nicht gerne. Meine Mutter hat gestern mit einer bekannten Predigerin und Korangelehrten gesprochen. Sie wird dich in den nächsten Tagen besuchen und dir genau erklären, was Allah uns vorschreibt und was er an uns liebt.«

Fatimah lächelte Miriam an. »Darauf freue ich mich!«

Miriam erzählte Fatimah noch einiges über ihre Familie und informierte sie, dass auch Abdullah, ihr Onkel, voll von Sorge für sie sei.

»Abdullah! Wieso weiß er, dass ich im Krankenhaus liege?«

»Weil sich in unserer Familie alle um dich sorgen, wir lieben dich! Auch Abdullah gehört als jüngster Sohn meiner Großmutter zu unserer Familie! Immer wenn er Ferien hat, lebt er bei uns im Haus, da mein Vater, als sein ältester Bruder, sich um ihn kümmert.«

»Abdullah,« wiederholte Fatimah den Namen flüsternd. »Abdullah! Ich habe ihn erst einmal gesehen, nur aus der Entfernung, als ich euch zusammen mit Salim und Aisha zum ersten Mal besucht habe. Ich bin sicher, dass Abdullah ein gescheiter Mann ist.«

»Ja«, entgegnete Miriam, »er ist gescheit und studiert Architektur in Dubai. Das ist, so wie er es selber bezeichnet, die Kunst, Häuser zu bauen. Er möchte einmal Wolkenkratzer errichten.«

»Ein gescheiter Mann! Männer sind ja viel gescheiter!«, wiederholte Fatimah ganz leise und schlief ein.

Miriam blieb noch ein paar Minuten sitzen, stand dann auf und küsste Fatimah auf die Stirn, bevor sie das Zimmer verließ.

Draußen wartete wie immer die Ärztin Anisa und erkundigte sich bei Miriam über den Verlauf des Gespräches.

Miriam teilte ihr den Inhalt mit und gab dazu auch einen Kommentar: »Ich glaube, dass sie jetzt beginnt, über ihren Zustand nachzudenken und dass sie als intelligente Frau eine geistige Herausforderung braucht. Da sie sich nur mit Religion und Familie befassen konnte, kennt sie nichts anderes.«

Anisa war beeindruckt von Miriam. »Denkst du, wir sollten ihr die Religionsgelehrte jetzt schon vorbeischicken?«

Miriam antwortete, dass sie diese Predigerin bereits angekündigt hatte. »Ich glaube, es wäre gut, wenn sie in zwei oder drei Tagen zu Fatimah kommen könnte.«

Die Ärztin war sichtlich zufrieden, und als Miriam sagte, dass ihre Großmutter und deren Schwester fragen lassen, wann sie Fatimah einmal besuchen könnten, antwortete Anisa: »Noch lange nicht Miriam! Noch lange nicht!«

Miriam verabschiedete sich von der Ärztin und verließ das Krankenhaus, um mit ihrer Mutter nach Hause zu fahren.

Salim studierte in seinem Hotelzimmer die Listen mit den Mengen und den dazugehörigen Preisen, die ihm Khaled am Morgen gegeben hatte.

Er stellte vor allem bei den landwirtschaftlichen Produkten fest, dass die Preise überhöht waren. Er kannte sich bei den anderen Dingen wie Werkzeuge, Baumaterial und dergleichen nicht gut aus, nahm aber an, dass auch diese Preise zu hoch waren.

Er begann die Zeilen des Formulars mit den landwirtschaftlichen Produkten auszufüllen und schrieb seine Preise auf die leeren Felder. Sie lagen in etwa fünf Prozent unter den angegebenen Preisen. In diesem Sinne füllte er die restlichen Felder aus.

Als er fertig war, öffnete er seinen neuen Aktenkoffer aus Kunstleder und suchte den Firmenstempel. Auf diesen war er besonders stolz, da er auf andere wie eine Visitenkarte wirkte. Visitenkarten hatte er sich auch schon bestellt und die konnte er am Abend bereits abholen. Salim freute sich besonders darauf, seinen Freunden eine Karte zu überreichen. War er doch jetzt ein Geschäftsmann, ein Manager. Auf der Karte stand sogar General Manager!

Salim stempelte die ausgefüllten Preisangebote ab und setzte seine überaus fantasievolle Unterschrift darunter.

Er bestellte sich im Coffeeshop des Hotels noch Tee und trank diesen in Ruhe. Er war mit sich zufrieden und völlig entspannt. Anschließend ging er an die Rezeption und bat, die acht Seiten der Preisangebote für ihn zu faxen.

Als gerade das vorletzte Blatt durchgefaxt wurde, läutete das Telefon und sein Cousin Khaled fragte, wie er vorankäme.

Salim teilte ihm mit, dass soeben alles durchgefaxt und der Generaldirektor es spätestens morgen früh in seinen Händen halten würde.

Khaled war voll des Lobes und versicherte, dass der Generaldirektor sich bis spätestens übermorgen bei ihm melden werde.

Bester Laune entschied Salim, dass er sich nun selber belohnen müsse und fuhr ins größte Einkaufszentrum der Stadt.

MIRIAM

Abdullah telefonierte mit seiner Mutter und erkundigte sich über den gesundheitlichen Zustand von Fatimah. Halima war überrascht, da sie nicht verstand, warum ausgerechnet Abdullah sie ständig über Fatimah ausfragen wollte. Sie war gewohnt, dass sich ein Mann grundsätzlich nicht um den gesundheitlichen Zustand einer Frau kümmerte. Zumal Abdullah mit Fatimah überhaupt nichts verband.

»Warum, Habibi, fragst du mich ständig wegen Fatimah? Sonst meldest du dich höchstens alle zwei Wochen einmal bei mir und jetzt rufst du mich innerhalb einer Woche schon zum vierten Mal an!«

Abdullah zögerte mit der Antwort. »Ich weiß, dass es dir eigenartig erscheinen muss, verehrte Mutter, aber das Schicksal Fatimahs berührt mich insofern, als Salim, ihr Mann, für mich ein völliger Dummkopf ist!«

»Hüte deine Zunge mein Sohn!«, rief Halima ins Telefon. Durch das Geschrei von Halima wurde Aisha aufmerksam und kam ins Zimmer.

Diese wollte das Gespräch mit ihrem Sohn beenden. »Ich muss jetzt aufhören Habibi, weil Aisha zu mir gekommen ist.«

Als Halima das Telefon weglegte, fragte Aisha, ob sie denn Schwierigkeiten mit ihrem Sohn habe, was Halima verneinte. »Nur hin und wieder kleine Meinungsverschiedenheiten.«

Zur gleichen Zeit spielten Miriam und ihre Schwestern mit dem kleinen Prinzen Rifat. Da die Mutter mit den Bediensteten das Abendessen für die Familie vorbereitete, waren die Schwestern verpflichtet, sich um ihren Bruder zu kümmern. Miriam hatte viel für die Schule zu tun und wollte noch ihre Hausarbeiten erledigen. Doch Rifat ging vor. Die drei Schwestern zeigten ihm, wie man mit Bauklötzen ein Haus bauen konnte. Rifat interessierte das herzlich wenig und jedes Mal, wenn Warda die Steine in Ansätzen aufgebaut hatte, kam Rifat und zerstörte es wieder. Er hatte sichtlich Spaß daran. Als Warda sich weigerte noch einmal anzufangen, schrie er aus Leibeskräften. Sogleich kam die Mutter aus der Küche im Nebengebäude gerannt und schrie die drei Schwester an: »Was macht Ihr mit meinem Liebling! Kaum bin ich nicht da, muss der Arme so laut schreien, dass man es bis in die Küche hört!« Ehe Warda antworten konnte, hob die Mutter die Hand und deutete an, Warda schlagen zu wollen.

»Ja, ja, ja quiekte Rifat vor Vergnügen! Schlag sie, schlag sie!« Und er rannte zu Warda und schlug auf sie ein.

Daraufhin stoppte ihn Miriam, hielt seine Arme fest und schimpfte ihn.

Die Mutter zog Rifat weg und fragte ihn zärtlich: »Habibi, mein geliebter Sohn, was sollen deine Schwestern mit dir spielen?«

Rifat kreischte wie am Spieß: »Computer, ich möchte Computer spielen!«

Shaikha blickte auf Miriam. »Gib ihm deinen Computer, damit er ein wenig spielen kann!«

»Mutter, das kann ich nicht! Er ruiniert mir den Laptop! Er schlägt ständig mit seinen Fäusten auf die Tastatur ein. Zwei Tasten sind schon locker und fallen ab. Ich brauche ihn für die Schule!«

»Ich habe gesagt, du sollst ihm diesen Computer geben! Ich dulde keine Widerrede!«

So erhielt Rifat das Notebook vor die Nase gesetzt und wie erwartet, schlug er wie verrückt darauf ein. Mutter wollte ihn davon abhalten, doch jedes Mal, wenn sie seine Hände zurückhielt, schlug er auch seine Mutter.

Miriam hatte die Geduld verloren. Sie holte aus einer Ecke ein ferngesteuertes Modelauto, einen roten Ferrari, und fuhr vor der Nase Rifats hin und her. Als er sich umdrehte, zog Warda den Laptop weg und eilte damit aus dem Raum.

Für fünf Minuten war nun Ruhe, weil Rifat mit seinem Modelauto beschäftigt war. Die Mutter war wieder zurück in die Küche gegangen. Es machte Rifat sichtlich Spaß, mit dem Auto seinen Schwestern auf die Füße zu fahren. Als Hamda, die jüngste Schwester Miriams, vor Schmerz aufschrie, konnte sich Rifat vor Vergnügen kaum mehr halten. Immer wieder fuhr er auf ihre Füße los, bis Hamda weinend aus dem Zimmer rannte.

Miriam packte Rifat an den Schultern und schüttelte ihn kurz. »Hör endlich auf uns zu ärgern und uns wehzutun, du böses Kind!«

Rifat riss sich los und rannte schreiend aus dem Zimmer. »Das erzähl ich Papa, der wird dich wieder bestrafen!«

Eine Woche verging ohne nennenswerte Ereignisse. Miriam besuchte Fatimah jeden Tag und stellte fest, dass sich ihr Zustand besserte.

Aisha bedrängte Khaled und Miriam, es doch endlich zu arrangieren, dass sie Fatimah besuchen könnte, aber die Ärzte und Ärztinnen ließen es noch nicht zu. Khaled informierte seine Mutter und bat diese, auf Aisha einzuwirken, noch eine Woche mit dem Besuch zu warten.

Fatimah hatte im Laufe der Woche drei Mal Besuch von einer Korangelehrten. Es schien, als begreife sie, dass Allah nicht mehr von ihr verlangte zu fasten.

Als Miriam am Nachmittag des ersten Wochenendtages Fatimah besuchte, sah sie eine kleine Schüssel mit Breiresten und einen leeren Trinkbecher auf dem Nachttisch stehen.

Miriams Herz machte Luftsprünge. Sie hoffte, dass Fatimah etwas getrunken und Brei zu sich genommen hatte.

Die Unterhaltung mit Fatimah war nicht mehr so anstrengend, wie in der Woche zuvor. Sie sprach mittlerweile mehr und länger und schlief nicht gleich wieder ein.

Miriam erzählte Fatimah, was sie einmal studieren wolle und über die Schule und den bevorstehenden Abschluss.

»Am liebsten würde ich im Ausland, in Europa, studieren. Mir fehlt aber der Mut, Vater zu fragen. Es herrscht derzeit dicke Luft bei uns, weil unser Bruder garstig zu uns Schwestern ist. Wir haben aufbegehrt und Vater teilte uns mit, dass wir unserem Bruder zu gehorchen haben. Ich kann aber einem Fünfjährigen nicht gehorchen, auch, wenn er einmal ein Mann wird!«

Fatimah entgegnete: »Aber es ist nun einmal so Miriam! Er ist die zweitwichtigste Person nach eurem Vater!«

»Bis dahin, Fatimah, vergeht aber noch viel Zeit!«

»Warum willst du bei den Ungläubigen studieren?«

»Weil dort die Universitäten die Besten sind. Man kann viel lernen. Onkel Abdullah hat das immer betont. Die europäischen Universitäten und Professoren sind die Besten!«

»Ich werde dich vermissen!« Ich werde dich sehr vermissen, wenn du so weit weg bist!«

»Aber Fatimah, ich bin doch oft hier in Maskat. Wir werden viele Ferien haben und die verbringe ich immer zu Hause!«

Miriam verließ Fatimah, um heimzufahren. Bevor sie die Tür schloss, rief ihr Fatimah hinterher: »Liebe Grüße an Aisha! Sage ihr, ich vermisse sie«!

Als Miriam das Krankenzimmer verlassen hatte, wartete wieder die Ärztin auf sie. Bevor Anisa noch etwas sagen konnte, fragte Miriam: »Hat Fatimah etwas gegessen?«

»Ja, Miriam, ein klein wenig!«

Miriam war erleichtert und freute sich, dass Fatimah nun Fortschritte machte.

»Ich glaube, es geht aufwärts. Langsam, aber es geht aufwärts mit Fatimah. Ich bin sicher, dass neben dir auch die Korangelehrte eine wichtige Rolle spielt.«

Bevor Miriam sich verabschieden konnte, trat Anisa noch mit einer Bitte an sie heran. »Miriam, du musst erreichen, dass weder Fatimahs Schwiegermutter noch deren Schwester zu Besuch kommen. Rede mit ihnen und überzeuge sie, dass Fatimah noch immer sehr krank ist! Bitte erzähle nicht, dass Fatimah kleine Fortschritte macht!«

Salim hatte während der gesamten Woche viel zu tun. Einen Tag, nachdem er das Angebot ins Ministerium gefaxt hatte, meldete sich der Generaldirektor bei ihm und teilte ihm mit, dass alles in bester Ordnung sei. Wenig später sendete man ihm den ersten Auftrag.

Als Salim das Fax mit der Bestellung des Ministeriums in den Händen hielt, traute er seinen Augen nicht. Die Menge an Waren und die Summe des Warenwertes überstiegen seine kühnsten Vorstellungen. Der gesamte Auftragswert betrug 8.500 Rial.

Salim dachte: »Wenn das 40 – 50 Mal im Jahr passiert, dann bin ich bald ein reicher Mann.« Die Bestellung umfasste Lebensmittel, Getränke, Glühbirnen, Druckerpapier, Farbpatronen sowie Fachbücher. Sein Problem stellten die Farbpatronen und die Fachbücher dar. Im Grunde kannte er weder Farbpatronen noch wusste er genau, was Fachbücher waren und woher er sie bekommen sollte.

»Wozu hat man Freunde!«, dachte er und telefonierte mit einem seiner Saufkumpane. Dieser klärte ihn auf und informierte ihn, wo er die Waren besorgen könnte.

Nachdem er diese Schwierigkeit gemeistert hatte, wartete das nächste Problem. Zwischen Einkaufs- und Verkaufspreis war die Spanne zu gering. Als er Khaled um Rat fragte, riet ihm dieser, eine Mischkalkulation durchzuführen. Wichtig sei, teilte ihm Khaled mit, dass die ersten Bestellungen zu den angebotenen Preisen an das Ministerium geliefert würden.

Salim lieh sich von einem Freund einen Lieferwagen mit geschlossener Ladefläche und zwei indische Arbeiter und brachte die Waren in das Ministerium.

Noch am selben Tag teilte ihm Khaled mit, dass der Generaldirektor hochzufrieden sei. Er könne bereits in der nächsten Woche mit weiteren Bestellungen rechnen.

Salim war sehr zufrieden mit sich und freute sich, dass mit Wasta alles so gut klappte.

John hatte in der Zwischenzeit einen Anwalt konsultiert und ihn hinsichtlich seines Problems befragt. Zu seiner Enttäuschung teilte ihm sein Freund, der Anwalt, mit, dass er nicht helfen könne. Weiter erklärte er, dass hier in Oman – wie in allen anderen islamischen Ländern – die Rechtsgrundlage die Sharia sei. Es gebe keine strikte Trennung zwischen Exekutive und Judikative. »Du bist den Behörden ausgeliefert und du tust gut daran, auf deinen Freund von der Polizei zu hören. Vielleicht kann er dir wirklich helfen. Gehe auf den Deal ein! Mache ihm ein schönes Geschenk und lasse ihn diesen Khamis unter Druck setzen. Das hilft dir allemal schneller, als auf Gerichte und Anwälte zu hoffen!«

Sichtlich enttäuscht verließ John die Anwaltskanzlei und fuhr nach Hause. Daheim angekommen telefonierte er mit Shirat. Sie hatte das von ihm überwiesene Geld bereits erhalten.

Miriam saß über ihren Hausaufgaben. Sie benutzte dazu ihren Laptop. Ihr Vater hatte vor Langem schon ein drahtloses Netzwerk für den Internetempfang installieren lassen. Sie schweifte zwischen den einzelnen Aufgaben gerne ins Internet ab. Als junge Frau liebte sie es, sich mit ihren Freundinnen und Freunden auf den diversen Kommunikationsplattformen zu unterhalten. Sie musste das Surfen im Internet verheimlichen und konnte es nur tun, wenn niemand in der Nähe ihres Zimmers war. Nicht einmal ihren Schwestern vertraute sie.

Wenn ihre Eltern davon erfuhren, würde es für sie unangenehm werden. In erster Linie deshalb, weil unter ihren Freunden auch sehr viele junge Männer und vor allem auch, weil darunter Männer aus nicht islamischen Ländern waren. Unter ihnen befand sich auch ihr Freund, mit dem sie so gerne SMS austauschte.

Als sie Schritte auf der Treppe hörte, klickte sie die Plattform sofort weg. Ohne anzuklopfen, trat ihre Mutter ins Zimmer und setzte sich neben sie.

»Du bist immer noch mit deinen Hausarbeiten beschäftigt.«

»Ja«, ich habe heute viel zu tun.«

Shaikha berichtete Miriam, dass sie gerade von Aisha und ihrer Schwiegermutter komme. Beide, besonders Aisha, wären schon sehr ungehalten, da sie Fatimah so lange nicht besuchen durften.

Miriam dachte, es wäre wohl das Beste, ihre Mutter aufzuklären. Sie berichtete, worum die Ärztin sie gebeten hatte.

»Anisa, die Ärztin, hat mich gebeten, alles zu tun, um den Besuch von Aisha so lange als möglich hinauszuzögern.«

»Warum?«, fragte ihre Mutter entsetzt.

»Die Ärzteschaft vermutet, dass der krankhafte Fastenzwang Fatimahs vor allem von Aisha und Salim ausgelöst wurden. Sie haben mich gebeten, Fatimahs Zustand lange Zeit als nicht gut zu beschreiben.«

Shaikha wusste nicht, was sie darauf antworten sollte. Sie schüttelte den Kopf. »Die Ärzteschaft wird schon wissen, was sie tut. Ich werde dich unterstützen und Aisha klarmachen, dass sie in nächster Zeit Fatimah nicht besuchen kann.«

»Danke Mama«, erwiderte Miriam und lächelte ihrer Mutter verschwörerisch zu.

Die Mutter verließ ihr Zimmer jedoch noch nicht. Sie begann, über ein anderes Thema zu sprechen.

»Weißt du schon Miriam, was du nach der Schule tun willst? Du solltest langsam beginnen, dir über deine Zukunft Gedanken zu machen! Vielleicht wäre es das Beste für dich zu heiraten? Ich kenne da eine sehr gute Familie. Der älteste Sohn wäre gerade im richtigen Alter für dich!«

Miriam sah ihre Mutter entsetzt an. »Ich weiß genau, was ich nach der Schule tun werde. Vater hat mir versprochen, dass ich studieren darf. Ich werde Tourismus studieren. Ich möchte einmal eine gut bezahlte Arbeit ausüben und selbstständig und unabhängig sein!«

Shaikah machte ein Gesicht, als ob sie sich verhört hätte. »Wie bitte? Du möchtest unabhängig und selbstständig sein? Was verstehst du darunter?«

Miriam versuchte, es ihr zu erklären. »Wenn ich studieren kann und mein Studium erfolgreich abschließe, dann bekomme ich mit Sicherheit eine sehr gut bezahlte Anstellung. Ich kann mir vielleicht ein eigenes Haus kaufen, ein schönes Auto fahren und es mir gut gehen lassen, ohne dass mir mein Mann ständig dreinredet!«

Miriams Mutter war der Ohnmacht nahe. Einerseits war sie sehr stolz auf ihre älteste Tochter, doch andererseits waren ihr die Gedanken Miriams völlig fremd. Die jungen Frauen von heute, schienen gänzlich anders veranlagt zu sein. Was passierte hier bloß?

»Heißt dass, du willst nicht heiraten und du willst auch keine Familie gründen?«, fragte die Mutter.

»Nein Mutter, das heißt es nicht! Ich habe mit keinem Wort gesagt, dass ich in Zukunft nicht einmal heiraten werde und keine Familie haben möchte. Es heißt nur, dass ich mich für die nächsten Jahre zu jung dazu fühle. Schließlich möchte ich nicht so enden wie Fatimah! Die Ärmste ist noch so jung und hat schon mehr Schlimmes erlebt, als viele andere doppelt so alte Frauen!«

Miriams Mutter schüttelte den Kopf und ging, ohne ein weiteres Wort zu sagen aus dem Zimmer.

»Mutter«, rief Miriam hinterher, »bitte sage den anderen, dass ich in der nächsten Stunde nicht gestört werden möchte! Ich muss mich auf meine Hausarbeiten für die Schule konzentrieren!«

Ehe sich die Tür schloss, sagte ihre Mutter, dass sie das tun werde... und schnell war Miriam wieder auf ihrer Lieblingsplattform Facebook.

Allahs Mühlen mahlten zwar sehr bedächtig, aber doch nachhaltig. Über Salims Haupt schwebte bereits das Schwert des Damokles.

Ein Richter des Primary Courts, des Landgerichtes, schob die Akte Salims nun schon seit Wochen vor sich her. Er wusste nicht so recht, wie er diesen Akt erledigen sollte. Hatte doch seine Exzellenz, der Staatssekretär, interveniert.

Fallen lassen konnte er die Angelegenheit nicht, da er sonst selber in Schwierigkeiten geriet. Nach wochenlangem Nachdenken und dem immer wieder Abändern seiner Strategie, wollte er nun den Fall doch in die Hand nehmen.

»Das Beste sei wohl«, dachte er, »diesen Salim einmal vorzuladen, um ihn anzuhören. Damit war ja noch nichts verdorben.«

Den Richter ärgerte, dass sich diese Art von Männern nicht zurückhalten konnte. Warum schlugen sie ihre Frauen immer krankenhausreif? Er hatte durchaus Verständnis. Aber wenn er selber seine Frau züchtigte, dann doch nicht so, dass diese im Krankenhaus landete.

Zusätzlich hatte der Richter noch das Problem, dass schon seit einigen Jahren eine Public Relation Kampagne zugunsten der Frau lief. »Die Frauen, die Säulen des Staates!«, hieß sie. Alle Welt war höchst sensibel, was den Umgang der Männer mit ihren Frauen betraf. Doch dieser Salim schien noch nie etwas davon gehört zu haben. Er hatte mit jeder seiner Frauen Probleme.

Er diktierte einem der Mitarbeiter für Salim eine Vorladung zu Gericht.

»... und sende sie zum Büro des Wali, damit man ihm sie rechtzeitig zustellen kann!«, ordnete er an.

Bis dahin hatte er noch Zeit, sich zu überlegen, wie er vorgehen würde.

John ging alles viel zu langsam. Er hatte die typische Ungeduld eines Europäers, wie die Omanis sagen würden.

Grundsätzlich wusste er schon, wie er vorgehen würde. Er wollte endlich aus dieser lästigen Situation, nicht ausreisen zu dürfen, herauskommen. Sein Plan war, Kontakt mit den Freundinnen Shirats aufzunehmen, um ihnen behilflich zu sein, den Verbrechern das Handwerk zu legen. Sollten Khamis und die Brüder ihrer Sponsorin wieder einmal zuschlagen, dann würde die Polizei schon vorinformiert sein. Sozusagen gleich amtshandeln können, was den Amtsmissbrauch betraf. John war durchaus klar, dass die Mädchen für die Polizei dabei nicht wichtig waren.

Er überlegte, welches Bestechungsgeschenk das Richtige für seinen Freund wäre. Es durfte nicht kompromittierend gestaltet sein. John hatte bald eine Strategie gefunden. Nachdem er ein für ihn zufriedenstellendes Konzept zur Vorgehensweise erdacht hatte, griff er zum Telefon und rief seinen Freund Ahmed an.

Schnell waren sie sich einig, sich am nächsten Tag wieder im Hotel zu treffen. Jedoch nur zum Tee oder Kaffee am Nachmittag, da beide über wenig Zeit verfügten.

Abdullah ging seinem Professor noch immer aus dem Weg. Nicht, dass er dabei ein schlechtes Gewissen gehabt hätte, aber es standen ein paar wichtige Fragen, das Studium betreffend, an. Diese konnte Professor Ludwig am besten beantworten. Ob er wollte oder nicht, er musste Ludwig kontaktieren.

Gleich nach einer der Vorlesungen blieb er im Saal und wartete auf ihn. Der Professor staunte nicht schlecht, als Abdullah ihn ansprach.

»Asalam Alaikum«, begrüßte er ihn mit hochgezogenen Augenbrauen. »Womit kann ich dir helfen?« Abdullah wiederum fragte nach seiner Begrüßungsformel: »Wieso glauben sie, dass ich Hilfe benötige?«

»Weil du dich sonst nicht bei mir gemeldet hättest!«, erwiderte Ludwig salopp. Nun war Abdullah an der Reihe, peinlich berührt zu sein.

»Wenn du willst, können wir gleich hinausgehen und uns kurz hinsetzen. Dort kannst du mir dein Anliegen vortragen!«, teilte Ludwig ihm borniert mit. Er wusste genau, dass Araber generell aus dem Gleichgewicht gebracht werden, wenn man ihnen von oben herab begegnete. Diesen Habitus beanspruchten sie sonst ausschließlich für sich.

Ohne ein Wort zu sagen, eilte Ludwig voraus und ging zielstrebig auf eine leere Sitzgruppe im Foyer zu. Abdullah musste hinter ihm herlaufen wie ein kleines Kind.

»Du musst dich kurzfassen! Ich habe wenig Zeit!«

Abdullah fühlte sich nicht wohl. Der Professor kam ihm völlig verändert vor. Nach kurzem Zögern stellte er seine Fragen. Ludwig beantwortete sie trocken und professionell. Ganz so, wie ein abgehobener Professor Fragen von Studenten zu beantworten pflegte. Zum Abschluss des kurzen Gespräches fügte er noch hinzu: »Du weißt, Abdullah, dass ich hierbei keine Ausnahme machen werde. Ich erwarte, dass du deine Proseminararbeit, so wie jeder andere Student auch, spätestens morgen Mittag im Sekretariat ablieferst!«

Ludwig stand auf, verabschiedete sich mit einem kurzen Masalama und eilte davon.

Wie von seiner großen Liebe sitzen gelassen, blieb Abdullah zurück. Er verstand nicht, was soeben geschehen war.

Ludwig hatte an diesem Tag seine Vorlesungen schon abgeschlossen. Er wollte nur noch einen Kollegen treffen, bevor er zu seiner Wohnung fuhr.

Fatimah machte Fortschritte. Sie nahm nun regelmäßig feste Nahrung zu sich und Miriam war begeistert und schob diese hauptsächlich der Islamgelehrten zu. Als sie mit Anisa sprach, erklärte ihr diese, dass es in erster Linie ihr Verdienst wäre. Sie hätte die Idee dazu gehabt und Fatimahs Problem genau erkannt.

Miriam saß neben dem Bett Fatimahs und beide lachten über ein Erlebnis, das Miriam ihr erzählt hatte. Plötzlich wurde Fatimah ernst.

»Ich vermisse meinen Mann nicht! Er hat mich nicht einmal besucht und ich weiß nicht, wo er sich rumtreibt.«

»Sei nicht ungerecht Habibi! Die Ärzte haben ihn angehalten, dich nicht zu besuchen.« Ungläubig fragte Fatimah: »Wirklich, wieso?«

Miriam befand sich in einer Notlage. Sie wusste nicht, wie sie es Fatimah erklären sollte.

»Weil er dich in diesem Zustand nicht hätte sehen sollen. Er bevorzugt doch üppige Frauen, wie du mir erzählt hast!«

»Da hast du recht Miriam! So dünn, wie ich bin, hätte er mich vielleicht nicht einmal sehen können!« Beide mussten lachen.

»Miriam, ich möchte dich etwas fragen: ›Glaubst du, ich kann meinen Schulabschluss noch nachholen?‹«

»Fatimah, das ist eine sehr gute Idee! Aber wie, Habibi, willst du das machen, wo du doch einen Mann und eine Schwiegermutter zu versorgen hast?«

»Die Ärztin hat mir erzählt, dass es auch Fernkurse gibt. Das Einzige, was ich sehr schnell lernen möchte, ist, mit einem Computer und diesem Internet umzugehen. Wenn möglich, möchte ich es noch im Krankenhaus erlernen, denn hier habe ich viel Zeit.«

»Da habe ich eine sehr gute Idee«, fiel Miriam ihr ins Wort. »Ich habe einen Laptop und schon morgen bringe ich ihn mit und zeige dir, wie er zu bedienen ist.«

Fatimah war begeistert und Miriam freute sich, ihrer besten Freundin etwas beibringen zu können.

Sie machte sich allerdings auch Sorgen um Fatimah. Unaufhörlich kam der Tag näher, an dem sie aus dem Krankenhaus entlassen werden konnte. Was würde dann sein? Begann für Fatimah wieder das gleiche Martyrium? Miriam war sich als junge Frau bewusst, dass Frau zu sein in islamischen Ländern kein Honiglecken darstellte. Dazu war die Gesellschaft viel zu patriarchalisch organisiert.

Das Leben Fatimahs aber war sogar für arabische Maßstäbe erbärmlich.

Sie nahm sich vor, in den nächsten Tagen mit Fatimah zu reden. Veränderungen in ihrem miserablen Leben musste doch selbst sie anstreben wollen.

Am späten Nachmittag traf sich John mit seinem Freund, dem Colonel von der Polizei. Sie tranken gemeinsam Cappuccini. Sie genossen den Kaffee, da man ihn nicht überall in Maskat bekam und wenn er erhältlich war, dann schmeckte er ekelhaft. Im Hyatt war er jedoch exzellent.

John erläuterte Ahmed seine Idee und schlug ihm auch die Vorgehensweise vor. Er betonte, dass letztendlich die Idee vom Colonell selbst gekommen wäre, da er bei ihrem letzten Treffen von einem Kompensationsgeschäft gesprochen hätte.

»Das ist richtig Habibi!«, rief der Colonel geschmeichelt. »Ich finde unsere Idee hervorragend, und wir werden es so durchziehen, wie du es geschildert hast!«

John war überrascht. Sein Freund erwähnte nun die Mädchen. »Die einzige Schwachstelle am gesamten Plan sind die Frauen. Wie wir wissen, schlagen die Kerle zu, wenn sich eine von ihnen allein im Appartement aufhält. Du musst es so einrichten, dass eine nachmittags für zwei Stunden allein ist!«

»Das ist kein Problem«, versicherte John.

»Wir sind in der Zwischenzeit nicht untätig gewesen. Wir haben diesen Khamis unter ständiger Observation. Das heißt, wir werden erfahren, wenn er sich in Richtung dieses Apartmenthauses bewegt. Er wird das Haus beobachten und darauf warten, dass zwei Mädchen das Appartement verlassen. Sobald das der Fall ist, ruft er vermutlich seine Freunde. Wir warten dann bereits um die Ecke, und sobald wir sicher sind, dass sie den zweiten Stock erreicht haben, schlagen wir zu!«

»Perfekt!«, entgegnete John, »aber bitte tut mir den Gefallen und seid wirklich rechtzeitig oben, damit sie das arme Mädchen nicht wieder so brutal zusammenschlagen wie Shirat«. Um ihn zu beruhigen, sagte der Colonel es zu.

Beide vereinbarten, dass John gleich am nächsten Tag mit den Mädchen sprechen und sie instruieren sollte. Sichtlich erleichtert verließ John seinen Freund.

Salim hatte in der Zwischenzeit seine Not. Schon wieder war ein Bestellfax eingetroffen und dieses Mal wurden nicht nur Lebensmittel, sondern auch 200 Lunch-Boxes mit gebratenen Hühnchen, gekochtem Reis und kleinen Fläschchen Mango-Saft bestellt. Frisch und noch am gleichen Tag lieferbar. Diese Bestellung trieb Salim den Schweiß auf die Stirn. Wiederum musste er einen Freund kontaktieren. Er verbrachte zwei Stunden mit Herumtelefonieren. Schließlich sagte ihm ein Hotel zu, diese innerhalb von drei Stunden fertig zur Abholung vorzubereiten.

Kurz vor Dienstschluss gelang es Salim, die Ware mithilfe der geliehenen Inder ans Ministerium zu liefern.

Der Generaldirektor war beeindruckt und teilte Salim mit, dass er der beste und zuverlässigste Lieferant sei, den sie jemals hatten.

Da Salim noch keine Zeit hatte, eine genaue Kalkulation durchzuführen, tat er dies nach der Lieferung. Zu seinem Entsetzen stellte er fest, dass er völlig umsonst geschuftet hatte. Es war kein Profit übrig geblieben. Kalkulation und Rechnen waren nicht seine Stärken.

Miriam saß am Abend wieder an ihrem Notebook. Sie schrieb mehreren Freundinnen und Freunden aus Facebook gleichzeitig. In der Zwischenzeit hatte sie auch Kontakt zu ihrer Bekanntschaft aus Österreich, die sie während des Familienausflugs zu Eid Al Fitr kennengelernt hatte. Beide schrieben sich eifrig und Miriam hatte viele Fragen an Claudia. Sie erkundigte sich vor allem nach ihrem Alltagsleben. Verschiedener konnten zwei Kulturen nicht sein. Für Claudia war manches schwer zu verstehen. Miriam wollte nicht der Versuchung unterliegen, Claudia wegen mancher Ansichten vorzuverurteilen. Miriam war sich im Klaren, dass Frauen und Mädchen in der westlichen Welt nicht automatisch Huren waren, nur weil sie sich leicht bekleideten oder keine Kopftücher trugen.

Claudia studierte im zweiten Semester Betriebswirtschaft. Miriam stellte viele Fragen und schrieb Claudia, dass sie am liebsten in Europa studieren würde. Als Miriam ihr schrieb, dass sie Angst davor habe, ihren Vater zu fragen, ob sie in Europa studieren dürfe, verstand das Claudia nicht. Für sie war es normal, dass sie sich ihren Studienort selbst aussuchen konnte und ihre Eltern damit einverstanden waren. Beide stellten fest, dass der Unterschied schon beim Wort Eltern entstand. Claudia sprach über zwei gleichberechtigte Partner und Miriam sprach nur über ihren Vater, der alles bestimmte.

Claudia berichtete über ihre Pläne, in welchen Ländern sie im Rahmen der Erasmus- und Sokratesprogramme studieren wollte. Sie plante, ein Semester in Spanien und ein weiteres in Großbritannien zu verbringen. Sie wollte auch die beiden Sprachen perfektionieren. Miriam schwindelte, als sie begriff, dass sie sich gerade mit einer völlig anderen Welt unterhielt.

Als beide Freundinnen sich voneinander verabschiedet hatten, dachte Miriam über all die ihr schon entgangenen Möglichkeiten nach. Und auch über jene, die sie noch versäumen würde.

Als sie ihre Mutter zum Abendessen rief, war sie froh, ihre Gedanken loszuwerden.

Salim, der sich schon lange in der Hauptstadt aufhielt, beschloss, nach Hause zu fahren. Es fehlte ihm seine Haushaltshilfe Suri und die Hotelkosten waren ihm auch zu hoch.

Er informierte seine Mutter und fragte, ob sie mit ihm nach Hause fahren wollte. Doch Aisha verneinte und teilte ihm mit, dass sie noch so lange bei ihrer Schwester bleiben würde, bis sie endlich Fatimah besuchen konnte.

Salim war das sehr recht, da er dadurch mit Suri allein im Haus sein konnte und sie sich nicht verstecken brauchten.

Bevor er gegen Ende der Woche Maskat verließ, kaufte er noch ein Faxgerät. Alhamdullilah, hatte er in weiser Voraussicht bereits im letzten Jahr eine Festnetzleitung in seinem Haus installieren lassen. Mit Computer und Email kannte er sich nicht aus. Er nahm sich vor, es sich von einem Freund zeigen zu lassen. Bis dahin mussten die Bestellungen des Ministeriums per Fax abgewickelt werden.

Die Fahrt in sein Dorf dauerte viel länger als geplant, da schon der Wochenendverkehr eingesetzt hatte. Er erreichte sein Haus erst nach Einbruch der Dunkelheit. Sein Vorarbeiter Lakshmi war über seine Rückkehr informiert und die indischen Arbeiter warteten bereits vor der Hauseinfahrt auf ihn.

Sie entluden das Auto und trugen sein Gepäck ins Haus. Salim teilte ihnen mit, dass sie am nächsten Tag die ausstehenden Löhne bekämen und er sie früh am Morgen zu sprechen wünschte.

Endlich allein in der Sala, schaltete Salim das Fernsehgerät ein, ging zur hinteren Tür, öffnete sie und brüllte nach Suri.

Als ob Suri bereits gewartet hätte, stand sie in Kürze vor ihm. Salim hielt sich nicht lange mit Begrüßungsformalitäten auf. Er zog Suri in die Sala und weiter in das große Eheschlafzimmer. Er riss ihr die Unterwäsche vom Leib. Sie lächelte ihn an, doch das registrierte er nicht mehr, da er da schon über ihr lag.

Salims Inder hatten den Großgarten gut in Schuss gehalten. Sie waren besser gelaunt, da sie endlich ihr Geld bekommen würden. Die Zeit des übermäßigen Sparens und Hungerns für ihre Familienangehörigen in Indien war für einige Zeit vorbei. Lakshmi machte sich insgeheim Hoffnung, Salim bei seinem neuen Geschäft unterstützen zu dürfen. War er doch selber ein findiger und durchtriebener Händler. Gleich morgen früh, so nahm er sich vor, wollte er mit Salim darüber sprechen.

John hatte zwischenzeitlich mit den Freundinnen von Shirat gesprochen. Sie waren wieder zu dritt im Appartement, da sie eine weitere Freundin aufgenommen hatten. Sie mussten den Ausfall Shirats in Bezug auf die hohen Mietkosten kompensieren.

Die Mädchen waren mit Johns Vorschlag einverstanden. Sie wollten bei der Dingfestmachung der Brüder ihrer Sponsorin und Khamis gerne mithelfen. Hatten sie doch alleine wegen Shirat noch eine Rechnung mit ihnen offen. Außerdem wollten sie mehr Sicherheit haben.

John hatte sich mit seinem Freund von der Polizei verständigt, gleich nach dem Wochenende zuzuschlagen.

Miriam nahm zu jedem ihrer Besuche bei Fatimah den Laptop mit. Sie zeigte Fatimah Schritt für Schritt den Umgang mit einem Computer und vor allem, wie man das Internet nutzen und Emails schreiben konnte. Fatimah war begeistert und lernte schnell.

Ihr erstes Versuchsmail schrieb Fatimah auf Vorschlag Miriams an Abdullah. Es dauerte nicht einmal eine Stunde und Abdullah schrieb zurück. Da das Ganze nicht ungefährlich war, vereinbarten alle drei, dieses Geheimnis für sich zu behalten. Eine verheiratete Frau konnte nicht ohne Weiteres eine Email an einen anderen Mann senden.

Fatimah hatte anfangs Skrupel und weigerte sich, Abdullah zu schreiben - auch wenn es nur zur Übung diente. Sie bezeichnete es als Sünde und haram.

Miriam gelang es schließlich, sie davon zu überzeugen, Abdullah doch noch zu schreiben. Er war die einzige Person mit Emailprogramm, die Fatimah kannte.

Abdullah konnte es kaum fassen, von seiner geheimen Liebe eine Email erhalten zu haben. Wenngleich der Inhalt völlig harmlos war. Für Abdullah war damit der erste Schritt getan. Völlig aufgelöst, ja nahezu euphorisch, eilte er an diesem Tag zu seiner letzten Vorlesung. In Gedanken malte er sich bereits die weitere Vorgehensweise aus und dankte Allah für dieses Zeichen.

Sein Verhältnis zu Professor Ludwig hatte sich noch nicht gebessert. Er ging Ludwig zwar aus dem Weg, aber viel stärker noch ignorierte Ludwig ihn. In bester Laune seit Langem, dachte er, dass es nun an der Zeit wäre, sein Verhältnis zu Ludwig entscheidend zu verbessern.

Er sendete Ludwig eine Email und bat ihn um ein Treffen, so wie in vergangenen Zeiten, wie er betonte.

Am nächsten Morgen gab Salim seinen Arbeitern die ausstehenden Löhne. Lakshmi bat ihn anschließend um ein Gespräch unter vier Augen.

Während Lakshmi Salim fragte, ob er ihm nicht bei seiner neuen Firma helfen dürfe, fuhr ein Auto vor und jemand läutete am Gartentor. Lakshmi eilte hinaus auf die Straße und kam mit einem dicken Briefkuvert zurück.

»Wer hat geläutet? Was bringst du da?«, fragte Salim in einem Atemzug.

»Ein Mann vom Wali hat für dich einen Brief abgegeben.«

Salim nahm den Brief entgegen und entschied, zuerst das Gespräch mit Lakshmi zu Ende zu führen. Erst dann wollt er sich um die Post kümmern.

Lakshmi bemühte sich, Salim seine persönlichen Vorzüge in geschäftlichen Angelegenheiten anzupreisen. Er erzählte ihm, dass er bereits mehrmals die Leitung von kleineren Betrieben in Indien und den Vereinigten Arabischen Emiraten innehatte. Stets erfolgreich. Besonders das Handeln mit Waren aller Art und der Einkauf waren seine Stärken, wie er betonte.

Salim dachte, dass er Lakshmi wahrscheinlich bis heute unter seinem Wert betrachtet hatte. Für ihn war Lakshmi von einer Sekunde auf die andere interessant. Er malte sich aus, Lakshmi die ganze Arbeit im Unternehmen zu übergeben. Er träumte davon, dass seine einzige Anstrengung darin bestand, Lakshmi zu kontrollieren und am Ende des Monats das Geld abzuholen. Salim war klar, dass er Lakshmi dafür mehr bezahlen musste. Trotzdem war er sicher, dass sich dessen Gehalt immer noch unterhalb der Anstandsgrenze befinden würde.

Wie viele seiner Landsleute dachte auch Salim, dass er ein sehr großzügiger Mann war. Er bot diesen armseligen Ungläubigen nicht nur ein Dach über dem Kopf und regelmäßige Mahlzeiten, nein, er bezahlte sie sogar für ihre Arbeit. Zu Hause hätten die armen Kerle noch nicht einmal Platz, um auf dem Gehsteig zu schlafen. Wenn sie überhaupt Gehsteige hatten in Indien.

Bevor er den dicken Brief des Walis öffnete, eilte er noch schnell zu Suri in die Küche.

John hatte sich von Freunden ein kleineres Auto geborgt. Er parkte den Wagen ein Gebäude weiter auf der gegenüberliegenden Seite des Appartementhauses der Mädchen. Er hatte sich den Tag freigenommen. Für ihn war es egal, wie lange er warten musste. Hauptsache diese Verbrecher konnten dingfest gemacht werden.

Gegen zwei Uhr nachmittags, John wartete schon seit drei Stunden, kam plötzlich Bewegung in die Angelegenheit. Er sah Khamis, sich zu Fuß nähern. Er blieb immer wieder stehen und sah sich um, dann versteckte er sich hinter einem Wartehäuschen für Taxibusse und wartete. Ganz so, wie John es vorhergesehen hatte.

Nach einer halben Stunde kamen Bianca und die neue Mitbewohnerin aus dem Haus und stiegen in ein Taxi. Cornelia befand sich nun allein im Appartement. John telefonierte mit seinem Freund von der Polizei und teilte ihm das Gesehene mit. Sein Freund bestätigte es und sagte, dass auch die Polizei es mitverfolge.

Nach etwa zehn Minuten fuhr ein großer Geländewagen vor und parkte unweit des Eingangs. Drei Männer stiegen aus. Der Fahrer blieb im Wagen sitzen. Es handelte sich ausschließlich um Omanis in Disdasha und Kuma. Einer von ihnen, ein klein Gewachsener, schien der Anführer zu sein. Bei den anderen beiden handelte es sich um große Kerle. Jedoch weniger, was die Körpergröße betraf, als vielmehr das Körpergewicht, welches sie mit sich herumschleppten.

Zielstrebig eilten die Drei zum Eingang des Appartementhauses. Einer blieb noch kurz im Eingang stehen und sicherte diesen nach allen Seiten. Die zwei anderen schienen schon auf der Treppe zum zweiten Stock zu sein. Als auch der dritte Mann aus dem Eingangsbereich verschwunden war, sah John, wie plötzlich sechs Polizeibeamte und sein Freund um die Ecke bogen und sofort im selben Eingang verschwanden. John begann nervös zu werden und stieg aus. Er ging auf die andere Straßenseite, bis er gegenüber dem Hauseingang zum Stehen kam und wartete.

Hinter seinem Rücken hörte er, wie plötzlich das Fahrzeug der Männer angelassen wurde und sich schnell entfernte.

Nach kaum einer Minute drang entsetzliches Gebrüll aus dem Haus. Dann war es mit einem Schlag ruhig. Nach zwei weiteren Minuten begann der Lärm wieder und dieses Mal noch schlimmer. Man konnte hören, wie es rumpelte und jemand kreischte.

Dann war es wieder totenstill und John hörte nur noch die Geräusche der Straße.

John ängstigte sich um Cornelia. Da sich nun überhaupt nichts mehr zu tun schien, wollte er gerade die Straße in Richtung Appartementhaus überqueren, als wieder sehr laute Stimmen aus dem Haus drangen. Jemand schrie energisch und mit tiefer Stimme. John glaubte, die Stimme seines Freundes zu erkennen.

Dann herrschte für einige Minuten Ruhe. Nichts war zu hören und nichts bewegte sich. John stand unschlüssig auf der anderen Straßenseite. Plötzlich hörte er Sirenen und zog sich weiter in Richtung seines Wagens zurück. Er hatte sich nicht getäuscht. Auf einmal brauste ein Rettungswagen mit Sirene und grellen Lichtern um die Kurve und stoppte mit quietschenden Reifen vor dem Haus der Mädchen.

John war sehr aufgeregt und verwirrt. Sein erster Gedanke war, dass der Rettungswagen für einen der Übeltäter geholt worden war. Sein zweiter Gedanke galt jedoch der Sorge um Cornelia. Es blieb ihm nichts anderes übrig, als abzuwarten, um dann zu sehen, wen man aus dem Haus trug. Es vergingen noch weitere zehn Minuten, bis endlich wieder Bewegung in die Tragödie kam.

Zuerst eilte ein Polizist aus dem Haus. Dann erschienen zwei Sanitäter mit der Trage und ein Arzt. Hintendrein schritt sein Freund aus dem Haus.

John eilte über die Straße, um zu sehen, wer auf der Trage lag. Schon beim Näherkommen erkannte er das dunkle und blutüberströmte Gesicht Cornelias.

»Bleib weg!«, rief ihm sein Freund zu, »du kannst jetzt nichts tun! Geh zurück zu deinem Auto und fahr nach Hause!«

John überquerte wieder die Straße in Richtung seines Autos. Er wendete ständig den Kopf, um mitzubekommen, was noch alles geschah. Als er die andere Straßenseite erreicht hatte, sah er, wie die anderen Polizisten drei Omanis in Handschellen aus dem Haus führten. Im selben Moment bog ein Kastenwagen der Polizei um die Ecke und stoppte. Hinten wurde die Doppelflügeltür aufgestoßen und die drei Männer unsanft hineingestoßen.

Das Rettungsauto schaltete Sirene und Blinklichter ein und der Wagen eilte in Richtung des nächstgelegenen Krankenhauses, wie John annahm, davon.

Wenig später setzte sich auch der Wagen mit den verhafteten Männern in Bewegung. Die übrigen Polizisten stiegen in ihre Fahrzeuge und verließen den Tatort. Johns Freund Ahmed hatte ihm noch per Handzeichen zu verstehen gegeben, dass er ihn anrufen würde.

Außer den Menschen, die sich in der Zwischenzeit als neugierige Zaungäste auf der Straße angesammelt hatten, war John allein.

Bevor John in sein Auto stieg, konnte er noch sehen, wie sich Khamis aus einem der Nebengebäude schlich und um die Ecke verschwand. Khamis war dabei, sich unauffällig zu verdrücken.

John war außer sich, weil es wieder ein übel zugerichtetes Mädchen als Opfer gegeben hatte. Dieses Mal hatte es Cornelia getroffen. Sein Freund hatte ihm versprochen, die Polizei würde so zugreifen, dass das Mädchen nicht verletzt werden würde.

Er fuhr zu seinem Haus und legte sich auf sein Sofa, um sich zu beruhigen. Er war empört über die Vorgehensweise der Polizei.

Salim ließ sich von Suri verwöhnen. Zuerst sorgte sich Suri um seinen Hormonspiegel und anschließend kümmerte sie sich um seinen Stoffwechsel. Sie kochte sehr gerne für ihn. Er liebte ihre zum Teil sehr scharfen Gerichte aus ihrem Heimatland. Aus seinem Gedächtnis schien der Name Fatimah vollkommen gelöscht zu sein. Nicht eine Minute hatte er gedanklich an sie verschwendet, seit sie wieder im Krankenhaus lag.

Als er von der Küche in die Sala zurückkehrte, fiel ihm ein, dass Lakshmi den ominösen Brief des Wali auf den Tisch neben dem TV-Gerät gelegt hatte. Salim griff sich einen Kugelschreiber und begann, den Brief damit aufzuschlitzen. Er nahm das Papierbündel im Inneren zwischen seine Finger und zog es heraus, setzte sich auf den Teppich und begann zu lesen. Langsam, ganz langsam wich ihm die Farbe aus dem Gesicht.

Er musste den Inhalt drei Mal lesen, ehe er begriff, worum es ging.

Der erste Teil war ein Deckblatt mit dem Wappen des Landes und dem Namen der Behörde. Mit dem Hinweis versehen, dass es sich um drei verschiedene Schriftstücke mit einer unterschiedlichen Anzahl von Seiten handelte.

Der zweite Teil war ein Brief mit zwei Seiten. Das war eine Vorladung zum Primary Court in Al Khuwair, Maskat. Er sollte dort am Samstag der kommenden Woche erscheinen. Bis dahin waren es nur noch vier Tage. Beim dritten Teil handelte es sich um einen Fragebogen, in dem er Fragen zu seinem Zustand beantworten sollte, als er Fatimah krankenhausreif geschlagen hatte. Beim vierten Teil handelte es sich um eine Benachrichtigung, dass er im Rahmen der Einvernahme auch zum Fall seiner ersten, bereits verstorbenen, Frau befragt werden würde.

Als er alle Schriftstücke gelesen hatte, war Salim mit seinen Nerven am Ende. Seine Hände zitterten und er atmete flach und schnell. Eine halbe Stunde saß er nur da und rührte sich nicht.

Plötzlich kramte er sein Mobiltelefon hervor und wählte die Nummer seines Cousins Khaled. Dieser beantwortete seinen Anruf jedoch nicht. Salim sprach ihm eine Nachricht auf die Mailbox und ging hinaus in den Garten.

Als er an der Küchentür vorbeiging, eilte Suri heraus und wollte ihn mit ihren Armen umfangen. Er stieß sie brutal von sich. Sie prallte gegen die Küchentür. Da diese nicht verschlossen war, gab sie dem Aufprall nach. Nur deshalb wurde Suri nicht verletzt.

Salim brüllte sie an: »Du hast deinen Herrn nicht ungefragt zu umarmen. Wenn, dann komme ich zu dir und sonst nichts!«

Suri rappelte sich hoch und schloss die Küchentür hinter sich ab. Salim hatte im Moment kein Interesse an ihr und ging zielstrebig zum Großgarten. Er suchte Lakshmi.

Als er ihn gefunden hatte, teilte er ihm mit, dass er ihn unter vier Augen sprechen wollte. Beide gingen abseits und setzten sich auf die Mauern des Falaj.

Salim begann mit einer Frage an Lakshmi: »Erinnerst du dich, als damals meine erste Frau umkam?«

Lakshmi bejahte und sah Salim aufgeschreckt an.

»Sie wurde damals von unserem Esel erschlagen«, fuhr Salim fort. »Eine schreckliche Geschichte, wie du dich erinnern wirst?«

»Herr«, antwortete Lakshmi, »ich erinnere mich. Ich erinnere mich sogar noch an dein entsetztes Gesicht, als du mir davon erzählt hast.«

Salim fragte beschwörend: »Du hast doch gesehen, wie der Esel mehrmals ausgeschlagen und damit meine Frau getötet hat?«

»Nein Herr, das habe ich nicht gesehen, weil wir Arbeiter am anderen Ende des Gartens oben in den Hügeln waren!«

Salim bellte ihn an: »Du musst doch irgendetwas gesehen haben?« »Herr, das Einzige, was ich von dort oben sah, war, dass du dich mit deiner Frau fürchterlich gestritten hast.«

Salim schwieg für eine Weile.

»Wenn du aussagst, von oben beobachtet zu haben, wie sich der Esel störrisch und bockig verhalten hat, dann sollst du das nicht bereuen. Ich werde sehr großzügig zu dir sein. Du musst auch noch aussagen, gesehen zu haben, dass meine Frau und ich den Esel gerade mit Futter beladen wollten. Diese zwei Dinge sind sehr wichtig. Wann immer die Polizei oder der Richter dich befragen, teilst du ihnen mit, du hättest von den Hügeln aus beobachtet, wie ich und meine Frau den Esel beladen wollten und der Esel dabei sehr bockig war. Er schlug immer wieder aus und traf mehrmals meine Frau!«

»Ja Herr!«, antwortete Lakshmi. »Was bekomme ich für diese Aussage, hast du gesagt?«

Im Krankenhaus waren alle frohen Mutes. Fatimah aß nun regelmäßig und trank auch genügend Flüssigkeit.

Als Miriam an diesem Tag Fatimah besuchen kam, saß die Korangelehrte noch bei ihr. Sie wollte den Raum wieder verlassen, doch die Predigerin, Zarah mit Namen, bat sie zu bleiben und sich neben sie zu setzen.

Sie plauderten eine Weile über verschiedene Suren und Zarah war nicht gerade entzückt, als sie feststellte, wie wenig sattelfest Miriam im Koran war.

»Du solltest weniger mit dem Computer spielen, als vielmehr im Koran lesen!«

Miriam bekam Farbe im Gesicht. »Ich habe wegen der Schule so wenig Zeit. Mit dem Computer spiele ich überhaupt nicht!« Nach einer Schrecksekunde wurde Miriam sehr wütend. Sie kochte innerlich. Als sie anheben wollte, eine geharnischte Antwort zu geben, schaltete sich Fatimah ein.

»Miriam betet nicht nur regelmäßig mit mir, sondern auch mit ihrer Mutter, Großmutter und Großtante. Wir alle lesen regelmäßig den Koran und es mag vielleicht nicht den Anschein geben, aber Miriam ist sehr fromm.«

Zarah gab sich mit dieser Antwort zufrieden. Sie stand auf und begann, das Mitgebrachte in ihre Tasche zu packen.

Bevor sie die Ausgangstür erreichte, rief Miriam ihr nach.

»Und im Übrigen ist es jedem einzelnen Gläubigen überlassen, wie er mit seinem Glauben und seiner Frömmigkeit umgeht. Ich dachte, Toleranz ist eine der Stärken des Islam?«

Zarah drehte sich um, sah beide erstaunt an und verließ das Zimmer.

Als die Korangelehrte die Tür hinter sich geschlossen hatte, sagte Miriam leise: »Vielleicht lässt sie sich noch einen langen schwarzen Bart wachsen!«

Beide lachten aus vollem Herzen.

»Wir sollten über die Religion nicht scherzen!«

»Wir scherzen nicht über die Religion, sondern nur über die in sie verkrampften Menschen!« Und schon mussten beide wieder herzhaft lachen.

Miriam hatte wieder den Laptop mitgebracht. Sie öffnete die Tasche, nahm ihn heraus und legte ihn auf das Tischchen vor Fatimah. Während sie den Computer einschaltete, sagte sie: »Und das nun zum Thema am Computer spielen.«

Fatimah kannte sich mit dem Notebook bereits gut aus. Sie stieg schnell in Facebook ein, um sich mit ihren bereits zahlreichen Freundinnen zu unterhalten.

Nach ein paar Minuten forderte Miriam sie auf: »Schreibe doch Abdullah wieder einmal eine Email!«

Fatimah schüttelte aufgeregt den Kopf. »Miriam, ich kann doch als Frau nicht einem fremden Mann schreiben. Noch dazu als verheiratete Frau!«

»Habibti, du hast doch keine schlechten Absichten, wenn du Abdullah schreibst! Schreiben ist nirgendwo im Koran verboten!«

Fatimah entgegnete: »Auf deine Korankenntnisse verlasse ich mich lieber nicht!«

Es dauerte nicht lange und Fatimah begann doch eine Email an Abdullah aufzusetzen.

»Sehr geehrter Herr Abdullah,
du wirst dich wundern, warum ich dir schon wieder schreibe. Miriam, deine Nichte, mit der ich gerade zusammen bin, hat mich aufgefordert, dir zu schreiben. Ich lerne gerade, wie man mit einem

Computer umgeht und dabei fand ich Miriams Idee, dir zu schreiben, gut. Es dient nur zu meiner Übung.
Liebe Grüße auch von deiner Nichte!

Miriam musste schmunzeln. Still und leise lächelte sie in sich hinein. War doch sie die Einzige, die zu glauben wusste, wer die geheimnisvolle, große Liebe von Abdullah war.

Nachdem Fatimah die Mail abgeschickt hatte, teilte Miriam ihr mit, dass sie nun nach Hause fahren werde, da sie noch viel für die Schule zu tun habe.

Sie nahm sich ein Taxi und dachte während der Fahrt darüber nach, warum sie wohl die Einzige war, die ahnte, wer Abdullahs große Liebe war. Sie hatte Abdullah genau beobachtet, als Fatimah zum ersten Mal in ihr Haus gekommen war. Ihr war damals aufgefallen, dass sein Hals immer länger wurde, als er Fatimah erblickte. Wenn sie seine weiteren Reaktionen, seine Zornesausbrüche und desgleichen, richtig deutete, war sie imstande, Schlüsse zu ziehen. »Zumindest«, dachte sie, »werde ich sie dabei unterstützen und keiner Menschenseele ein Sterbenswörtchen verraten.«

Die Ärztin besuchte Fatimah ebenfalls noch kurz. Sie sprach mit ihr über Miriam und meinte, dass sie noch nie so eine gute und zuverlässige Freundin kennengelernt habe.

Fatimah fühlte sich glücklich, wenn Miriam bei ihr war. Am späten Abend lag Fatimah noch lange wach und konnte keinen Schlaf finden. Seit Miriam sie regelmäßig besuchte und viel von ihrem Leben erzählte, hatte Fatimah das Gefühl, etwas zu versäumen. Neues war in ihr erweckt und Altes ausgelöscht worden. Erstmals dachte sie über ihr bisheriges Leben nach. Sie dachte an Miriam und immer wieder tauchte in ihren Gedanken wie ein Blitz der Name Abdullah auf. Sie hatte ihn nur einmal gesehen, als er damals hinter dem Eingang zur Majlis gestanden hatte. Ein großer, schlanker, sehr gut aussehender Student der Architektur, so, wie sie sich vor langer Zeit einmal ihren Traumprinzen vorgestellt hatte.

Sie flehte Allah an, ihr den richtigen Weg zu weisen und betete viele Gebete, damit der Allgnädigste sie auch erhören möge. Erneut entwickelte sie Schuldgefühle. Sie ertappte sich manchmal bei dem Gedanken, dass ihr Mann Salim nicht mehr wichtig war. Wurde sie sich dieses Gedankens bewusst, sprach sie stets halblaut zu sich: »Bismillahi Rahmani Rahim, Allweisester, bitte führe mich den rechten Weg! Bitte Allmächtiger, lasse mich mein Schicksal ohne Widerrede ertragen, aber bitte, gebe mir auch die Möglichkeit zu lernen. Beschütze meinen Mann Salim, meine Schwiegermutter Aisha und lasse mich für sie eine gute Fürsorgerin sein!«

Inmitten dieser Gedanken war Allah gnädig und schenkte ihr den lang ersehnten Schlaf.

Abdullah war glücklich. Seit Langem richtig glücklich. Er hatte schon die zweite Email von Fatimah erhalten und sein väterlicher Freund, Professor Ludwig, hatte ihm auch zugesagt, sich mit ihm am nächsten Tag zu treffen. »Alhamdullilah, alles wendet sich zum Guten!«

Abdullah fühlte sich zerrissen. Er war stolz, ein Omani und ein Moslem zu sein. Trotzdem gestalteten sich für ihn viele Dinge nicht so einfach. Vor allem nicht jene, die im Heiligen Buch mehrmals vorkommen, aber stets anders gedeutet wurden. Es war ihm bewusst, dass die Vorschriften und Regeln des Korans stets eine Frage der Auslegung waren, aber, so fragte er sich immer wieder, wer bestimmt denn nun die so bezeichnete richtige Auslegung. Er hatte nicht nur die herkömmlichen Schriften der bekannten Religionsgelehrten gelesen, sondern auch viele andere Autoren und Kommentatoren. Professor Ludwig hatte ihm vor einiger Zeit geraten, sich mit den großen islamischen Philosophen wie Avicenna und Averroes zu befassen. Er hatte im Internet genug über die beiden gefunden und auch so manches gelesen. Je mehr er jedoch las, desto verwirrter wurde er. Abgesehen davon, dass diese Literatur ohnehin sehr schwierig zu lesen war. Er nahm sich vor, darüber unbedingt mit Professor Ludwig zu reden und wenn nötig, auch zu diskutieren.

Hätte er über seine Gedanken und Zweifel auch nur im Ansatz mit seiner Mutter oder gar mit seinem Bruder Khaled gesprochen, wäre er als Ketzer verurteilt worden. Vielleicht hätte ihn sein Bruder als Abtrünnigen des Hauses verwiesen.

Neben all diesen Gedanken war Abdullah aber in erster Linie glücklich. Er war sich sicher, dass Allah sowohl für ihn als auch für Fatimah einen gemeinsamen Weg vorbestimmt hatte.

Für Aisha und Halima war der große Tag gekommen. Sie durften nach einer langen Durststrecke, die sie mit viel Geduld ertragen hatten, Fatimah endlich besuchen. Aisha rief sofort ihren Sohn Salim an, um ihm diese gute Nachricht mitzuteilen. Sie wollte auch ihn dabei haben. Schließlich war es doch Salims Weib, welches im Krankenhaus lag.

Als Aisha ihm die Neuigkeit mitteilte und ihn aufforderte nach Maskat zu kommen, antwortete Salim, dass er keine Möglichkeit sehe, das Dorf zu verlassen. Er habe zu viel Arbeit. Aisha überlegte kurz und war dann einverstanden, dass Salim Fatimah nicht besuchte.

Der hatte indessen ganz andere Sorgen. Sein Cousin war telefonisch noch immer nicht erreichbar und die Sekretärin teilte ihm mit, dass Khaled vier Tage nach Jemen gereist sei.

»Vier Tage«, dachte Salim, »dann kommt Khaled genau am Abend des Tages vor meinem Gerichtstermin zurück. Oh mein Gott!«, jammerte er unentwegt. Er hatte Khaled schon sein sechstes SMS geschrieben und ihn gebeten, sofort zurückzurufen.

Er hatte Lakshmi viel Geld für seine Falschaussage vor Gericht versprochen. Zusätzlich versprach er ihm, dass er Prokurist in seiner neuen Firma würde. Aber, so hoffte Salim, müsse es zu einer Einvernahme von Lakshmi gar nicht erst kommen. Khaled musste das richten und mit all seinem Einfluss intervenieren.

Der Colonel teilte John am Telefon mit, dass die Übeltäter wegen Amtsanmaßung hinter Gitter saßen. Er schlug John vor, sich mit Khamis in seinem Beisein zu treffen. Er wollte Khamis zwei verschiedene Vorschläge unterbreiten. Erstens, Khamis zieht die Anzeige gegen John zurück und bleibt unbehelligt. Zweitens, Khamis verharrt bei seiner Anzeige gegen John und es wird gegen ihn eine Untersuchung wegen Zuhälterei und Amtsanmaßung eingeleitet. John staunte über diese Vorgehensweise und war damit einverstanden. Am Ende des Telefonats sagte John zu ihm: »Habibi, diese feine Lösung meines Problems, feiern wir dann gemeinsam in England. Du bist mein Gast, wann immer du möchtest!«

Der Colonel war hocherfreut über diese Einladung und teilte John mit, dass er ihn im Juli nächsten Jahres mit seiner gesamten Familie besuchen werde. John schluckte und meinte, dass er sich schon freue, sie willkommen zu heißen.

Er erkundigte sich über den gesundheitlichen Zustand Cornelias, doch sein Freund blockte ab.

»Sie ist noch im Krankenhaus und es geht ihr nicht schlecht«, war das Einzige, was John aus ihm herausbekam. Der Colonel versah seine Information noch mit einem Zusatz. »Was kümmert dich diese Nutte, Habibi? Ist doch nur ein blödes Weib, das zur falschen Zeit am falschen Ort war! Eine Sünderin! Allah hat sie bestraft!«

John reichte es. Er bedankte sich bei seinem Freund und teilte ihm mit, dass er sich er nun wieder auf seine Arbeit konzentrieren müsste.

Shaikha, die Frau Khaleds, fuhr Aisha und Halima zu Fatimah ins Krankenhaus. Miriam hatte ihnen aufgetragen, sich vorher bei der behandelnden Ärztin Anisa anzumelden.

Alle drei eilten den Haupteingang hinein, fuhren mit dem Lift in den zweiten Stock und fragten nach der Ärztin. Eine Schwester führte sie in Anisas Büro.

Anisa bat sie Platz zu nehmen und erklärte ihnen, dass sie die Damen persönlich ins Zimmer Fatimahs bringen werde. Sie wollte während der gesamten Besuchsdauer in Fatimahs Zimmer mit anwesend sein. Anisa informierte sie, dass sie aufgrund des immer noch labilen Gesundheitszustands, die Besuchsdauer auf zehn Minuten beschränken müsste. Sie bat, so wenig wie möglich über die Religion zu sprechen. Zu Shaikha gerichtet, sagte die Ärztin: »Ich ersuche Sie, nach dem Besuch noch kurz zu mir in mein Büro zu kommen, da ich sie gerne unter vier Augen gesprochen hätte.«

Aisha war kaum mehr zu halten und rutschte auf dem Stuhl hin und her. Doch Anisa stand schon auf und bat alle drei mit ihr zu kommen. Aisha rannte, so schnell es ihr Herz zuließ, in Richtung Fatimahs Krankenzimmer, öffnete die Tür und eilte zu Fatimah ans Bett.

»Habibti!«, schrie sie, »meine liebste Fatimah, Ayuni, meine Tochter, mein Leben! Wie geht es dir?« Sie ließ Fatimah nicht zu Wort kommen. »Du hast ja keine Ahnung, wie du mir fehlst! Die ganzen Wochen habe ich im Hause Khaleds ausgeharrt, damit ich dich endlich besuchen kann!«

So ging es, bis Anisa allem Einhalt gebot. Sie bat Aisha, nicht so laut zu schreien, da sich noch andere Patientinnen im Zimmer befanden.

Halima und Shaikha nahmen inzwischen auf den bereitgestellten Stühlen Platz und lächelten Fatimah liebevoll zu. Nachdem auch Aisha sich beruhigt hatte, konnte mit einem ganz normalen Gespräch begonnen werden.

Die Ärztin hatte Fatimah vorsorglich an einer Infusion hängen lassen. Die beiden alten Schwestern sollten damit auf die immer noch akute Krankheit hingewiesen werden.

Bald waren die zehn Minuten verstrichen. Einmal nur hatte Anisa einschreiten müssen, weil Aisha über den Willen Allahs einen Vortrag halten wollte.

Als sich alle drei von Fatimah verabschiedet hatten, ging Shaikha noch kurz in das Büro Anisas.

Kaum hatte Shaikha Platz genommen, eröffnete Anisa das Gespräch.

»Sie können sehr stolz auf ihre Tochter Miriam sein. Wäre sie nicht gewesen, hätten wir Fatimah womöglich verloren. Sie ist es, die den weitaus größten Anteil an Fatimahs Genesung und Wiederherstellung hat.«

Anisa erklärte Shaikha nun im Detail die Leistung Miriams. »Sie haben eine überaus intelligente und kluge Tochter. Ich hoffe, sie darf im Ausland studieren!«

Shaikha war völlig überrascht. Sie war sich bewusst, dass Miriam intelligent und gescheit war, doch das Lob der Ärztin machte Shaikha verlegen.

Leise und etwas verhalten sagte sie schließlich, dass Miriam schon immer ein außergewöhnliches Mädchen gewesen sei. Sie träume wirklich davon, in Europa studieren zu dürfen. Anisa stimmte ihr sofort zu und meinte, dass das die richtige Entscheidung wäre. Shaikha ergänzte, dass sie nicht genau wisse, wie ihr Mann darauf reagieren würde. War er doch der Meinung, dass im Westen große Gefahr für eine junge Muslimin drohte.

Anisa sah Shaikha völlig entgeistert an.

»Dabei handelt es sich aber nur um ein negatives Vorurteil. Gerade in Europa sind die Studentinnen besonders sicher und keiner verdirbt sie oder ihre Religion. Ich habe selber in Deutschland studiert. Sehe ich etwa verdorben aus?«

Verlegen antwortete Shaikha, dass auch sie diese Gedanken mit ihrem Mann nicht teile.

Zum Abschluss bat Anisa sie, ihre Tochter beim Wunsch nach einem Auslandsstudium zu unterstützen.

Nach diesem kurzen Gespräch verließen die drei Frauen das Krankenhaus. Im Auto hatte sich Aisha noch immer nicht beruhigt. Sie erwähnte immer wieder, dass sie alle drei vergessen hätten zu fragen, wann Fatimah endlich wieder zu ihrem Mann nach Hause dürfe. Die anderen schwiegen sich darüber aus.

LAKSHMI

Salim hatte sich mit Suri wieder versöhnt. Er befand sich in einem jämmerlichen Zustand und war geradezu froh, dass jemand mit einem einfachen und anspruchslosen Gemüt in seiner Nähe war. Sie bekochte ihn gerne.

Seit er die Schreiben erhalten hatte, war ihm die körperliche Lust auf Suri vergangen. Sie drängte sich daher immer wieder an ihn, um ihn auf ihre kalte Art zu reizen. Doch vergebens.

Suri hatte eine klare Vorstellung von ihrer Zukunft. Sie beabsichtigte, Salim so sehr an sich zu binden, dass er sie letztendlich zu seiner zweiten Frau machen musste. Nur die Nummer zwei zu sein, war kein Problem für sie. Zu Hause bei ihrem Vater war sie mit drei Müttern und 18 Geschwistern aufgewachsen. Da Salim, wie jeder andere gute Moslem auch, keinerlei Verhütung betrieb und Suri als gute Muslimin nicht einmal wusste, was das war, setzte sie alles daran, so bald als möglich von ihm schwanger zu werden.

Was Suri gut konnte, war Salim zu massieren. Das genoss er besonders. Für ihn lag darin auch einer der Vorzüge von Asiatinnen. Das Kinderzeugen war für ihn mit jeder Frau gleich. Aber Massieren konnte nur sie.

Sie suchte daher jede Gelegenheit, Salim eine Massage anzubieten. Je mehr sie ihn massierte, desto öfter musste er sich entkleiden. Besser gesagt, sie entkleidete ihn. Salim wäre kein Mann gewesen, wenn er dabei nicht schwach geworden wäre.

So kam Suri immer wieder zu dem, was sie beabsichtigte. Sie wollte so oft wie möglich seinen Samen empfangen.

Wenn da nur nicht die großen Probleme von Salim gewesen wären! Sie wusste zwar nicht, welche Probleme Salim hatte, aber dass etwas mit ihm nicht stimmte, spürte sogar sie.

Endlich, zwei Tage vor dem Gerichtstermin, meldete sich Khaled telefonisch aus Jemen. Salim konnte nicht mehr aufhören zu reden, um Khaled all seine Probleme zu schildern. Khaled beruhigte ihn erst einmal und forderte ihn auf, er solle alles langsam und der Reihe nach erzählen. Als Salim fertig war, stellte Khaled noch einige Fragen.

»Ich werde mich gleich morgen früh darum kümmern und von hier aus noch einige Telefonate führen. Das Erste was ich erreichen will, ist eine Verschiebung deines Gerichtstermins. Damit bleibt uns mehr Zeit, um an den richtigen Stellen zu intervenieren.«

Salim bedankte sich überschwänglich und wollte schon auflegen, als Khaled ihn plötzlich fragte, was es wirklich mit dem Tod seiner ersten Frau auf sich habe.

»Nichts, überhaupt nichts Außergewöhnliches, mein Cousin!«, schrie Salim hysterisch ins Telefon. Khaled erwiderte, dass sie sich noch darüber unterhalten müssten. Er wollte dieses Thema nicht über das Telefon besprechen. Khaled verabschiedete sich von Salim und teilte ihm mit, dass er am Abend des nächsten Tages wieder in Maskat sei. Sie wollten sich gleich übermorgen in Maskat treffen.

Salim war nun entschieden besser gelaunt und rief nach Suri.

Abdullah eilte nach der letzten Vorlesung des Tages in das Teehaus des Campus. Er beabsichtigte seinen, in sich wieder erwachten, Freund, Professor Ludwig, zu treffen. Für einen Omani musste er lange warten. Als er schon dachte, dass Ludwig vielleicht nicht kommen könne, sah er ihn zur Tür hereinstürmen.

»Entschuldige Abdullah«, äußerte sich Ludwig schwer atmend, »ich hatte noch mit dem Rektor ein Gespräch und dieses hat wider Erwarten viel länger gedauert als beabsichtigt.«

»Kein Problem Professor«, entgegnete Abdullah leger. »Soll ich Ihnen grünen Tee holen?«

»Das wäre nett von dir«, antwortete Ludwig, »ich bin ohnehin noch ganz außer Atem.«

Abdullah stand auf und ging zur Selbstbedienungstheke. Als er zurückkehrte, war Ludwig wieder bei Atem.

»Na, wie ist es dir in den letzten Wochen ergangen? Wir haben uns ja schon lange nicht mehr getroffen!«

Abdullah antwortete etwas verlegen, dass in letzter Zeit sehr viel vorgefallen wäre, und er neben dem Studium keine Zeit mehr hätte.

»Erzähl mir, was dich so sehr beschäftigt, dass du nicht einmal mehr Zeit für deine guten Freunde hast«, hinterfragte Ludwig.

»Viele Ereignisse, die mich nachdenklich stimmen«, antwortete Abdullah. »So erzähle doch, mach dein Herz frei«, forderte Ludwig ihn neugierig auf.

Abdullah erzählte über das Leid Fatimahs. Er erwähnte jedoch mit keinem Wort seine Gefühlsnähe zu ihr. Er erzählte alles von Anfang an und steigerte sich von Wort zu Wort mehr in seine eigene Erzählung hinein.

Schließlich unterbrach ihn sein Professor.

»Und, Abdullah, was hast du für eine Beziehung zu dieser Fatimah?«

Sofort erklärte er, dass er persönlich keine Beziehung zu Fatimah habe. Ja, sie nicht einmal kenne.

Ludwig lächelte ihn an. »Du bist verliebt in sie, ist es nicht so Abdullah? Du brauchst mir darauf nicht zu antworten, ich merke es auch so.«

Leise antwortete Abdullah: »Ja Professor, ich liebe sie. Ich liebe sie, seit ich sie zum ersten Mal gesehen habe. Dieser Idiot Salim verdient so eine Frau nicht!«

»Abdullah, soweit ich über den Islam und die Sharia informiert bin, ist es eine Sünde, die Frau eines anderen zu begehren. Ein Vergehen dieser Art wird durch das Gesetz schwer bestraft. Ich glaube allerdings, dass du dir bisher nichts zuschulden kommen hast lassen. Solange außer mir niemand davon weiß, ist es auch kein Problem. Ich schweige wie ein Grab!

»Was gedenkst du in dieser Angelegenheit zu tun, Abdullah?«, fragte Ludwig.

»Ich habe einen Plan, erklärte er.

»Erzähl ihn mir!«, forderte Ludwig ihn auf.

»Ich weiß, dass dieser Salim, der Ehemann von Fatimah, regelmäßig Alkohol trinkt. Weiter bin ich informiert, dass Salims erste Frau unter mysteriösen Umständen ums Leben gekommen ist. Die Züchtigung der Frau ist eine Ausnahme und klaren Regeln unterworfen. Wenn ich all das zusammenzähle und es findet sich der richtige Imam, dann hat Fatimah das Recht, sich von Salim scheiden oder die Ehe sogar annullieren zu lassen.«

Nun war es an Ludwig, den Mund vor Staunen nicht mehr zuzubringen. Dieser Abdullah überraschte ihn aufs Neue.

»Abdullah, ich wünsche dir aus ganzem Herzen, dass du dein Ziel erreichst. Inshallah!«

Nach diesem Geständnis war es an Ludwig, vorsichtshalber das Thema zu wechseln.

»Was hat dich neben deinem Studium noch so bewegt die letzten Monate?«

Abdullah begann zu erzählen, was geschehen war. Er erwähnte seinen Freund Khamis und dessen dubiose Geschäfte genauso, wie seine immer wiederkehrenden Zweifel zum Thema Auslegung des Korans. Er erklärte, wie er auf diese Zweifel kam.

»Die Lebensweise von Fatimah brachte mich dazu!«

Ludwig sah ihn interessiert an. »Das ist ein heikles und zugleich auch ein altes Thema. Die Christen haben es leichter. Besonders die

Anhänger der römisch-katholischen Kirche. Die richten sich gänzlich nach den Dogmen ihrer Kirche. Ihr Moslems habt es da schwerer, je nachdem, welche Auslegung gerade »in« ist. Ich habe dir vor einigen Monaten gesagt, dass du, wenn du dich für die verschiedenen Auslegungen des Korans interessierst, zuerst die Schriften des Abu Zaid vornehmen sollst. Leider ist er schon verstorben. Die Hardliner des Islam haben ihm übel mitgespielt. Abu Zaid interpretierte den Koran auf den Hintergrund seiner Entstehungszeit. Das war ihm nicht gut bekommen und die herkömmlichen Eiferer haben ihn als Apostat, als einen vom Glauben Abtrünnigen, bezeichnet. Du musst allerdings vorsichtig sein, da seine Schriften für Muslime verboten sind und öffentlich verbrannt wurden. Ich möchte dir aufzeigen, dass es durchaus keine Sünde sein kann, den Koran und seinen Inhalt auf die heutige Zeit, 1.400 Jahre nach seiner Entstehung, zu beziehen und seinen Inhalt daher auch neu zu interpretieren.«

Abdullah kämpfte mit sich selbst und wusste bei diesem Gesprächsthema nie so recht, was er denken und wie er reagieren sollte. Er versuchte, es Ludwig zu erklären. Ludwig verstand ihn, sagte ihm aber auch, dass die seit fast einem Jahrtausend vorherrschenden Interpretationen des Korans, die gesamte islamische Kultur zum Stillstand gebracht hätten. »Im frühen Mittelalter waren es die Araber die Moslems, die in Wissenschaften und Kultur führten. Vor allem durch ihre Übersetzungen und Weiterführung der Lehren der altgriechischen Philosophen. Dann kam der Stillstand, und selbst Europa, das damals im dunklen Mittelalter versunken war, gelang es, die arabische Kultur in seiner Entwicklung zu überholen. Heute beherrscht die europäische Kultur die gesamte Welt!«

Ludwig beendete seine Ausführungen: »Es war nicht die Religion, nicht der Islam, der euch Stilstand brachte, sondern die vorherrschende Interpretation der Schriften des Korans. Es war also nicht Gottes-, sondern Menschenwerk. Und wie mein Freund, Professor Gardener, sagt, nicht die Idee ist schlecht, sondern der Mensch.

Im Grunde begann euer Problem mit dem Philosophen Al Ghazali, so um das elfte Jahrhundert. Nachdem besonders Averroes, ganz im Stile des Aristoteles, ein Intellektualisieren der Religion betrieben hatte, kam Al Ghazali und drehte alles um. Er verzichtete auf Wissen und wendete sich ganz dem Glauben zu. Er hatte die Mystik zum Gesetz erhoben.

Ich selber kann da nur eine Redewendung aus meinem Land zitieren ›Glauben heißt, nichts zu wissen!‹«

Abdullah fühlte sich mehr irritiert denn je. Er kämpfte mit sich. Einerseits hielt er sehr viel von seinem väterlichen Freund und bewunderte sein Wissen und seine Klugheit, andererseits handelte es sich aber nur um einen Ungläubigen. Was durfte man einem Gottesleugner schon glauben?

Fatimah konnte mittlerweile selbstständig am Computer arbeiten. Besonders fasziniert war sie von den diversen Suchmaschinen im Internet. Sie nutzte sie eifrig. Da viele Seiten, die sie aufrief, in Englisch geschrieben waren, tat sie sich anfangs schwer. Aber mit der Zeit und der Praxis fiel es ihr immer leichter, Englisch zu lesen. Es war für sie einfach, da ihr Miriam stets half.

Nachdem Miriam den PC heruntergefahren und ausgeschaltet hatte, sprachen beide noch über den Besuch von Aisha und Halima am Tag zuvor.

Fatimah begann wieder, von ihrer Schwiegermutter zu schwärmen und informierte Miriam, dass sie sich schon freue, endlich bei Aisha zu Hause zu sein. »Was Habibi wird das Erste sein, was du tust, wenn du nach Hause kommst?«

Fatimah antwortete sehr rasch. »Für meine Familie kochen und mit Aisha aus dem Koran lesen!«

Miriam setzte nach. »Wozu habe ich dir beigebracht, einen Computer zu bedienen?«

Fatimah sah hoch. »Ich werde versuchen, Salim zu überzeugen, mir so einen Laptop zu kaufen.«

Miriam zweifelte daran, dass Salim dies tun würde, wusste er doch wahrscheinlich nicht einmal, was das war.

Die Ärztin hatte zwar gemeint, dass sie Fatimah noch zehn Tage im Krankenhaus behalten würden, doch der Tag der Heimkehr in Salims Haus rückte unaufhaltsam näher.

Miriam ertappte sich bei der Überlegung, was man tun könnte, um zu verhindern, dass Fatimah jemals wieder zu Salim zurückkehrte. Doch diesen Gedanken wischte sie als Hirngespinst schnell beiseite. Sie musste sich eingestehen, dass es für Fatimah keine andere Möglichkeit gab.

Der Colonel hatte mit Khamis und John ein Treffen vereinbart. Johns Freund trug seine Uniform und wirkte einschüchternd. Anfangs herrschte Schweigen. Sie nippten alle einige Male an ihren Tees bzw. Kaffees.

Endlich eröffnete Johns Freund das Gespräch.

»Khamis, du hast diesen britischen Gentleman angezeigt, weil er dich angeblich bedroht hat! Wie kam es dazu?«

Khamis wurde sofort zornig. »Weil dieser sogenannte Gentleman mich tatsächlich bedroht hat! Er sagte am Treppenaufgang eines Hauses in Al Khuwair zu mir, dass er mich schlagen wird! Ich hatte nur einen Freund besucht!«

Kaum hatte Khamis seine Erklärung beendet, begann John.

»Ich habe nicht gesagt, dich zu schlagen, sondern dir ein paar hinter die Ohren zu geben, wenn du nicht von den Mädchen ablässt!«

Der Colonel unterbrach John.

»Welchen Freund in diesem Haus hattest du besucht?«

Khamis Augen schwirrten hin und her.

»Meinen Freund Ali, aber der wohnt jetzt nicht mehr dort!«

Der Colonel lächelte vielwissend.

»Ich glaube Khamis und John, wir kürzen das Ganze ab und kommen gleich zur Sache!

Du Khamis beschuldigst John der Drohung und hast ihn bei der Polizei angezeigt. Ich, Khamis, beschuldige dich der Zuhälterei und schweren Amtsanmaßung und habe gegen dich schon seit einigen Monaten eine Untersuchung laufen. Wir, die Polizei, wissen ganz genau, wie du arbeitest und wie du vorgehst. Du spionierst die jeweiligen Opfer aus und gibst deinen Freunden, die wir schon verhaftet haben, die nötigen Informationen, um bei den Mädchen zuzuschlagen. Deine Freunde geben sich als Polizisten aus und nehmen den jungen Frauen ihr ganzes Geld ab. Anschließend erhältst du einen Anteil von 20 % der Beute. Was reichlich ist, wenn man bedenkt, dass du nur feige Schmiere stehst!«

Khamis war immer blasser geworden und brachte kein Wort mehr hervor. John schwieg und zeigte ein teilnahmsloses Gesicht.

Der Colonel fuhr fort.

»Ich schätze, dass du vom Gericht für die Zuhälterei an die zehn Jahre und für die schwere Amtsanmaßung nochmals fünf Jahre Gefängnis erhalten wirst. Es sei denn, dir fällt hier und jetzt, innerhalb der nächsten Minute, eine Lösung ein, die sowohl diesen britischen Gentleman als auch mich befriedigt!«

Plötzlich war Khamis außer sich und wendete sich an John.

»Du ungläubiges Schwein. Du bist in meinem Land nur Gast und hast dich uns anzupassen!«

»Stopp, stopp, stopp«, fuhr der Colonel mit ruhiger Stimme dazwischen. Ich dulde keine Beleidigungen. Weder von Omanis noch von Ausländern. Ich glaube zudem, dass du mich nicht ganz verstanden hast? Ich habe dir gesagt, dass du die Wahl hast und ich von dir daher einen Lösungsvorschlag erwarte!«

Nun war für Khamis die Zeit gekommen, mit dem Colonel in Arabisch zu sprechen. Das taten alle Araber gerne, wenn sie die anwesenden Europäer für dumm erklären oder etwas besprechen wollten, das Europäer nicht verstehen sollten.

»Wie kannst du als Omani, mir, einem Omani, so etwas antun! Dieser ungläubige Hund verdient es nicht, von dir beschützt zu werden. Er hat regelmäßig mit einer dieser Huren verkehrt. Du solltest ihn zum Roten Halbmond schicken und ihn auf Geschlechtskrankheiten untersuchen lassen, bevor du ihn aus dem Land wirfst!«

Zu seinem Unglück benutzte Khamis ein Lehnwort aus dem Englischen für das Wort Geschlechtskrankheit. Und »venereal« verstand John nun einmal. Bevor der Colonel noch antworten konnte, sagte John zu Khamis: »Ich habe keine Geschlechtskrankheit, wenn du das gemeint haben solltest.«

Khamis wechselte seine Gesichtsfarbe von Blassbraun auf Rot.

»Nun Khamis, wenn du uns keinen Vorschlag mehr zu machen hast, dann rufe ich jetzt meine Kollegen, um dich abholen zu lassen.«

»Halt warte!«, schrie Khamis dazwischen. »Ich werde die Anzeige gegen diesen Inglesi zurückziehen und beantragen, dass sein Name aus der Eintragung gelöscht wird!«

»Siehst du Khamis«, flüsterte Johns Freund, »das gefällt mir entschieden besser! Sehr gut, dann können wir beide gleich zum Revier fahren, um die Angelegenheit zu bereinigen.«

»Ganz wie du willst«, entgegnete Khamis.

John dachte, in einem schlechten Film zu sein. Wann immer er diese Geschichte seinen Freunden in England erzählte, niemand würde ihm glauben. Der Colonel, und, man konnte es kaum glauben, auch Khamis, verabschiedeten sich freundlich von John und fuhren zum Revier. Für John blieb nur die Begleichung der Rechnung.

Endlich war Salims Cousin tätig geworden. Sobald Khaled einige Freunde angerufen und interveniert hatte, verständigte er Salim, dass es nicht so schlimm sei, wie er befürchtet hatte.

»Es handelt sich um einen übereifrigen Richter, der dachte, er könnte alles auf einmal erledigen«, informierte ihn Khaled »du musst allerdings morgen dort erscheinen! Nur um ein paar Fragen zu beantworten. Mehr nicht. Sei sehr höflich und zurückhaltend, spreche dein bestes Arabisch. Rede nur dann, wenn du gefragt wirst!«, befahl Khaled.

Salim hatte jedoch immer noch ein sehr mulmiges Gefühl. Er war sich nicht sicher, ob alles so verlaufen würde, wie Khaled geschildert hatte.

Nicht einmal Lust auf ein kurzes Intermezzo mit Suri hatte er, nach dem Telefongespräch mit seinem Cousin. Nach dem Abendessen zog er sich sofort ins Schlafzimmer zurück und grübelte noch lange Zeit.

Am übernächsten Morgen, einem Samstag, stand Salim früh auf und machte sich reisefertig. Suri hatte ihm noch ein kleines Frühstück aus den Resten des Abendessens auf den Tisch gestellt, aber Salim rührte es nicht an.

Nervös und innerlich zerfahren stieg er in sein Auto. Völlig anders als sonst, fuhr Salim seinen Wagen langsam und bedächtig in Richtung Hauptstadt. Es schien ihm dieses Mal nichts auszumachen, von anderen Fahrzeugen überholt zu werden.

Schon gegen 08:30 Uhr erreichte er das Gerichtsgebäude. Er parkte seinen Wagen gegenüber, schloss ihn mit zittrigen Händen ab und überquerte die Straße.

Im Gerichtsgebäude musste er sich erst einmal orientieren. Es war schwierig, da sehr viele Menschen ebenso herumirrten wie er.

Endlich fand er eine Information und fragte nach dem Zimmer, das ihm in der schriftlichen Vorladung angegeben wurde.

Der Beamte am Schalter fragte ihn nach der Vorgangsnummer in seiner Vorladung. Salim zeigte ihm diese. Daraufhin teilte ihm der Beamte mit, dass sein Vernehmungstermin auf den kommenden Montag verschoben worden war.

Da die Tage vorher Wochenende gewesen waren, konnte er nicht mehr rechtzeitig von der Verschiebung des Termins informiert werden, erklärte ihm der Beamte.

Erleichtert verließ Salim das Gerichtsgebäude und ging zu seinem Wagen. Er rief seinen Cousin an, um sich mit ihm einen Termin zu vereinbaren. Bei Khaled antwortete nur die Mailbox.

Salim hinterließ eine Nachricht und fuhr in ein Einkaufszentrum, um sich ein Frühstück zu gönnen.

Während Salim frühstückte, rief ihn Khaled zurück und teilte ihm mit, dass er ihn am Nachmittag in einem Hotel treffen wollte.

Am frühen Nachmittag des gleichen Tages trafen sich Professor Ludwig und sein Freund Gardener nach längerer Zeit wieder einmal. Sie tranken Kaffee zusammen und sprachen über die Urlaubsreisen, die sie planten. Ludwig wollte ein paar Wochen nach Deutschland fahren und seine Verwandten besuchen. Gardener meinte, dass er auch für eine Woche in die Zivilisation zurückkehren werde und dann noch zwei Wochen nach Island fahren wollte.

Ludwig lachte und fragte: »Meinst du mit Zivilisation Großbritannien?«

»Ja!«, erwiderte Gardener, »nicht nur Großbritannien, sondern vor allem den Westen Englands. Bristol, The Cotswolds, die Pubs, das Essen, die Kühle des Klimas, einfach alles.«

Ludwig lächelte verschmitzt und spottete: »Na, wegen der Küche brauchst du ja nicht heimzufahren.«

Gardener protestierte: »Immerhin steht uns die deutsche Küche nicht weit nach!«

Beide beließen es dabei. Sie wollten keinen Streit beginnen.

»Aber du hast recht Henry! Die Cotswolds und die Pubs, da könnte ich schon schwach werden.«

»Weißt du Ludwig, irgendwann reicht es mir mit dieser Geldgier-Kultur hier. Wenn ich sage, dass es Zeit wird, wieder einmal in die Zivilisation zurückzukehren, dann meine ich das so. Was wird uns denn hier wirklich geboten, außer einem guten Gehalt? Moderne Hochhäuser, die zumeist auf Sand gebaut sind, viele riesige Einkaufszentren, wenig Kultur und jede Menge moderner Sklaverei, wie wir beide schon festgestellt haben.

»Ja«, sagte Ludwig, »so könnte man das durchaus sehen. Im Grunde leben wirklich alle diese Öl- und Gasländer von diesen modernen Sklaven. Diese halten die gesamte Infrastruktur am Leben, bauen all die Wolkenkratzer und Paläste, und wenn sie krank oder gar verletzt werden, schicken sie sie sofort nach Hause. Wohl wissend, dass schon Tausende andere auf diesen Job warten!«

»Ja!«, fuhr Gardener fort, »und was diese armen Seelen nicht bewerkstelligen können oder was geistig anspruchsvoller ist, erledigen die besser ausgebildeten Europäer. So wie wir beide! Übrigens, da fällt mir etwas ein. Ich habe letzte Woche von einem Bekannten gehört, dass einige der Golfanrainerstaaten mittlerweile Studien in Auftrag gegeben haben. Diese Studien sollen sich mit dem Zeitraum und der Situation nach Öl und Gas beschäftigen. So auch Oman. Es ist allgemein bekannt, dass die Öl- und Gasressourcen nicht unerschöpflich sind. Das Sultanat Oman, so schätzt man, hat nach dem Jahr 2030 keine dieser Ressourcen mehr. Das bedeutet allerdings, dass die Ausbeute bis 2030 langsam weiter zurückgehen und nicht mit einem Schlag Schluss damit sein wird. Was passiert dann mit diesen Ländern?«

»Ja, was?«, fragte Ludwig.

»Das Ergebnis des so genannten »Worst Case Scenarios« sagt aus, dass der Lebensstandard im Oman rapide schrumpfen wird. Die omanischen Männer müssen, um Arbeit zu finden, vornehmlich nach Indien auswandern!«

»Ist das wieder einer deiner üblen Scherze, Henry?«

»Nein! So wurde es mir von einem Fachmann berichtet. Stell dir vor, die Omanis müssten als Gastarbeiter nach Indien gehen? Das wäre nicht nur die Quadratur des Kreises, sondern das größte Paradoxon, das ich jemals erlebt habe!«

Ludwig dachte nach.

»Vorstellen könnte ich es mir. Es wäre gar nicht so abwegig. Indien ist auf dem besten Weg, sich zu einer Wirtschaftsmacht zu entwickeln. Die arabischen Länder, sofern sie nicht ausreichend Kapital angespart und in produzierende Industrie investiert haben, könnten sich durchaus zurückentwickeln.«

»Tatsache ist auf alle Fälle«, unterbrach ihn Gardener, »dass sowohl der Wille zu arbeiten als auch die Fähigkeit ohne Fremdarbeiter eine starke Wirtschaft aufzubauen, bei unseren Freunden recht schwach ausgeprägt ist! Und wenn ich ganz böse bin, und das schätze ich so sehr an mir, dann muss ich einfach feststellen, dass ein arabischer Diplomingenieur für Hoch- und Tiefbau über ungefähr so viel Wissen und Können verfügt, wie ein mittelmäßiger europäischer Maurer!«

»Ach Henry!«, seufzte Gardener lachend, »du kannst es einfach nicht lassen.«

Miriam verbrachte den halben Tag bei Fatimah im Krankenhaus. Was vor drei Wochen noch unmöglich schien, war nun seit einigen Tagen Gewissheit. Fatimah nahm an Gewicht zu. Sie sah besser aus und entwickelte einen gesunden Appetit.

Beide jungen Frauen surften wieder im Internet und nach einer Weile meinte Miriam zu Fatimah, es wäre an der Zeit, Abdullah wieder eine Email zu schreiben.

Als ordentliche Ehefrau weigerte sich Fatimah erneut. »Ich kann Abdullah nicht immer Emails schreiben. Ich bin verheiratet und es ist mir verboten.«

»Was heißt schon verboten? Du schreibst doch einfach nur einem Bekannten und noch dazu Verwandten!«

»Wieso Verwandten?«, fragte Fatimah.
»Du weißt das nicht? Er ist sowohl mit dir als auch mit mir verwandt. Auch wir beide sind verwandt!«, entgegnete Miriam. »Wir haben alle denselben Urgroßvater«.

Nun war es an Fatimah, erstaunt zu sein. »Das ist aber schon sehr weit entfernt verwandt.«

»Verwandt ist verwandt!«, erwiderte Miriam.

Nach langem Zögern ließ sich Fatimah doch dazu überreden, gemeinsam eine Email an Abdullah zu schreiben.

Da sie fröhlicher Stimmung waren, fiel auch die Email sehr lustig aus. Während des Schreibens kicherten sie permanent und beinahe hätten sie die Email nicht mehr fertig geschrieben.

Als sie die Mail abgesendet hatten, wurden beide wieder ernsthafter. Miriam fragte Fatimah, ob sie schon wisse, wie lange sie noch im Krankenhaus bleiben müsste? Da Fatimah keine Ahnung hatte, schüttelte sie den Kopf. »Ich weiß es nicht Habibi. Anisa hat sich noch nicht geäußert. Am liebsten würde ich überhaupt hierbleiben!«

Miriam sah sie nachdenklich an. »Vielleicht solltest du den Beruf einer Krankenschwester erlernen?« Fatimah war von dieser Idee begeistert und antwortete, dass sie Menschen gerne helfen würde.

Mit einem Mal wurde Fatimah ernst.

»Das geht nicht, weil ich mich um meinen Mann und um meine Schwiegermutter kümmern muss. Außerdem möchte ich Salim noch viele Söhne schenken.«

»Ein Rückfall, schon wieder ein Rückfall!«, murmelte Miriam. »Was soll ich bloß tun mit dir?«, fragte sie. »Was bloß? Warum denkst du immer an die Anderen und nicht eine Sekunde an dich«?

»Die Ichsucht ist eine schwere Sünde vor Gott. Allah mag Menschen nicht, die nur an sich selbst denken. Du solltest den Koran genauer studieren, Miriam!«

Miriam wechselte das Thema und stellte Fatimah eine sehr hypothetische Frage. »Wie würdest du dir dein Leben vorstellen, wenn dein Mann so ausgesehen hätte, wie du ihn dir in deinen Träumen vorgestellt hast?«

Nachdem Fatimah nachdenklich im Bett gesessen hatte, ließ sie sich langsam zurückgleiten und blickte auf die Zimmerdecke.

Miriam fragte noch einmal nach und bat um eine Antwort.

Leise, kaum hörbar, wisperte Fatimah: »Dann würde ich mich auf die Stimme meines Mannes, auf jeden Morgen, auf jeden Abend mit ihm und auf jede Arbeit, die ich für ihn tun kann, freuen! Wir würden gemeinsam unser Land bereisen. Ich würde die hohen Berge, die Sandwüste und das große Meer sehen. Ich würde die Sommerferien mit ihm in Salalah verbringen und ich würde sehr, sehr glücklich sein.«

Miriam wendete sich völlig gerührt von Fatimah ab, damit sie nicht sehen konnte, wie sich zwei einsame Tränen aus ihren Augenwinkeln hervor stahlen.

»Warum Sommerferien Fatimah?«, fragte Miriam aus Verlegenheit. »Wenn dein Mann arbeitet, dann hat er keine Ferien, sondern Urlaub!«

»Der Mann, den ich mir erträumt hatte, wäre groß und schlank und nur einige Jahre älter als ich. Außerdem würde er noch an einer Universität studieren!«

Bevor sie weitersprechen konnten, kam die Ärztin ins Zimmer und teilte ihnen mit, dass soeben Halima und Aisha angekommen wären, um Fatimah zu besuchen.

Salim traf sich mit Khaled in einem Hotel, welches dem Status Khaleds entsprach und in Salim Unbehagen und Unsicherheit hervorrief.

Khaled versuchte Salim zu erklären, wie es dazu kam, dass er nun doch einvernommen werden sollte. Und vor allem, warum der alte Fall mit seiner ersten Frau noch einmal aufgerollt wurde.

»Ich habe mit dem Vorgesetzten des zuständigen Richters gesprochen. Er hatte ihn schon zurückgepfiffen und bald wäre die ganze Angelegenheit auch im Sande verlaufen, wenn es da nicht dieses eine anonyme Schreiben gegeben hätte.«

»Welches Schreiben?«, fragte Salim überrascht.

»Eine Email, abgesendet von einem Internet Café in Sohar. Darin wirst du des Alkoholmissbrauchs, der grundlosen Brutalität deiner Frau gegenüber und des Mordes an deiner ersten Frau beschuldigt!«

Nun wich sämtliche Farbe aus Salims Gesicht. Er war völlig sprachlos und konnte vor Zittern nicht einmal die Teetasse heben.

»Salim!«, rief Khaled verschwörerisch, »ich muss die Wahrheit wissen. Nur dann kann ich die entsprechenden und vor allem nötigen Schritte veranlassen.«

»Das stimmt alles so nicht«, brummte Salim mit weinerlicher Stimme. »Ich trinke manchmal Bier, nicht mehr als du auch, werter Cousin. Aber ich missbrauche Alkohol nicht. Ja, ich gebe zu, ich habe meine Frau zwei Mal geschlagen. Das tun andere gute Muslime auch. Aber woher das verdammte Gerücht kommt, ich hätte meine erste Frau erschlagen, ist mir rätselhaft. Es war der Esel. So wie ich es immer gesagt habe. Selbst der Arzt hat das damals bestätigt. Und außerdem, ich habe einen Zeugen dafür! Mein indischer Vorarbeiter Lakshmi hat damals den Vorfall von der Anhöhe meines Gartens aus beobachtet!«

Nun lächelte Khaled. »Dann ist doch alles nicht so schlimm! Ich werde noch einmal mit dem Richter und seinem Vorgesetzten sprechen. Ich bin mir sicher, dass auch sie alles halb so dramatisch sehen werden.«

Khaled bat Salim anschließend, über die Entwicklung ihrer Firma und über den finanziellen Status zu berichten.

Salim gab ihm einen vollständigen Bericht und anschließend verließ ein zufriedener Staatssekretär seinen Cousin.

In Dubai, auf dem Campus, war die totale Euphorie ausgebrochen. Hatte doch Abdullah schon wieder eine Email von Fatimah erhalten. Zugegeben, die Mail wurde von Fatimah und Miriam zusammen geschrieben, aber Abdullah war der felsenfesten Meinung, die Mail sei ausschließlich von Fatimah verfasst. Miriam war nur das Alibi.

Der Inhalt war sehr lustig, fast etwas wirr und ein Außenstehender hätte die Meinung haben können, die Verfasser wären verrückt.

Wichtig war für Abdullah, dass es Fatimah besser ging. Dazu wollte er am Abend seine Mutter anrufen und sie befragen.

Aisha informierte ihre Schwester, dass sie gleich nach ihrer Rückkehr in Khaleds Haus, Allah für die Genesung Fatimahs danken wolle. Den ganzen Abend, wie sie betonte. Halima schloss sich ihr an. Sie wollten gemeinsam aus dem Koran rezitieren.

Als sie Miriam dazu einluden, entgegnete diese, dass sie noch Arbeit für die Schule zu erledigen habe.

Aisha keifte sie an: »Wer für seinen Gott nicht Zeit hat, braucht auch für andere Dinge keine Zeit aufwenden!«

Miriam dachte darüber nach, wie sehr Fatimah an den Lippen ihrer Schwiegermutter hing. Sie wurde gänzlich von Aisha beeinflusst und besaß keine eigene Meinung.

Miriam war sich im Klaren, dass Fatimah nur zwei Möglichkeiten für ihr weiteres Leben zur Verfügung standen. Entweder sie unterwarf sich weiterhin ihrer Schwiegermutter, oder sie lernte, sich ihrer Haut zu erwehren. Letzteres hätte allerdings die Konsequenz des ständigen Kampfes gegen Aisha und ihren Mann. Die Kraft dafür konnte Fatimah mit Sicherheit nicht aufbringen.

Miriam wurde mit einem Mal bewusst, wie ausweglos die Situation Fatimahs war. Ohne jede Perspektive. Sie hoffte, dass Fatimah sich dieser Situation nicht bewusst war.

Hätte Khaled die Gedanken seiner Tochter lesen können, er wäre entsetzt gewesen. Entsetzt vor allem deshalb, weil er felsenfest davon überzeugt war, Miriam besonders gut im Sinne der Sunna, als demütige, respektvolle Frau und Muslimin erzogen zu haben.

Khaled hatte zu diesem Zeitpunkt andere Sorgen. Nachdem er mehrmals mit dem zuständigen Richter und seinen Vorgesetzten telefoniert hatte, vereinbarte er einen kurzfristigen Termin mit dem Staatssekretär des Justizministeriums. Dieser Kollege war ein Freund.

Der zuständige Richter teilte Khaled mit, dass ihm aufgrund der Schwere der Anschuldigungen, die Hände gebunden seien. Er müsse den Fall verfolgen. Weiter erklärte er, dass es nur Khaleds Einfluss zu verdanken war, dass Salim Al Ruzaiqi nicht schon längst von der Polizei abgeholt und ins Untersuchungsgefängnis gesteckt worden sei.

Gleich am späten Nachmittag desselben Tages traf sich Khaled deshalb mit seinem Freund dem Staatssekretär. Sein Name war Djamal.

Ohne sich lange mit Begrüßungsformeln aufzuhalten, begann Khaled über den Fall seines Cousins zu berichten.

»Ich habe dich, werter Freund, um diese Unterredung gebeten, weil ich zu tiefst davon überzeugt bin, dass du mir mit deiner Weisheit und deinem Einfluss helfen kannst!«

Khaled berichtete alle Details des Falles und ließ nichts aus. Er beschönigte auch nichts.

Djamal dachte lange Zeit nach und strich sich permanent über seinen langen Bart. »Ich weiß nicht, wie ich dir helfen kann. Der Fall liegt nicht mehr bei uns, sondern bereits bei der Staatsanwaltschaft und dem zuständigen Untersuchungsrichter. Wie du selbst festgestellt haben wirst, Khaled, geht es nicht mehr nur um die ausufernde Züchtigung seiner jetzigen Frau, sondern auch um die mysteriösen Umstände des Todes seiner ersten Frau.«

Khaled biss sich in seine Unterlippe.

»Aber dazu gibt es einen Zeugen. Der indische Vorarbeiter meines Cousins, sein Name ist Lakshmi, hat den Vorfall damals beobachtet und kann bezeugen, dass der Esel Salims Frau erschlagen hat.«

»Das ist zugleich auch das Problem«, entgegnete der Staatssekretär. »Ein indischer Arbeiter und zugleich noch ein Ungläubiger, ein Kafir! Seine Aussage wird nicht viel Gewicht haben. Es sei denn«, murmelte er grübelnd in seinen langen Bart, »dieser Inder konvertiert umgehend zum Islam. Dann ist seine Aussage wesentlich gewichtiger!«

Khaled lächelte seinen Freund dankbar an. »Ich wusste, dass du, verehrter Freund, nicht umsonst den Beinamen ›der Fuchs‹ trägst.«

Djamal erklärte mit nachdenklichen Mimik: »Dieser Lakshmi muss konvertieren, und zwar sehr schnell. Die jetzige Ehefrau deines Cousins muss eventuell aussagen, dass sie stets sehr unfolgsam war und sie daher die Bestrafung verdient hatte. Was den übermäßigen Alkoholgenuss betrifft, so ist es am besten, Salim gibt diesen zu. Zugleich soll er dem Richter aber versichern, dass er dem Alkohol schon seit Langem abgeschworen hat. Spätestens nach dem Vorfall mit seiner zweiten Frau.«

»Mein Freund Djamal, du bist eine Sensation!«, rief Khaled, »wir werden alles genauso veranlassen, wie du es vorgeschlagen hast!«

Nachdem Djamal nicht nur Staatssekretär, sondern auch ein strenggläubiger Muslime war – er trug einen langen schwarzen Bart und eine kurze Disdasha – forderte er Khaled auf, ihn zum Gebet in die Moschee zu begleiten. Khaled schloss sich ihm begeistert an.

Salim ahnte von alldem nichts. Er war ebenfalls im Begriff, in die Moschee zum Gebet zu gehen. In Maskat fuhr er ausschließlich zu der Moschee, wo er schon mehrmals zum Gebet war und den Motawa persönlich kannte.

Er richtete es so ein, dass er bis zum Schluss des Gebetes blieb, um wieder ein paar Sätze mit dem Prediger wechseln zu können. Dieser wurde sofort auf Salim aufmerksam und eilte zu ihm.

»Es freut mich, dich wiederzusehen. Sei mir willkommen! Was führt dich dieses Mal in die Hauptstadt? Wieder deine Geschäfte?«

Salim sah ihn gottesfürchtig an. »Ja, meine Geschäfte führten mich nach Maskat, aber deine Leidenschaft für Allah und das Gebet, führten mich hierher zu dir!«

Der Motawa setzte ein pharisäisches Lächeln auf. »Bist du mit deiner Frau wieder ins Reine gekommen? Gehorcht sie dir wieder?«

»Ja, Herr!«, antwortete Salim, »sie hat sich wieder in das von Allah gegebene Schicksal gefügt. Im Moment liegt sie allerdings im Krankenhaus, weil sie zu viel und zu lange gefastet hat.«

»Da siehst du Habibi«, versicherte der Motawa, »Allah ist in seiner Weisheit unergründlich. Zuerst hat dein Weib aufbegehrt und nun hat Allah sie gemaßregelt und sie sehr lange fasten lassen. Ich glaube, Allah hat euch beide einer Prüfung unterzogen. Du wirst sehen, du wirst ein liebevolles und zahmes Weib bekommen, wenn sie wieder in dein Haus zurückkehrt!«

»Inshallah, Inshallah, Inshallah!«, stimmte Salim zu.

Er verabschiedete sich von diesem verständnisvollen Freund und ging zu seinem Wagen. Im Auto überprüfte er sein Mobiltelefon. Zu seiner Erleichterung stellte er fest, dass ihn sein Cousin Khaled angerufen hatte.

Sofort wählte Salim dessen Nummer und sprach mit ihm. Sein Cousin teilte ihm mit, dass er eine Lösung für sein Problem habe. Er forderte Salim auf, sofort zu ihm in sein Haus zu kommen.

In Dubai unterdessen, kämpfte Abdullah mit sich selbst. Er wollte Fatimah eine Antwortmail senden, war sich aber bewusst, dass es sich um die Adresse von Miriam handelte. Was immer er schrieb, Miriam würde es zuerst lesen.

Abdullah war sich sicher, dass Miriam, wenn es darauf ankam, auf seiner Seite stand. Das hatte sie schon oftmals erkennen lassen.

Er setzte sich an seinen Laptop und begann ein paar kurze Zeilen an Miriam und Fatimah zu schreiben.

»Liebe Fatimah, liebe Miriam!
Ich habe sehr über eure letzte Mail gelacht. Es freut mich, dass du, Miriam, immer mit Fatimah zusammen bist und ihr zeigst, wie man mit einem Computer umgeht. Liebe Fatimah, bitte tue mir den Gefallen und bleibe so lange wie möglich im Krankenhaus, damit du nicht so schnell wieder in dieses einsame Dorf zurück musst.

Schöne Grüße euer Abdullah!«

P. S. »Diese Emails sind unser Geheimnis und niemand darf je davon erfahren!«

Abdullah war zufrieden und stolz, eine unverfängliche, jedoch persönliche Email geschrieben zu haben.

In ihrem Zimmer saß Miriam und unterhielt sich mit ihren Freundinnen über Facebook. Es gab viel Neues zu erzählen und ihre gesamte Facebook-Gemeinde nahm Anteil am Schicksal Fatimahs. Wenn Miriam ein, zwei Tage nicht online war, überhäufte man sie mit Fragen über Fatimah. Zwischen Miriam und Claudia, ihrer österreichischen Freundin, hatte sich eine enge Freundschaft entwickelt und beide hatten keine Geheimnisse voreinander. Claudia wusste bis ins letzte Detail über Fatimah Bescheid. Miriam hatte im letzten

Email angedeutet, dass sie Fatimah aus den Klauen dieses brutalen Dummkopfes befreien wollte.

Claudia erzählte Miriam, dass sie eine Woche Ferien hätte und mit Freundinnen und Freunden in die Berge zum Wandern fuhr. Miriam musste wieder einmal feststellen, wie schrullig, kleinbürgerlich und festgefroren in uralten Traditionen die islamische Gesellschaft war. Claudia hatte erklärt, dass Mädchen und Burschen gemeinsam wegfuhren. Das hatte allerdings noch lange nicht zu bedeuten, ein Verhältnis miteinander zu haben. »Bei uns«, schrieb sie, »gehen Männer und Frauen offen und unverkrampft miteinander um.«

Miriam verstand dies und musste sich eingestehen, dass hier zwei völlig unterschiedliche Welten und Zeitalter aufeinanderprallten.

Es wäre undenkbar, dass omanische Jugendliche verschiedenen Geschlechts miteinander auf einen Ausflug in die Berge fuhren. Erstens verhielten sich omanische Männer gegenüber unbegleiteten Frauen wie Hunde - sie hatten nur Sex im Kopf - und zweitens war sie sich bewusst, dass mittelalterliche Tradition sich nicht mit der Realität der Moderne vertrug.

Manchmal war Miriam traurig. Sie wusste, dass sie nicht zu viel wollte. Sie war durchaus auch den traditionellen und religiösen Wurzeln verhaftet. Etwas Böses oder eine offensichtliche Sünde vor Allah käme ihr niemals in den Sinn. Sie wollte nur ganz einfach jung sein dürfen und dies in einer liberalen Gesellschaft. Das war jedoch nicht denkbar.

Gerade als Miriam den PC herunterfahren wollte, machte es ping und sie sah, dass ihr Onkel Abdullah eine Email gesendet hatte.

Sie öffnete nochmals das Programm und las das kurze Schreiben von Abdullah.

Sie fragte sich, was Abdullah wirklich wollte? Fatimah war eine verheiratete Frau und unerreichbar für ihn.

»Inshallah!«, murmelte sie und schaltete das Notebook aus.

Zur gleichen Zeit kam Miriams Vater nach Hause. Er teilte seiner Frau mit, dass sie noch die Männer Majlis für einen Besuch vorbereiten lassen müsse, da Salim noch kurz vorbeischauen würde.

Schnell breiteten die Philippinas eine Plastikfolie über den Teppich und schnitten frische Früchte auf, während in der Küche noch ein Hähnchen und etwas Reis zubereitet wurden.

Kaum zehn Minuten später kam Salim und wurde gleich in die Majlis geführt. Salim hatte gerade Platz genommen, da stürmte Rifat, der Jüngste, herein und umarmte Salim. Rifat tobte wie wild geworden in der Majlis umher und warf sich immer wieder auf Salim und stieß dabei undefinierbare Laute aus. Salim ließ ihn gewähren, weil ihm Rifats Purzelbäume, sonstige Verrenkungen und seine gesamte Geräuschkulisse gut gefielen. Salim sprach einige Sätze mit Rifat, bekam jedoch keine Antwort.

Plötzlich öffnete sich die Tür und ein Philippino trat in die Majlis und wollte Rifat nach draußen holen. Salim bellte ihn mit grober Stimme an, er solle gefälligst den Jungen in Ruhe lassen. Rifat grinste nur schief und schlug weiter auf Salims Rücken ein.

Als sich die Tür nochmals auftat, kam Khaled herein und sah, wie Rifat auf Salim einschlug. Mit sanfter Stimme sagte er zu seinem Sohn: »Habibi, du kannst doch deinen Onkel Salim nicht schlagen! Bitte Habibi, lasse uns jetzt allein und gehe zu deinen Schwestern. Sie sollen sich um dich kümmern. Rifat verließ die Majlis und zeigte Salim beim Hinausgehen noch die Zunge.

»Salim«, eröffnete Khaled das Gespräch, »gut, dass du gleich gekommen bist. Ich habe eine gute und eine weniger gute Nachricht für dich. Ich hoffe, du weißt es zu schätzen, dass ich die letzten Tage nichts anderes getan habe, als für dich zu intervenieren.«

»Ich weiß, Khaled, ich bin tief in deiner Schuld und dir zu Dank verpflichtet! Welche Nachrichten hast du für mich?«

Khaled informierte ihn und gab ihm Anweisungen.

»Ich habe nicht nur mit dem Untersuchungsrichter gesprochen, sondern jetzt erst, vor einer Stunde, den Staatssekretär im Justizministerium getroffen.

Er erläuterte mir, dass es in deinem Fall nicht mehr nur um den Alkoholmissbrauch und die Verletzungen deiner Frau gehe, als vielmehr um den lange zurückliegenden Todesfall deiner ersten Ehefrau.

Djamal, so heißt mein Freund der Staatssekretär, informierte mich, dass es nur meinen Interventionen zu verdanken sei, dass du nicht schon in Untersuchungshaft sitzt.

Als ich ihm erklärte, dass dein indischer Vorarbeiter gesehen hätte, wie alles passierte, meinte er, dass dieser Zeuge nicht viel Wert sei. Es handle sich bei Lakshmi nur um einen Inder und noch dazu um einen Ungläubigen«, klärte er mich auf.

Wenn Khaled sich in Szene setzen wollte, dann wusste er, wie er das angehen musste. »Als mir mein Freund Djamal mitteilte, dass ein ungläubiger Inder als Zeuge nichts Wert sei, suchte ich fieberhaft nach einer Lösung. Mir kam eine Idee, die zugleich auch die Lösung des Problems bedeutet.«

Salim sah Khaled erwartungsvoll an und geduldete sich, bis er weitersprach.

»Wenn dieser Lakshmi ein Moslem wäre, dann besäße er eine viel höhere Glaubwürdigkeit. Noch dazu, wenn wir erklären könnten, dass er allein deshalb zum Islam konvertiert sei, um seine Glaubwürdigkeit zu unterstreichen. Wir könnten noch hinzufügen, dass es allein Allahs Weisheit zu verdanken ist, diesen einen ungläubigen Hindu, zum einzigen wahren Glauben geführt zu haben.«

Soviel Schlauheit und Gewandtheit hatte Salim, zu Recht, nicht einmal seinem Cousin zugetraut. Khaled kam ihm mit einem Male geradezu genial vor. Er sagte zu ihm mit bewunderndem Unterton:

»Deine Exzellenz, ich bin sprachlos. Das ist genial!«

»Ja!«, setzte Khaled nach, »ich finde auch, dass ich genial bin. Du, Salim, musst diesen Lakshmi dazu bringen, zum Islam zu konvertieren. Ich hoffe, dass dieser Lakshmi bereits beschnitten ist, denn sonst schaffen wir es zeitlich nicht mehr. Fahre also heute noch nach Hause und spreche morgen früh mit ihm! Wie willst du ihn überzeugen, diesen Schritt zu tun? Hindus sind immer sehr bockig, was ihren Götzenglauben betrifft.«

Salim dachte nach.

»Ich glaube, ich weiß einen Weg. Er hat mich des Öfteren schon gefragt, in unsere Firma einsteigen zu dürfen. Er möchte das Management übernehmen. Ich werde ihm das unter der Bedingung ermöglichen, dass er zum wahren Glauben übertreten muss. Ein Nichtmuslime, werde ich ihm sagen, kommt für uns nicht infrage.«

»Sehr gute Idee«, stimmte Khaled zu, »und im Notfall kannst du ihm auch noch mehr Geld in Form eines höheren Gehaltes anbieten!«

»Ja«, sagte Salim, »das werde ich tun. Aber nicht nur das. Als zusätzlichen Anreiz kann ich ihm eine fünf prozentige Beteiligung am Unternehmen anbieten.«

»Ausgezeichnet!«, unterbrach ihn Khaled, »aber die fünf Prozent kommen von deinem Anteil!«

Salim nickte zustimmend und sagte Khaled, dass er überzeugt sei, Lakshmi zu diesem Schritt überreden zu können.

Khaled erwähnte, dass sie beide damit dem Paradies wieder einen Schritt näher gekommen wären. Würden sie doch eine verirrte Seele zum richtigen und einzig wahren Glauben führen. »Für uns Muslime«, betonte Khaled, »ist es wichtig, so viele Ungläubige wie möglich zum wahren Glauben zu bekehren.« Nach dieser Seelenfängerei griffen beide kräftig nach den angebotenen Gerichten.

Nach einer Pause, in der sich beide ausschließlich den Speisen hingaben, fuhr Khaled fort, ihm weitere Informationen zu geben.

»Salim, auch die beiden anderen Probleme, deine Frau und der Alkoholmissbrauch, müssen geregelt werden!« Zum Abschluss berichtete er Salim, was sein Freund Djamal ihm erklärt hatte und wie man am besten mit dem Problem Fatimah umgehen sollte.

»Sie ist kein Problem«, entgegnete daraufhin Salim. »Ich werde mit meiner Mutter reden. Sie hat großen Einfluss auf meine Frau. Alkohol trinke ich schon lange nicht mehr!«

Salim verabschiedete sich wenig später und fuhr noch in der Nacht zurück in sein Dorf.

Aisha war anzumerken, dass sie die große Last der letzten Wochen, die sie schier erdrückt hatte, langsam von ihr abfiel. Sie genoss die Tage mit ihrer Schwester, da man nun zusehends merkte, wie gut es Fatimah ging.

Sie konnte es kaum erwarten mit Fatimah nach Hause zurückzukehren und mit ihr wieder aus ihrem geliebten Buch, dem Koran, zu rezitieren. Konnte doch Fatimah besonders gut aus dem Koran lesen, weil sie ein sehr gepflegtes Koranarabisch sprach. Dieses hatte sie von ihrer Großmutter gelernt, wie sie Halima gegenüber betont hatte.

Aisha hatte am Abend zuvor mitbekommen, dass Salim noch bei Khaled gewesen war. Sie hatte sich jedoch nicht die Mühe gemacht, ihren Sohn zu sprechen. Sie hatte das Gefühl, ein Treffen oder gar ein Gespräch mit Salim würde ihr Herz zu sehr belasten. Seit Fatimah wieder im Krankenhaus lag, befürchtete sie, ihr Herz würde es bald nicht mehr schaffen. Immer öfter bekam sie Schwächeanfälle und musste sich hinlegen.

Ihre Schwester Halima hatte diese Herzprobleme mitbekommen und sorgte sich um Aisha. Mehr denn je beteten beide oder lasen gemeinsam aus dem Koran. Halima verknüpfte mit ihren Gebeten stets auch die Bitte an Allah, ihre Schwester noch geraume Zeit vom Paradies fernzuhalten. Sie wollte noch einige Zeit mit ihr zusammen sein können. Sie hatte sich in der Zwischenzeit so an die Anwesenheit der Schwester gewöhnt, dass ihr diese fehlen würde, wenn Aisha wieder nach Hause fuhr.

Die Töchter Khaleds, voran Miriam, besuchten die beiden täglich und lauschten gerne den Geschichten, die sie von vergangenen

Zeiten erzählten. Dass diese Besuche stets mit dem Vortrag einiger Suren aus dem Koran und gemeinsamen Gebeten endeten, störte noch nicht einmal Miriam. Besonders angetan war Aisha von der immerwährenden Einladung Khaleds. Er sagte vor einigen Tagen zu ihr, dass er sich freue, wenn sie in seinem Hause sei und so lange bleiben könne, wie sie wolle.

Salim wachte spät auf. Suri lag im ehelichen Bett. Nach Atem ringend, quälte sie sich mühsam unter ihm hervor und verließ augenblicklich das Schlafzimmer. Er stand auf und ging ins Badezimmer.

Wie aus dem Nichts hatte Suri ein Frühstück für ihn zubereitet und er aß genüsslich.

Eine Stunde nach dem Aufstehen ging Salim in den Garten und suchte nach Lakshmi. Er musste nach ihm rufen, da er ihn nirgendwo entdecken konnte. Bald war Lakshmi zur Stelle und Salim nahm ihn mit ins Haus.

In der Sala angekommen, forderte er Lakshmi auf sich zu setzen und orderte bei Suri zwei Tassen grünen Tees mit viel Zucker. Eine Weile plauderten sie über die Landwirtschaft und genossen heißen Tee mit Minze.

Lakshmi wusste nicht, wie ihm geschah. Er war von seinem Herrn noch nie aufgefordert worden, im Haus mit ihm Tee zu trinken.

Salim wechselte den Gesprächsstoff.

»Ich habe mit meinem Partner gesprochen und er ist grundsätzlich damit einverstanden, dass du der Manager wirst und viel mehr Geld verdienen kannst. Er ist sogar damit einverstanden, dass du Gesellschaftsanteile erwirbst. Nicht sehr viele, aber doch einige Prozente. Allerdings knüpft er deinen Aufstieg an eine Bedingung. Du musst zum Islam konvertieren, da wir nach alter Familientradition keine Ungläubigen in unseren Geschäften dulden!«

Nun war es an Lakshmi, vor Überraschung kein Wort sprechen zu können.

Nach einigen Sammelsekunden sagte er zu Salim: »Herr, du verlangst von mir aber fast Unmögliches!«

Als Salim das Wörtchen »fast« hörte, war ihm klar, dass er zur Hälfte schon gewonnen hatte.

»Nun, du hast nicht allzu viel Zeit zum Überlegen, da mein Partner zu einer längeren Geschäftsreise ins Ausland aufbricht. Ich hätte es gerne vorher erledigt. Es kann sein, dass es sich mein Partner während dieser langen Reise wieder anders überlegt. Ich schlage dir daher vor, dass du dir eine Stunde Zeit nimmst, es dir gründlich überlegst und mir dann sofort deine Entscheidung mitteilst!«

Lakshmi war mit diesem Vorschlag einverstanden, trank bedächtig seinen Tasse aus und verließ die Sala. Salim kehrte ins Schlafzimmer zurück und legte sich für ein Stündchen hin.

Lakshmi suchte sich ein ruhiges Plätzchen in den Hügeln und setzte sich auf einen Felsen, um nachzudenken.

Er wog das Für und Wider ab. Er fragte sich, was seine Familie dazu sagen würde, wenn er ein Mitglied der für Hindus am meisten verhassten Religion werden würde. Nach gut einer halben Stunde Abwägens kam er zu dem Ergebnis, dass seine Familie sicherlich nichts dagegen hätte, mehr Geld zum Leben zur Verfügung zu haben. Was allerdings noch viel wichtiger war, Indien lag weit weg. Dort durfte kein Mensch jemals erfahren, dass er zum Islam übergetreten war.

»Praktizieren würde er diese erniedrigende Religion ohnehin nie«, dachte er.

Lakshmi stand nach einer Stunde auf und ging zurück zum Haus, um Salim Bescheid zu geben.

»Und?«, empfing ihn Salim, »hast du eine Entscheidung getroffen?«

»Ja Herr«, antwortete Lakshmi, »ich werde tun, was du von mir verlangst!«

Salims Herz machte einen Luftsprung. Er wollte es sich aber nicht anmerken lassen. »Ein Problem noch Lakshmi! Bist du bereits beschnitten oder muss ich das auf die Schnelle noch organisieren?«

Zu Salims großer Erleichterung antwortete Lakshmi: »Ja Herr, ich bin bereits als Kind beschnitten worden. Aus hygienischen Gründen, wie mir erzählt wurde.«

Was Salim nun vom Herzen fiel, war nicht mehr als Stein, sondern eher als Fels zu bezeichnen.

»Suri«, rief Salim, »bringe zwei Dosen Bier aus meinem Geheimversteck. Wir haben etwas zu feiern!« Sie eilte mit zwei Dosen herbei. Salim öffnete sie und reichte eine davon Lakshmi. Der konnte sich überhaupt nicht mehr erinnern, wann er zum letzten Mal Bier getrunken hatte. Er genoss jeden Schluck so, als ob es sein Letzter wäre.

Salim bemerkte so beiläufig wie möglich: »Morgen früh fährst du mit mir in die Hauptstadt. Um zehn Uhr haben wir einen Termin im Ministerium für religiöse Angelegenheiten. Dort wirst du dein Glaubensbekenntnis zum Islam ablegen. Dann bist du einer von uns.

Übermorgen früh haben wir den Termin vor Gericht, wo du vom Richter befragt wirst. Du weißt schon, Habibi«, schmeichelte ihm Salim, »du sollst dort aussagen, dass du gesehen hast, wie der Esel meine erste Frau erschlug. Du erzählst es dem Richter genauso, wie wir es besprochen haben! Nach dem Gerichtstermin fahren wir gemeinsam zum Notar und lassen dich in die Firma eintragen. Mit einem Anteil von fünf Prozent und mit dem Titel Prokurist, dann bist du Manager der Firma.«

Lakshmi sah Salim selig lächelnd an. »Dann sind wir Partner und ich kann dir endlich zeigen, wie gut ich in geschäftlichen Angelegenheiten bin!«

Nachdem beide das Bier ausgetrunken hatten, verließ Lakshmi die Sala und ging zurück zu seinen Kollegen.

Salim hatte nichts Eiligeres zu tun, als sofort Khaled anzurufen und ihm mitzuteilen, dass alles geregelt war. »Lakshmi ist bereits beschnitten, Khaled«, informierte er ihn. Khaled war sehr zufrieden und meinte zu Salim, dass Inder generell sehr gute Geschäftsleute seien. Er kenne viele Omanis, die sich für geschäftliche Angelegenheiten gerne Inder hielten.

Salim war stolz auf sich selbst und seine Nervosität legte sich. Zumindest so weit, dass er wieder ein offenes Ohr für Suri hatte.

Lakshmi erzählte seinen Kollegen, dass er ab morgen Teilhaber von Salims Unternehmen sein würde und damit nicht nur ihr Vorarbeiter, sondern auch ihr Boss. Anschließend ging er etwas abseits, um sich auf einen Felsen zu setzen und nachzudenken.

Am meisten machte ihm zu schaffen, zum Islam übertreten zu müssen. Wenn zu Hause in seiner Heimat, in seinem Dorf, jemand davon erfuhr, war er geliefert. Er bräuchte nicht mehr zu seiner Familie zu fahren. Er würde schon tot sein, bevor er ankam. Dieses Problem musste er noch dringend mit Salim besprechen. Er benötigte dazu sein Schweigen.

»Es ist ganz einfach«, dachte er. »Salim möchte von mir, dass ich das Geheimnis um seine verstorbene Frau bewahre. Zusätzlich will er von mir, dass ich vor Gericht die Unwahrheit sage. Im Gegenzug will ich von ihm, niemandem zu erzählen, dass ich zum Islam konvertiert bin. Im Grunde handelt es sich um eine Geschäftsvereinbarung!«

Die andere Seite der Vereinbarungen mit Salim stimmte Lakshmi weitaus euphorischer. Er hatte sein Ziel erreicht und konnte in Zukunft für sein eigenes Geschäft arbeiten. Wenn es auch nur fünf

Prozent waren. Zudem wurde er noch Prokurist und konnte das Unternehmen im Auftrag Salims und eines Zweiten, ihm noch unbekannten Gesellschafters, leiten.

Lakshmi überlegte sich die ersten Maßnahmen für das Management. Er dachte über Mittel und Wege nach, zu mehr Geld zu kommen. Sehr viele seiner Landsleute waren im mittleren und höheren Management tätig. Es gab ein starkes Netzwerk. Man konnte es auch als indische Mafia bezeichnen.

Lakshmi kam mit sich selbst rasch ins Reine. Die Vorteile seiner finanziellen Zukunft überwogen den Nachteil, auf dem Papier Moslem zu sein.

Lakshmi war ein Mensch, der wichtige Vorhaben so rasch als möglich erledigen wollte. Er ging zurück zum Haus und bat, nochmals eintreten zu dürfen.

Salim forderte ihn auf, in einer halben Stunde wiederzukommen, da er gerade beschäftigt sei.

Lakshmi grinste wohl wissend in sich hinein.

Fatimah und Miriam schrieben nun täglich Emails an Abdullah. Zumeist war der Inhalt lustig und kindisch. Miriam hatte das Gefühl, dass Fatimah Abdullah verwirren wollte.

Miriams Besuche fielen immer kürzer aus, da Fatimah sich immer besser erholte und ihre Gespräche zumeist von Aisha und Halima gestört wurden.

Wieder einmal saßen sie zu dritt bei Fatimah und Aisha plauderte unaufhörlich. Sie hatte zudem ihr altes, bereits sehr zerfleddertes Exemplar des Korans mitgebracht. Unaufgefordert und plötzlich begann sie, daraus laut vorzutragen. Fatimah, Miriam und Halima mussten die einzelnen Verse wiederholen.

Als Anisa den Raum betrat, sah sie überrascht auf die Rezitierenden und bat: »Bitte seid leiser, denn die anderen Patientinnen schlafen oder benötigen Ruhe!«

Aisha war darüber völlig aufgebracht.

»Die Worte Allahs haben noch niemandem geschadet! Für die Kranken wirken sie ohnehin besser als jede Medizin!«

Um sich nicht mit Aisha anlegen zu müssen, verließ Anisa schnell das Krankenzimmer.

Aisha hatte sich so sehr aufgeregt, dass sie sich nicht mehr beruhigen konnte. Wenig später und wie in Zeitlupe sackte sie vom Stuhl.

Halima, die neben ihr saß, reagierte am schnellsten und bekam Aisha mit beiden Händen am Oberarm zu fassen. Miriam sprang auf und packte sie am Nacken und konnte so verhindern, dass sie mit dem Kopf auf dem Fußboden aufschlug.

Kaum lag Aisha auf ihrem Rücken, eilte Miriam aus dem Zimmer und schlug Alarm. Anisa und eine Kollegin rannten sofort ins Zimmer und kümmerten sich um sie.

Nachdem Aisha in einen Behandlungsraum gebracht worden war, saßen die anderen drei geschockt zusammen und schwiegen.

Nach gut einer halben Stunde kam Anisa zurück und teilte ihnen mit, dass Aisha einen Schwächeanfall erlitten hatte. Sie müsse zur Beobachtung über Nacht im Krankenhaus bleiben.

Lakshmi kehrte, wie vereinbart, zurück zu Salim. Er trug ihm die Bitte vor, seine Konvertierung zum Islam geheim zu halten. Als Begründung führte er an, dass er sonst seines Lebens nicht mehr sicher sei, sobald seine Verwandten und Bekannten in seinem Dorf davon erfuhren.

Salim war damit einverstanden.

»Ich werde darüber mit niemandem sprechen. Nur unseren dritten Gesellschafter muss ich informieren. Es ist die erste Pflicht eines Moslems, einen Bruder vor Gefahr zu schützen!«

Gerade als Lakshmi das Haus verlassen wollte, klingelte das Telefon. Rasch bedeutete er Lakshmi noch zu bleiben und beantwortete den Anruf.

Lakshmi konnte beobachten, wie sämtliche Farbe aus Salims Gesicht wich. Als Salim den Anruf beendet hatte, informierte er Lakshmi mit leiser Stimme.

»Packe gleich jetzt deine Habseligkeiten, wir müssen sofort nach Maskat fahren! Meine Mutter ist zusammengebrochen und liegt im gleichen Krankenhaus wie meine Frau!«

Lakshmi eilte zu seinem Verschlag und holte den Pappkoffer mit den wenigen Dingen, die er besaß. Salim hatte Suri gerufen, damit sie ihm einen Koffer für zumindest vier Tage packe.

Sobald sie fertig waren, fuhren sie nach Maskat.

Eine Krankenschwester kam ins Zimmer Fatimahs und informierte, dass es Aisha wieder besser gehe. Die Verwandten könnten sie nun besuchen. Sie hatte sich erholt.

Alle verließen daraufhin Fatimahs Zimmer und eilten zu Aisha. Fatimah war traurig. Da sie immer noch Miriams Laptop vor sich liegen hatte, schrieb sie eine Nachricht über Aishas Zusammenbruch an Abdullah.

Als Salim das Krankenhaus erreichte, hatte sich die Aufregung schon wieder gelegt. Er schickte Lakshmi spazieren und eilte zu seiner Mutter. Dort traf er Halima und Miriam.

Aisha lächelte aus dem Bett, als sie ihren Sohn eintreten sah. Bevor er noch fragen konnte, sagte seine Mutter zu ihm: »Alles nicht so schlimm mein Sohn. Die Ärzte haben gesagt, es war nur ein Schwächeanfall und morgen kann ich das Krankenhaus schon wieder verlassen.«

Mit besorgtem Blick setzte Salim sich an den Rand des Bettes und hielt ihre rechte Hand fest.

Die anderen verließen das Krankenhaus und begaben sich nach Hause.

Salim hatte ein Problem. Am nächsten Morgen um zehn Uhr musste er mit Lakshmi ins Ministerium für religiöse Angelegenheiten fahren. Wahrscheinlich zur gleichen Zeit sollte seine Mutter vom Krankenhaus abgeholt werden.

»Aber«, dachte er, »ich sage Bescheid, dass ich erst mittags Zeit dazu habe«.

Nachdem John weder wusste in welchem Krankenhaus Cornelia lag, noch sein Freund Ahmed ihm Auskunft über ihren Zustand gab, kontaktierte er Bianca. Er wollte herausfinden, wie es Cornelia ging und ob sie etwas brauchte.

Bianca teilte ihm am Telefon mit, dass Cornelia nichts mehr brauche, da sie zwei Tage zuvor ihren schweren Verletzungen erlegen war. Diese Nachricht traf John wie ein Keulenschlag.

Er war vollkommen erschüttert. Jedoch wollte er mehr über die Ursache von Cornelias Tod erfahren. Er bat Bianca um ein Treffen. Sie vereinbarten, sich zwei Stunden später, nach Johns Büroschluss, in einem Hotel zu treffen.

John wollte im Büro nicht gestört werden. Er gestand sich Zeit zu, die Nachricht von Cornelias Tode erst einmal zu verarbeiten.

Er versuchte das Bild, in dem Cornelia auf der Trage gelegen hatte, aus seinem Gedächtnis abzurufen. Er sah eine zugedeckte Gestalt mit blutverschmiertem Gesicht vor sich. Er konnte sich aber nicht mehr erinnern, ob Cornelias Augen geöffnet oder geschlossen waren. Er erinnerte sich, damals davon ausgegangen zu sein, dass sie bewusstlos auf der Trage gelegen hatte.

Als es Zeit war, verließ John sein Büro und fuhr zu Bianca. Sie saß schon im Kaffeehaus des Hotels und sah ihm mit ausdruckslosem Gesicht entgegen.

Er begrüßte sie kurz und nahm ihr gegenüber Platz. Lange Zeit erfolgte das Gespräch nur stockend und Bianca sah man ihre tiefe Trauer und das Entsetzen an.

»Wenn wir doch nur deinem Plan nicht zugestimmt hätten«, flüsterte sie plötzlich. Mit einem Mal stürzte für John eine Welt zusammen. So hatte er darüber noch nicht nachgedacht.

»Klar«, dachte er, »alles wegen dieser dummen Liste mit dem Ausreiseverbot.« Er wusste nicht mehr, was er sagen sollte und schwieg sehr lange.

»John!«, flüsterte Bianca, »es tut mir leid. Ich habe das wirklich nicht so gemeint. Schließlich waren wir Mädchen es, die das Problem Khamis und die damit verbundenen Raubzüge, beseitigt haben wollten. Dich trifft keine Schuld. Es wäre so oder so passiert. Es hatte mit dir überhaupt nichts zu tun. Im Gegenteil, du wolltest uns nur helfen.«

John dachte daran, dass die Mädchen von seinem Problem des Ausreiseverbots nichts wussten. Er beließ es dabei.

Er fragte Bianca, wo man den Leichnam Cornelias hingebracht hatte. Sie wusste es nicht genau. Sie teilte ihm nur mit, dass Cornelias Angehörige kein Geld besaßen, um eine Überführung nach Tansania zu bezahlen. Cornelias Mutter hatte nicht einmal genug Geld, um ein halbwegs anständiges Begräbnis bezahlen zu können, geschweige ein Flugticket nach Oman zu kaufen.

»Cornelia hatte 4.000 Rial angespart. Auch die sind verschwunden. Ich nehme an, das Geld wurde nicht von diesen Verbrechern entwendet, denn dann hätte es ihnen die Polizei abgenommen. Also«, resümierte Bianca, »muss es einer der Polizisten mitgenommen haben. Damit hätten wir ihr ein bescheidenes Begräbnis bezahlen und den Rest ihrer Mutter nach Hause schicken können.«

John war so sprachlos, dass er Bianca nicht einmal unterbrechen konnte. Als Bianca einfach weitersprach, war es ihm recht.

»Jetzt wird sie wie eine omanische Frau begraben. Wie ein Hund verscharrt. Ihren Leichnam werden sie in ein billiges Leichentuch einnähen, auf einem Geröllfeld ein Loch ausheben, sie reinwerfen und mit Geröll und Dreck zuschaufeln, bis es flach ist wie die Umgebung. Oben drauf legen sie zwei Feldsteine.«

»Zwei Feldsteine?«, fragte John. »Ja«, antwortete Bianca, »zwei Feldsteine, denn drei bekommen nur die männlichen Toten. Hast du nicht gewusst, wie die Omanis ihre Toten bestatten?«

»Nein, um ehrlich zu sein, habe ich mich dafür nie interessiert.«

»Ja, das ist hier so der Brauch. Man verscharrt die Leichen und legt je nach Geschlecht zwei oder drei Steine auf das zugeschüttete Loch. Auch im Tod muss es noch einen Unterschied zwischen Mann und Frau geben. Es gibt keinen Totenkult, weil im Islam der Körper nicht wichtig ist. Er muss nur als Ganzes in die Erde, damit am Jüngsten Tag noch alles da ist. Deshalb ist im Islam eine Feuerbestattung undenkbar. Manche Omanis sammeln sogar ihre Finger- und Zehennägel nach dem Schneiden und legen sie immer auf die gleiche Stelle im Garten, damit sie sie bei ihrer Auferstehung wiederfinden.«

Für John war das alles unbegreiflich. In diesem Augenblick fasste er den Entschluss, dass seine Tage in dieser erbärmlichen Kultur gezählt waren. »Ich denke, dass es jetzt für mich genug ist!«

»Was meinst du damit?«, fragte Bianca.

Er teilte ihr mit, wie er nun über all das dachte und dass er die Nase voll habe. Er brauche eine Auszeit. Mehr erzählte er Bianca nicht.

Nach ein paar weiteren traurigen Sätzen verabschiedeten sie sich voneinander und verließen getrennt das Hotel.

Zu Hause angekommen, holte John sich einen ordentlichen Drink aus der Bar, setzte sich auf das Sofa und dachte über seine Zukunft nach.

Nach dem vierten Drink nahm er das Telefon und rief Shirat an. Sie wusste bereits Bescheid über Cornelias Schicksal.

John sagte ihr, dass er am liebsten dem Tod Cornelias nachgegangen wäre, um zumindest herauszufinden, warum sie so plötzlich verstorben war. Shirat erwiderte, er solle nichts tun, denn als Ausländer bekäme er keine Auskunft und er würde sich bei den Behörden nur unbeliebt machen. Außerdem, meinte Shirat, würde das Cornelia auch nicht mehr helfen.

»Ich werde das Sultanat für einige Zeit verlassen. Vielleicht komme ich zu dir nach Kampala!«

Shirat glaubte, nicht richtig zu hören.

»Fantastisch! Bitte, bitte komm! Ich besorge ein Hotel für dich, das gut, aber nicht teuer ist!«

Nachdem John diese Idee einfach so ausgesprochen hatte, gefiel sie ihm gut. Er wollte sich am darauffolgenden Tag wieder bei Shirat melden. Er wüsste noch nicht genau, wie er mit seinem Job umgehen sollte.

Am Morgen trafen sich Salim und Lakshmi im Restaurant des Hotels und frühstückten gemeinsam. Salim trichterte Lakshmi noch mehrmals das islamische Glaubensbekenntnis, die Shahada, ein. Er musste es im Ministerium aufsagen, um Moslem werden zu können. Und weil es gerade so gut passte, kaute er Lakshmi auch noch mehrmals vor, was er dem Untersuchungsrichter am nächsten Tag zu sagen habe.

Beide waren gut aufgelegt.

»Wenn ich Moslem bin, dann kann ich auch mehrere Frauen heiraten.«

»Das kannst du Lakshmi«, antwortete Salim, »aber zuerst musst du einmal Moslem sein. Machen wir es also Schritt für Schritt.«

Gegen neun verließen sie gemeinsam das Hotel und fuhren zum Ministerium für Religiöse Angelegenheiten. Salim hatte bereits einen Bekannten von dort gebeten, sie am Eingang abzuholen, um sie in die richtigen Räumlichkeiten zu führen.

Sie befanden sich pünktlich bei der richtigen Person, welche Lakshmi das Glaubensbekenntnis abnehmen wollte.

Sein Name war Mohammed Al Mandhari, ein Shaikh, ein hoher Schriftgelehrter. Er war noch schmächtiger als Lakshmi und für einen Omani außergewöhnlich dünn. Als er Lakshmi begrüßte, hatte er ein mildtätiges Lächeln aufgesetzt. Soweit man es durch seinen dichten Vollbart erkennen konnte. Er rief ein freudvolles: »Willkommen Bruder!«

Lakshmi war aufgeregt und stammelte eine Grußformel zurück. Bald aber unterhielten sich Salim und der Shaikh ausschließlich auf Arabisch und Lakshmi schien nur noch eine untergeordnete Rolle zu spielen. Doch zu ihrem Leidwesen verstand Lakshmi Arabisch gut. Er konnte mithören, wie sie darüber sprachen, dass Allah, Alhamdullilah, wieder eine verirrte Seele zugeführt werden konnte, auch wenn es sich dabei nur um einen Inder handelte.

Lakshmi fühlte sich irritiert durch den Blick Shaikh Mohammeds. Dieser schielte mit beiden Augen. Lakshmi wusste nie genau, ob er ihn ansah oder wo anders hinblickte.

Nachdem sich beide mehr als zehn Minuten lang unterhalten hatten, wendete sich der Shaikh wieder an Lakshmi und sagte süß lächelnd zu ihm: »Bruder, deine Entscheidung wird dich ins Paradies führen! Salim, als guter Muslime, hat mir bestätigt, dass du bereits beschnitten bist und daher können wir von einer peinlichen Prozedur Abstand nehmen. Ich werde dir jetzt das Glaubensbekenntnis vorsprechen und bitte dich, dieses nachzusprechen.«

Lakshmi richtete sich im Stuhl gerade auf und bereitete sich vor, nachsprechen zu müssen. Der Shaikh begann das Bekenntnis, die A'Shahada, aufzusagen:

»Ashadu an la Ilaha illa ‚'llah wa ashadu anna Muhammadan Rasul 'llah«! (Ich bezeuge, dass es keine Gottheit außer Gott gibt und dass Mohammed der Gesandte Gottes ist!)

Lakshmi sprach es fehlerfrei nach und der Shaikh sah ihn überrascht an.

»Nun Bruder bist du Moslem! Sei uns willkommen! Unterwerfe dich Allah und du wirst ein gerechter Muslime sein!«

Der Shaikh war glücklich, wieder eine verirrte Seele gefangen zu haben.

Lakshmi fühlte sich äußerst unwohl, versuchte aber dennoch ein Lächeln auf sein Gesicht zu zwingen.

Der Shaikh stand auf und ging zu einem Schrank. Er öffnete die Türen und nahm allerlei Gegenstände heraus. Darunter waren zwei CDs, eine englische Ausgabe des Korans und ein Stapel Heftchen und Taschenbücher.

»Diese CDs und Büchlein, Bruder, geben dir die genauen Anleitungen, wie du dich als Moslem richtig verhältst und wie du erlernen kannst, richtig zu beten. Lese das Heilige Buch und du wirst erleuchtet werden!«, fügte er hinzu.

Salim und der Sheikh wechselten noch ein paar Sätze miteinander und bald verließen beide das Ministerium. Bevor sie das Büro des Shaikhs verlassen hatten, rief dieser Lakshmi noch nach:

»Dies ist der glücklichste Tag deines Lebens!«

Salim hatte es eilig, da er seine Mutter aus dem Krankenhaus holen musste. Er fuhr Lakshmi zum Hotel, es lag auf dem Weg, und dann gleich weiter ins Krankenhaus. Es war schon 11:30 Uhr und Salim hatte vergessen, dem Krankenhaus mitzuteilen, dass er sich verspäten würde. Er war aber noch in der Zeit und Aisha war noch nicht einmal fertig. So setzte er sich in den Warteraum und telefonierte mit seinem Cousin, um ihn zu informieren, dass mit Lakshmi alles wie geplant, verlaufen war.

Aisha benötigte mehr Zeit, weil sie noch bei Fatimah zu Besuch war. Den Ärzten gefiel das zwar nicht, aber dagegen etwas unternehmen konnten sie auch nicht.

Natürlich redete sie eine Stunde unaufhörlich auf Fatimah ein und ließ sie überhaupt nicht zu Wort kommen. Das störte Fatimah jedoch nicht, weil sie ihrer geschätzten Schwiegermutter gerne zuhörte.

Aisha berichtete aus dem Koran und erzählte ihr aus den Haditen. Bei den Haditen handelte es sich um die Lebensgeschichte des Propheten Mohammed, der Friede sei mit ihm. Von diesen Geschichten weiß keiner genau, wo sie ihren Ursprung haben. Sie fangen auch immer so an, dass einer erzählt, man habe ihm gesagt, dass ein anderer erzählte habe, von einem Dritten erfahren zu haben, dass der Prophet dies oder jenes so gemacht hätte oder sich über dieses oder jenes Problem so und so geäußert hätte.

Grundsätzlich kannte keiner den Wahrheitsgehalt genau. Einige Religionsforscher waren sich einig, dass im Laufe der Jahrhunderte etliches hinzugefügt worden war. Vor allem durch die Herrscher und Mächtigen, die ja gerne den Propheten und auch Allah für die Legitimation ihrer Herrschaft heranzogen. Ganz so, wie auch im Christentum. Für Aisha waren natürlich alle Geschichten echt.

Bevor sie Fatimahs Zimmer verließ, sagte sie im Hinausgehen noch zu ihr: »Habibti, ich werde noch heute wieder mit dem Fasten beginnen und zu Allah beten, dass er dich bald zu mir nach Hause schickt!«

John hatte nachts kaum geschlafen und sich im Betrieb für den Vormittag krankgemeldet. Er haderte mit sich. Einerseits wollte er die Wahrheit über Cornelias Tod herausfinden und sich, wenn möglich, um ein anständiges Begräbnis für sie kümmern. Andererseits dachte er zu Recht, dass es für ihn persönlich wichtiger sei, nicht mehr unangenehm aufzufallen.

Sein Entschluss, das Land so bald wie möglich zu verlassen, stand fest. Er hatte sein flüssiges, leicht verfügbares Geldvermögen auf einem Blatt Papier zusammengezählt und kam zum Ergebnis, dass er es sich durchaus leisten konnte, einmal ein Jahr lang nichts zu tun. Außerdem war er sich sicher, dass ein Geologe wie er, ein Spezialist mit sehr gutem Ruf in der Öl- und Gasbranche, jederzeit wieder eine gut bezahlte Arbeitsstelle bekam. Er setzte auf seinem PC ein Kündigungsschreiben auf, druckte es aus und fuhr gegen Mittag in sein Büro.

John hatte keinen direkten Vorgesetzten, da er selber Abteilungsvorstand der Geologie war. Also brachte er sein Kündigungsschreiben in die Verwaltung zu einem der Direktoren. Es handelte sich dabei um einen Omani, den er noch nie gesehen hatte. In dessen Vorzimmer saßen vier europäische Mitarbeiterinnen und in einem zweiten Vorzimmer saß der Vizedirektor, ein Inder.

John fragte die Damen im ersten Vorzimmer nach dem Direktor. Man teilte ihm mit, dass dieser außer Haus sei. Er trug sein Anliegen vor. Die Mitarbeiterinnen informierten ihn, dass er sein Schreiben auch dem Vizedirektor, einen Raum weiter, geben könnte.

John ging ins nächste Bürozimmer und händigte sein Schreiben dem Vizedirektor aus.

Der war unangenehm überrascht und meinte zu John, dass er das so nicht gelten lasse. Immerhin müsste man Verträge einhalten. John antwortete, dass er fürs Erste nur einen Vertrag über sechs Monate erhalten habe und dieser bald auslaufe. Sein Schreiben erläutere genau, dass er den Vertrag nicht verlängern werde.

Dieses musste der Vizedirektor so zur Kenntnis nehmen. John ließ sich eine Kopie der Kündigung unterschreiben und mit einem Stempel versehen. Der Vizedirektor entließ John mit Bedauern aus seinem Büro.

Endlich hatte Aisha ihren Besuch bei Fatimah beendet und war reisefertig. Salim ließ ihre Kleinigkeiten in eine mitgebrachte Tasche packen. Bevor sie zum Haus Khaleds fuhren, sprach er noch mit einem der behandelnden Ärzte.

Dieser teilte ihm mit, dass seine Mutter ein sehr schwaches Herz habe und er jede Form von Aufregung von ihr fernhalten müsse. Salim sagte dem Arzt, dass seine Mutter immer über Herzbeschwerden geklagt habe, aber stets dazu nur »Inshallah« geantwortet habe. Es sei nun einmal Allahs Wille. Anschließend fuhr Salim mit seine Mutter zum Haus von Khaled.

Dort angekommen wurde Aisha bereits am Hauseingang von ihrer Schwester umarmt und zu ihrem Zimmer geführt.

Da Salim wenig Zeit hatte, blieb er nicht in Khaleds Haus, sondern fuhr sofort zurück zum Hotel, um Lakshmi zu treffen.

Unterwegs bekam er einen Anruf seines Cousins. Der teilte ihm mit, dass sein Freund, der Generaldirektor für Beschaffung, ein weiteres Bestellfax gesendet habe. Salim bat seinen Cousin, den Generaldirektor zu ersuchen, ihm das Fax nochmals in sein Hotel zu senden, da er aufgrund der außergewöhnlichen Umstände nicht in seinem Büro, sondern im Hotel in Maskat weile.

Salim dachte, dass das ganz gut passte. Lakshmi könnte sich gleich um die Bestellung kümmern.

Lakshmi empfing Salim sofort mit ein paar Ideen und schlug vor, sich in Maskat ein Büro zu mieten. Ein Kleines, eines mit nur einem Raum würde schon reichen, meinte er. Salim fand die Idee gut und rief gleich ein paar Freunde an, um etwas in Erfahrung zu bringen.

Fatimah hatte sich mittlerweile gut erholt. Als Miriam sie besuchen kam, teilte ihr die Ärztin mit, dass sie Fatimah in fünf Tagen aus dem Krankenhaus entlassen würden.

Sie ging in Fatimahs Zimmer und wollte mit ihr darüber sprechen. Fatimah lächelte ihr aus dem Bett entgegen.

»Aisha, meine geliebte Schwiegermutter, war mittags bei mir und hat mir aus dem Koran vorgelesen und aus den Haditen erzählt. Sie versprach, dass sie für mich beten und fasten werde!«

Miriam war schockiert. Hatte sie doch die Befürchtung, dass alles wieder von vorne begann.

Sie ließ sich nichts anmerken, packte ihren Laptop aus und legte ihn Fatimah aufs Bett. Eilig schaltete Fatimah den PC ein und lud ihn hoch. Ohne ein Wort zu sagen, klickte sie Facebook an und begann zu schreiben.

Miriam war verwundert, weil sie dies ohne ein Wort zu sagen tat. Nach einer Weile des Schweigens und nach ein paar Selbstgesprächen Fatimahs, sagte Miriam zu ihr:

»Fatimah, ich möchte, dass wir Onkel Abdullah eine Email schreiben.«

Fatimah lächelte Miriam an und rief: »Ja, wieder so ein Lustiges, wie beim letzten Mal!«

Miriam übernahm das Notebook und begann zu schreiben:

»Geehrter Onkel Abdullah,
ich sitze gerade mit Fatimah zusammen und wir haben wieder viel Spaß. Von der Ärztin habe ich soeben erfahren, dass Fatimah Anfang nächster Woche aus dem Krankenhaus entlassen wird. Sie darf nach Hause zu ihrem Mann und Tante Aisha. Sie freut sich schon. Besonders freut Fatimah sich auf das Beten und das Rezitieren des Korans mit ihrer Schwiegermutter. Diese fastet wieder für die Genesung Fatimahs! ...«

Fatimah unterbrach Miriam. »Das ist überhaupt nicht lustig!« »Nein«, antwortete Miriam, »dass du wieder nach Hause darfst, ist auch nicht lustig.«

»Ich verspreche dir, dass ich alles versuchen werde, dich bald wieder zu besuchen.«
»Darum, Habibi, geht es nicht. Es geht darum, dass du bald wieder im Hause deines Mannes bist und dort droht dir große Gefahr.«
Fatimah war entsetzt.
»Ich kann doch Allahs Wille nicht als Gefahr bezeichnen. Allah will, dass ich wieder zu meinem Mann und zu meiner Schwiegermutter zurückkehre und mich um sie kümmere. Du brauchst keine Angst zu haben Miriam. Ich werde außerhalb der vorgeschrieben Zeiten nicht mehr fasten. Allah verlangt das nicht mehr von mir.«
Miriam beruhigte sich und beendete die Email an Abdullah:

»... Fatimah selber will aber nicht mehr fasten. Vielleicht hast du Zeit, mir zu antworten. Lieber Onkel, Fatimah sendet dir auch liebe Grüße und meint, du sollst nicht zu viel lernen, sonst wirst du gescheit.
Schöne Grüße, Miriam.«

Fatimah lachte über den letzten Satz. »Ich werde auch so gescheit wie Abdullah. Warte es nur ab!«
Miriam bezweifelte das nicht. Sie meinte zu Fatimah, dass es für sie aber immer schwieriger werde, sich weiterzubilden. Besonders, wenn sie in ihren Alltag zurückkehre.

Salim ging mit Lakshmi die Bestelllliste des Ministeriums durch. Lakshmi war der Meinung, dass der Inhalt leicht zu besorgen sei. Salim war froh, dass Lakshmi alles erledigen konnte. Er fuhr mit seinem Wagen zu verschiedenen Adressen, um sich freie Büros anzusehen.
Als er am späteren Abend ins Hotel zurückkehrte, informierte er Lakshmi, dass er glaube, im Stadtteil Al Ghubra ein geeignetes Büro gefunden zu haben. Es bestand aus einem kleinen Vorzimmer und einem Hauptraum.
»Dieses Büro ist sofort beziehbar, und wir müssen nur noch die Jahresmiete vorausbezahlen«.
Lakshmi war zufrieden. Wenn er erst einmal im Büro saß, könne er die Arbeit viel schneller erledigen.

Wenn John einmal einen Entschluss gefasst hatte, dann brachte ihn nichts mehr davon ab. Noch am Abend räumte er zusammen, was er verschenken oder loswerden wollte. Der größte Teil der Einrichtung gehörte ohnehin zum Haus. Geschirr, Besteck, Bilder und dergleichen wollte er verschenken. Sein omanischer Freund Saleh würde ihm bestimmt helfen, alles abzutransportieren. Saleh war Taxifahrer und John kannte ihn, seit er in Oman ankam. Er rief Saleh an und informierte ihn, dass er sein Haus entrümpeln wolle. Wäre er ihm behilflich, bekäme er den Flachbildschirm und ein paar andere nützliche Gegenstände. In erster Linie ging es John um seine Pflanzen. Die wollte er nicht verkommen lassen.

Saleh fuhr sofort zu John, um sich umzusehen. Er sagte zu, gleich am nächsten Tag mit einem Klein-Lkw und einem Freund vorbeizukommen, um das Haus leerzuräumen.

Die Nacht war nicht angenehm für Salim. Er fand keinen Schlaf. Ständig grübelte er vor sich hin. Als der Tag endlich zu dämmern begann, stand er auf und verrichtete inbrünstig sein Morgengebet. Dann ging er nach unten in die Hotelhalle, in der Hoffnung, schon ein Frühstück zu bekommen.

Es war noch zu früh. Der Empfangschef teilte ihm mit, dass er sich noch eine halbe Stunde gedulden müsse. Salim ging nach draußen und machte einen Spaziergang. Die Luft war angenehm kühl und es gefiel ihm zu beobachten, wie die Stadt langsam erwachte. Er entfernte sich nicht allzu weit vom Hotel, um schnell beim Frühstück zu sein, wenn das Restaurant öffnete.

Lakshmi wachte später auf. Er hatte tief und fest geschlafen. Gleich nach dem Aufwachen fiel ihm ein, dass er als Moslem jetzt beten müsste.

»Ein guter Moslem würde jetzt behaupten, dass Allah ihn daran erinnert hatte.« Aber so dachte Lakshmi nun einmal nicht. »Wenn er viele Male am Tag zum Beten davonliefe, würde er keine Arbeit zu Ende bringen.«

Um 06:30 Uhr ging Lakshmi zum Frühstück. Salim saß schon im Restaurant. Er sprach zum wiederholten Male vor, was Lakshmi dem Richter sagen sollte.

Khaled hatte Salim mitgeteilt, dass der Termin vor Gericht um acht Uhr anberaumt war, daher machten sich beide früh auf den Weg. Khaled hatte seinem Cousin versprochen, bei der Befragung anwesend zu sein und ihn zu unterstützen.

Sie erreichten das Gerichtsgebäude erst kurz vor acht Uhr, da Salim Schwierigkeiten hatte, einen Parkplatz zu finden.

Khaled wartete bereits auf sie. Herrisch begrüßte er Lakshmi. Khaled wusste, wohin sie gehen mussten und sie nahmen die Treppe in den ersten Stock.

Vor einem Zimmer mit der Aufschrift »Ehrenwerter Richter Abdulamir Al Khindi« blieben sie stehen und klopften an.

Als sie keine Antwort erhielten, öffnete Khaled die Tür einen Spalt und warf einen Blick hinein. Der Raum war leer und er schloss die Tür wieder.

»Der Richter ist noch nicht anwesend. Wir werden uns noch ein paar Minuten gedulden müssen.

Bereits nach einer Minute erschien ein großer, sportlich wirkender Mann mit gepflegtem Vollbart und sprach Khaled an. Sie rasselten ihr Begrüßungszeremoniell herunter und er bedeutete den drei Männern, mit ihm einzutreten.

Der Richter wies Lakshmi mit unfreundlicher Stimme an, sich im Vorraum hinzusetzen und bat Khaled und Salim, mit ihm den zweiten Raum zu betreten.

Er bot ihnen Platz an und begann seine Unterlagen auf dem Tisch zu durchsuchen. Nachdem er Salims Akt endlich gefunden hatte, begann er zu lesen. Fünf Minuten lang tat sich nichts anderes.

Plötzlich hob er den Kopf und blickte Salim durchdringend an. »Salim Al Ruzaiqi, du wirst beschuldigt, unmäßig viel Alkohol zu dir zu nehmen und im berauschten Zustand schon zwei Mal deine Ehefrau heftig geschlagen und übel zugerichtet zu haben! Das letzte Mal so übel, dass sie mit dem Rettungswagen ins Krankenhaus eingeliefert werden musste!«

Salim schluckte, seine Kehle war völlig trocken. Bevor er noch etwas antworten konnte, fuhr ihn der Richter an.

»Du kannst dich dazu anschließend noch genügend äußern! Ich bin noch nicht fertig.

Ich habe hier noch einen zweiten Akt liegen. Dieser wurde bereits vor einigen Jahren angelegt. Darin wird berichtet, dass deine erste Frau unter mysteriösen Umständen ums Leben gekommen ist. Dies hier ist der Bericht des damals anwesenden Arztes, der den Tod deiner ersten Frau festgestellt hat. Der Bericht sagt aus, dass deine Frau mehrere schwere Schläge oder auch Tritte auf den Kopf erhalten hat und daran verstorben ist. Der Bericht sagt auch, dass es zwar mit hoher Wahrscheinlichkeit Tritte des Eselhengstes waren, aber eindeutig konnte das damals nicht geklärt werden. Da am Kopf deiner Frau tiefe Einkerbungen und Blutergüsse gefunden wurden, gab der Arzt Folgendes zu Protokoll: ›Diese Wunden konnten nicht von Schlägen mit der Faust stammen, sondern von den Hufen des Eselhengstes.‹

Was hast du, Salim Al Ruzaiqi, auszusagen?«

Salim hatte einen derart trockenen Mund, dass er vorerst kein Wort hervorbrachte. Daher ergriff Khaled die Initiative und fragte den Richter, ob er sich äußern dürfe. Der Richter erteilte ihm das Wort.

»Eure Exzellenz, Salim Al Ruzaiqi scheint im Moment sprachlos zu sein über die Schwere der Vorwürfe. Salim hat mit absoluter Sicherheit mit dem Tod seiner ersten Frau nichts zu tun. Das Einzige, was er sich bis heute vorwirft, ist, dass er damals nicht rechtzeitig reagieren konnte, um den Esel von seiner Frau wegzuzerren. Im Übrigen gibt es für den Vorfall einen Zeugen, den Vorarbeiter von Salim Al Ruzaiqi. Er hat von einer Anhöhe des Gartens beobachtet, wie der Esel Salims Frau mit seinen Hufen traf.«

»Hast Du diesen Zeugen mitgebracht?«

Salim musste sich erst räuspern, bevor er antworten konnte:

»Ja Eure Exzellenz, er sitzt draußen im Vorraum.«

»Gut, gehe hinaus und schicke diesen Vorarbeiter herein. Du bleibst solange im Vorraum sitzen, bis ich dich wieder rufe!«

Salim ging mit zittrigen Knien hinaus und schickte Lakshmi hinein.

Der Richter befahl Lakshmi, vor ihm stehen zu bleiben.

»Hast du ein Dokument bei dir, welches deine Identität bestätigt?«

»Ja, Eure Exzellenz, ich habe sowohl meinen Reisepass als auch die Urkunde des Ministeriums für Religiöse Angelegenheiten dabei. In dieser Urkunde wird bestätigt, dass ich gläubiger Moslem bin!«

Der Richter sah überrascht auf.

»Ach, du bist Muslime? Das ändert natürlich die gesamte Sachlage!

Erzähle mir, was du damals beobachtet hast, als die erste Ehefrau Salim Al Ruzaiqis zu Tode kam!«

Lakshmi erzählte mit leiser Stimme.

»Ich war damals auf der Anhöhe des Gartens mit dem Zerkleinern von Palmblättern beschäftigt und stand direkt am Rand des Felsens, der steil in den Garten abfällt. Ich war ungefähr hundert Schritte vom Geschehen entfernt. Salim und seine Frau beluden den Esel mit Futter für die Ziegen und Schafe. Wann immer Salims Frau dem Esel ein Bündel Gras auflegen wollte, machte dieser entweder einen

Schritt nach vorne oder zur Seite. Daraufhin packte Salim den Esel beim Halfter und zog ihn zu sich. Als der Esel bockte, schlug ihn Salim mit einem Stock. Salims Frau, die hinter dem Esel stand, konnte nicht mehr rechtzeitig zur Seite springen, als dieser mehrmals mit seinen Hinterläufen ausschlug. Ich konnte von oben genau sehen, wie Salims Frau von den Ausschlägen des Esels wie ein Baum gefällt wurde. Als sie sich noch einmal aufrichten wollte, traf sie ein Hufschlag voll auf die Stirn. Erst dann gelang es Salim den Esel zur Seite zu drängen und ihn, außer Reichweite seiner Frau zu bringen. Salim kümmerte sich sofort um sie und rannte schreiend ins Haus, um einen Arzt zu verständigen. Auch ich lief von der Anhöhe runter, konnte aber nicht mehr helfen.«

Der Richter war über die Vernehmung Lakshmis sichtlich zufrieden. Er bat Lakshmi, in den Vorraum zu gehen und Salim hereinzuschicken. Er fragte den Protokollführer, der in einer Nische des Raumes saß, ob er alles ordnungsgemäß protokolliert habe? Dieser nickte.

Salim nahm vor dem Richter Platz. Dieser verkündete, dass die Aussage des Vorarbeiters, eines Moslems, protokolliert worden sei. In zwei Wochen werde eine Entscheidung gefällt. Diese werde ihm zugestellt. Er glaube aber, so fügte der Richter hinzu, dass diese Angelegenheit endgültig zu den Akten gelegt und nie wieder aufgegriffen werden würde.

Salim war erleichtert und beruhigte sich.

»Was die Vorfälle mit deiner jetzigen Frau und den Alkoholmissbrauch betreffen, müssen wir diese natürlich klären.«
Das Gericht hat daher folgende Fragen an dich:
»Wie oft trinkst du Alkohol während einer Woche?«
»Ich trinke überhaupt keinen Alkohol, Eure Exzellenz! Ich habe früher höchstens alle vier bis fünf Wochen Bier getrunken. Heute nicht mehr!«, antwortet Salim.
»Wieso konnte es dann dazu kommen, dass du jedes Mal im betrunkenen Zustand deine Frau verprügelt hast?«
»Das waren die beiden Ausnahmen! Freunde in Maskat animierten mich, Bier zu trinken«.
»Heißt das, du trinkst keinen Alkohol mehr, Salim?«
»Ja, Eure Exzellenz!«
Der Richter legte eine kurze Pause ein und las in den Akten.

»Ich habe hier ein Gutachten des Krankenhauses über die Verletzungen deiner Frau. Es heißt dort, du hast deine Frau halb zu Tode geprügelt und sie dann nicht einmal versorgt?«

Salim sah betreten aus seiner Disdasha. Er war Khaled dankbar, als dieser das Wort ergriff.

»Eure Exzellenz, Salim war jeden Tag im Krankenhaus, aber die Ärzte wollten ihn nicht vorlassen zu seiner Frau. Sie lag in der Intensivstation.«

»Das ist mir bekannt«, entgegnete der Richter, »weil er sie so übel zugerichtet hat! Das medizinische Gutachten sagt aus, dass deine Frau bleibende gesundheitliche Schäden hat. Es ist unwahrscheinlich, dass sie jemals Söhne gebären wird.«

Salim schluckte und rutsche auf dem Stuhl hin und her. Als er mit seinem Oberschenkel zu wippen begann, befahl der Richter, das zu unterlassen und ruhig sitzen zu bleiben.

Nach einer Lesepause schüttelte der Richter den Kopf.

»Weißt du Salim, jeder ehrenwerte Moslem schlägt hin und wieder seine Frau, wenn sie nicht folgsam ist. Frauen sind wie Kinder und verstehen die Welt nicht so gut wie wir Männer. Da muss man sie manchmal auf den rechten Pfad zurückführen. Und wenn es sein muss, dann halt auch mittels Züchtigung. Aber dass man sie krankenhausreif schlagen soll, steht nicht im Koran!«

Der Richter stand auf und begann hinter seinem Schreibtisch auf und ab zu gehen. Im Gehen sprach er weiter.

»Ich glaube, Salim, dass es sowohl für dich als auch für deine Frau das Beste wäre, euch zu trennen! Du brauchst ein kräftiges Weib, das deine Eskapaden aushält. Du brauchst ein Weib, welches dir Söhne gebären kann! Bei deinem jetzigen Weib ist fraglich, ob sie das noch kann!«

»Was geschieht nun mit Salim, Eure Exzellenz?«, fragte Khaled. Der Richter setzte sich wieder hin.

»Nichts ... im Moment. Ich werde eurem Wunsch entsprechen und den Fall zu den Akten legen. Aber in der Weise, dass er für mich jederzeit greifbar ist. Sollte noch einmal auch nur der kleinste Vorfall in diese Richtung geschehen, verspreche ich dir Salim, wirst du die Sonne nur noch durch Gitterstäbe sehen!«

Der Richter stand wieder auf und sagte, dass die Angelegenheit nun ruhen werde und sie den Raum verlassen könnten. Als Salim im Begriff war, den Raum zu verlassen, rief der Richter ihm nach.
»Denke darüber nach Salim! Was ich dir zum Schluss gesagt habe!«

Völlig benommen lief Salim hinter seinem Cousin her und alle drei verließen das Gerichtsgebäude.
Draußen im Freien befahl Khaled Lakshmi sich zu entfernen. Er wollte allein mit Salim sprechen.
»Vielleicht ist das gar keine so schlechte Idee, sich eine andere Frau zu suchen. Du kannst Fatimah wieder nach Hause zu ihrem Bruder schicken!«
Mit ernstem Gesicht antwortete Salim:
»Ich werde darüber nachdenken deine Exzellenz.«

Sie bedeuteten Lakshmi, wieder zurückzukommen.
»Ich danke dir für die Aussage, die du zugunsten Salims gemacht hast. Salim wird dich dafür reichlich entlohnen.«
Damit verabschiedete sich Khaled und ging zu seinem Wagen, der gleich beim Eingang des Gerichts geparkt war.

Salim war sichtlich am Ende mit seinen Nerven und Lakshmi schien der Einzige zu sein, der durchschaute, was hier gerade abgelaufen war.

Lakshmi wollte schnell zurück zu seiner Arbeit. Neben den Bestellungen, die er für das Ministerium organisieren musste, wollte er sich auch noch um das neue Büro kümmern, damit dieses genutzt werden konnte.
Am Nachmittag fuhren Salim und Lakshmi zum Notar und Lakshmi wurde als Prokurist und neuer Gesellschafter eingetragen. Er war stolz auf sich.

Das Haus von John war schnell leergeräumt. Sein Freund Saleh hatte ganze Arbeit geleistet. Er war am Vormittag im Büro gewesen, und als er am frühen Nachmittag nach Hause kam, waren die Pflanzen und sämtliche kleinen Dekorationsgegenstände abtransportiert. Der Fernseher, das Aquarium mit den Fischen, alles war weg.
Er hatte einen Freund gefunden, der seinen Leasingvertrag für das Auto übernahm und der mit ihm in zwei Tagen nach Dubai fuhr.

Von dort aus wollte John nach Uganda zu Shirat fliegen. Er hatte sich vorerst einmal ein Ticket besorgt, das ihm zwei Wochen später den Rückflug sicherte.

»Aber«, dachte er, »was weiß man, vielleicht gefällt es mir und ich bleibe länger.«

In Dubai kannte er ein gut befreundetes Ehepaar. Als er sich bei ihnen ankündigte, freuten sie sich. Er wollte bei ihnen das Wochenende verbringen, bevor er nach Kampala flog.

»Noch einen Tag ins Büro und dann ab in Richtung Süden«, freute er sich. Als er sich gerade ein Gläschen vom übrig gelassenen Whiskey einschenken wollte, meldete sich sein Freund Ahmed. Er wollte nur wissen, wie es ihm gehe. John erzählte ihm, dass er übers Wochenende nach Dubai fahren werde. Mit keinem Sterbenswörtchen erwähnte er jedoch, dass er das Land endgültig verlassen würde.

Shirat war außer sich vor Freude. Sie hatte ihm ein Zimmer im Hotel gebucht. Sie befürchtete, dass sich John von all der Armut in ihrer Familie und in der gesamten Nachbarschaft abgestoßen fühlen könnte. Was sie nicht wusste, John hatte in dieser Welt bereits Ärgeres gesehen. In dieser Hinsicht konnte ihn nichts mehr überraschen.

Die gesamte Familie, die Nachbarschaft, alle waren aufgeregt, diesen weißen Mann zu sehen. Es hieß in der gesamten Gegend, Shirat hätte es geschafft. Sie kannte einen weißen Mann, der ihr nahe stand. Was weiß man, sagten die Leute, vielleicht fällt auch für uns ein wenig ab.

Aisha hatte sich von ihrem Schwächeanfall erholt und saß mit ihrer Schwester in deren Zimmer. Halima war besorgt um Aisha. Sie hatte ihren Sohn Khaled gebeten, herauszufinden, wie krank Aisha war. Salim hatte Khaled vom Rat des Arztes erzählt und so erfuhr auch Halima vom Gesundheitszustand ihrer Schwester.

Voll Sorge dachte Halima darüber nach, wie schwierig es wäre, jede Art der Aufregung von Aisha fernzuhalten. Gerade ihr Sohn sorgte dafür, dass sie keine Ruhe fand.

Aisha erzählte ihrer Schwester, dass Fatimah bald aus dem Krankenhaus entlassen werde. Sobald das der Fall war, würden sie nach Hause zurückkehren.

Auch Abdullah machte sich Sorgen um die Schwester seiner Großmutter, nachdem er die Email Fatimahs gelesen hatte. Er fragte sich, was mit Fatimah geschehen würde, wenn Aisha starb. Er griff zum

Telefon und wählte die Nummer seines Bruders Khaled. Schon beim zweiten Läuten beantwortete der seinen Anruf.

Abdullah fragte seinen Bruder, wie es Aisha ginge und ob er kommen solle?

»Wie hast du denn davon erfahren«, fragte ihn Khaled?

Er erzählte ihm nur die halbe Wahrheit. Miriam hätte ihm per Email Bescheid gegeben.

»Nein!«, erklärte Khaled, »du brauchst deswegen nicht zu kommen. Es hat sich alles wieder beruhigt. Aisha hat das Krankenhaus bereits wieder verlassen. Wann kommst du das nächste Mal nach Maskat?«

»Ich hatte vor, in zwei Wochen zu kommen. Wir haben einige Tage frei und die möchte ich nicht in Dubai verbringen«, antwortete Abdullah.

»Das passt gut, ich wollte ohnehin mit dir reden.«

Khaled verlautete aber nichts über den Inhalt des Gespräches. Das Telefon war ungeeignet, denn es wurde permanent abgehört.

Lakshmi war wirklich tüchtig und erfolgreich. Salim konnte feststellen, dass Lakshmi die Aufträge doppelt so schnell erledigte, wie er selbst es konnte. Das war Salim gerade recht. So konnte er einerseits ungestört nachdenken und hatte andererseits auch noch Zeit, seine Freunde zu treffen.

Den ganzen Nachmittag dachte Salim über die Aussage des Richters nach. Vielleicht war es wirklich nicht so abwegig, sich von Fatimah zu trennen. Was hatte er denn schon von ihr. Sie war viel zu jung für ihn. Bei der leisesten Berührung fiel sie um und muss ins Krankenhaus gebracht werden ... und sie wurde nicht schwanger. Wahrscheinlich konnte sie überhaupt nicht mehr schwanger werden.

Am Abend beschloss Salim, in die Moschee des von ihm geschätzten Motawas beten zu gehen und mit ihm zu sprechen. Die Moschee lag günstig, direkt auf dem Weg zu den afrikanischen Tänzerinnen. Seine Freunde hatte er schon verständigt. Sie vereinbarten, sich dort gegen 21 Uhr zu treffen.

Salim verließ sein Hotel und fuhr zur Moschee. Da er längere Zeit einen Parkplatz für sein Auto suchen musste, war sie gerammelt voll mit Gläubigen. Er musste sich mit seiner Körperfülle in eine bereits bestehende Reihe von Betenden zwängen.

Dieses Mal betete Salim mehr als die vorgeschriebene Anzahl von Gebeten. Er wollte Allah danken, dass er ihm vor Gericht geholfen hatte. Nach dem Ende des Gebetes, die meisten Männer verließen das Bethaus bereits, wartete er auf den Motawa. Der bemerkte Salim und eilte zu ihm.

Sie begrüßten sich den Traditionen entsprechend und kamen nach fünf Minuten endlich zum Thema.

»Es freut mich, dich wieder hier zu sehen! Ich nehme an, du wolltest mich sprechen? Ich hatte bemerkt, wie du dich suchend nach mir umgesehen hast.«

»Ja«, antwortete Salim, »ich möchte mit dir sprechen. Weiser Mann, ich brauche deinen Rat!«

»Gerne, erzähle mir, was dich beschäftigt, da du schon wieder meinen Rat suchst!«

Salim sprach über seine Erfahrung mit Fatimah. Er erzählte natürlich seine Sichtweise.

»Nachdem mein Weib sich ständig meinen Anordnungen widersetzte, musste ich schließlich zu härteren Maßnahmen greifen. Ich habe sie gezüchtigt!«, beendete er seinen Vortrag. Der Motawa begann, wie immer, mit seinen Füßen auf und ab zu wippen und seine kurze Disdasha tanzte dazu. Er zog an seinem langen Bart.

»Du hast richtig gehandelt Salim. Dein Weib scheint besonders widerspenstig zu sein. Weißt du Salim«, fuhr er fort, »mit den Frauen muss man umgehen wie mit Kamelen. Einerseits liebt man sein Kamel, andererseits kann es sehr störrisch werden. Dann muss man es schlagen. Es muss lernen, was falsch und was richtig ist. Manchmal muss ein Mann auch seine Frau zu ihrem Glück zwingen. Frauen wissen nicht, was gut für sie ist oder was sie glücklich macht. Sie können nicht vorausschauend denken. Darum Salim, hat Gott den Mann zuerst geschaffen und hat dann erst seiner Schöpfung eine Gefährtin zur Seite gestellt. Und was machte Adam? Er passte nicht auf! Sie stahl einen Apfel vom Baum der Erkenntnis und schon wurden sie aus dem Paradies vertrieben. Frauen, Salim, müssen von Männern geführt werden, sonst treiben sie nur Unfug.«

Salim war angetan von seinem Gegenüber. Endlich jemand, der ihn verstand. Er wollte gleich noch eine zusätzliche Frage an den Motawa stellen.

»Ich habe dir erzählt, dass ich sogar vor Gericht erscheinen musste wegen meines Weibes.« Der Motawa nickte zustimmend. »Ja, leider ändert sich alles. Die Ungläubigen mit ihren verkommenen Sitten nehmen immer stärker Einfluss auf unsere Traditionen. Jetzt hat sogar unsere Regierung begonnen, die Frau als den Pfeiler unserer Gesellschaft darzustellen. Bald wird es soweit kommen, dass

Männer sich nach den Weibern werden richten müssen«, seufzte der Motawa.

»Entschuldige Salim, was wolltest du sagen?«

Salim fing nochmals an: »Ich habe dir über die Angelegenheit vor Gericht berichtet. Bevor ich das Zimmer des Richters verließ, rief er mir nach, dass es besser wäre, mich von meinem Weib zu trennen.« Der Motawa sah Salim entsetzt an und ereiferte sich:

»Wie kann ein Richter dir raten, dich von deinem Weib zu trennen?«

»Im Nachhinein betrachtet«, antwortete Salim, »hat der Richter durchaus recht.«

»Wie meinst du das?«, fragte der Motawa.

»Durch die langen Aufenthalte im Krankenhaus fürchte ich, dass ich mein Weib nicht mehr schwängern kann. Sie kann mir den lang ersehnten Sohn nicht mehr schenken!«

Der Vorbeter strich mit seiner rechten Hand mehrere Male über seinen ungepflegten Bart.

»Doch ein weiser Mann, dieser Richter. Wahrlich ein weiser Mann! Befolge seinen Rat Salim! Verstoße dieses Weib, wenn sie dir keinen Sohn gebären kann! Suche dir ein Neues. Eines, das dir viele Söhne schenken kann!«

Als zufriedener Mann verließ Salim die Moschee. Jetzt wusste er genau, was er zu tun hatte. Jetzt musste er nur noch seine Mutter überzeugen. Das allerdings würde schwer werden. Sie war Fatimah sehr zugetan.

Da er sich mit seinen Freunden bereits verabredet hatte, fuhr er von der Moschee gleich zu seiner geschätzten Sanisbari Bar. Die Freunde umarmten ihn, da sie sich wieder Freibier von ihm erwarteten. Salim genoss es, seine Angebetete beobachten zu können. Er träumte, dass sie ihm endlich zu Diensten sein würde.

Salim hatte so viel Bier wie noch nie getrunken. Er konnte nicht mehr stehen. Seine Freunde brachten ihn zurück zum Hotel. Er fiel ins Bett und blieb dort bis zum späten Nachmittag.

Lakshmi hatte am Abend bereits das neue Büro bezogen. Durch seine Netzwerke zu anderen Indern hatte er günstig Büromöbel, einen alten Computer sowie einen Drucker erstanden. Die Rechnung nahm er sich vor, würde er am nächsten Tag Salim geben. In die Rechnung waren seine zehn Prozent schon eingerechnet. Da Salim ihm das Geld in bar geben musste, konnte er sich diesen Profit anschließend abziehen.

Lakshmi war ein sparsamer Mensch. Er war bereits aus dem Hotel ausgezogen und hatte sich eine einfache dünne Matratze und eine alte Steppdecke besorgt. Er wollte in Zukunft im Büro nächtigen. Er wusste, dass dies Salim gefallen würde.

SURI

Fatimah wurde aus dem Krankenhaus entlassen. Schon am frühen Morgen hatten Aisha und Salim das Haus verlassen, um nach Maskat zu fahren.

Aisha hatte vorher Suri noch aufgetragen, ein großes Festmahl für den Abend vorzubereiten. Dazu hatte am Vortag Salim noch ein Schaf geschächtet und Kumar aufgetragen, das Tier in die richtigen Stücke zu zerlegen.

Da Miriam in der Schule war, als Fatimah aus dem Krankenhaus geholt wurde, bat sie ihre Mutter, Salims Familie solange zu bewirten, bis sie nach Hause kommen würde. Sie wolle Fatimah noch sehen, bevor sie in ihr Dorf zurückkehrte.

Im Krankenhaus angekommen, stürmte Aisha voraus. Zumindest so schnell, wie es ihre Atemlosigkeit zuließ.

Fatimah hielt sich noch in ihrem Zimmer auf und zog sich gerade an, als Anisa kam und ihr mitteilte, dass ihre Familie im Anmarsch war.

Zwei Krankenschwestern halfen ihr, das Gepäck zum Lift zu tragen. Im Lift warteten schon zwei indische Gepäckträger.

Die Ärztin teilte Salim und seiner Mutter mit, dass sie sie zu sprechen wünsche, bevor sie mit Fatimah das Krankenhaus verließen.

In ihrem Büro bot sie beiden Platz an und eröffnete das Gespräch: »Ich habe Sie zu diesem Abschlussgespräch gebeten, weil Fatimah eine besondere Patientin ist. Ihr Wohlergehen und ihre weitere Gesundheit liegen mir am Herzen. Ich möchte Sie darüber informieren, dass ihr psychischer Zustand noch labil ist und sie in den ersten Wochen unbedingt geschont werden muss.

Sie Aisha, möchte ich bitten, das Fasten bis nur nächsten offiziellen Fastenzeit zu unterlassen.

Sie Salim ersuche ich, Fatimah Zeit zu lassen, ihre ehelichen und häuslichen Pflichten zu erfüllen. Weiter gebe ich ihnen noch einen

Ratschlag mit auf den Weg. Vergreifen Sie sich nie mehr an Ihrer Frau! Ein weiteres Mal wird sie nicht mehr überleben!«

Irritiert sahen sowohl Aisha als auch Salim die Ärztin an. Die Erste, die die Sprache wiederfand, war Aisha und sie sagte in einem aggressiven Ton:

»Was bildest du dir ein? Jemanden die Ausübung der Religion zu verbieten. Das ist unerhört!«

Nun hatte Anisa genug. Sie hatte zu den Auswüchsen Aishas immer geschwiegen. Jetzt nicht mehr.

»Das Problem unserer Religion waren schon immer die Eiferer. Ich habe grundsätzlich nichts gegen diese, solange sie ihre Mitmenschen nicht belästigen. Lassen sie Fatimah ganz einfach ihre eigene Religiosität so ausleben, wie sie es selbst für richtig hält!«

Salim verlor seine Sprachlosigkeit und schrie stotternd:

»Was bildest du dir ein, du unverschämtes Weib. Ich behandle meine Frau so, wie ich es als ihr Mann, als ihr Amir, für richtig halte!«

»Raus!«, schrie Anisa, »raus mit euch! Das Problem der meisten Ehen in unserem Land ist, dass die Frauen intelligenter und gescheiter als ihre Männer sind. Daher bleibt den Männern nur ein einziges Argument! Die rohe Gewalt! Raus jetzt!«

Salim sprang auf und machte den Anschein, als wollte er sich auf die Ärztin stürzen. Er hielt sich aber zurück. Er nahm seine Mutter bei der Hand und zog sie aus dem Arztzimmer.

Draußen auf dem Flur zitterte Aisha am ganzen Körper.

Salim führte seine Mutter in die Cafeteria und teilte ihr mit, dass er sie unter vier Augen sprechen wolle.

Aisha setzte sich und Salim holte ihr etwas zu trinken, damit sie sich wieder beruhigte.

In der Zwischenzeit ging Anisa in den Warteraum zu Fatimah. Sie hatte beobachtet, wie Salim und Aisha in der Cafeteria Platz genommen hatten.

Sie berichtete Fatimah kurz von dem Gespräch.

»Fatimah, ich wünsche mir von ganzem Herzen, dass du einen Ausweg aus dieser schlechten Familie findest! Solltest du das nicht, und zwar schon bald, fürchte ich, dass wir uns hier wieder begegnen werden. Sofern du es noch bis hierher schaffen solltest!«

Sie wünschte Fatimah noch einmal alles Gute und verließ sie.

Fatimah war völlig irritiert und wusste nicht, wie sie mit dieser Information umgehen sollte. Einerseits war ihre Familie von Anisa beleidigt worden, andererseits fühlte sie, dass Anisa sie unterstützte.

In der Cafeteria saßen Salim und seine Mutter. Nach einiger Zeit hatte Aisha sich soweit beruhigt, dass Salim mit ihr sprechen konnte.

»Mutter«, sagte er, »ich habe in den letzten Tagen und Wochen viel über Fatimah nachgedacht. Ich habe auch mit einem Motawa darüber gesprochen. In dessen Moschee gehe ich immer zum Beten, wenn ich in Maskat bin. Er hat mir geraten, ein anderes Weib zu suchen und Fatimah zu verstoßen.«

Plötzlich füllten sich Aishas Augen mit Tränen.

»Du nimmst mir also auch diese Tochter weg, nachdem du mir schon Salama genommen hast. Nun Salim, du bist der Mann, wie immer du es möchtest und entscheidest!« Daraufhin sprach sie kein Wort mehr.

Nachdem sie die Gläser geleert hatten, gingen sie zu Fatimah in den Warteraum. Salim befahl den indischen Trägern, das Gepäck zu nehmen und ihnen zu folgen. Aisha nahm Fatimah bei der Hand und sie gingen gemeinsam zu Salims Fahrzeug.

Aisha sprach kein Wort, außer ein einziges: »Habibti«, als sie Fatimah bei der Hand nahm.

Die Fahrt zu Khaleds Haus dauerte nur zwanzig Minuten. Als sie dort ankamen, stand die gesamte Familie am Tor. Alle wollten Fatimah willkommen heißen.

Miriam, die wenige Minuten vorher nach Hause gekommen war, nahm Fatimah bei der Hand und führte sie gleich in ihr Zimmer.

Aisha wurde von ihrer Schwester ins Haus begleitet und einer der Bediensteten brachte Salim in die Majlis für Männer. Dort standen für ihn schon Erfrischungen bereit.

Miriam wollte, dass sie gemeinsam ein letztes Mal eine Email an Abdullah schrieben. Fatimah hatte keine Einwände.

»Lieber Abdullah, verehrter Onkel,
Fatimah ist gerade aus dem Krankenhaus entlassen worden und sitzt jetzt ein letztes Mal für wahrscheinlich lange Zeit mit mir zusammen. Nach dem Mittagessen wird sie mit ihrem Mann und Aisha nach Hause fahren. Ich fürchte, wir werden sie lange nicht mehr sehen. Fatimah sendet dir liebe Grüße und hofft, dich einmal persönlich kennenzulernen. Sie sagt Auf Wiedersehen zu dir.

Möge Allah dich beschützen.«

Fatimah hatte gegen den Inhalt nichts einzuwenden. Sie fragte Miriam, ob es einmal die Gelegenheit gäbe, Abdullah kennenzulernen?

Miriam war über diese Frage erstaunt. Mit vielem hatte sie gerechnet, aber nicht mit dieser Frage.

»Ja Habibi!«, antwortete sie, »diese Gelegenheit wird es geben, und zwar bald. Dafür werde ich kämpfen.«

Miriam und Fatimah plauderten noch ein wenig und gingen dann ins Zimmer von Halima, um den beiden Schwestern Gesellschaft zu leisten.

Suri kümmerte sich um den Haushalt und vor allem um die Küche. Es hatte ihr zwar niemand mitgeteilt, wann die Familie aus der Hauptstadt zurückkäme, aber aus Erfahrung wusste sie, dass dies stets vor dem Maghrebgebet geschah.

Sie grillte das Schafffleisch über der Holzkohle im Freien und Sanjay half ihr dabei.

Während des Kochens und Grillens dachte sie darüber nach, wann ihr Herr Salim sie endlich heiraten würde. Verdient hatte sie es sich. Sie hatte ihm ihre Jungfräulichkeit geopfert und umsorgte ihn liebevoll.

Für Suri war dies nur noch eine Frage der Zeit. Sie stellte sich vor, wie aufgeregt ihre Familie zu Hause sein würde, wenn sie erführe, dass sie sich einen omanischen Mann geangelt hatte. Für sie wäre wenigstens gesorgt, würden ihre Mütter, Schwestern und der Vater sagen.

Sanjay suchte die Nähe zu Suri. Als junger testosterongeladener Mann brauchte er dringend eine Frau. Sie merkte es natürlich. Sie ließ ihn aber nicht zu nahe kommen. Sie wusste um die Gefahr. Die Männer ihrer beiden Länder hatten ausschließlich das Kinderzeugen in ihren Köpfen. Nicht umsonst gab es in Indien und Indonesien so viele Bewohner. Dort nahmen sie sich gegenseitig den Platz zum Leben weg.

Einmal als Sanjay zudringlich werden wollte, drohte sie ihm, Salim davon zu berichten. Das half und Sanjay hielt sich zurück.

Suri träumte während des Kochens weiter von ihrem zukünftigen Leben. Wie ihre Stellung und ihr Ansehen stetig höher stiegen und aus ihr eine angesehene Ehefrau werden würde. Wenn auch nur als Zweite. Doch das störte sie am Wenigsten.

Ganz so, wie sie es erraten hatte, fuhr die Familie kurz vor Maghreb vor.

Suri, Sanjay und Kumar eilten zur Einfahrt und halfen, das Auto zu entladen.

In der Sala hatte Suri bereits den Boden gedeckt. Köstliche Speisen, Saucen, Salate, Brot und Getränke standen bereit.

Aisha zog sich für die Reinigung und das Gebet zurück. Fatimah durfte nicht beten, da sie ihre Periode hatte. Frauen dürfen während ihrer Periode weder fasten noch beten, da sie unrein sind.

Nach dem Gebet nahmen Salim und Aisha Platz und Suri servierte den obligaten großen Reishaufen mit den entsprechenden Fleischbrocken.

Mutter und Sohn unterhielten sich wenig. Salim griff dafür anständig bei den Speisen zu. Zwischen zwei großen Reis- und Fleischkeilen rief er nach Suri und befahl ihr, den Fernseher anzumachen.

Fatimah aß allein in einem Nebenraum. Salim wollte sie beim Essen, wegen ihrer Periode, nicht in seiner Nähe haben.

Sie aßen länger als eine Stunde und unterhielten sich kaum. Das erledigte das laute Fernsehgerät für sie.

Nachdem alle das Nachtmahl beendet hatten, zogen sich Aisha und Salim nochmals für Isha, das letzte Gebet des Tages, zurück. Anschließend half Aisha Fatimah, ihren Koffer und die Taschen auszupacken.

Salim eilte unterdessen in die Küche, um Suri beizuwohnen. Schnell war das erledigt und er ging in den Garten, um mit den zwei Arbeitern zu sprechen.

Kumar und Sanjay lagen in ihrem Verschlag und kochten sich über einer Holzkohlenglut Reis und Gemüse.

Salim keifte: »Hier esst ihr also meinen Reis! Kein Wunder, dass ihr beide keine Kraft habt, wenn ihr kein Fleisch esst. Nur Reis und Gemüse? Im Grunde habt ihr ein Leben wie meine Ziegen. Die fressen auch nur dieses Zeugs!«

Nachdem Kumar und Sanjay Anhänger einer strenggläubigen Hindusekte waren, aßen sie nur pflanzliche Kost. Fleisch und jede Art tierischer Produkte waren tabu für sie.

»Nachdem Lakshmi sich jetzt hauptsächlich in Maskat aufhalten wird, benötige ich einen dritten Arbeiter. Habt ihr einen Freund, der gerne mit euch arbeiten möchte? Wenn nicht, suche ich selber einen Kollegen für euch.«

»Ein Nachbar aus meinem Dorf möchte gerne nach Oman kommen, um zu arbeiten! Ich werde ihn verständigen. Er wird sich bei dir melden«, informierte Sanjay. Salim war damit einverstanden.

Fatimah legte sich in einem der Nebenräume früh schlafen. Aisha war noch eine Weile bei ihr und las ihr aus dem Koran vor.
Bald verließ Aisha sie, da sie sich nicht wohlfühlte, wie sie Fatimah erklärte. Fatimah fiel vor Erschöpfung sofort in einen tiefen Schlaf.

Nachdem Salim sicher war, dass sowohl seine Mutter als auch seine Frau fest schliefen, ging er zu Suri. Sie bewohnte im hinteren Bereich der Küche eine Nische, in der eine dünne Matratze lag.
Er schlüpfte zu ihr unter die Decke und war bald wieder über ihr. Anschließend lagen sie noch eine Weile zusammen und Suri fragte ihren Herrn, wann er sein Versprechen, sie zur zweiten Frau zu nehmen, einlösen werde.
Salim richtete sich auf und stützte sein Kinn auf den rechten Arm.
»Suri, ich will jetzt nicht darüber sprechen. Ich bin abgespannt und gehe jetzt in mein Schlafzimmer.«
Als Salim das Zimmer Suris verließ, überlegte er, wieso diese Weiber nichts anderes im Kopf hatten, als ihn heiraten zu wollen.
Suri wiederum war enttäuscht und dachte zum ersten Mal daran, dass Salim sie angelogen hatte. Bald jedoch schlief auch sie ein und es kehrte Stille und Ruhe im Haus ein.

John verließ Oman ganz so, wie er beim ersten Mal angekommen war - unscheinbar und ohne besondere Ereignisse ... bis vielleicht auf die Worte des Passbeamten bei der Ausreise. Als dieser ihm seinen ausgestempelten Pass zurückgab, sagte er zu John: »Auf Wiedersehen in Oman!«
John antwortete: »Das glaube ich nicht!«
Das hatte der Beamte allerdings nicht mehr gehört, da sein Freund Richard gleich davonbrauste.
Je näher sie Dubai kamen, desto mehr besserte sich die Laune Johns. Als sie am Stadtrand angekommen waren, fragte John seinen Freund: »Was hältst du davon, wenn wir gleich ins Hofbräuhaus fahren? Ich habe Riesenhunger nach etwas Deftigem und einem ordentlichen bayerischen Bier!« Sein Freund war begeistert. Das Hofbräuhaus befand sich in einem großen Hotel, und da sein Freund für

die Nacht noch kein Zimmer hatte, lud ihn John zur Übernachtung ein.

Er verständigte seine Freunde, dass sie im Hofbräuhaus wären, und teilte ihnen mit, dass er sie dort erwartete. Bald saßen sie bei Bratwürsten, Schweinsbraten und Bier zusammen.

Sie blieben lange und gehörten zu den letzten Gästen. John erzählte unentwegt über seine Erlebnisse in Oman.

Nachdem sie, aufgrund der Sperrstunde, fast aus dem Hofbräuhaus geworfen worden wären, luden sie noch schnell Johns Gepäck ins Fahrzeug des befreundeten Ehepaares. Er verabschiedete sich von Richard und freute sich auf ein geruhsames Wochenende mit seinen Freunden und noch vielmehr auf seine Reise zu Shirat.

Als Abdullah die Email Miriams und Fatimahs gelesen hatte, war er verärgert und voller Sorge um Fatimah. Verärgert deshalb, weil Fatimah wieder mit diesem Unmenschen zusammenleben musste.

Die Tatsache, dass Fatimah in diese Haus gehörte, weil sie Salims Ehefrau war, ignorierte Abdullah.

Er hatte am nächsten Nachmittag ein Treffen mit seinem Professor vereinbart und darauf freute er sich.

Der Morgen in Salims Dorf begann wie jeder andere in den meisten Ansiedlungen Omans. Gegen 05:30 Uhr rief der Motawa die Gläubigen zum ersten Gebet. Es war noch dunkel und nur am Horizont zeigte sich ein Silberstreif, der den Tag ankündigte. Fatimah stand auf, wusch sich und eilte zu Aishas kleiner Wohnung, um mit ihr das Morgengebet zu verrichten. Sie klopfte an, doch sie erhielt keine Antwort. Sie klopfte heftiger. Doch Aisha gab immer noch keine Antwort. Da Fatimah sich nun Sorgen machte, öffnete sie die Tür einen Spalt und rief Aishas Namen. Doch sie bekam keine Antwort.

Schließlich ging sie in den Raum und sah, dass Aisha fest schlief. Fatimah rüttelte sie wach. Sie lag auf ihrer rechten Körperhälfte und sackte langsam auf ihren Rücken. Ein eigenartiger Geruch ging von ihr aus. Fatimah nahm zum ersten Mal in ihrem Leben den Geruch des Todes wahr.

Fatimah war völlig aufgelöst und lief zurück ins Haus, um Salim zu verständigen. Er war aber noch nicht aufgestanden und so öffnete sie die Tür zum gemeinsamen Schlafzimmer und schrie seinen Namen.

Salim wachte sofort auf und murmelte mit verschlafener Stimme:
»Raus mit dir du unreines Weib!«

Doch Fatimah ließ nicht locker und schrie ihm zu, dass mit seiner Mutter etwas nicht stimme und sie sich trotz Rütteln und Anschreien nicht rühre.

Salim polterte aus dem Bett, nahm seine Disdasha in die Hand und warf sich diese im Hinauslaufen über den Kopf.

Als er endlich hineingeschlüpft war, stürmte er in Aishas Zimmer. Er stupste sie ebenfalls an und schrie:

»Mutter, Mutter!« Dann schüttelte er sie an der Schulter, doch sie rührte sich nicht. Mit einem Mal erkannte er, dass seine Mutter sich nie mehr bewegen würde und tot in ihrem Bett lag.

Nach einer halben Stunde kamen ein Arzt und ein Rettungswagen. Er stellte offiziell den Tod Aishas fest und füllte die entsprechenden Papiere aus. Bevor er abfuhr, sprach er noch sein Beileid aus und versicherte Fatimah und Salim, dass Aisha friedlich entschlafen sei und schon im Paradies weile.

Fatimah fiel nun die Rolle zu, die ersten Gebete zu sprechen, die beim Tod einer Frau vorgeschrieben waren. Ihr fiel auch die Rolle des ersten Klageweibes zu. Es fiel ihr nicht schwer, da sie mit ganzem Herzen um Aisha trauerte.

Es eilten sämtliche Verwandte, Bekannte und Freundinnen herbei, um zu beten und laut zu klagen. Auch Halima war schon nach wenigen Stunden im Haus.

Fatimah hatte mit Halima und ein paar Frauen aus dem Dorf die Ehre, Aishas toten Körper zu waschen und wenig später in ein Leichentuch einzunähen. Da Aisha in der Nacht verstorben war, wurde sie noch am gleichen Tag bestattet. Vor dem Dorf befand sich der Friedhof oder Gottesacker. Wobei dem Wort Acker große Bedeutung zukam.

Es handelte sich um ein freiliegendes, nicht umrandetes Feld. Ein Ausstehender würde diesen nur an manchen hochkant aufgestellten Feldsteinen erkennen.

Am Nachmittag bettete man Aisha in Seitenlage mit angezogenen Knien, das Gesicht gegen Mekka ausgerichtet, in das Grab-Loch. Auf das über ihren toten Körper aufgeschichtete Erdreich und Geröll wurden zwei Feldsteine gestellt.

In Salims Haus waren bald alle Verwandten versammelt, auch die Familie Khaleds und Fatimahs alte Familie. Sie beteten mehrmals das islamische Glaubensbekenntnis und die für den Tod vorgeschriebenen Gebete. Etliche Suren aus dem Koran wurden ebenfalls vorgelesen.

Es herrschte große Trauer und immer wieder schrien die Klageweiber, dass das ganze Haus davon dröhnte.

Da nun eine insgesamt 40-tägige Trauerzeit vorgeschrieben war, wurde im Haus Salims jeder Zwist gemieden. Salim war am Boden zerstört, hatte er nun doch sein Liebstes, seine Mutter verloren. Er trauerte ernsthaft und ehrlich und brauchte lange Zeit, um sich mit dieser Tatsache abzufinden.

Fatimah hatte ihre einzige Fürsprecherin und Verbündete verloren. Wenn sie es gekonnt hätte, wäre sie Aisha gerne gefolgt. Sie war von so tiefer Trauer erfüllt, dass sie ihre Arbeit nur unter äußerster Selbstbeherrschung verrichten konnte.

Aishas Schwester Halima blieb für mehrere Wochen im Haus, um Fatimah bei ihrer Trauer und auch bei ihren Pflichten zu unterstützen.

Abdullah war aus Dubai angereist, um seiner Mutter bei der Trauer um ihre Schwester zur Seite zu stehen. Als er sich im Haus Salims aufhielt, sah er Fatimah einige Male. Manchmal blickte sie verstohlen zu ihm. Nur einmal, ein einziges Mal schenkte sie ihm ein kurzes, verstecktes Lächeln. Doch das genügte Abdullah.

Als die Verwandten und Bekannten nach und nach wegblieben, begann ein Alltag ohne Aisha. Solange Halima noch im Haus war, half sie Fatimah mit dieser neuen Situation umzugehen.

In der langen Zeit der Trauer kümmerte sich Lakshmi vorbildhaft um das Geschäft, und sowohl Salim als auch Lakshmi wurden mit jedem Tag reicher. Lakshmi hatte in der Zwischenzeit ein großes Netzwerk an Lieferanten aufgebaut und brauchte nur noch mit dem Finger zu schnipsen und die Ware, die er benötigte, wurde sofort geliefert. Manches Mal rief ihn Khaled an und fragte, ob er Hilfe brauche, doch Lakshmi bedankte sich stets höflich und erwiderte, dass alles in bester Ordnung wäre. So kam Lakshmi dahinter, wer der Dritte geheimnisvolle Gesellschafter des Unternehmens war.

Im Laufe der sechs Wochen, die Lakshmi ausschließlich ohne das Zutun von Salim arbeitete, machte das Unternehmen einen Umsatz von 195.000 Rial. Der Profit, den Lakshmi für sich selber erwirtschaftete, lag im Durchschnitt bei zehn Prozent. Er freute sich, weil er noch nie in seinem Leben soviel Geld verdient hatte.

Sämtliche Lieferanten mussten eine um seine Kommission höhere Rechnung ausstellen. Bei Lieferung der Waren und Übergabe der neuen Rechnung war Lakshmis Kommission sofort in die Hand fällig. Sonst gab es keine Aufträge mehr.

Mit jedem Betrag, den Lakshmi verdiente, fuhr er nach Ruwi und zahlte ihn auf ein Konto der Nationalbank von Indien ein. Damit war das Geld aus Oman verschwunden und in seiner Heimat für ihn verfügbar.

Salim und Khaled verdienten trotzdem genug Geld. Schließlich war dies nur Lakshmi und seinem Geschick, Waren günstig einzukaufen, zu verdanken.

Er hatte kein schlechtes Gewissen. Das hatte er nie. Er wusste nicht einmal, was das war.

In den 40 Tagen der Trauer und des immer wiederkehrenden Betens für die verstorbene Aisha, war es im Hause von Salim friedlich. Nur Fatimah bekam immer wieder Tränenausbrüche und Weinkrämpfe. Zum Glück war Halima zugegen. Obwohl sie auch sehr um ihre Schwester trauerte, war sie andererseits glücklich, da Aisha schon im Paradies auf sie wartete. Halima erklärte Fatimah, dass Aishas Tod von Allah vorbestimmt gewesen sei und sie nun endlich von ihrem irdischen Dasein erlöst worden war. Ist doch das irdische Leben nur ein vorübergehender Zustand, in welchem Gott die Menschen prüft. Wenn Allah dann jeden Einzelnen ins Jenseits abberuft, werde abgewogen, wie gerecht sie oder er gelebt hatte und man kam dann eben hinauf ins Paradies oder hinunter in die Hölle.

Fatimah war zutiefst davon überzeugt, dass Aisha sie schon vom Paradies aus beobachtete. Mehrmals flüsterte sie der verstorbenen Aisha zu, auch sie bald zu ihr ins Paradies holen zu lassen.

Auch Salim trauerte unentwegt. Noch nicht einmal Suri ließ er an sich heran. Er hatte sich seine Schlafstatt in einem der Nebenräume bereiten lassen und kam keiner der beiden Frauen nahe. Nur einmal gab es einen ernsten Vorfall. Fatimah wies Suri an, ein Hühnchen Curry zu kochen. Salim hatte jedoch vorher Hammelfleisch angeordnet. Als nun Suri Hühnchen servierte, schrie Salim mit seiner Frau und drohte ihr zum ersten Mal, sich von ihr zu trennen. Sie registrierte es, dachte aber darüber nicht weiter nach.

Erst 39 Tage nach dem Tod von Aisha kam Salim wieder nach Maskat ins Büro, um nach dem Rechten zu sehen. Er war hocherfreut, als er sah, wie viel Geld das Unternehmen verdient hatte.

Abdullah, wieder zurück in Dubai, hoffte vergebens auf ein Zeichen Fatimahs. Er beklagte sich bei Miriam. Seine Nichte konnte ihm aber auch nicht helfen, da der Kontakt zu Fatimah völlig abgerissen war.

Es blieb Abdullah nichts anderes übrig, als sich auf sein Studium zu konzentrieren und was Fatimah betraf, auf bessere Zeiten zu hoffen.

Einige Male hatte er sich mit Professor Ludwig getroffen. Ihr Gesprächsstoff konzentrierte sich zumeist auf das Studium. Hin und wieder sprachen sie auch über die aktuellen politischen Ereignisse. Zudem war ihm Ludwig oft zu tiefgründig, zu philosophisch, zu ungläubig und einfach zu gescheit.

Einmal saßen sie zusammen und diskutierten über die derzeit stattfindenden Revolutionen in den arabischen Ländern. Aber selbst die Ereignisse dieses so bezeichneten »Arabischen Frühlings«, regten Ludwig nicht sonderlich auf. Er meinte zu Abdullah, dass sich in diesen Ländern ohnehin nie etwas ändern werde.

Abdullah war über diese Aussage Ludwigs enttäuscht und wollte das so nicht gelten lassen.

Daraufhin fragte ihn Ludwig:

»Wieso, Abdullah, glaubst du, dass sich in Ländern wie Libyen, Ägypten oder auch Jemen etwas ändern sollte? In Tunesien vielleicht, weil die in ihrer staatsbürgerlichen und demokratischen Entwicklung etwas weiter sind. Aber in den anderen Ländern mit Sicherheit nicht!

In Ägypten werden die Muslimbrüder oder die Salafisten die Oberhand gewinnen und es wird eine Entwicklung wie im Iran einsetzen. Dort haben die Mullahs zuerst die Macht an sich gerissen und anschließend haben sie sich auf Kosten der Bevölkerung schamlos bereichert. Das tun sie auch heute noch. Sollte dabei noch etwas übrig bleiben, nehmen es sich die Generale.

In Libyen werden die einzelnen Stämme sich gegenseitig bekämpfen, wobei es dabei nur um die Macht und um das Herrschen über die anderen Stämme geht. Die Anhänger Gaddafis werden sich auch bald wieder neu formieren, weil sie nicht hinnehmen werden, ihre Pfründe zu verlieren, und in Jemen haben die Menschen noch nicht einmal Ahnung was Freiheit überhaupt bedeutet. Im Prinzip leben die Jemeniten noch im Mittelalter. Auch im Jemen sind die Stammesfürsten mächtiger als jede Regierung.

In Bahrain wird es weiter brodeln und irgendwann wird die schiitische Mehrheit die sunnitische Minderheit mithilfe der Mullahs aus dem Iran hinwegfegen. Außer die Saudis greifen wieder ein.

In Ländern wie Saudi Arabien oder Oman wird es die nächsten 10-15 Jahre noch so weiter gehen wie bisher. Die Jugend revoltiert, bekommt dann von den Herrschern etwas mehr Geld und schon kehrt wieder Ruhe ein. Die Minister und die anderen Regierungsfürsten werden weiterhin korrupt bleiben und sich bereichern. Damit fordern sie immer wieder den Zorn der Jugend heraus. Aber ändern, Abdullah, ändern wird sich so schnell nichts. Wobei man ja nicht vergessen sollte, dass jede Revolution, und sei sie noch so bescheiden, stets ihre Kinder frisst!«

Abdullah stellte eine Zwischenfrage. »Was meinen sie mit Kinder fressen, Professor?«

»Nein«, antwortete Ludwig lächelnd, »nicht im wortwörtlichen Sinn. Im übertragenen Sinn natürlich. Ich meine damit, dass die jungen Männer aufbegehren, weil sie auch an die Futtertröge der Macht wollen. Die meisten Menschen revoltieren ja nicht aus Überzeugung für eine positive Veränderung, die der Allgemeinheit zugutekäme, sondern weil sie auch gerne an den Schalttafeln der Macht sitzen möchten. Dann hätten nämlich auch sie die Gelegenheit, reicher zu werden. Macht korrumpiert nun mal die meisten Menschen Abdullah!«

Abdullah erwiderte: »Ich kann das alles so nicht glauben Professor. Sie vergessen hierbei eine wichtige Komponente in unseren Ländern: die Religion. Die Menschen sind religiös. Es muss sich durch dieses Aufbegehren einfach alles zum Besseren wenden. Diese Revolten finden durch den Willen Allahs statt!«

Nun musste sich Ludwig erst einmal gerade hinsetzen und tief durchatmen. Es fehlten ihm im Moment die Energie und der Wille, Abdullahs Hirngespinste zu widerlegen. Ludwig fragte sich zusehends, wie man einem verbohrten Moslem den Ablauf der Welt erklären sollte. Oder anders ausgedrückt, wie erklärt man einem Blinden die Farben?

Er ging zurück zur Ausgangsdiskussion.

»Ich glaube, dass sich in euren Ländern erst etwas zu ändern beginnt, wenn das Öl und Gas ausgeht. Oder, wenn sich der Westen durch seine technische Entwicklung im Bereich der erneuerbaren Energiequellen von diesen Ländern unabhängig macht. Dann Abdullah, habt ihr keine finanziellen Mittel mehr, die Bevölkerung ruhig zu stellen. Ihr könnt euch keine billigen Arbeitskräfte mehr aus dem Ausland leisten. Ihr seid gezwungen, die einfachsten Arbeiten selbst zu erledigen. Wobei ich mir bei Gott nicht vorstellen kann, dass ein Omani bei der Müllabfuhr arbeitet, außer als Manager.«

Nun war es Abdullah doch zu viel. Immer wieder kam es auf das Gleiche heraus: Am Ende jeder Diskussion stand die generelle Unfähigkeit der Menschen dieser Länder, ihre Entwicklung selbst in die Hand zu nehmen. Warum nur kamen diese Aussagen stets auch von seinem Lieblingsprofessor?

Ludwig versuchte ihm zu erklären, dass er natürlich manchmal provokativ sei. Dies diene ausschließlich dazu, Abdullahs Kritikfähigkeit zu schärfen. Ludwig versuche, ihm ein weniger geschöntes Bild über den tatsächlichen Entwicklungsstand der arabischen Länder aufzuzeigen.

Daraufhin wurde Abdullah aggressiv und Ludwig verabschiedete sich von ihm mit den Worten: »Das, gerade das Abdullah ist euer Problem! Ihr könnt nicht ohne überschwappende Emotionen an die Lösung eines Problems herangehen!«

Suri hatte die geringste Bindung zu Aisha gehabt und sie versuchte am Ende der 40-tägigen Trauerzeit, wieder einen normalen Tagesablauf einzuführen.

Fatimah und sie vertrugen sich gut und Suri akzeptierte vollends, dass Fatimah als Herrin über ihr stand. Das Einzige, was Suri Sorge bereitete, war, dass sie nun schon seit vielen Wochen auf ihre Periode wartete. Nicht dass sie sich übermäßig Sorgen machte, aber andererseits, wenn sie tatsächlich schwanger sein sollte, dann wusste sie nicht, wie Salim reagieren würde.

Suri malte sich in ihren Gedanken aus, dass sie anstelle von Fatimah für Salim das erste Kind zur Welt bringen würde. Wenn Ihr Allah auch noch einen Sohn schenkte, dann hielte sie in Zukunft das Zepter in der Hand und nicht Fatimah.

Nachdem Salim das Haus für einige Tage verlassen hatte, versuchte Fatimah Suri für ihre Gebetsexzesse zu begeistern. Aber zu mehr als den täglich vorgeschriebenen Gebeten, war sie nicht zu gewinnen. Arabisch konnte sie kaum lesen und daher war sie für Koranrezitationen nicht geeignet.

Am 40. Tag, am letzten Tag der Trauer, griff Fatimah zu ihrem Telefon und rief Miriam an. Diese war völlig aus dem Häuschen über ihren Anruf und sie telefonierten, bis der Kredit Fatimahs erschöpft war. Da Salim etwas Geld, wenn auch wenig, im Haus zurückgelassen hatte, schickte sie Sanjay zur Tankstelle, um das Guthaben aufzufüllen.

In der Zwischenzeit hatte jedoch Miriam bereits zurückgerufen und fragte Fatimah, wann sie das nächste Mal wieder nach Maskat käme. Leider konnte Fatimah darauf keine verbindliche Antwort geben, weil sie von ihrem Mann abhängig war.

So bestand der Alltag Fatimahs in erster Linie aus Beten, aus dem Koran lesen und aus essen. Dann und wann nur unterbrochen von Telefonaten mit Miriam oder ihrer Mutter.

Salim verstand sich gut mit Lakshmi und war begeistert über das viele Geld, dass Lakshmi bereits erwirtschaftet hatte. Fast die Hälfte seines Gewinnanteils hob er vom Bankkonto ab und vereinbarte mit seinen Freunden eine große Feier für den Abend.

»Ganz so«, dachte Salim, »hatte er es sich vorgestellt. Lakshmi sorgte für fette Einnahmen und er kam nur vorbei, um das Geld zu holen.«

An diesem Abend, dem Letzten der Trauerzeit, trafen sich die Freunde in einer anderen Bar. Nahe dem Strand in Al Qorum gab es ein Hotel, welches über eine Bar und eine große Bühne verfügte. Dort tanzten noch hübschere Mädchen aus Afrika. Alles war in Samt ausgeschlagen und die Freunde saßen nicht auf einfachen Stühlen, sondern in einer Loge auf bequemen Sofas.

Wie immer hatte Salim die ganze Runde eingeladen und es ging hoch her. Er ließ sich von seinen Freunden als erfolgreicher Unternehmer feiern.

Zu fortgeschrittener Stunde, und nach einer immensen Menge Alkohols, begann Salim über seine Probleme zu erzählen.

Natürlich erzählte er seinen Freunden seine Version der Schwierigkeiten, die er mit seinem Weib hatte. Er erzählte auch von Suri. Seine Freunde kamen zu dem einstimmigen Schluss, dass Salim sich all das nicht bieten lassen musste und Züchtigung eine wirksame Lehre für Weiber sei. Salim stimmte nicht zu, da er seine Frau nie mehr schlagen würde. Seine Freunde wussten nichts von seiner Brutalität und Fatimahs Aufenthalten im Krankenhaus.

Als einer seiner Freunde fragend meinte: »Warum verstößt du sie nicht einfach? Schicke sie doch zu ihrem Bruder zurück und suche dir ein neues Weib!«

Sah Salim erneut die Aussagen des Richters und des Motawas bestätigt!

Salim betrank sich maßlos. Frühmorgens musste er wieder von seinen Freunden zurück zum Hotel gebracht werden.

AHLAM MARSHANDA

Nach drei Tagen in Maskat fuhr Salim gegen Nachmittag zurück in sein Dorf Dar Al Akhdar.

Fatimah erwartete ihn freudig, da er sich bei ihr telefonisch angekündigt hatte. Er begrüßte seine Ehefrau jedoch kaum und ging gleich in den Garten. Bevor er bei der hinteren Tür zum Garten hinausging, rief er Fatimah noch zu, im Haus zu bleiben.

Er suchte kurz seine indischen Arbeiter auf, um sich über deren Arbeit informieren zu lassen. Wenig später eilte er zurück zum Küchengebäude. Als er die Eingangstür zu Aishas kleiner Wohnung passierte, überlegte er, diese Wohnung eventuell Suri zur Verfügung zu stellen. Er bräuchte sich dann mit ihr nicht mehr in der Küche zu verstecken.

Im Grunde wollte er sich nicht mehr verstecken. Je mehr er nachdachte, desto sicherer wurde er, eine endgültige Lösung herbeizuführen.

Er öffnete die Küchentür. Suri stand bereits neben dem Tisch und begrüßte ihn liebevoll.

Nachdem er mit ihr einen lieblosen, fünf minütigen Zeugungsakt vollzogen hatte, zog er sich den Wickelrock und die Disdasha zu Recht und fragte sie, was sie ihm zu essen anbieten könnte.

Sofort begann Suri, einen Teller voll Reis und eine indonesische Soße mit Hühnerfleisch auf den Tisch zu zaubern. Sie hatte es vorbereitet, als er noch bei den Arbeitern im Garten war.

Salim schlürfte, grunzte und rülpste ausgiebig während des Essens und Suri deutete dies als Zeichen, dass es ihm schmeckte.

Sie saßen noch eine Weile zusammen, und gerade als Salim die Küche verlassen wollte, hob Suri ihre Stimme.

»Gebieter ich bin schwanger!«

Zuerst traten Salims vorstehende Augen noch prominenter hervor. Dann ließ er sich wortlos auf einen der Küchenstühle fallen. Es entfuhr ihm ein tiefer Seufzer und er sog einen tiefen Atemzug durch seine Zähne. Aus einem inneren Trieb heraus, wollte er plötzlich aufspringen und auf sie losgehen, doch er zwang sich, ruhig sitzen zu bleiben. Nach ein paar Minuten, ohne ein Wort zu sagen, sprang er auf und verließ die Küche. Suri blieb zurück und zum ersten Mal standen Tränen in ihren Augen.

Salim blieb draußen im Freien und kramte sein Mobiltelefon aus der Tasche. Er wählte die Nummer seines Cousins Khaled. Als dieser antwortete, sagte er zu Khaled:

»Deine Exzellenz, ich rufe dich an, weil ich einen Rat in einer delikaten Angelegenheit von dir brauche!«

Salim erzählte über seine Beziehung zu Suri und, dass sie nun schwanger sei.

Nach einer längeren Pause gab Khaled folgenden Rat:

»Salim, du kannst das Geschehene nicht mehr rückgängig machen und ich schlage dir drei verschiedene Wege vor, das Problem zu lösen.

Erstens, wenn dir etwas an dieser Suri liegt, dann nehme sie als zweite Frau zu dir. Wer weiß, Inshallah, vielleicht trägt sie für dich den lang ersehnten Sohn aus!

Zweitens, du fährst mit ihr nach Dubai. Dort gibt es geheime aber verbotene Kliniken, die auf Abtreibung spezialisiert sind. Das ist natürlich eine Sünde vor Allah und anschließend tust du gut daran, gleich eine Pilgerreise nach Mekka zu machen, damit Allah dir diese Sünde vergibt!

Drittens, du wirfst sie aus dem Haus, kaufst ihr ein Flugticket nach Indonesien, gibst ihr etwas Bargeld und bist alle Sorge los. Damit sie auch einverstanden ist, erklärst du ihr, wie man in unserem Land mit ledigen, schwangeren Ausländerinnen umgeht!«

Salim bedankte sich überschwänglich bei seinem Cousin und versicherte, dass er wisse, was zu tun sei. Khaled bat, ihn später zu informieren, wie er sich entschieden habe und welchen Weg er gewählt hätte. Wenn alles geregelt wäre, selbstverständlich.

Salim ging in seinen Garten und setzte sich an den Rand des Falaj und dachte sich ein Konzept für seine Vorgehensweise aus.

»Und wenn ich schon dabei bin, löse ich auch gleich das Problem Fatimah!«

Miriam schrieb ihrem Onkel Abdullah, dass sie einige Male mit Fatimah telefoniert hatte und sie das Gefühl gehabt hätte, dass Fatimah mental völlig brachliege. Aufgrund von mangelnder geistiger Herausforderung konzentriere sie sich ausschließlich auf die intensive Ausübung ihrer Frömmigkeit.

Beide machten sich berechtigte Sorgen um sie, doch keiner wusste einen Ausweg aus diesem Dilemma.

Salim mobilisierte inzwischen seine Freunde. Dem einen gab er den Pass von Suri und bat ihn, ihm ein Flugticket für Denpasar in Indonesien zu besorgen. Mit ehest möglichem Abflugdatum, wie er betonte.

Zwei andere Freunde bat er, als das Datum des Abflugs feststand, in sein Haus zu kommen, Suri abzuholen und zum Flughafen zu bringen. Dort sollten sie so lange warten, bis sie sicher waren, dass sie auch im richtigen Flugzeug saß. Einer dieser Freunde erzählte, dass er auf dem Flughafen einen Freund, einen Polizisten, kenne, der sie dabei unterstützen werde.

Er selber fuhr zur Bank und hob 500 Rial ab. Diese Summe würde einer der Freunde Suri am Flughafen geben, bevor sie abflog.

Nachdem ihm sein Freund mitgeteilt hatte, dass er bereits für den nächsten Tag einen Flug gebucht hatte, bat er ihn, die anderen Freunde zu verständigen und am Morgen gleich in sein Haus zu kommen. Er selber wäre nicht im Haus, da er mit seiner Frau am Vormittag ins Nachbardorf zum Einkaufen fahren würde.

Suri war betrübt, da sich Salim nicht mehr bei ihr hatte sehen lassen, seit sie ihm offenbart hatte, schwanger zu sein.

Nichtsdestotrotz dachte sie darüber nach, ob Allah ihr einen Sohn oder eine Tochter schenken würde. Sie hatte auch schon die richtigen Namen gefunden. War es ein Sohn, so würde sie ihn, wie seinen Großvater, den Vater von Salim, Juma nennen. War es eine Tochter, so würde sie Ahlam Marshanda heißen. Ahlam bedeutete so viel wie Traum und Marshanda war der Namen ihrer Großmutter väterlicherseits in Indonesien.

Von all dem bekam Fatimah nichts mit. Sie wunderte sich nur, dass ihr Mann Salim ihr nie beiwohnte. Andererseits war sie darüber auch froh, weil sie immer noch Angst vor seinem Gewicht hatte. Fatimah konzentrierte sich voll und ganz auf die intensive Ausübung der Religion und schloss in jedes Gebet die verstorbene Aisha mit ein.

Am Morgen des nächsten Tages informierte Salim Fatimah, dass er mit ihr zum Einkaufen ins Nachbardorf fahren werde. Dort gab es einen größeren Supermarkt und das Angebot an Lebensmittel wäre auch vielfältiger.

Fatimah freute sich und holte gleich Abaya und Nikab aus dem Schrank, damit sie sich in der Öffentlichkeit dementsprechend verhüllen konnte.

Gegen acht Uhr verließen sie das Haus. Kaum saßen sie im Auto, erledigte Salim einige geheimnisvolle Telefonanrufe. Fatimah konzentrierte sich nicht auf das Zuhören und so bekam sie nur einzelne Wortfetzen mit. Salim zeigte sich an diesem Tag von seiner besten Seite und war großzügig, was den Einkauf betraf.

Kurz vor dem Mittagsgebet kamen sie zurück ins Haus. Dort stellte Fatimah fest, dass die hintere Tür, die zum Garten, offen stand. Salim meinte leichthin, dass wahrscheinlich Suri vergessen hätte, sie zu schließen.

»Fatimah ich bin hungrig. Mach mir etwas zu essen!«

Fatimah wollte Suri informieren, doch Salim verlangte, dass sie selbst für ihn koche. Sie verstand absolut nicht, warum Suri nicht kochen sollte. Als sie darüber mit Salim eine Diskussion entfachte, schrie Salim sie an:

»Ich habe dir befohlen, für mich zu kochen. Bist du schwerhörig?« Fatimah wollte etwas entgegnen, doch Salim kam ihr zuvor.

»Du bist das dümmste und unnützeste Weib, das mir je begegnet ist. Ich frage mich, wozu ich dich überhaupt geheiratet habe. Es reicht mir. Ich spreche dir die zweite Verwarnung, Talaq rag'l aus!«

Salim gab ihr keine Zeit zu antworten, sondern trieb sie in die Küche.

Suri lag indessen auf der Rückbank eines Geländewagens und hatte im Gesicht einige blau werdende Flecken und eine blutige Nase. Nicht schlimm, doch es reichte, dass sie Tränen in den Augen hatte. Sie verstand nicht, was mit ihr geschah, da bisher keiner der Männer im Auto ein Wort mit ihr gewechselt hatte.

Plötzlich waren die beiden in ihrer Küche aufgetaucht und als sie in einem Reflex den Topf, den sie gerade in den Händen hielt, auf einen der Eindringlinge warf, gab ihr der andere mehrere Schläge ins Gesicht. Während der Eine sie festhielt, warf der andere ihre wenigen Habseligkeiten in den neben ihrem Bett stehenden kleinen Pappkoffer und verriegelte ihn.

Beide packten sie, hoben sie hoch und schleppten sie zu einem Geländewagen, der mit laufendem Motor im Inneren des Hofes parkte. Die indischen Arbeiter waren nirgendwo zu sehen und hielten sich versteckt.

Die zwei Männer befahlen ihr, sich auf die Rückbank zu legen und keinen Ton von sich zu geben. Sollte sie zuwiderhandeln, erklärten sie ihr, bekäme sie noch heftigere Schläge.

Nach knapp zwei Stunden Fahrt kamen sie am Flughafen von Maskat an. Sie hielten direkt vor der Abflughalle. Am Gehsteig stand ein uniformierter Polizist. Er hielt Suris Ticket und ihren Reisepass in der Hand. Der Polizist herrschte sie an auszusteigen und nahm sie sofort in Gewahrsam.

Die beiden anderen Freunde begleiteten sie und erst jetzt fragte Suri, was mit ihr geschehe? Der Polizist antwortete mit hämischem Grinsen: »Du fliegst nach Hause Habibti!«

Sie wollte sich zwischen den beiden Männern herauswinden, doch es gelang ihr nicht.

Als sie ein: »... aber ich bin doch schwanger von meinem Herrn«, wimmerte, antwortete der Polizist: »Eben darum!«

Er wich nicht von ihrer Seite, bis die Passagiere zum Einsteigen aufgefordert wurden. Er brachte sie bis zum Flugzeug und bat den omanischen Steward, auf Suri aufzupassen, damit sie nicht noch aus dem Flugzeug floh. Er händigte ihr ein verschrumpeltes Kuvert aus, in welchem sich 300 Rial befanden. Die Differenz auf die 500 Rial von Salim behielt er für sich. Man hatte schließlich auch seine Ausgaben. Sehr bald schon hatte Suri das Land verlassen.

Am Nachmittag erhielt Salim per Telefon die Vollzugsmeldung und flüsterte mehrere Inshallahs und Alhamdullilahs ins Telefon.

Das Schicksal Suris interessierte keinen mehr. Sie war nicht einmal mehr eine Randnotiz wert.

Einige Tage später konnte Fatimah noch immer nicht verstehen, wohin Suri verschwunden war. Sie durchsuchte mehrmals alle Räume des Anwesens und bat Salim, auch im Garten nachzusehen, da sie selbst nicht hinaus durfte.

Da sie noch immer nicht aufgetaucht war und Fatimah sie noch immer suchen wollte, forderte sie Salim auf, etwas zu unternehmen. Plötzlich sprang er vom Boden auf und schrie Fatimah an:

»Halte endlich dein Maul und gehe meinetwegen beten!«

Fatimah baute sich vor ihm auf, sah in herausfordernd an.

»Willst Du mich etwa wieder schlagen?«

Salim war daraufhin sprachlos. Mit so einer Reaktion Fatimahs hatte er nicht gerechnet.

Als ihn die Wut heftig genug gepackt hatte, kam auch sein Mut zurück. Er schrie: »Es reicht, du schwaches Weib! Talaq!«

Das war die dritte Scheidungsformel Talaq ba´in. Somit war die Ehe endgültig und unwiderruflich geschieden.

Fatimah glaubte, nicht recht gehört zu haben. Langsam kam ihr zu Bewusstsein, dass Salim soeben die letzte Scheidungsformel ausgesprochen hatte.

»Rufe deinen Bruder an, er soll dich und deinen Kram abholen. Ich kann dich hier nicht mehr gebrauchen und will dich auch nicht mehr sehen!«

Fatimah wusste nicht, ob sie weinen sollte. Sie zog sich ins große Schlafzimmer zurück, um einen klaren Kopf zu bekommen. Ihre Gedanken kreisten wie wild. Einerseits beurteilte sie das Scheitern ihrer Ehe als ihr persönliches Versagen, und sie begann bereits, wieder Schuldgefühle aufzubauen.

»Hatte Allah sie fallen gelassen?«, fragte sie sich? Andererseits hatte sie das Gefühl, dass mit einem Mal eine Riesenlast von ihr gefallen war. In jeden Fall brauchte sie jemanden, mit dem sie reden konnte.

Anstatt ihren Bruder oder ihre Mutter anzurufen, wählte sie die Nummer Miriams. Diese beantwortete ihren Anruf sofort und Fatimah flüsterte ins Telefon:

»Miriam, Salim hat mir soeben die unwiderrufliche Scheidung ausgesprochen!«

Die Reaktion ihrer Freundin war für Fatimah ein noch größerer Schock als die Scheidung.

Miriam rief: »Was? Das ist ja wunderbar!« Und dann hörte Fatimah ihre Freundin nur noch laut lachen.

»Habibi!«, rief sie, »du Glückliche! So hat Allah doch noch ein Erbarmen mit dir gehabt. Weißt du, was das für dich bedeutet? Du bist frei. Auch wenn du im Moment vielleicht denkst, dass es eine Schande ist, so überwiegen für dich die Vorteile. Du kannst jetzt lernen, was du willst, du kannst dich weiterbilden und du hast genug Geld vom Mahr übrig, um dir sogar einen Computer zu kaufen. Und Fatimah, du kannst wieder heiraten. Nur dieses Mal kannst du wählerischer sein. Schon im Koran steht, dass eine geschiedene Frau wieder geheiratet werden soll!«

Miriam konnte sich nicht mehr beruhigen und sprach andauernd von Allahs weiser Entscheidung.

Fatimah allerdings sah es gänzlich anders. Für sie überwog eindeutig die Schande. Vor allem, wenn sie jetzt zu ihrer alten Familie zurückkehren musste.

»Was wohl die Leute im Dorf sagen werden? Ihre alte Freundin Rima! Die Nachbarn! Oh mein Gott!«, dachte sie, »diese Schande!«

Fatimah wollte aber nicht mehr viel Zeit bei Salim verbringen und begann, ihre Sachen zu packen. Den Anruf bei ihrer Mutter und ihrem Bruder schob sie allerdings noch hinaus. Zumindest solange sie mit dem Packen ihrer Koffer und Taschen beschäftigt war.

Nachdem Miriam das Telefonat mit Fatimah beendet hatte, musste sie noch einmal laut und herzhaft lachen. Sie lachte so laut, dass ihre Mutter auf sie aufmerksam wurde und in ihr Zimmer eilte.

»Was gibt es denn so Lustiges Miriam?«, fragte ihre Mutter.

»Mutter!«, antwortete sie, »das kannst du dir nicht vorstellen! Ich habe gerade mit Fatimah telefoniert und sie hat mir mitgeteilt, dass Salim ihr soeben die letzte Scheidungsformel ausgesprochen hat!«

Shaikha sah ihre Tochter entsetzt an.

»Aber über so etwas darf man doch nicht lachen! Das ist ja entsetzlich!«

»Nein Mutter, das ist ganz und gar nicht entsetzlich. Es ist das Beste für Fatimah!«

Shaikha verstand ihre Tochter nicht mehr. Doch Miriam begann ihr zu erklären, warum sie überzeugt war, dass Fatimah etwas Besseres überhaupt nicht hätte passieren können.

Manches leuchtete ihrer Mutter schon ein, doch auch bei Shaikha überwog das Gefühl der Schande, das Fatimah nun ertragen musste.

»Und«, sprach Miriam weiter, »ich werde jetzt sofort Onkel Abdullah verständigen!«

Ihre Mutter fragte, warum ausgerechnet Abdullah, der hatte doch mit der ganzen Angelegenheit nichts zu tun?

Sie erklärte ihrer Mutter, dass Abdullah einmal gesagt hatte, wäre Fatimah nicht schon verheiratet, er würde sie sofort heiraten.

Shaikha war verblüfft, meinte aber, dass Fatimahs Schande dann nicht allzu lange dauern würde.

Kopfschüttelnd verließ Shaikha das Zimmer ihrer Tochter und lächelte in sich hinein.

Salim hatte in der Zwischenzeit seinen Cousin Khaled informiert, dass er das Problem mit Suri, so wie er ihm geraten hatte, gelöst war. Er sagte aber Khaled kein Wort darüber, dass er auch seine Frau verstoßen hatte. Khaled war zufrieden mit Salim.

Nachdem Fatimah den Anruf bei ihrer Mutter und ihrem Bruder noch für eine Weile hinausgeschoben hatte, blieb ihr bald nichts anderes übrig. Da ihre Mutter selbst kein Mobiltelefon besaß, musste sie notgedrungen ihren Bruder anrufen.

Schon nach dreimaligem Läuten antwortete Ali: »Asalam Alaikum Schwester, wie geht es deinem Mann Salim?«

Fatimah hielt sich jedoch nicht mit der Beantwortung dieser Frage auf, sondern bat ihn, die Mutter ans Telefon zu holen.

»Habibi, Fatimah, schön von dir ein Lebenszeichen zu hören! Wie geht es dir?«, rief Noor fragend ins Telefon.

Fatimah antwortete, wie immer, mit leiser Stimme: »Nicht gut Mutter. Salim hat sich soeben von mir geschieden und will, dass ich sofort das Haus verlasse!«

Ihre Mutter sagte für eine halbe Ewigkeit einmal gar nichts. Dann flüsterte sie: »Nein, nein, diese Schande! Was werden nur die Nachbarn sagen?« Nach einer erneuten längeren Pause fuhr sie fort: »Wir reden darüber, wenn du zuhause bist. Ich komme mit Ali und wir holen dich jetzt ab!«

In Alis Familie war nun peinliches Schweigen angesagt und später das verbale Poltern von Ali. Er ließ sich zuerst über die Peinlichkeit aus und anschließend monierte er sich darüber, dass er nun auch noch Fatimah am Hals habe.

Seine Mutter versuchte ihn zu beruhigen und versicherte ihm, dass sie sich sicher sei, dass man für Fatimah bald wieder einen passenden Ehemann finden werde. Ali setzte noch ein seufzendes »Inshallah« hinterher.

Abdullah umtanzten Sterne, als ihm Miriam die wundervolle Neuigkeit mitteilte. Er wäre, obwohl ein Mann, fast in Ohnmacht gefallen, und musste mehrmals nachfragen, weil er einfach nicht glauben konnte, was Miriam ihm da erzählte.

Er war so euphorisch, dass er seinem Professor Ludwig davon erzählen musste. Immerhin war Ludwig der Einzige, außer seinem Freund Khamis, der darüber Bescheid wusste. Nur, Ludwig war nirgends aufzufinden.

»Macht nichts«, dachte Abdullah, »sehe ich ihn halt morgen.«

Er konnte die ganze Nacht nicht schlafen und sich am nächsten Tag nicht aufs Lernen konzentrieren. Unentwegt überlegte er, wie er es am besten anstellen könnte, um die Hand Fatimahs anzuhalten. Kam er zu früh, war sie möglicherweise irritiert, kam er zu spät, hatte sie ihm womöglich schon ein anderer Heiratskandidat vor der Nase weggeschnappt.

Hier konnte nur eine helfen: Er musste seine Mutter um Rat fragen.

Da in wenigen Tagen bereits die Winterferien begannen, wollte er sich noch so lange gedulden, bis er in Maskat war.

Ali giftete während der gesamten nächsten Tage über diese Schande im Haus herum. Es gefiel ihm überhaupt nicht, dass Fatimah nun erneut in sein Haus eingezogen war. Immerhin war er damit auch wieder für seine ältere Schwester verantwortlich. Ein zusätzliches Problem war Salim. Dieser war einer seiner besten Freunde und Ali wusste nicht, wie er sich ihm gegenüber verhalten sollte.

Mutter Noor haderte insgeheim mit der Entscheidung Allahs, da sie der Überzeugung gewesen war, dass die Ehe zwischen Fatimah und Salim durch Allah persönlich gestiftet wurde.

Fatimah selbst lebte sich schnell ein und freute sich, mit ihren Geschwistern, voran Abdulamir, ihrem jüngsten Bruder, zusammen zu sein. Ali, dem Ältesten, ging sie, soweit es möglich war, aus dem Weg.

Die Nachbarschaft tuschelte gerne und kreierte ein Gerücht nach dem anderen. Das allererste Gerücht hielt sich besonders hartnäckig. Es hieß, Fatimah sei nicht fruchtbar. Sie wäre in den mehr als sechs Monaten, in welchen sie mit Salim verheiratet war, nicht schwanger geworden. Da Fatimah kaum aus dem Haus ging, wurden ihr die meisten Gerüchte von ihrer Mutter zugetragen.

An einem Nachmittag im Campus saß Abdullah wieder mit Professor Ludwig zusammen. Ludwig fragte Abdullah gleich nach der Begrüßung, was denn vorgefallen sei, da er ihn so dringend zu sprechen wünschte.

Abdullah hielt sich nicht lange mit Vorreden auf und erzählte Ludwig aufgeregt über die neueste Entwicklung, seine große Liebe betreffend. Ludwig freute sich und fragte ihn, was er nun zu tun gedenke?

Abdullah erklärte, dass er in den Winterferien in Maskat als Erstes seine Mutter um Rat fragen und dann seinen Bruder Khaled ersuchen würde, zum Bruder von Fatimah zu fahren und für ihn um ihre Hand anzuhalten.

Ludwig wusste natürlich, dass Abdullah jetzt nur einen Freund brauchte, mit dem er darüber reden konnte. Er bestärkte Abdullah genauso zu handeln, wie er es plante.

Die beiden verließen einander im Glauben, wieder gute Freunde zu sein. Abdullah fuhr über die Winterferien nach Hause und Ludwig nach Europa. Das tat im Übrigen auch dessen Freund Professor Gardener, der nach »Merry Old England« flog, wie er seine Heimat bezeichnete.

Abdullah hatte sich schon mehrmals mit seiner Mutter unterhalten. Anfangs war Halima überrascht, als Abdullah ihr gestand, um wen es sich bei seiner großen Liebe handelte. Langsam gewöhnte sie sich an den Gedanken und zeigte sich mit Fatimah als Schwiegertochter einverstanden. Ihr tat aber auch Salim leid, da sie glaubte, er hätte die Scheidung von Fatimah aus einer Kurzschlusshandlung heraus ausgesprochen. War er doch vom Tod seiner Mutter noch mitgenommen. Letztlich zählte für sie aber nur das Glück ihres jüngsten Sohnes.

Außerdem, so gestand sie sich ein, mochte sie Fatimah sehr.

Nach wenigen Tagen bat Abdullah seinen Bruder um eine Unterredung unter vier Augen. Khaled bot ihm an, mit ihm nach dem Abendessen reden zu können.

Nach dem Essen gingen die beiden in die Männermajlis. Nachdem sie sich eine Weile über Dubai und die Fortschritte seines Studiums unterhalten hatten, begann Abdullah das eigentliche Thema anzuschneiden.

»Mein lieber Bruder, wie du weißt, hat sich unser Cousin Salim von seiner Frau getrennt. Wie ich erfahren habe, ist sie jetzt wieder bei ihrem Bruder zu Hause.«

»Ja«, antwortete Khaled, »eine schlimme Geschichte. Ich habe nie verstanden, warum Salim diesen Schritt gemacht hat. Für seine Frau ist es allerdings besser. Ich bin mir sicher, dass sie die Ehe mit Salim auf die Dauer nicht überlebt hätte.«

»Der Meinung bin ich auch«, sagte Abdullah und fuhr fort. »Ich werde dir jetzt beichten, wer in all den Monaten die Frau war, von der ich immer als meine große Liebe sprach! Es ist Fatimah!«

Khaled wirkte nicht überrascht und sagte lächelnd:

»Das Habibi habe ich immer geahnt. Du hast dich aber vorbildhaft verhalten und dich selber dabei immer gut zurückgenommen. Und nun willst du von mir nicht nur einen Rat, sondern auch, dass ich für dich, als dein ältester Bruder, zu ihrem Bruder fahre und ihn um die Ehe mit Fatimah bitte?«

Abdullah sah Khaled überrascht an und fragte ihn, warum er das geahnt hatte? Khaled meinte nur, dass man blind und taub sein musste, um nicht zu bemerken, welch besondern Anteil er an Fatimahs Schicksal genommen hatte.

»Um das Ganze abzukürzen, ja, ich fahre gerne zu ihrer Familie und frage ihren Bruder um die Ehe mit dir!«

Abdullah bekam glänzende Augen und dankte seinem Bruder. Dieser fügte noch hinzu, dass auch ihre Mutter schon darüber mit ihm gesprochen habe und sie sich beide einig seien, Abdullah dabei zu unterstützen.

Khaled informierte ihn, dass er das bescheidene Vermögen, welches er von seinem Vater geerbt hatte, gut angelegt habe und er sich keine Sorgen um seine finanzielle Zukunft zu machen brauchte. Eine Ehefrau könnte er sich während seines Studiums schon leisten.

»Allerdings«, warf Khaled ein, »verlange ich von dir, dass du das Studium erfolgreich zu Ende führst!«

Abdullah versicherte seinem Bruder, dass das für ihn das absolute Ziel sei und beide verließen anschließend die Majlis und kehrten zur Familie zurück.

Abdullah war glücklich. Als sie in die Sala zurückkehrten, saßen Khaleds Familie und Halima noch zusammen.

Khaled hob seine Stimme an: »Ich möchte Euch über eine gute Nachricht informieren«!

Sofort drehten sich alle Köpfe in Richtung der zwei Männer. »Abdullah hat mich gebeten, um die Hand Fatimahs, der geschiedenen Frau unseres Cousins Salim, anzuhalten. Ich werde seinem Wunsch entsprechen und in den nächsten Tagen ihren Bruder aufsuchen!«

Es brach ein nie da gewesener Tumult aus und die gesamte Familie beglückwünschte Abdullah. Besonders Miriam. Sie weinte vor Freude!

John war noch immer bei Shirat in Kampala. Obwohl er schon viel herumgekommen war, begeisterten ihn die Wärme und die Zuneigung, die ihn umgaben. Natürlich musste er einiges an Geld ausgeben. Er war nun mal der Einzige, der überhaupt Geld besaß. Aber das störte ihn nicht. Shirat schien eine vernünftige junge Frau zu sein. Oft ermahnte sie ihn, mit seinem Geld sparsamer umzugehen.

Er fühlte sich wohl und beschloss, länger als geplant zu bleiben. Shirat fiel ihm kaum zur Last und hielt sich zurück, was ihre Wünsche betraf. Sie gab John einfach das Gefühl, dass in ihr eine große Liebe für ihn heranwachse.

Schon nach wenigen Tagen verlängerte John seinen Aufenthalt und änderte sein Rückflugdatum.

Suri war zu Hause mit Schimpf und Schande aufgenommen worden. Ihr Vater und ihre Mütter konnten es einfach nicht fassen, dass sie sich von ihrem Herrn hatte schwängern lassen. Neben der Schande war es vor allem die Sünde, derer sie sich schuldig gemacht hatte. Alle Familienangehörigen waren sich einig, dass Suris Buße nur darin bestehen konnte, in Zukunft ein gottergebenes Leben zu führen. Außer es fand sich noch ein Mann, der sich ihrer erbarmte und sie heiraten würde. Das bezweifelten jedoch alle.

Besonders für ihren Vater bedeutete ihre Rückkehr in Schimpf und Schande eine zusätzliche Belastung. Er musste noch ein weiteres hungriges Maul stopfen. Und nicht genug, bald kam auch noch ein Kind dazu. Ein Kind von einem Omani! Lange überlegte der Vater, ob man diesen Omani nicht zur Kasse bitten könnte. Er gab diesen Gedanken jedoch bald auf, weil es unmöglich war.

Suri hingegen war pragmatisch veranlagt. Sie hatte sich früh mit ihrem Schicksal abgefunden. Mehr noch. Sie schmiedete Pläne und wollte herausfinden, ob es für sie noch möglich wäre, nach Oman zurückzukehren. Sobald ihr Kind geboren war, wollte sie dieses in ihrer Familie zurücklassen und versuchen, wieder nach Oman zu gehen. Sie spielte mit dem Gedanken, sich als »Kosmetikerin« zu verdingen. Würde ihr das gelingen, könnte sie mehr Geld verdienen. Sie war hübsch und die omanischen Männer und ihre Schwächen kannte sie zur Genüge.

Drei Tage nach der Unterredung mit Abdullah, fuhr Khaled zu Fatimahs Familie. Er hatte mit ihrem Bruder einen Termin vereinbart. Er brachte nicht nur einen Brief von Abdullah, sondern auch einen exklusiven Diamantring, eine Fotografie Abdullahs und ein paar wohlriechende Parfüms für Fatimah und ihre Mutter mit. Khaled war eine würdevolle Erscheinung und als Staatssekretär zudem auch noch eine Respektsperson. Er trug wie immer eine blütenweiße Disdasha und zu diesem Anlass noch einen braunen durchscheinenden Überwurf. Der Saum besaß goldene Borten. Bevor er das Haus Fatimahs erreichte, telefonierte er noch kurz mit Ali. Er wollte, dass dieser schon vor seiner Haustür wartete, um ihn willkommen zu heißen. Ein Staatssekretär klopfte nicht einfach an eine Haustür und wartete dann, bis diese geöffnet wurde.

Wie vereinbart stand Ali schon vor der Tür und hieß Khaled herzlich willkommen. Er teilte ihm mit, dass sein Haus auch Khaleds Haus sei, und lud ihn ein, mit ihm hineinzugehen.

Ali führte Khaled in die Sala, da sein Haus über keine Majlis verfügte. Niemand befand sich im Raum und es lief das Fernsehgerät. Sobald Khaled Platz genommen hatte, ging eine der Türen auf und Noor erschien. Sie hielt ein Tablett mit allerlei Köstlichkeiten in ihren Händen. Sie stellte es in der Mitte der Plastikfolie ab und begrüßte Khaled mit einem kurzen, untertänigen Nicken. Dazu senkte sie ihren Blick. Ali stellte seine Mutter vor und fragte Khaled, ob er etwas dagegen habe, wenn sie beim Gespräch mit dabei wäre. Khaled stimmte zu und meinte, dass er sich freue, seine Mutter kennenzulernen. Seine verstorbene Tante Aisha hatte so viel Gutes über sie berichtet.

Noor nahm Platz und ergriff die besten Stücke von Früchten und Süßigkeiten und schob sie Khaled zu.

Um Zeit zu sparen, kam Khaled gleich zum Grund seines Besuches.

»Wie ich euch informiert habe, Ali und verehrte Umm Fatimah, bin ich im Namen meines Bruders Abdullah hier. Er bittet euch um die Zustimmung, eure Schwester und Tochter Fatimah heiraten zu dürfen.«

Ali zeigte ein übertrieben ernstes Gesicht, »Fatimah ist geschieden von Salim Al Ruzaiqi! Ich hoffe eure Exzellenz und Abdullah wissen das!« Khaled zögerte nicht mit der Antwort.

»Ich weiß es und noch viel mehr. Auch mein Bruder ist sich dieser Tatsache bewusst und es ist für ihn kein Hinderungsgrund.«

Ich möchte die Verhandlungen abkürzen und euch Folgendes vorschlagen. Fatimah bekommt von Abdullah ein Brautgeld von 6.000 Rial, eine Manduz mit allem nützlichen Inhalt, einschließlich Seidenstoffen, drei goldenen Geschmeiden für Kopf, Hals und Arme, drei goldene Ringe mit Brillanten und etlichen Silberschmuck einschließlich 50 echter Mariatheresientaler und zur Hochzeit ein kleines Auto und einen Laptop. Den Führerschein allerdings muss sie vorher noch erwerben.«

Noor und Ali lachten nervös. Sie konnten die Großzügigkeit Abdullahs nicht fassen.

Ali brachte kein Wort hervor. Noor dankte dem Staatssekretär überschwänglich und erwähnte, wie bescheiden ihm ihr Heim vorkommen müsse. Khaled wischte die Aussage mit einer Handbewegung beiseite und fragte, ob sie damit einverstanden wären.

»Eure Exzellenz, sowohl ich als auch meine Mutter sind einverstanden. Wir müssen jedoch Fatimahs Zustimmung einholen.«

»Um ihr diese etwas zu erleichtern, habe ich ein paar bescheidene Geschenke, eine Fotografie und einen Brief meines Bruders für deine Schwester mitgebracht.«

Khaled übergab die Pakete an Fatimahs Mutter und fügte hinzu: »Dabei, verehrte Noor, sind auch zwei Päckchen für dich.«

Noors Augen strahlten vor Freude. Lange hatte sie keine Geschenke mehr bekommen. Sie konnte sich nicht mehr erinnern, wann sie zum letzten Mal eines erhalten hatte.

Khaled stand auf.

»Ich erwarte eure positive Nachricht bis spätestens in drei Tagen!« Als Khaled sich gerade verabschieden wollte, fiel ihm ein, was er vergessen hatte zu erwähnen.

»Da ist noch etwas! Mein Bruder ist sich natürlich bewusst, dass Fatimah schon von ihrem ersten Mann geöffnet wurde. Er möchte daher, dass sie sich in Dubai einer kurzen, medizinischen Prozedur unterzieht. In Dubai gibt es Kliniken, die aus geöffneten Frauen wieder Jungfrauen machen. Wir möchten, dass Fatimah mit dir, Noor, nach Dubai fliegt. Abdullah wird für die Kosten aufkommen.

Noor brachte kein Wort hervor. Dass Fatimah nach ihrer Scheidung von Salim noch einen so großzügigen Ehemann bekommen würde, war unfassbar für sie. Abgesehen davon, dass sie noch nie in Dubai gewesen war oder je in einem Flugzeug gesessen hatte. Wieder einmal war sie überzeugt, dass der Allgütigste ihre Familie liebte.

»Inshallah!«

Khaled verabschiedete sich und bestieg sein großes Auto. Draußen standen alle männlichen Dorfbewohner um sein Fahrzeug herum und rätselten, was so ein vornehmer und reicher Mann im ärmlichen Haus Alis gewollt hatte.

Alis Rest der Familie, einschließlich Fatimah, hatten sich im Schlafzimmer von Noor versteckt. Sie hatten sich ganz ruhig verhalten müssen. Als sie in die Sala zurückkehrten, sahen alle auf Fatimah und erwarteten von ihr, dass sie sich äußerte. Sie sagte jedoch kein Wort. Ihre Mutter ergriff die Initiative.

»Fatimah, sieh was du an Geschenken bekommen hast. Hier ist ein Brief für dich, von Abdullah, und er hat dir auch eine Fotografie von sich mitgeschickt.«

Fatimah sagte noch immer kein Wort.

»Habibi!«, »schau dir doch all die Geschenke an! Öffne die Päckchen!«

Fatimah wirkte nachdenklich. Sie konnte einfach nicht fassen, dass ihr Traum doch noch in Erfüllung gehen würde.

»Was hast du Fatimah? So sag doch etwas!«

»Mutter!«, flüsterte Fatimah leise, »ich glaube, ich bin glücklich!«

Da Noor es wie immer nicht mehr aushalten konnte, ungeöffnete Päckchen liegen zu sehen, begann sie die Verpackungen aufzureißen. An jedem Geschenk hing ein Kärtchen mit handgeschriebenem Namen.

Zwei Parfüms erhielt Noor. Darunter das Teuerste, genannt Amouage Gold. Noch nie im Leben hatte sie so etwas besessen.

Zwei Parfüms waren Fatimah zugedacht. Als sie das dritte etwas kleinere Päckchen öffnete, lag darin ein goldener Ring mit einem zwei Karat schweren Diamanten. Fatimah hatte noch nie so einen dicken Goldring besessen und noch nie einen Diamanten gesehen. Sie entdeckte den Brief, der an sie adressiert war. Sie nahm ihn und zog sich in das Schlafzimmer ihrer Mutter zurück.

Als sie nach einer halben Stunde zurückkehrte, hatte sie noch immer feuchte Augen. Mutter schickte alle Geschwister aus dem Haus, damit sie mit Fatimah alleine reden konnte.

»Was Habibi, hat er denn geschrieben?«

»Mutter, du kannst den Brief selbst lesen!«

Fatimah reichte ihrer Mutter den Brief. Noor las laut vor:

»Meine Geliebte Fatimah!
Schon beim ersten Mal, als ich dich gesehen habe, hast du mich verzaubert. Du wirst dich nicht mehr erinnern, aber es war als du mit Salim und seiner Mutter Aisha zum ersten Mal in das Haus meines Bruders gekommen bist. Ich konnte dich nur für Sekunden wahrnehmen, aber es reichte, um mein Herz und meine Seele an dich zu verlieren. Ich habe all die Monate mit dir gelitten und mich um dich zu Tode gesorgt.

Allah hat mich in dieser Zeit der Prüfung bestärkt, dass meine Liebe zu dir einmal erwidert wird. Allah hat es gut mit uns gemeint und dich für uns befreit.

Als ich erfuhr, dass Salim dich verstoßen hat, war das der glücklichste Tag in meinem Leben. Da mein Vater nicht mehr lebt, habe ich meinen Bruder Khaled gebeten, für mich, um deine Hand anzuhalten, ganz so, wie die Tradition es verlangt.

Ja, ich möchte dich heiraten und mir damit den wichtigsten Wunsch meines Lebens erfüllen. Ich werde dich, so wie Allah es für uns vorgesehen hat, ein Leben lang lieben. Und, Inshallah, dir das Paradies auf Erden schaffen. Das Einzige, worum ich dich bitte, ist, auch mich zu lieben!

Lebe wohl meine Fatimah, mein Lebenselixier, ich hoffe, dich sehr bald in meine Arme schließen zu dürfen.

Dein Abdullah!«

Noor weinte und schüttelte unentwegt den Kopf. Ganz so, als könnte sie einfach nicht glauben, was sie gerade gelesen hatte. Sie verstand die Welt nicht mehr. Nicht, dass sie etwas gegen die Liebe gehabt hätte, aber zu der Zeit, als sie jung war und verheiratet wurde, gab es die Liebe so nicht. Und plötzlich kam ihr in den Sinn, dass die Zeiten sich nicht nur zum Schlechten geändert hatten. Sie musste sich eingestehen, dass es besser war, wenn Mann und Frau sich schon liebten, bevor sie verheiratet wurden. So betrachtet, sah sie die Verheiratung Fatimahs mit Salim als einen Fehler an.

Im Hause Fatimahs setzte wieder Hektik ein. Alle Tanten waren zu Besuch und Bibi führte erneut das Regiment. Neben den temperamentvollen Debatten wurde stets gebetet und aus dem Koran rezitiert. Wie Noor, war auch Bibi felsenfest überzeugt, dass Allah schon wieder seine Zuneigung für die Familie offenbart hatte. Die Ehe mit Salim, so waren sämtliche Frauen überzeugt, war nur eine Prüfung Fatimahs gewesen. Die Weisheit des Allmächtigen war für die kleinen Menschlein unergründlich. Dies war ihre zweifelsfreie Überzeugung. »Inshallah, Inshallah, Inshallah!«, murmelten sie zustimmend im Chor.

Ali übermittelte nach drei Tagen die Zustimmung Fatimahs.

Als Termin für die Hochzeit legte man einen Tag Ende März fest.

Abdullahs Geduld wurde auf eine harte Probe gestellt. Er musste noch ein viertel Jahr auf seine Fatimah warten.

Im Januar brachte Khaled mit seiner Mutter Halima die randvolle Manduz zu Fatimah. Da Halima und Noor sich kannten, blieben sie länger als beabsichtigt. Halima erklärte Noor, wie sehr sie sich über die Entscheidung Abdullahs freute. Ihre verstorbene Schwester Aisha, die Fatimah wie ihre Tochter liebte, wäre auch für diese Verbindung gewesen. Aisha hielt kurz vor ihrem Tod nicht mehr viel von Salim.

»Ich nehme an, er hat ihr das Herz gebrochen!«

Im Laufe der nächsten Wochen bestaunten die Bewohnerinnen des Dorfes und die gesamte weibliche Verwandtschaft den Inhalt der großzügigen Manduz. Besonders lustig fanden alle Frauen das Spielzeugmodell eines Autos.

»Das«, so betonte Fatimahs Mutter, »ist nur ein Symbol. Sie erhält von ihrem Bräutigam zur Hochzeit ein richtiges Auto.«

Ohne Ausnahme waren sämtliche weiblichen Besucher einer Meinung: Allah liebte Fatimah und hatte ihr einen noch edleren und reicheren Ehemann besorgt. Einhellig war man der Meinung, dass dies Allah, der Allerbarmer persönlich ermöglicht hatte. Noor wies stets auf die außergewöhnliche Frömmigkeit ihrer Tochter hin.

Salim wurde durch den Fleiß und die Schlauheit Lakshmis immer reicher. Er lebte jedoch allein im Haus. Manchmal dachte er mit Wehmut an Suri. Daher beschloss er, sich wieder eine attraktive - dieses Mal allerdings robustere - Haushaltshilfe zu besorgen. Er informierte sämtliche Bekannte und Freunde, dass er eine kräftige, in allen Angelegenheiten der Haushaltsführung versierte Hilfe, suche.

Zugleich sandte er seine weiblichen Verwandten aus, um nach einer passenden Heiratskandidatin zu suchen. Dies dürfte nicht allzu schwer sein, dachte er. Kandidatinnen gab es seiner Meinung nach, wie Sand am Meer. Hielt er sich selber doch für eine ausnehmend gute Partie. Aber auch hier galt für ihn, dass die Zukünftige gut gepolstert sein sollte.

Zumeist hatte Salim schlechte Laune und diese mussten seine indischen Arbeiter ausbaden. Nur Lakshmi hielt er unbehelligt, da seine Arbeit für ihn zu wichtig war.

Nach den kurzen Winterferien fuhr Abdullah zurück nach Dubai, um sich ganz seinem Studium zu widmen. Er telefonierte jeden Tag mit Fatimah und hatte es anfangs schwer, sich auf das Studium zu konzentrieren. Die Telefongespräche begannen in den ersten Tagen zögerlich. Besonders Fatimah war gehemmt und nicht gesprächig. Das änderte sich mit der Zeit. Schnell fanden beide ein gemeinsames Thema: die Gescheitheit Abdullahs. Fatimah bewunderte sein Wissen und Abdullah gefiel es, seiner Zukünftigen viel erzählen zu können. Sie rang Abdullah das Versprechen ab, sobald sie verheiratet waren, ihren Schulabschluss nachholen zu dürfen. Sie wollte ihn an Bildung und Wissen einholen. Bald sprachen sie über die Kinder, die sie einmal zusammen haben wollten. Abdullah wollte eine modernere Ehe führen. Anfangs hatte Fatimah keine Ahnung, was er darunter verstand. Er erklärte ihr, dass er an zwei gleichberechtigte Ehepartner denke. Sie hatte keine Vorstellung, wie das funktionierten sollte. Sie war von ihrer Mutter und Großmutter konservativ erzogen worden. Die Frau lebt im Haus und verlässt es nur, wenn der Ehemann sie dazu auffordert.

Wenn sie endlich verheiratet wären, würde er von ihr nie verlangen, einen Nikab zu tragen. Fatimah fand, dass er nun etwas zu weit ging. Der Nikab bedeutete für sie vor allem Schutz vor der Umwelt und vor gierigen Männerblicken. Sie fühle sich mit Nikab selbstsicher, erklärte sie.

Fatimah telefonierte viel mit Miriam. Miriam forderte sie auf, mehr unter die Leute zu gehen und schlug vor, nach Maskat zu kommen. Sie wollte mit ihr ausgehen.

»Habibi, bitte gib mir noch etwas Zeit. So vieles ist neu für mich und ich habe das Gefühl, als stürze meine bisherige Welt zusammen!« Miriam verstand das gut. Man brauche eben Zeit, sich an ein modernes Leben zu gewöhnen.

Abdullah ging mit seinen Freunden gerne in das Kaffeehaus des Campus.

Als sie Platz nahmen, sah er Professor Ludwig mit einem anderen Mann sitzen. Beide unterhielten sich lebhaft und lachten laut.

Abdullah ging hin, um beide zu begrüßen. In erster Linie jedoch seinen Freund Ludwig. Nach dem Austausch der Höflichkeiten, stellte Ludwig den Sitznachbarn als seinen guten Freund, Prof. Henry Gardener aus Bristol in England, vor. Nachdem Abdullah wieder gegangen war, fragte Gardener Ludwig:

»Ist das der omanische Student, mit dem du dich oft triffst?«

»Ja!«, antwortete Ludwig, »das ist Abdullah. Du weißt schon, der, mit dem ich hin und wieder mehr als nur über das Studium spreche. Ein intelligenter junger Mann, der sich nicht nur für die Religion und sein Studium interessiert.«

Bevor Henry etwas erwidern konnte, sagte Ludwig:
»Bitte Henry, jetzt keinen deiner Kommentare!«

Fatimah hatte ein paar Tage nach der Lieferung der Manduz begonnen, den Führerschein zu erwerben. Ihre Lehrerin für den praktischen Teil des Kurses war, wie in Oman üblich, eine Vorbeterin. Ein weiblicher Motawa. Motawas und ihre weiblichen Pendants waren auch als Fahrlehrer und Fahrlehrerinnen tätig. Fahrlehrerinnen brachten den Frauen und Mädchen das Autofahren bei. Ein Fahrlehrer für eine Fahrschülerin ist undenkbar.

Fatimah beschäftigte sie sich während der Fahrstunden vor allem mit dem Koran. In Oman ist das Lernen des ordentlichen Autofahrens nicht so wichtig. Die Motawas sprachen viel lieber über den Koran. Das Ergebnis kann man deutlich am Fahrverhalten der Omanis erkennen.

Da Fatimah korankundig und besonders fromm war, kam ihr das bei der Prüfung zugute. Schon nach wenigen Wochen hielt sie den Führerschein in ihren Händen. Sie war damit das erste weibliche Wesen ihrer Familie mit einem Führerschein.

Im Februar flogen Noor, Ali und Fatimah nach Dubai. Es war ein schwieriges Unterfangen. Niemand von Alis Familie war vorher jemals auf einem Flughafen gewesen. Mit einem Flugzeug zu fliegen, war bis dahin unvorstellbar.

Sie vereinbarten mit Shaikha und Miriam, sich am Flughafen zu treffen. Sie sollten ihnen behilflich sein und konnten sie mit einer durch Khaled besorgten Erlaubnis bis zum Flugzeug begleiten. Noor war nervös und rannte in ihrer Hektik ständig in die falsche Richtung. Miriam und ihre Mutter hatten alle Hände voll zu tun, die drei unversehrt durch alle Hindernisse bis zum Flugzeug zu bringen.

Besonders Ali machte Schwierigkeiten. Shaikha hatte ihn mehrmals darauf hingewiesen, bei der Handgepäckkontrolle keine metallischen Gegenstände und Flüssigkeiten mit sich zu führen. Trotzdem hielt er die anstehenden Passagiere lange Zeit auf. Der Alarm hatte mehrmals angeschlagen. Ein Polizist forderte ihn auf, sämtlichen Inhalt seiner Taschen in die Tasse zu legen. Ali hatte eines seiner Handys unter dem Mussar versteckt. Er entging nur knapp einer Verhaftung. Nur durch gutes Zureden und dem Hinweis auf ihren Mann, gelang es Shaikha, Ali zum Flugzeug zu bringen.

Bei all den Problemen schien Fatimah die einzige gelassene Person zu sein. Als sie ins Flugzeug stiegen, verabschiedete sich Noor, als ob sie eine Reise ohne Wiederkehr antreten würde.

In Dubai am Flughafen angekommen, übernahm Fatimah die Führung. Miriam hatte ihr die Wege und Beschilderung genau erklärt. Rasch gelangten sie ins Freie. Eine Assistentin von Fatimahs Klinik holte sie ab und brachte sie in ihr Hotel.

Sie hatten so eine Stadt noch nie gesehen. Staunend bewunderten sie, was mit Vehemenz einwirkte.

Die Assistentin informierte, dass sie Fatimah früh am nächsten Morgen abholen und zur Klinik bringen würde. Am Nachmittag, spätestens am Abend, erklärte die Mitarbeiterin, werde sie Fatimah wieder zurück ins Hotel bringen.

Noor war glücklich.

»Sobald Fatimah zugenäht ist, habe ich nur noch Jungfrauen im Haus!«

Abdullah wusste natürlich, dass Fatimah sich in Dubai aufhielt. Er rief Ali an und beide vereinbarten, sich am nächsten Tag, während Fatimah genäht wurde, zu treffen. Abdullah wollte seinen zukünftigen Schwager besser kennenlernen.

Abdullah kam ins Hotel und traf nicht nur Ali zum ersten Mal, sondern auch seine zukünftige Schwiegermutter. Noor war außer sich vor Freude. Ihre Stimme wurde vor Nervosität immer schriller und sowohl Ali als auch Abdullah mussten sie erst einmal beruhigen. Noor war völlig hingerissen von der Attraktivität und der vornehmen Ausdrucksweise Abdullahs. Sie dankte in Gedanken Allah unentwegt für so viel Güte.

Die beiden Männer verließen Noor und das Hotel, nahmen sich ein Taxi und fuhren in ein anderes, besseres Hotel, um gemeinsam Tee zu trinken.

Ali sah man seine Unbeholfenheit an. Abdullah kümmerte sich vorbildhaft um seinen zukünftigen Schwager.

Nachdem sie lange Zeit selbstvergessen geplaudert hatten, fuhren sie zurück in ihr Hotel und Abdullah schlug vor, mit ihnen eine Stadtrundfahrt zu machen.

Er zeigte ihnen die Sehenswürdigkeiten Dubais. Beiden stand der Mund vor Staunen offen. Besonders Noor hatte Probleme, die vom Propheten vorgelebte Bescheidenheit und den Pomp dieser Stadt, mit ihrem Verständnis von Islam in Einklang zu bringen.

Weder Ali noch seine Mutter konnten die Nacht schlafen. In ihrer Aufregung merkten sie viel zu spät, nicht in den weichen Betten zu schlafen, sondern sich auf den Fußboden gelegt zu haben. Ganz so, wie sie es von zu Hause gewohnt waren.

Fatimah wurde am späten Nachmittag des zweiten Tages von der Mitarbeiterin der Klinik zurück ins Hotel gebracht. Sie hatte den kleinen Eingriff gut überstanden und fühlte sich wieder jungfräulich. Am nächsten Morgen flogen sie zurück nach Maskat.

Mitte Februar waren sämtliche Vorbereitungen für die Hochzeit abgeschlossen. Abdullah zählte nicht nur die Tage, sondern auch die Stunden. Er hatte sich in seinem PC eine kleine Datei angelegt, wo er die ablaufende Anzahl der Tage und Stunden löschen konnte. Die dazu korrespondierende Grafik zeigte ihm an, wie die Säulen immer niedriger wurden.

Ungefähr zur gleichen Zeit saß Lakshmi in seinem Büro und arbeitete die Papiere und Belege der letzten Wochen auf. Wie immer war er wieder um eine beträchtliche Summe reicher geworden. Auch Khaled und Salim waren dabei nicht zu kurz gekommen.

Was Lakshmi wunderte, war, dass sie in den letzten Tagen kein Fax mehr mit Bestellungen erhalten hatten. Also ging Lakshmi der Ursache nach. Über etwas trübe Kanäle und mit viel Wasta, konnte er in Erfahrung bringen, dass der Minister höchstpersönlich die Bestellungen an Salims Unternehmen hatte einstellen lassen. Ein Freund teilte ihm unter dem Deckmantel der Verschwiegenheit mit, dass der Minister von anderer Stelle geraten bekommen hatte, sich persönlich ein so gutes Geschäft nicht entgehen zu lassen. Der Minister sollte doch nicht ausgerechnet seinem Staatssekretär das alles überlassen.

Daraufhin, so teilte man Lakshmi mit, hat der Minister dieses Geschäft an ein ihm nahestehendes Unternehmen übertragen. Man munkelte, er sei über einen Strohmann selbst mehrheitsbeteiligt daran.

Lakshmi informierte Salim über diese schmerzliche Maßnahme. Dieser telefonierte sofort mit Khaled und informierte ihn über die Sachlage. Khaled hielt sich bedeckt und versuchte das Problem herunter zu spielen. Was Salim nicht wusste, Khaled war darüber schon länger im Bilde, aber es waren ihm die Hände gebunden. Gegen seinen eigenen Minister konnte er als die Nummer zwei in der Hierarchie nichts unternehmen. Er vertröstete Salim auf die Zukunft. Salim teilte daraufhin Lakshmi mit, dass sie nun Geduld bräuchten und abwarten müssten.

Lakshmi war ein alter Hase in solchen Angelegenheiten. Er trieb schnell die noch ausstehenden Kommissionszahlungen ein und packte seine Sachen. Über seine ausgezeichneten Verbindungen ließ er sich anschließend aus dem Oman schleusen. Schon zwei Tage später saß er in seinem Heimatdorf und prüfte die Kontoauszüge seiner Bank.

Fatimah war nun zum zweiten Mal mit Hochzeitsvorbereitungen beschäftigt. Wie schon beim ersten Mal wurde sie von ihren Tanten und der Mutter tatkräftig unterstützt. Für die Auswahl des Hochzeitkleides fuhr sie allerdings dieses Mal nach Maskat. Sie hatte mit Miriam vereinbart, sich gemeinsam auf die Suche nach einem außergewöhnlichen Kleid zu begeben.

Ali fuhr sie Anfang März zusammen mit Noor nach Maskat. Sie konnte für einige Tage in Halimas Zimmer unterkommen. Die Temperatur war bereits angenehm und nicht mehr so kalt, wie noch wenige Wochen zuvor.

Auch Halima freute sich, ihre zukünftige Schwiegertochter bei sich zu haben. Sie nahm sich vor, Fatimah noch ein wenig zu prüfen und wichtige, die zukünftige Ehe betreffende Gespräche mit ihr zu führen.

Halima unterhielt sich unentwegt mit Noor und Fatimah verbrachte die ersten Stunden mit Miriam in ihrem Zimmer.

Ali wurde in der Majlis für Männer großzügig bewirtet und auch Khaled nahm sich Zeit für ihn. Für Fatimahs Bruder war es eine gänzlich andere Welt, deren Tür sich für ihn aufgetan hatte. War er selber doch ein ungebildeter und wenig selbstsicherer junger Mann.

Khaled gab sich großer Mühe mit ihm und erzählte aus seinem reichhaltigen Berufsleben. Für Ali war Khaled selbstverständlich eine Respektsperson und er fühlte sich während seines Aufenthaltes in Khaleds Majlis nicht wohl.

Zu später Stunde fuhren sie zurück in ihr Dorf und vereinbarten mit Fatimah, sie in vier Tagen wieder abzuholen.

Es war Donnerstag und Miriam hatte schulfrei. Sie fuhr mit Fatimah in einem Taxi zu verschiedenen Einkaufszentren, um sich mit ihr nach Hochzeitskleidern und Schönheitssalons umzusehen.

Es war für sie ein gänzlich anderes Erlebnis, als zuvor mit Salim. Beide jungen Frauen trugen mit bunten Glassteinen verzierte Abayas und reich bestickte Hijabs. Fatimah bewegte sich zum ersten Mal ohne Nikab in der Öffentlichkeit. Sehr bald schon erregten die beiden große Aufmerksamkeit. Man sah nicht sehr oft zwei so junge, attraktive Frauen.

Im größten Einkaufszentrum hielten sie sich am Längsten auf, da Fatimah daran eine gute Erinnerung hatte. Sie flanierten von Boutique zu Boutique und besuchten auch den Supermarkt. Miriam hatte alle Hände voll zu tun, ihrer Freundin die verschiedenen exotischen Lebensmittel zu erklären.

Nachdem sie langsam Hunger bekamen, eilten sie zielstrebig zum Hamburger Restaurant. Fatimah wollte es so, weil dies, so wie sie sich Miriam gegenüber äußerte, die beste Speise war, die sie jemals gegessen hatte. Sie kauften sich zwei üppige Burger Menüs und nahmen an einem der Tische Platz. Gleich ihnen gegenüber saßen zwei junge Inglesi.

Einige Male lächelte man sich an und es dauerte nicht lange und Miriam sprach die beiden Männer an. Wie immer begann sie mit der Frage: »How are you?« Einer der beiden bedankte sich für die Frage. »Danke sehr gut!«

Nun wollte Miriam von Ihnen wissen, woher sie kämen und was sie in Maskat machten. Über die beiden Tische hinweg entwickelte sich ein Dialogspiel aus Fragen und Antworten.

Fatimah verhielt sich vollkommen still und sprach kein Wort. Als Miriam Fatimah vorstellte, sah diese schüchtern zu Boden und wagte es nicht, English zu sprechen oder einen der beiden jungen Männer anzusehen.

Miriam erfuhr, dass sie aus der Schweiz kamen und in Oman auf Urlaub waren. Sie hatten an einer Rundreise teilgenommen und verbrachten noch einige Tage in der Hauptstadt, bevor sie zurück nach Europa flogen.

Es dauerte nicht lange und Miriam gab beiden ihre Mobiltelefonnummer und ihre Email und Facebook-Adresse. Einer der Schweizer versuchte, Fatimah in die Augen zu sehen. Doch jedes Mal wich sie seinem Blick aus und wendete sich ab.

Als die Männer aufbrachen und sich mit Handschlag verabschieden wollten, gab ihnen Fatimah keine Hand. Sie hatte von ihrer Mutter gelernt, dass Frauen Männern keine Hand geben. Weder zur Begrüßung noch zum Abschied. Es war verboten, einen Mann zu berühren. Noch dazu einen Fremden! Ausländer und Ungläubige natürlich erst recht nicht.

Kaum waren die zwei Schweizer weg, tuschelte Fatimah zu Miriam: »Wieso tust du so etwas? Du kannst doch nicht einfach wildfremde Männer ansprechen. Noch dazu Ausländer und Ungläubige!«

»Habibi, du hast doch mitbekommen, dass ich das kann!«

Neckisch grinste sie Fatimah an.

»Weißt du Fatimah, es ist überhaupt nicht schwierig, Inglesi anzusprechen. Sie sind immer freundlich und neugierig. Außerdem sind sie höflich!«

Fatimah schüttelte irritiert den Kopf.

»Du weißt genau, was ich gemeint habe. Du darfst als Frau keinen fremden Mann ansprechen. Egal ob Ausländer oder Omani. Fremde Männer sind für dich tabu!«

Miriam grinste.

»Es wird Zeit, dass sich das ändert. Nirgendwo steht geschrieben, dass das verboten ist. Das sind nur unsere überkommenen Sitten und Traditionen. Weißt du, Habibi, für mich steht schon fest, ich werde einmal einen Inglesi heiraten.«

Nun fiel Fatimah fast vom Stuhl und konnte sich nicht mehr beruhigen. Sie redete auf Miriam ein und versuchte ihr zu verdeutlichen, dass das überhaupt unmöglich wäre, da dies ihr Vater niemals zulassen würde. Daraufhin erklärte ihr Miriam, dass sie einmal den Mann heiraten werde, den sie will und nicht jenen, den ihr Vater für sie aussuchen würde.

Fatimah verstand ihre Freundin nicht mehr. Miriam versuchte ihr zu erklären, dass sie lernen sollte, zwischen den Vorgaben der Religion und den überkommenen Traditionen zu unterscheiden. Oft haben beide nichts miteinander zu tun.

Da Fatimah nicht verstand, was sie meinte, beließ es Miriam dabei. »So wie Onkel Abdullah immer wusste, dass er dich eines Tages heiraten wird, so weiß ich, dass ich einmal einen Inglesi heiraten werde!«

Fatimah hielt ihr entgegen, dass sie niemals einen Christen heiraten könnte, weil sie dann die Religion ihres Mannes annehmen müsste. Wenn sie aber vom wahren Glauben abfallen würde, also zum Christentum konvertiere, dann würde sie nicht mehr lange leben. Gute Muslime hätten dann das Recht, sie zu töten.

»Das, Habibi, wird niemals passieren!«, rief Miriam.

»Ein Inglesi, der mich wirklich liebt, würde für mich zum Islam konvertieren. Europäische Männer tun das für die Frau, die sie lieben. Ich glaube überhaupt, dass nur europäische Männer wissen, was Liebe ist!«

Für Fatimah war das alles zu viel und sie beschloss, in einer ruhigen Minute darüber nachzudenken. Daher wechselte sie das Thema und fragte Miriam, wo sie jetzt hinfahren würden, um nach Hochzeitskleidern Ausschau zu halten.

Sie fuhren mit dem Taxi noch in ein kleines Einkaufszentrum nach Seeb. Dort gab es Spezialgeschäfte ausschließlich für Hochzeitkleider.

Am dritten Tag ihres Besuches hatte Fatimah noch immer nicht das richtige Kleid gefunden. Sie fuhren am späten Nachmittag wieder auf die Suche.

Als sie einen der größten Kreisverkehre Maskats mit dem Taxi passieren wollten, stand plötzlich der gesamte Verkehr still. Es war kein Weiterkommen mehr. Der Taxifahrer begann zu schimpfen. Auf die Frage Miriams, was los sei, erklärte er, dass Demonstranten den Kreisverkehr blockiert hätten.

Weder Miriam noch Fatimah wussten, was Demonstranten waren. Der Taxifahrer erzählte aufgeregt, dass es sich um junge Männer handle, die protestierten. Diese Blockaden hätten in der Stadt Sohar begonnen und sich jetzt bis in alle anderen Städte, ja sogar nach Maskat, ausgedehnt.

Sie fragten den Taxifahrer, wogegen protestiert wurde.

»Gegen die Korruption in den Ministerien, für besser bezahlte Jobs, für mehr Geld generell und für die Stärkung der Majlis Ashura, das Parlament. Das Parlament habe derzeit nur eine beratende Funktion und die Demonstranten wollten, dass sich das in Zukunft ändern sollte.

Ihr Fahrer glaubte auch noch zu wissen, dass diese Protestbewegung ursprünglich aus anderen islamischen Ländern wie Tunesien oder Ägypten nach Oman übersprungen waren. Er erzählte, dass es in Sohar zwei Tage vorher sogar einige Todesopfer gegeben hätte. Die Polizei habe Demonstranten erschossen, erklärte er weiter.

Siehst du Fatimah, die Zeiten beginnen sich zu verändern!«

»Ja«, antwortete Fatimah, »ich bin mir sicher, dass das alles von den Ungläubigen kommt!«

Miriam hatte das Gefühl, Aisha hätte soeben zu ihr gesprochen.

Etwa zeitgleich im März trafen sich Ludwig und Abdullah privat. Abdullah war aufgewühlt, weil er seinem väterlichen Freund unbedingt von der bevorstehenden Hochzeit berichten wollte.

Ludwig hörte ihm aufmerksam zu und lächelte dann und wann. Er machte Abdullah deutlich, wie sehr er ihm sein Glück gönnte und wie sehr er sich für ihn freute.

Plötzlich erschien Henry Gardener auf der Bildfläche. Mit einem saloppen Hallo setzte er sich nieder, bedachte Abdullah mit einem kurzen angedeuteten Gruß und stöhnte Ludwig an:

»Einstein hat recht! Nichts ist unendlich, nur die Dummheit der Menschen!«

Ludwig gab Gardener zu verstehen, dass er gerade im Gespräch mit Abdullah sei und dass es ein sehr ungünstiger Augenblick wäre.

Doch Henry ließ sich nicht beirren.

»Ich habe die Nase voll. Dieses Semester werde ich noch zu Ende führen, dann kehre ich dieser Gegend den Rücken und gehe zurück in die Zivilisation.«

In Abdullah schrillten sämtliche Alarmglocken. Er war überempfindlich für Kritik an den arabischen Ländern und deren Kultur und Religion. Er fühlte sich angegriffen. Er fragte Gardener, was er mit Zivilisation meine?

Bevor Gardener noch antworten konnte, sagte Ludwig bestimmt:

»Henry, ich möchte das alles nicht mehr hören. Wenn du damit nicht sofort aufhörst, verlasse ich euch jetzt sofort. Mich interessieren diese Geschichten und vor allem dein Zynismus nicht mehr!«

Als Abdullah nicht lockerließ, stand Ludwig tatsächlich auf, verabschiedete sich oberflächlich und entfernte sich schnell.

Richtiggehend aggressiv fragte Abdullah Gardener abermals, was er mit Zivilisation meinte.

Henry Gardener sah Abdullah belustigt und zugleich von oben herab an.

»England, mein Freund, das ist Zivilisation. Das hier ist Primitivität und bestenfalls Mittelalter!«

Abdullah war nun zornig und schrie: »Ein ungläubiger Hund, ein Schweinefleischfresser hat sich in unseren Ländern so nicht zu äußern!«

»Ja«, entgegnete Gardener, »da hast du recht.

»Für dein Verständnis bin ich ungläubig und selbst für mein Verständnis bin ich das. Schweinefleisch esse ich sehr selten, aber ich fresse es nicht. Ich verwende dazu Messer und Gabel. Wer mit den

Fingern isst, der frisst. Aber ein Hund bin ich nicht und daher wirst du dich dafür hier und jetzt entschuldigen!«
Abdullah lachte emotionsgeladen und hysterisch.
»Niemals! Ein Araber, ein guter Moslem, ein Rechtgläubiger entschuldigt sich niemals bei einem ungläubigen Hund!«

Nun legte Gardener los: »Hör zu Freund! Als ihr noch alle auf Esel geritten seid, sind wir schon mit Autos gefahren und ihr müsst das alles erst noch mühsam erlernen, was wir schon vor langer Zeit vergessen haben. Und bleib mir bloß mit der Religion vom Leib! Zu deiner Bezeichnung »Schweinefleischfresser« stehe ich! Ich rate dir, deine Mobiltelefone zu verschenken, dein Fernsehgerät zum Fenster hinauszuwerfen, nie mehr ein Auto zu benutzen, keine moderne Medizin in Anspruch zu nehmen, deinen Computer zu zerstören und in keinem Flugzeug mehr zu reisen, denn das alles und noch viel, viel mehr, wurde von Schweinefleischfressern erfunden und entwickelt. Selbst eure Bomben, die ihr so gerne unschuldigen Menschen unterschiebt, haben Schweinefleischfresser erfunden. Von euch kam außer Bigotterie und vielen Geburten für jede einzelne Frau bisher nichts! Eine weitere Tatsache besteht darin, dass von allen Religionen dieser Welt, die abrahamischen Religionen die Blutrünstigsten sind. Und unter diesen Blutrünstigsten ist der Islam mit Sicherheit die düsterste Religion!«
Abdullah wollte sich auf Gardener stürzen, doch der machte einen Schritt zur Seite und entfernte sich.

Fatimah erwachte aus ihrem Tagtraum. Lange hatte sie unter dem Cedar-Baum gesessen. Der Tag neigte sich seinem Ende zu. Die Kitze und Lämmer lagen bei ihren Müttern im Stall. Sie dachte an Abdullah und lächelte glücklich. Als ihre Mutter sie zum Maghrebgebet rief, ging sie ins Haus.

EPILOG

In Indonesien, in einer schmutzigen und stinkenden Gegend, einem Elendsviertel Djakartas, wuchs im Bauch ihrer Mutter ein kleines Mädchen heran. Ihr Name würde einmal Ahlam Marshanda sein. Es stand fest, dass Ahlam Marshanda von ihrer Nachbarschaft einmal als Bastard bezeichnet werden würde. Sicher war auch, dass man sie tief religiös erziehen würde und ebenso sicher konnte man davon ausgehen, dass sie einmal kaum Bildung erhalten konnte. Wenn sie einmal älter geworden war, würde sie wie ihre Mutter als Hausmädchen in einem der Golfstaaten arbeiten.

Die Hochzeit von Fatimah und Abdullah fand wie geplant Ende März statt. Fatimah richtete ihre Feier in Samail, einer Stadt unweit von Maskat, aus. Abdullah feierte direkt in der Hauptstadt. Zum ersten Mal überhaupt, schmuggelten sich zu den feiernden Frauen auch Männer ein. Die älteren Frauen wehrten sich vergeblich dagegen. Die Jüngeren hatten sehr schnell Gefallen daran gefunden.

Abdullah bekam über Vermittlung seines Bruders eine große Mietwohnung in Maskat zugewiesen. Er konnte es einrichten, fast jedes Wochenende bei seiner geliebten Fatimah zu verbringen. Auch in Oman hatten moderne Transportmittel Einzug gehalten. Abdullah nutzte eine der Billigairlines, um günstig zwischen Sharja, unweit von Dubai gelegen, und Maskat hin und her zu fliegen.

Nach erfolgreichem Abschluss seines Studiums und einigen Praxisjahren, ließ er sich in Maskat als Architekt nieder. Der Traum von Abdullah, Wolkenkratzer zu bauen, löste sich in Nichts auf. Der Erlass des Sultans, in Oman keine Häuser über neun Stockwerke bauen zu dürfen, wurde nicht aufgehoben. Abdullah konzentrierte sich daraufhin auf den Bau von Villen und Moscheen. Letztere wurden in ganz Oman mehr als reichlich gebaut. Den Kontakt zu seinem ehemaligen Professor Ludwig hatte er einschlafen lassen.

Fatimah durfte mit Abdullahs Erlaubnis den Schulabschluss nachholen. Sie bestand diesen als Jahrgangsbeste. Als sie jedoch darum bat, auch eine Universität besuchen zu dürfen, schob Abdullah einen Riegel vor. Nach drei Jahren Ehe gebar Fatimah ihm endlich einen Sohn. Damit war das Glück perfekt.

Aus Dankbarkeit wandte sich Abdullah noch stärker dem Islam zu und betrachtete fortan den Koran als Wegweisung für das Alltagsleben seiner Familie. Als er die fünfte Moschee, seine bisher Größte, fertiggestellt hatte, ließ er sich einen dichten Vollbart wachsen. Fatimah besorgte ihm daraufhin nur noch kurze Disdashas.

Nach fünf Jahren in der Mietwohnung konnten sie sich ihr erstes Haus bauen lassen. Es entstand ein kleiner Palast. Fatimah war es fortan nicht mehr gestattet, ohne Abdullahs Erlaubnis aus dem Haus zu gehen. Wann immer er sie ausführte, trug sie Abaya, Hijab, Nikab und Handschuhe. Ihre wunderschönen Augen kamen nicht mehr zur Geltung. Neben der Erziehung des Sohnes und der Beaufsichtigung etlicher moderner Sklaven, gab sich Fatimah mangels geistiger Herausforderung ganz der Lieblingsbeschäftigung jeder arabischen Frau hin: dem Einkaufen.

Miriam erhielt von ihrem Vater die Erlaubnis, in Deutschland zu studieren. Sie beendete ihr Studium der Betriebswirtschaft in Rekordzeit und mit besten Noten. Wann immer sie nach Hause flog, wechselte sie im Flugzeug die Bekleidung von europäisch auf omanisch oder anders herum. Nach einer Woche in Maskat sehnte sie sich nach Europa zurück und besonders nach dem Tragen ihrer westlichen Kleidung. Nach ihrem Studium erhielt sie viele lukrative Angebote aus der europäischen Wirtschaft. Daraus entbrannte ein ungeheurer Streit mit ihrem Vater. Er verlangte von ihr, sofort nach dem Studium, den achten Sohn einer angesehenen Familie zu ehelichen. Miriam weigerte sich und zeigte ihrem Vater den langen Finger. Sie blieb für immer in Europa.
 Zu Fatimah riss der Kontakt völlig ab, da Miriam das Gefühl nie loswurde, anstatt Aisha spräche nun ein fundamentalistischer Abdullah aus ihr.

Was wurde aus Salim? Er verfiel dem Suff vollkommen und heiratete noch einmal. Seine Frau stammte aus dem erzkonservativen Samail und machte aus ihm einen eifrig praktizierenden Moslem ... bis auf den Alkohol. Wenn er versuchte, sie zu züchtigen, schlug sie zurück. Sie war gleich groß und genauso schwer wie er.

Ein Jahr nach Fatimahs Hochzeit rächte sich der Esel. Er ließ sich nicht als Mörder verleumden. Als Salim ihn beladen wollte, schlug er mehrmals heftig aus. Dann sah und hörte Salim nichts mehr.

Er wachte im Krankenhaus auf und nahm als erstes Anisa, die Ärztin, wahr. Mit einem spöttischen Zug um ihre Lippen erklärte sie, dass ihm der Esel einen heftigen Tritt in den Unterleib versetzt hätte.

»Mit Söhnen wird es wohl nichts mehr!«, ätzte sie und verließ sein Krankenbett.

»Allah ist gerecht! Er sei gepriesen!«

Khalas!

Dossier
Erklärung der arabischen Begriffe

Abaya	Schwarzes Überkleid für Frauen (nur in der Öffentlichkeit)
Abu	Vater, Vater von…
Ahlan Wa Sahlan	Willkommen
Alhamdullilah	Gott sei gedankt, Gottseidank
Allah	Der einzige Gott (Allah besitzt 99 weitere Namen)
Allahu Akbar	Gott ist groß
Amir	Männlicher Vorname, Familienoberhaupt, der Gebieter
Asalam Alaikum	Der Friede sei mit Dir (Begrüßung)
Ayun	Das Auge
Ayuni	Mein Auge, Kosename für geliebte Person
Babel	Biblische Bezeichnung für Babylon den Sündenpfuhl
Bibi	Kosename für Großmutter
Bin	Sohn
Bint	Tochter
Bismillahi	Oh mein Gott, Mein barmherziger Gott, (einer der 99 Namen Gottes, damit beginnen auch viele offizielle Schreiben)
Burka	Gesichtsmaske von Beduinenfrauen
Dirham	Währung der Vereinigten Arabischen Emirate 10 Dirham = ca. 1 Rial = ca. 2 Euro
Disdash(a)	Außenkleid des Mannes
Dhow, Dhau	Arabisches Holzschiff
Eid Al Fitr	Fest nach Ende des Fastenmonats Ramadan

Eid Al Adhar	Opferfest – wichtigstes Fest
Eid Mubarak	Fröhliches Fest, ähnlich wie Fröhliche Weihnachten
Emir	Arabischer Fürst
Falaj	Bewässerungsgraben
Giaur	Ungläubiger, aus dem Türkischen, auch Schimpfwort
Habib	Freund
Habibi	Mein Freund oder mein Liebling (männlich)
Habibt	Freundin
Habibti	Meine Freundin oder mein Liebling (weiblich)
Haditen	Geschichten über das Leben des Propheten Mohammed
Halal	Erlaubt, z.B. das Fleisch eines geschächteten Hammels
Haram	Verbot, z.B. Alkohol, Schweinefleisch
Hinglish	Mischung aus Englisch und Hindi
Humus	Kichererbsen Mus
Iftar	Fastenbrechen am Abend nach Sonnenuntergang
Imam	Religionsgelehrter (früher Herrscher, wie Sultan)
Inglesi	Sammelbegriff für weiße Europäer und Amerikaner
Inshallah	Wenn Gott will (Auch als Bestätigung verwendet)
Isa Bin Miriam	Jesus, Sohn Marias
Isha	Abendgebet (letztes Gebet des Tages)
Islam	Unterwerfung unter Allahs Wille
Jabal, Jebel	Berg

Jebel Shams	Höchster Berg Omans (3.009 Meter)
Juma	Männlicher Vorname, Freitag, Heiliger Tag der Woche, Wochenende ist Donnerstag und Freitag
Kabab, Kebab	Gegrilltes Fleisch auf Holzspießen
Kafir	Ungläubiger, Gottesleugner
Khandjar	Krummdolch
Kawah	Arabische Kaffee mit Kardamom versetzt
Khalas	Basta, Schluss, Ende, Aus, so ist es!
Kefhalek	Wie geht es dir? (Mann)
Kefhalik, Kefhalesh	Wie geht es dir? (Frau)
Kuma	Hütchen als Kopfbedeckung (aus Sansibar = Kofia)
Leban	Buttermilch
Hijab	Kopftuch der Frauen, ursprünglich schwarzes Körperkleid, das inkl. Kopf alles bedeckte
Mabrouk	Glückwunsch, gratuliere!
Maghreb	Gebet zum Sonnenuntergang
Mahr	Brautgeld, Morgengabe
Majlis	Versammlungsraum oder auch Raum für v.a. männliche Besucher, die nicht ins Hausinnere dürfen
Manduz	Brauttruhe
Masalama	Geh mit Frieden, Auf Wiedersehen
Moslem, Muslime	Gläubiger des Islam
Motawa	Vorbeter der Moschee, Erste Religiöse Instanz
Mufti	Oberster Religionsführer eines Landes
Mussar	Turban
Nemsa	Österreich
Nemsaui	Österreicher

Nikab	Gesichtsschleier um Frauengesicht ganz zu bedecken
Oud	Knarrende Töne erzeugende Holzflöte
Omani Meat	Am offenen Feuer gebratenes Ziegen- oder Schaffleisch
Al Qorum	Die Mangrove, auch Stadtteil von Maskat
Ramadan	Islamische Fastenzeit, eine der fünf Säulen des Islam Dauer einen Mondzyklus, von Neumond an gerechnet
Ramadan Kareem	Glücklicher Ramadan, wünschen sich alle Moslems permanent vor und während des Ramadans
Rial	Omanische Währung, 1 OMR = ca. 2 Euro
Sala	Wohnzimmer oder größter Raum eines Hauses
Sansibar	Archipel vor Tansania
Sansibari	Sammelbegriff für farbige Omanis ostafrikanischen Ursprungs
Shams	Sonne
Shati	Strand
Shati Qorum	Strand von Qorum (Stadtteil von Maskat)
Sheikh, Shaikh	Stammesvorsitzender oder Hochgebildeter, auch Religionsgelehrter
Sheitan	Teufel, der Höllenfürst
Shirazi	Persische Einwanderer und Herrscher in Ostafrika
Suaheli	Kultur und Sprache in Ostafrika, Mischung aus arabischen und ostafrikanischen (v.a. Bantu) Elementen
Sultan	Der Mächtige, gleich König

Sunna	Tradition, Tradition im Islam
Talaq	Scheidungsformel
Talaq rag´l	Widerrufliche Scheidungsformel
Talaq ba´in	Unwiderrufliche Scheidung
Tamam	Gut! Antwort auf die Frage, wie geht es?
Umm	Mutter
Wadi	zumeist ausgetrocknetes Flusstal
Walaikum Salam	Der Friede sei auch mit Dir (Grußantwort)
Wali	Bürgermeister, Bezirksvorsteher, Landrat Beziehungen (auch korrupte Netzwerke)
Wickelrock,	wird anstatt Unterwäsche getragen

OH, MANN, OMAN!

Wolfgang Rinner

Ein europäischer Christ verlegt seinen Lebensmittelpunkt in ein arabisches Land. Mit omanischen Partnern gründet er ein Unternehmen und verliebt sich in eine Einheimische. Das Unternehmen läuft erfolgreich und er lernt die Liebe auf Arabisch kennen. Die Auseinandersetzung mit Lug und Betrug, mit religionsbedingter Verschrobenheit und Kleinbürgertum treiben ihn an den Rand des Irrsinns.

Rechtgläubige dürfen Ungläubige betrügen. Es fällt allerdings nicht unter Betrug, da nur Rechtgläubige betrogen und belogen werden können. Kann sich ein „*Ungläubiger*" in so einem Umfeld durchsetzen und in einem arabisch, islamischen Land überhaupt überleben?

Taschenbuch 300 Seiten, EUR 14,50 (D) EUR 14,90 (A)
ISBN 978-3-3943760-31-6

ESCH VERLAG

Mein Buch des Jahres – George Tenner, auf amazon.de

Achlam Kabaha
Überall zu Hause
... und trotzdem heimatlos

Die Autorin, die in der West Bank geboren, in Deutschland aufgewachsen und heute mit ihrem Mann und vier Kindern in Tel Aviv lebt beschreibt mit einfachen Worten ihren – nicht immer einfachen - Lebensweg. Die geborene Palästinenserin fühlt sich heute weder als solche, noch als Deutsche, aber auch nicht als Israelin. Heimatlos und (manchmal) angefeindet lebt die seit einigen Jahren gläubige Moslemin Umgeben von liebevollen Menschen - nicht nur in der Familie. In Einer Art Frage- Antwortspiel versucht sie in dem Buch sich selbst und ihren Weg zu finden. Natürlich kann in einem Buch über den Nahen Osten die politische Lage nicht ausgespart bleiben. Eine ungewohnte Perspektive lässt dieses Problem in einem anderen Licht erscheinen, als die täglichen News Ein Text, der den Weg ins Herz des Lesers sucht und mit schlafwandlerischer Sicherheit auch findet

Taschenbuch 140 Seiten
ISBN 978-3-943760-17-0   EUR 9,60 (D)

ESCH VERLAG